中国共产党人的战略思维

修订本

杨春贵◎主　编
周维现　陈曙光◎副主编

中国社会科学出版社

图书在版编目(CIP)数据

中国共产党人的战略思维/杨春贵主编. —北京:中国社会科学出版社,2018.8
(2025.3重印)
ISBN 978 - 7 - 5203 - 2789 - 3

Ⅰ.①中…　Ⅱ.①杨…　Ⅲ.①中国共产党—战略思想—研究　Ⅳ.①D24

中国版本图书馆 CIP 数据核字(2018)第 143880 号

出 版 人　赵剑英
责任编辑　王　茵　孙　萍
责任校对　李凯凯　赵雪娇
责任印制　李寡寡

出　　　版　中国社会科学出版社
社　　　址　北京鼓楼西大街甲 158 号
邮　　　编　100720
网　　　址　http://www.csspw.cn
发 行 部　010 - 84083685
门 市 部　010 - 84029450
经　　　销　新华书店及其他书店

印刷装订　北京君升印刷有限公司
版　　　次　2018 年 8 月第 1 版
印　　　次　2025 年 3 月第 12 次印刷

开　　　本　710×1000　1/16
印　　　张　35.5
插　　　页　2
字　　　数　429 千字
定　　　价　99.00 元

战略问题是一个政党、一个国家的根本性问题。战略上判断得准确，战略上谋划得科学，战略上赢得主动，党和人民事业就大有希望。

——习近平

目　　录

绪论　提高战略思维能力 ···························· （1）

一　增强战略思维的自觉性 ······················ （2）

二　把握战略思维的本质要求 ···················· （7）

三　遵循战略思维的基本原则 ···················· （15）

第一编　毛泽东的战略思维

导　　论 ··· （37）

第一章　战略问题是研究战争全局的规律的东西 ········ （41）

一　研究战争和战争指导规律应着眼其特点和
　　发展 ······································· （41）

二　研究战争和指导战争应重视研究带全局性的
　　战略问题 ··································· （45）

三　指导战争必须使自己的主观认识同客观实际
　　相符合 ····································· （48）

四　由中国革命战争特点产生的战略战术 ············ （51）

目 录

第二章　抗日战争中的伟大战略预见和战略指导 ………（56）

　　一　科学回答抗日战争的前途命运问题 …………（56）

　　二　科学预见抗日战争的历史进程 ………………（62）

　　三　卓越的马克思主义战略指导 …………………（65）

第三章　战略上藐视敌人和战术上重视敌人 …………（73）

　　一　战略上藐视敌人和战术上重视敌人是克敌制胜的
　　　　重要法宝 …………………………………………（73）

　　二　战略上藐视敌人和战术上重视敌人体现了革命
　　　　精神和科学态度的统一 …………………………（79）

　　三　敢于斗争，善于斗争 …………………………（82）

第四章　三大战役：解放战争时期的伟大战略决战 ……（91）

　　一　审时度势，善择时机 …………………………（91）

　　二　关照全局，把握重心 …………………………（97）

　　三　灵活机动，不拘一格 …………………………（102）

　　四　军政结合，瓦解敌军 …………………………（105）

　　五　人民战争的伟大胜利 …………………………（109）

**第五章　独立探索中国社会主义建设道路的
　　　　　伟大开端** ………………………………………（114）

　　一　《论十大关系》通篇贯穿"以苏为戒"的
　　　　战略思想 …………………………………………（114）

　　二　周密调查研究基础上的战略谋划 …………（119）

　　三　社会主义建设辩证法的开篇之作 …………（123）

第六章　社会主义改造基本完成后国家政治生活

　　　　主题的转变 ……………………………………（131）

　　一　正确处理人民内部矛盾成为国家政治

　　　　生活的主题 ………………………………（131）

　　二　社会主义社会矛盾学说的创立 ………………（136）

　　三　正确处理人民内部矛盾的一系列重大方针 ……（144）

第七章　战略思维中运用和发展马克思主义认识论与

　　　　辩证法的范例 ………………………………（149）

　　一　作为战争游泳术的军事辩证法 ………………（149）

　　二　原则坚定性和策略灵活性相统一的政策策略

　　　　辩证法 ………………………………………（155）

　　三　唯物辩证的领导方法和工作方法 ……………（161）

第二编　邓小平江泽民胡锦涛的战略思维

导　论 …………………………………………………（181）

第一章　历史转折关头把解决思想路线问题

　　　　提到首位 ………………………………………（188）

　　一　历史转折关头思想路线的拨乱反正 …………（189）

　　二　社会主义建设新时期解放思想、实事求是的

　　　　宣言书 ………………………………………（193）

　　三　党的思想路线的重新确立使我们研究社会

　　　　主义的思维方式发生了重大变化 ……………（198）

目　录

第二章　最重要的是搞清楚"什么是社会主义、怎样
　　　　建设社会主义" ……………………………………（209）

　　一　一个亟待弄清的首要的基本问题 ……………（210）

　　二　对"什么是社会主义"的科学回答 …………（212）

　　三　对"怎样建设社会主义"的战略谋划 ………（219）

第三章　关系党和国家全局的一系列重大战略决策 ……（226）

　　一　分"三步走"基本实现现代化的发展战略 ……（226）

　　二　先富带后富、帮后富，最终实现共同富裕的
　　　　发展战略 ……………………………………（229）

　　三　沿海和内地"两个大局"的发展战略 ………（231）

　　四　把解决"三农"问题作为重中之重的
　　　　发展战略 ……………………………………（233）

　　五　发展经济主要依靠科技和教育的发展战略 ……（236）

　　六　以"一国两制"和平统一祖国的战略构想 ……（239）

　　七　时代主题和中国独立自主的和平外交战略 ……（242）

第四章　关键时刻的关键谈话：毫不动摇地坚持党的
　　　　基本路线 ………………………………………（245）

　　一　基本路线要管一百年，动摇不得 ……………（245）

　　二　改革开放要大胆地试大胆地闯 ………………（247）

　　三　发展是硬道理，关键是发展经济 ……………（250）

　　四　"两手抓、两手都要硬" ……………………（251）

　　五　关键在党，关键在人，关键在共产党内部
　　　　要搞好 ……………………………………（253）

第五章　社会主义现代化建设中的若干重大关系 ………（258）

　　一　社会主义建设辩证法理论的新成果 …………（258）

　　二　社会主义现代化建设辩证法的系统阐述 ……（261）

　　三　全党都要重视研究带全局性的重大关系 ……（268）

第六章　"三个代表"是立党之本、执政之基、

　　　　　力量之源 ………………………………………（271）

　　一　"三个代表"重要思想是在科学判断党的历史

　　　　方位的基础上提出来的 …………………………（272）

　　二　"三个代表"重要思想的科学内涵 …………（275）

　　三　贯彻"三个代表"重要思想的根本要求 ………（280）

第七章　科学发展观是发展中国特色社会主义的重大

　　　　　战略思想 ………………………………………（286）

　　一　一个重大历史课题——"实现什么样的发展、

　　　　怎样发展" …………………………………………（286）

　　二　科学发展观是马克思主义关于发展的世界观和

　　　　方法论的集中体现 ………………………………（292）

　　三　把科学发展观贯穿于发展的全过程和

　　　　各方面 ……………………………………………（297）

第八章　社会主义和谐社会战略构想 …………………（300）

　　一　构建社会主义和谐社会是建设中国特色社会主义的

　　　　重要战略任务 ……………………………………（300）

　　二　贯彻落实科学发展观，推动社会和谐发展 ……（304）

三　正确处理人民内部矛盾，实现全体社会成员

和谐相处 ……………………………………（309）

第三编　习近平的战略思维

导　论 ……………………………………………（321）

第一章　战略方向：一以贯之坚持和发展中国特色

社会主义 ……………………………………（326）

一　把握主题主线，续写中国特色社会主义这篇

大文章 ……………………………………（326）

二　既不走封闭僵化老路，也不走改旗

易帜邪路 …………………………………（334）

三　创造性回答"新时代坚持和发展什么样的

中国特色社会主义、怎样坚持和发展中国

特色社会主义" ……………………………（340）

第二章　战略目标：实现中华民族伟大复兴的

中国梦 ………………………………………（350）

一　实现中华民族伟大复兴是近代以来中华民族

最伟大的梦想 ……………………………（350）

二　决胜全面建成小康社会，开启全面建设社会主义

现代化国家新征程 ………………………（355）

三　实现伟大梦想必须进行伟大斗争，建设伟大

工程，推进伟大事业 ……………………（362）

第三章　战略布局：协调推进"四个全面"

　　　　战略布局 ……………………………………（368）

　　一　"四个全面"战略布局的形成 ………………（368）

　　二　"四个全面"战略布局是战略目标和战略举措的

　　　　统一 …………………………………………（373）

　　三　"四个全面"战略布局是战略全局与战略重点的

　　　　统一 …………………………………………（378）

第四章　经济社会发展战略 ………………………（386）

　　一　坚持"五位一体"总体布局 …………………（386）

　　二　贯彻新发展理念 ………………………………（393）

　　三　经济社会发展重大战略部署 …………………（403）

第五章　全面深化改革战略 ………………………（418）

　　一　保持战略定力，将改革进行到底 ……………（418）

　　二　全面深化改革的总目标 ………………………（423）

　　三　加强顶层设计，增强改革的系统性、整体性、

　　　　协同性 ………………………………………（427）

　　四　坚持正确的改革方法论 ………………………（432）

第六章　全面依法治国方略 ………………………（443）

　　一　从战略高度将依法治国确定为党领导人民

　　　　治理国家的基本方略 …………………………（443）

　　二　新时代全面推进依法治国的总目标 …………（448）

　　三　把依宪治国摆在依法治国的首要位置 ………（453）

目　录

第七章　国防和军队现代化战略 ………………………（456）

　　一　准确判断战略形势，为筹划国防和军队现代化

　　　　提供基本依据 …………………………………（456）

　　二　创立新时代强军思想，为推进国防和军队

　　　　现代化提供战略指导 …………………………（461）

　　三　制定和实施强军战略布局 …………………（468）

　　四　大力实施军民融合发展战略 ………………（476）

第八章　总体国家安全战略 ………………………（480）

　　一　科学判断国家安全战略形势 ………………（480）

　　二　创造性提出总体国家安全观 ………………（484）

　　三　创建国家安全体系主体框架 ………………（487）

　　四　维护国家安全的紧迫任务 …………………（494）

第九章　中国特色大国外交战略 …………………（503）

　　一　中国必须有自己特色的大国外交 …………（503）

　　二　增强战略定力，坚定不移走和平发展道路 …（506）

　　三　推动构建人类命运共同体 …………………（508）

　　四　推动构建相互尊重、公平正义、合作共赢的

　　　　新型国际关系 …………………………………（514）

　　五　深化拓展中国外交战略布局 ………………（515）

第十章　新时代党的建设方略 ……………………（522）

　　一　全面从严治党是审时度势的战略抉择 ………（522）

　　二　坚持和加强党的全面领导 …………………（526）

三　新时代全面从严治党的战略内涵 ……………（531）

四　全面推进新时代党的建设总体布局 …………（537）

初版后记 ………………………………………（552）

修订说明 ………………………………………（555）

绪论　提高战略思维能力

　　我们党历来重视战略思维。习近平说："战略问题是一个政党、一个国家的根本性问题。战略上判断得准确，战略上谋划得科学，战略上赢得主动，党和人民事业就大有希望。"① 在建党以来的百年奋斗中，我们党坚持以马克思列宁主义为指导，深入研究中国国情和时代发展变化，从战略高度思考中华民族的前途命运，不断回答"什么是中国革命、怎样进行革命""什么是社会主义、怎样建设社会主义""建设什么样的党、怎样建设党""实现什么样的发展、怎样发展""新时代坚持和发展什么样的中国特色社会主义、怎样坚持和发展中国特色社会主义"等一系列事关党和国家前途命运的重大历史课题，制定出一系列符合中国实际和时代特征的路线、方针、政策，引导中国革命、建设、改革事业走上胜利的途径，使中国人民踏上站起来、富起来、强起来的历史征程，迎来了中华民族伟大复兴的光明前景。在这一伟大进程中，积累了丰富的战略思维经验，形成和发展了具有中国共产党人特色的马克思主义战略思维理论和方法。这是一份极其宝贵的政治和精神财富。对于这

---

　　① 习近平：《努力开创中国特色社会主义事业更加广阔的前景》（2014 年 8 月 20 日），《习近平谈治国理政》第 2 卷，外文出版社 2017 年版，第 10 页。

份财富，我们要倍加珍惜、认真学习，并在新的实践中发扬光大，努力增强战略思维的自觉性，科学把握战略思维理论与方法，切实提高战略思维能力，不断增长战略智慧。这对于我们在新时代坚持和发展中国特色社会主义、实现"两个一百年"的奋斗目标，把我国建成富强民主文明和谐美丽的社会主义现代化强国，具有重大意义。

一　增强战略思维的自觉性

"战略"一词起源于军事，是指对战争全局的谋划和指导。中国古代又称庙算、韬略、权谋、方略等。西方对战略的解释是"将军的艺术""在地图上进行战争的艺术""研究整个战争区的艺术"。

但战略不止于军事。即使在古代，它也常常与治国理政相联系。我国战国时期出现的"合纵连横"，作为一种战略，就包括军事、外交、政治等多方面内容。特别是到了近现代，随着社会生活的日益复杂化和社会交往的日益增多，"战略"一词被广泛地运用到各个实践领域，出现了诸如政治战略、经济战略、科技战略、文化战略、企业战略、区域战略、国家战略、国际战略等。

现在研究战略问题的著作很多，可以说汗牛充栋。但是，应当用什么样的思想方法去研究战略问题，即关于战略思维方式的研究，则十分薄弱。真正高水平的科学论述，看来还是毛泽东的《中国革命战争的战略问题》，特别是其中的第一章第三节，题目叫"战略问题是研究战争全局的规律的东西"，篇幅不长，只有两千多字，但非常精辟，值得认真阅读。根据毛泽东的论述，可以给战略思维下这样一个定义：战略思维就是关于实践活动的全局性思维。其本质就是通过正确处理实践活动中各方面、各阶段的关系，达到实践整体和长远的最佳效果，即全局的最佳效果。用一句通俗的话来说，战略思维就是告诉人们如何做好全局工作。

这一思维方式是由事物的本性所决定的。唯物辩证法告诉我们，事物不但作为矛盾而存在，而且作为系统和过程而存在。作为系统，它包含诸多要素；作为过程，它包含诸多阶段。事物的全局，就是由诸多要素和诸多阶段所构成的有机整体，相对于全局来说，各个要素、各个阶段都是局部。一切实践活动，由于其本身的复杂性和过程性，决定了实践的主体必须具有总揽全局的战略思维能力。对于领导干部来说，这一点尤其重要。因为他们的实践活动同其他人比较起来，一般总是涉及的领域更广、方面更多、内外关系更为复杂、影响更加深远，因而更加需要有全局眼光，更加需要从战略高度去思考问题。只有具备较高的战略思维能力，才能正确处理战略目标问题、战略布局问题、战略步骤问题、战略重点问题、战略转变问题等，才能有正确的战略谋划和战略行动，从而有效地推动事业全局的、可持续的发展。

有的同志可能会说，总揽全局是中央领导的事，是大领导的事，他们应当成为战略家；而我们在地方、基层或部门工作，处于局部地位，做的是具体的事，认真贯彻上级指示就是了，何以有必要要求我们提高战略思维能力呢？我们的回答是有必要的。

第一，全局和局部的区别是相对的，不是绝对的，每一局部从一定意义上说也都是全局。毛泽东说："世界可以是战争的一全局，一国可以是战争的一全局，一个独立的游击区、一个大的独立的作战方面，也可以是战争的一全局。凡属带有要照顾各方面和各阶段的性质的，都是战争的全局。"① 相对于全党全国大局而言，你是局部，但相对于你所管辖的部分而言，你又是全局，作为相对而言的全局来说，你就有一个正确处理各方面、各阶段的关系问题。我们常说，"一着不慎，满盘皆输""人无远虑，必有近忧"，这些具有战略内涵的话，对每个人都是适用的。一个地方、一个部门、一个企业，乃至一个村镇，其领导人员、管理人员只有具备较高的战略思维能力，才能驾驭全局取得事业的成功和可持续发展。中国"天下第一村"华西村的老书记吴仁宝，就是一个具有战略头脑的人。他说："作为一个单位的头头，头脑要清醒，要常思索，多考虑问题。"考虑什么问题？他说，首先是大事、要事。例如什么是社会主义，什么是共产主义？他说："人民幸福就是社会主义，全人类幸福就是共产主义。"又例如什么是共同富裕？他说："个人富了不算富，集体富了才算富；一村富了不算富，全国富了才算富。"还有什么叫富裕？他说："不但要口袋富，还要脑袋富，两富一齐富才是真正富。"怎样处理国家、集体、个人的关系？他说："国家一头，依法交足；集体一头，积累留足；村民一头，保持富足。"怎样抓管理？他说："有统有分，大的管住，小的放活。"为什么应当重视人才？他说："企业里没有人才，就像庙里没有和尚，什么也干不成；用人对了头，一步一层楼。"怎样抓工作？他说："要始终做到'两手抓'，一手抓同党中央保持一致，一手抓同华西村群众保持一

---

① 毛泽东：《中国革命战争的战略问题》（1936 年 12 月），《毛泽东选集》第 1 卷，人民出版社 1991 年版，第 175 页。

致，两头一致，华西村就可以健康长寿了"，如此等等。你看，他眼界是何等开阔，心胸是何等开阔，上下左右，四面八方，高瞻远瞩，胸有全局，极富哲理，体现了很高水平的总揽全局的战略思维能力。很显然，这样的基层干部越多，我们事业的发展就越有保证。

第二，即使从你所处的局部地位来说，你也需要了解大局，增强大局意识，以便更好地服从和服务于更大的全局。毛泽东说："懂得了全局性的东西，就更会使用局部性的东西，因为局部性的东西是隶属于全局性的东西的。"[①] 在抗日战争时期，他经常给干部讲课，后来他回忆说，"那时我可讲得多，三天一小讲，五天一大讲"，讲政治、讲军事、讲哲学、讲历史，特别是讲战略，强调"提高战略空气"。他说："只有了解大局的人才能合理而恰当的安置小东西。即使当个排长也应该有全局的图画，也才有大的发展。"[②] 1954 年 1 月 25 日，邓小平有一个讲话，讲地方财政应该怎样做，一开头就说："毛主席曾经指出，我们党历来是重视战略的，部队的战士、伙夫都关心战略，只要把战略形势讲清楚，问题就好办了。毛主席的话说得很对。例如粮食征购，只要把战略问题和全局问题摆开来，就可以得到解决。""我们的一切工作都会涉及全局与局部的关系、中央与地方的关系、集中统一与因地制宜的关系。大道理与小道理必须弄清楚。"全局和局部缺一不可，但是，必须明确以什么为主导。他说："地方是在中央领导下的地方，局部是在全体中的局部，因地制宜是在集中统一下的因地制宜，如

---

① 毛泽东：《中国革命战争的战略问题》（1936 年 12 月），《毛泽东选集》第 1 卷，人民出版社 1991 年版，第 175 页。

② 转引自金冲及《毛泽东传（1893—1949）》，中央文献出版社 2004 年版，第 539 页。

果两者之间发生矛盾，地方应服从中央，局部应服从全体，因地制宜应服从集中统一。"然后他说："财政工作的全局观点是什么呢？财政部门是集中体现国家政策的一个综合部门，和其他工作一样，它必须服从总路线，即必须保证党在过渡时期总路线、总任务的实现。"所以，"财政部门要看到大事，要有战略观念"①。1961 年 12 月 27 日，邓小平在谈到妇女工作时，也强调要有大局意识，说："妇女工作一定要管本行，议大事。管事要管本行，议事要议大事，要把眼界搞开阔些"，"只看到一个家，不看到国，那怎么行。妇女干部要看世界，农村妇女也要看世界"，"一定要议论大事，不要搞得狭窄得很。在培养妇女干部方面，要注意这个问题。以后订个章程，包括县在内，开妇联会，要议大事"②。邓小平关于地方财政工作、妇女工作上述讲话的基本精神，具有普遍的指导意义。一切工作都有全局和局部的关系，都必须懂得全局高于局部、局部服从全局的道理。这样，就要求所有干部都应当具有较高的战略意识和战略思维能力。习近平在纪念邓小平同志诞辰 110 周年座谈会上的讲话中说："我们要学习邓小平同志'放眼世界，放眼未来，也放眼当前，放眼一切方面'的世界眼光和战略思维，学习他善于抓住关键、纲举目张的思想方法和工作方法，站在时代前沿观察思考问题，把党和人民事业放到历史长河和全球视野中来谋划，以小见大，见微知著，在解决突出问题中实现战略突

---

① 邓小平：《地方财政工作要有全局观念》（1954 年 1 月 25 日），《邓小平文选》第 1 卷，人民出版社 1994 年版，第 198—200 页。
② 邓小平：《重要的是做好经常工作》（1961 年 12 月 27 日），《邓小平文选》第 1 卷，人民出版社 1994 年版，第 296 页。

破，在把握战略全局中推进各项工作。"① 这一论述，对于我们做好各项工作都十分重要。

二　把握战略思维的本质要求

战略思维的本质要求是一切着眼全局，即把全局作为考虑一切问题的出发点和落脚点，以全局利益作为最高价值追求，在事关全局的重大原则问题上，始终保持战略定力，头脑清醒，立场坚定，旗帜鲜明。具体来说，战略思维的本质要求，主要是三个方面。

（一）对工作一定要有全局的谋划，不可陷入事务主义

古人说，不谋全局者不足谋一域，不谋万世者不足谋一时。目无全局的军人，即使能够征得一城一地乃至几城几地，最终难免全军覆没，就如同目无全局的棋手，纵然能谋得一子一目乃至几子几目，最终难免满盘皆输。所谓全局的谋划，就是要善于思考，特别是善于进行三个方面的思考。

一是善于把具体问题上升到原则上去思考，不要就现象论现象。现象无穷无尽，一天到晚不睡觉也论不完、抓不完，而且就现象论现象很可能扶东倒西、挂一漏万。把现象上升到本质，上升到规律，上升到原则，情况就大不相同了。面对当代世界纷繁复杂的各种问题，邓小平说，无非是和平问题、发展问题。和平问题就是东西问题，发展问题就是南北问题，归结起来就是"东西南北"问题。你看，四个字就抓住了根本，抓

---

① 习近平：《努力开创中国特色社会主义事业更加广阔的前景》（2014年8月20日），《习近平谈治国理政》第2卷，外文出版社2017年版，第10页。

住了全局。"文革"结束以后，问题成堆成山，工作千头万绪，怎么抓？邓小平首先抓住思想路线的拨乱反正，继而推动各条战线的拨乱反正，确立起"一个中心、两个基本点"的基本路线，这样，就抓住了全局。以江泽民同志为核心的党的第三代中央领导集体结合世纪之交中国的新发展和世界的新变化，提出正确处理社会主义现代化建设的十二个重大关系和"三个代表"重要思想，抓住了改革、发展、稳定的大局和党的建设全局。进入21世纪，中国面对的问题也十分复杂，如资源环境问题，贫富差距问题，发展不平衡问题，反腐败问题，教育问题，医疗问题，社会保障问题，社会治安问题，诚信缺失问题，等等。以胡锦涛同志为总书记的党中央把这些问题上升到原则上加以分析，最后归结起来，无非是八个大字："科学发展""社会和谐"问题。抓住了这八个字，就抓住了根本、抓住了全局。我国的发展进入全面建成小康社会的决胜阶段，改革进入全面深化的攻坚阶段，以习近平同志为核心的党中央提出"四个全面"的战略布局，即全面建成小康社会、全面深化改革、全面依法治国、全面从严治党，四个方面协调推进，既包括了发展的目标，又包括了发展的动力机制、法治保障和政治保证，体现了目标与举措、全面与重点的统一。所谓上升到原则上去思考，说到底就是对工作要进行规律性思考。

二是善于把局部问题放在整体中加以思考，不要只见树木，不见森林。世界是普遍联系的，没有绝对孤立存在的东西，我们必须学会统筹兼顾。在社会经济成分、组织形式、利益分配、就业方式等越来越多样化的今天，统筹兼顾就愈加显得重要。统筹兼顾才有科学发展，才有公平正义，才有社会和谐，才能最广泛地调动各方面的积极性。所谓整体性思考，也就是系统性思考，在普遍联系中思考，不要孤立地看问题，不要零敲碎打，不要"攻其一点，不及其余"。习近平在谈到生态建设时说："山水林田湖是一个生命共同体，人的命脉在田，田的命脉在水，水的命脉在山，山的命脉在土，土的命脉在树。用途管制和生态修复必须遵循自然规律，如果种树的只管种树、治水的只管治水、护田的单纯护田，很容易顾此失彼，最终造成生态的系统性破坏。"① 在谈到全面深化改革时，习近平强调必须"加强各项改革的关联性、系统性、可行性研究"，"经济、政治、文化、社会、生态文明各领域改革和党的建设改革紧密联系、相互交融，任何一个领域的改革都会牵动其他领域，同时也需要其他领域改革密切配合。如果各领域改革不配套，各方面改革措施相互牵扯，全面深化改革就很难推进下去，即使勉强推进，效果也会大打折扣"。②

三是善于把当前的问题放在过程中加以思考，不要急功近利、鼠目寸光。事情要看得远一些。所谓"远见卓识"，远见才有卓识，没有远见哪里有卓识！马克思"两个必然"的结论，就是远见卓识。毛泽东"星星之火，可以燎原"的预见，就是远见卓识。邓小平说："一些国家出现严重曲折，社会主义好像被削弱了，但人民经受锻炼，从中吸收教训，将促使社会主义向着更加健康的方向发展。因此，不要惊慌失措，不要认为马克思主义就消失了，没用了，失败了。哪有这回事！"③

---

① 习近平：《关于〈中共中央关于全面深化改革若干重大问题的决定〉的说明》（2013年11月9日），《习近平谈治国理政》，外文出版社 2014 年版，第 85 页。
② 习近平：《关于〈中共中央关于全面深化改革若干重大问题的决定〉的说明》（2013年11月9日），《习近平谈治国理政》，外文出版社 2014 年版，第 88 页。
③ 邓小平：《在武昌、深圳、珠海、上海等地的谈话要点》（1992 年 1 月 18 日—2 月 21日），《邓小平文选》第 3 卷，人民出版社 1993 年版，第 383 页。

这也是远见卓识。江泽民说："不仅要安排好当前的发展，还要为子孙后代着想，决不能吃祖宗饭，断子孙路，走浪费资源和先污染、后治理的路子。"① 胡锦涛说："不能以牺牲环境为代价去换取一时的经济增长，不能以眼前发展损害长远利益，不能用局部发展损害全局利益。"② 这都叫远见卓识。这种思考也就是前瞻性思考。

总之，战略思维要求我们对工作一定要重视规律性、系统性、前瞻性思考，重视想大事、谋全局，努力做到高瞻远瞩。这样，就要反对事务主义。所谓事务主义，就是对工作缺少全局谋划，整天忙于具体事务，忙于文山会海，忙于送往迎来，工作不分轻重缓急，头疼医头、脚疼医脚，管了许多不该管、管不好也管不了的事，结果捡了芝麻，丢了西瓜。这是难以成就大事的。

现在流行一种说法，叫"细节决定成败"，对这个说法要有正确理解。要防止事务主义，防止日计有余、岁计不足。我们当然应当重视细节，毛泽东说，要过细地做工作，不要粗枝大叶。但是，不能片面夸大细节的作用，不能无条件地说它就是决定一切的东西。如果战略上出了问题，细节没有意义，或者只有相反的意义，正所谓"南其辕而北其辙"，细节越细，结果越糟。我们不能不加分析地把人们的注意力引导到细节上去，对于领导人员、管理人员来说，第一重要的是战略。细节错误总是难以完全避免的，可以说几乎天天在犯；而战略错误

---

① 江泽民：《正确处理社会主义现代化建设中的若干重大关系》（1995年9月28日），《江泽民文选》第1卷，人民出版社2006年版，第464页。

② 胡锦涛：《建设自然就是造福人类》（2004年3月10日），《胡锦涛文选》第2卷，人民出版社2016年版，第171页。

一个都不应当犯，因为一个战略错误将导致全军覆没、企业的一败涂地和工作的全局失败。毛泽东说："指挥全局的人，最要紧的，是把自己的注意力摆在照顾战争的全局上面，……如果丢了这个去忙一些次要的问题，那就难免要吃亏了。"① 邓小平说："不管对现在还是对未来，我讲的东西都不是从小角度讲的，而是从大局讲的。"② 陈云提倡"踱方步"，说："过去旧商人中，有一种头戴瓜皮帽、手拿水烟袋的，他们专门考虑'战略性问题'，比如什么货缺，应该什么时候进什么货。我们县商店的经理一天忙得要死，晚上还要算账到十二点，要货时，再开夜车临时凑。看来，我们的县商店，也应该有踱方步专门考虑'战略性问题'的人。"③ 所有这些，都是强调对工作一定要有全局的谋划。

（二）判断是非得失一定要以全局利益作为根本标准，不可因小失大

世界上的事情总是利弊相伴而生，有其利必有其弊。智者之智在于谋大利而避大害。中国古人说，"有所得有所失""有所为有所不为""有所进有所退""将欲取之，必先与之""小不忍则乱大谋"，等等，讲的都是着眼全局的大道理。在中国土地革命战争时期，"左"倾冒险主义者不懂得这个着眼全局的大道理，主张"不丧失一寸土地"，反对一切必要的退

---

① 毛泽东：《中国革命战争的战略问题》（1936 年 12 月），《毛泽东选集》第 1 卷，人民出版社 1991 年版，第 176 页。

② 中共中央文献研究室编：《邓小平年谱（1975—1997）》（下），中央文献出版社 2000 年版，第 1362 页。

③ 陈云：《要使用资方人员》（1956 年 7 月 21 日），《陈云文选》第 2 卷，人民出版社 1995 年版，第 334—335 页。

却，认为退却丧失土地、危害人民（所谓打烂坛坛罐罐），结果在第五次反"围剿"战争中造成全局的失败，红军被迫进行长征。毛泽东说，关于丧失土地的问题，常有这样的情形，就是只有丧失才能不丧失，这是"将欲取之，必先与之"的原则。如果我们丧失的是土地，而取得的是战胜敌人，加恢复土地，再加扩大土地，这是赚钱的生意。他又说，危害人民的问题同此道理，不在一部分人民家中打烂坛坛罐罐，就要使全体人民长期地打烂坛坛罐罐。接着毛泽东做了一个总结，指出："他们看问题仅从一局部出发，没有能力通观全局，不愿把今天的利益和明天的利益相联结，把部分利益和全体利益相联结，捉住一局部一时间的东西死也不放。"① 这就叫因小失大。第二次世界大战期间，在伦敦英美给养司令部的墙上，醒目地书写了一首1620年的摇篮曲："为了要得到一枚钉子，竟失去了一块蹄铁；为了要得到一块蹄铁，竟失去了一匹马；为了要得到一匹马，竟失去了一位骑手；为了要得到一位骑手，竟失去了一次战斗；为了要在一次战斗中取胜，竟连国王也失去了。"这里警示人们的也是不可因小失大。打仗如此，搞改革、搞建设，搞一切工作，均莫不如此。我们从战略上调整国有经济布局，"坚持有进有退，有所为有所不为"的方针，正是着眼全局，为了从根本上提高国有经济的整体素质和整体效益。我们实行可持续发展的战略方针，也是着眼全局，为了把今天的发展同明天的发展联结起来，避免由于今天的发展而使明天的发展丧失必要条件。邓小平说："有些事从局部看可行，从大局看不可行；有些事从局部看不可行，从大局看可行。归根到底

---

① 毛泽东：《中国革命战争的战略问题》（1936年12月），《毛泽东选集》第1卷，人民出版社1991年版，第175—176、212页。

要顾全大局。"① 邓小平处理"傻子瓜子"一事，就是一个"典型案例"。有人反映"傻子"年广久雇了一百多名工人，赚了一百多万元，说他剥削致富，主张动他。邓小平说："不能动，一动人们就会说政策变了，得不偿失。"② 这里讲的得失，指的是大局的得失。当时刚刚开始搞活，抓了一个"傻子"，成千上万的聪明人就不敢动了，得不偿失。邓小平说："像这一类的问题还有不少，如果处理不当，就很容易动摇我们的方针，影响改革的全局。"③ 所以，有些事处理还是不处理，这样处理还是那样处理，马上处理还是放一放再处理，都不仅要考虑这个事情本身的是非得失，还要考虑对全局可能产生的影响。这是战略家的眼光。

（三）在事关全局的重大问题上必须旗帜鲜明，不可随波逐流

全局利益是根本利益，丢掉全局就是丢掉根本，在事关全局的重大问题上，一定要立场坚定，旗帜鲜明，这就是原则性、党性；而在事关全局重大问题上模棱两可、摇摆不定、随波逐流，甚至颠倒是非，就是丧失原则、丧失党性。前面我们所说的妥协、让步、退却等，都是联系于全局需要所采取的策略和手段，是为了实现原则性而实行的必要的灵活性；如果离开了原则性，离开了全局的需要，甚至破坏了全局，那就不是灵活

---

① 邓小平：《在中央军委全体会议上的讲话》（1977 年 12 月 28 日），《邓小平文选》第 2 卷，人民出版社 1994 年版，第 82 页。

② 邓小平：《在武昌、深圳、珠海、上海等地的谈话要点》（1992 年 1 月 18 日—2 月 21 日），《邓小平文选》第 3 卷，人民出版社 1993 年版，第 371 页。

③ 邓小平：《在武昌、深圳、珠海、上海等地的谈话要点》（1992 年 1 月 18 日—2 月 21 日），《邓小平文选》第 3 卷，人民出版社 1993 年版，第 371 页。

性，而是机会主义，不是策略和手段，而成了目的。这当然是不许可的。所谓大智若愚，并不是愚，而是真正的清醒，是大事不糊涂、小事不计较。如果大事糊涂，那就不可救药了。毛泽东说，邓小平绵里藏针，指的就是原则性强。粉碎"四人帮"以后，中央"两报一刊"社论提出"两个凡是"，当时邓小平还没有出来工作，他就旗帜鲜明地说："两个凡是"不符合马克思主义。在原则性问题上毫不让步。因为按照"两个凡是"去做，中国就没有希望。随着拨乱反正的深入开展，一些人又走上另一个极端，企图否定毛泽东的历史地位和毛泽东思想的指导意义。这时，邓小平又及时地指出正确处理这个问题，"不是仅仅涉及毛泽东同志个人的问题，这同我们党、我们国家的整个历史是分不开的。要看到这个全局。……决议稿中阐述毛泽东思想的这一部分不能不要。这不只是个理论问题，尤其是个政治问题，是国际国内的很大的政治问题。如果不写或写不好这个部分，整个决议都不如不做"[1]。1989年那场政治风波过后，针对有的人对十一届三中全会以来路线的怀疑和动摇，邓小平旗帜鲜明地说："改革开放政策不变，几十年不变，一直要讲到底。国际国内都很关心这个问题。要继续贯彻执行十一届三中全会以来的路线、方针、政策，连语言都不变。十三大政治报告是经过党的代表大会通过的，一个字都不能动。"[2]在反"左"反右的问题上，他从来都是旗帜鲜明的，全面又始终有重点，他说："右可以葬送社会主义，'左'也可以葬送社

---

[1] 邓小平：《对起草〈关于建国以来党的若干历史问题的决议〉的意见》（1980年3月—1981年6月），《邓小平文选》第2卷，人民出版社1994年版，第299页。

[2] 邓小平：《组成一个实行改革的有希望的领导集体》（1989年5月31日），《邓小平文选》第3卷，人民出版社1993年版，第296页。

会主义。中国要警惕右，但主要是防止'左'。"他不点名地批评说："有些理论家、政治家，拿大帽子吓唬人的，不是右，而是'左'。"① 在事关全局的问题上，共产党员、领导干部必须旗帜鲜明。细节问题可以讨论，非原则问题可以让步，但关系全局的大事、要事，决不能含糊和让步，在原则性问题上，要有一种"咬定青山不放松，任尔东西南北风"的坚定和清醒。正如习近平所强调的，在涉及道路、理论、制度等根本性问题上，在大是大非面前，必须立场坚定，旗帜鲜明。②

三 遵循战略思维的基本原则

为了实现"着眼全局"这个本质要求，必须正确处理全局所包含的要素与要素、系统与环境、阶段与阶段等之间的关系。处理这些关系，应当遵循以下基本原则。

（一）把握重点

全局由局部构成，每一局部在全局中都有其一定的地位和作用。但是，它们的地位和作用是各不相同的，有的是一般性的，有的是比较重要的，有的是最重要、有决定意义的。我们总揽全局的时候对于各个局部不可以平均地使用力量，而应当把握重点、突出重点。荀子说："主好要则百事详，主好详则百事荒"，"故明主好要，而暗主好详"③。没有重点就没有政

---

① 邓小平：《在武昌、深圳、珠海、上海等地的谈话要点》（1992 年 1 月 18 日—2 月 21 日），《邓小平文选》第 3 卷，人民出版社 1993 年版，第 375 页。

② 习近平：《在中央全面深化改革领导小组第一次会议上的讲话》（2014 年 1 月 22 日），《习近平关于全面深化改革论述摘编》，中央文献出版社 2014 年版，第 148 页。

③ 王先谦：《荀子集解·王霸》，中华书局 1988 年版，第 224 页。

策，丢掉了重点就丢掉了全局。所谓"一着不慎，满盘皆输"，这里说的一着，不是任意的一着，不是每一着，而是有全局意义的关键一着。所以，毛泽东说："任何一级的首长，应当把自己注意的重心，放在那些对于他所指挥的全局说来最重要最有决定意义的问题或动作上，而不应当放在其他的问题或动作上。"① 那么，对于领导人员、管理人员来说，哪些问题应当成为重点问题呢？大体上有三类问题。

一是主要矛盾和中心任务。它决定战略主攻方向，对全局的发展起主要的决定作用。抓住了主要矛盾和中心任务，就可以提纲挈领带动全盘，事半而功倍；不去抓主要矛盾和中心任务，平均使用力量，就会茫无头绪，事倍而功半；抓错了主要矛盾和中心任务，就会劳而无功，导致全局的失败。在当代中国必须紧紧抓住经济建设这个中心任务，这是"兴国之要"。与此相适应，全面深化改革必须以经济体制改革为重点，这是由经济建设的中心地位所决定的。同样，企业必须坚持以效益为中心，学校必须坚持以教学为中心，科研院所必须坚持以出成果为中心，军队必须以打仗（训练）为中心，如此等等。陈云同志说："工作要抓住中心，照顾其他""中心工作与经常工作要分清。不忘记经常工作，但必须抓住中心，防止事务主义，乱无头绪。……平均使用力量，瞎抓一气，必无成效。"② 李瑞环同志风趣地说，不加选择，眉毛胡子一把抓，核桃栗子一齐数，其结果必然是螃蟹吃豆腐，吃得不多，抓得挺乱。

---

① 毛泽东：《中国革命战争的战略问题》（1936 年 12 月），《毛泽东选集》第 1 卷，人民出版社 1991 年版，第 176 页。

② 陈云：《学会领导方法》（1940 年 12 月 23 日），《陈云文选》第 1 卷，人民出版社 1995 年版，第 221 页。

　　二是重大矛盾和战略布局。主要矛盾规定了工作的战略主攻方向，它是至关紧要的，但不是唯一的。围绕主要矛盾还有一系列事关全局的重大矛盾，它们决定我们工作的战略布局。主要矛盾和重大矛盾相互联系、相互作用，共同推动全局的发展。毛泽东的《论十大关系》为我们提供了这种研究的范例。在我国社会主义现代化建设的今天，围绕经济建设这个中心，也有一系列事关全局的重大关系需要我们正确处理。例如，改革、发展、稳定之间的关系，经济建设、政治建设、文化建设、社会建设、生态文明建设之间的关系，城乡之间、区域之间的关系，先富、后富、共同富裕之间的关系，公有制与非公有制之间的关系，经济建设与人口、资源、环境之间的关系，经济建设与国防建设之间的关系，中央与地方之间的关系，中国与世界之间的关系，等等。中国特色社会主义理论体系就是正确处理这些重大关系的理论总结。全国如此，一个地区、一个部门、一个单位，也是如此，都要围绕自己的工作中心抓好自己事关全局的重大关系问题。例如，军队工作要正确处理战争与和平的关系，国防建设与经济建设的关系，革命化、现代化、正规化之间的关系，数量与质量之间的关系，常备军与国防后备力量之间的关系，继承优良传统与改革创新之间的关系，学习外军有益经验与保持我军特色之间的关系，等等。统一战线工作要正确处理各阶层之间的关系，各民族之间的关系，有神论者与无神论者之间的关系，各种宗教之间的关系，共产党与民主党派之间的关系，海内外华人华侨之间的关系，等等。文艺工作要正确处理文艺与生活的关系，文艺与群众的关系，文艺主旋律与多样性的关系，文艺的雅与俗的关系，等等。外交工作要正确处理韬光养晦与有所作为的关系，坚持原则与有理有利有节的关系，主要矛盾与次要矛盾的关系，真老虎与纸老虎的关系，接触与斗争的关系，等等。总之，凡有全局必有主要矛盾，围绕主要矛盾又有重大矛盾，在把握中心的同时做好战略布局，是总揽全局的一项重要领导艺术。

　　三是关键环节和工作的着力点。构成全局的各个局部在发展中总是不平衡的，有的比较薄弱，甚至十分薄弱。善于抓住薄弱环节，把它们作为工作的着力点，可以有效地推动全局的发展。不论破坏旧世界还是建设新世界，这都是一个重要方法。所谓"木桶理论"说的就是这个道理。木桶的最大容水量不取决于众多较长木板，而取决于那个最短的木板。解决问题学会抓短板、补短板，是一项领导艺术。"文革"结束以后，问题成堆成山，邓小平领导我们紧紧抓住思想路线拨乱反正这个关键环节，便势如破竹地推进了各条战线的拨乱反正和全面改革，从而开创了中国社会主义发展的新局面。中国的现代化包括工业现代化、农业现代化、科学技术现代化、国防现代化。邓小平说，关键是科学技术现代化，据此我们确立了科教兴国战略。各地的发展也是一样，当年广东抓住了深圳就是抓住了关键，上海抓住了浦东就是抓住了关键，今天京津冀协同发展抓住雄安就是抓住了关键。习近平在谈到全面深化改革时说，哪个领域哪个环节问题突出，哪个领域哪个环节就是改革的重点，一定要做到整体推进和重点突破相结合。"总之，一个原则，就是注意于那些有关全局的重要的关节。"①

---

① 毛泽东：《中国革命战争的战略问题》（1936 年 12 月），《毛泽东选集》第 1 卷，人民出版社 1991 年版，第 177 页。

（二）统筹兼顾

强调重点不是否定其他，而是为了更好地带动其他。这就要求在把握重点的同时，对构成全局的各个局部实行统筹兼顾。这是我们党历来的方针，也是一项重要的领导艺术。

从外延来说，统筹兼顾包括两个方面。一是对各方面工作要统筹兼顾，不可挂一漏万、顾此失彼。毛泽东形象地比喻为"弹钢琴"，说："弹钢琴要十个指头都动作，不能有的动，有的不动。……党委要抓紧中心工作，又要围绕中心工作而同时开展其他方面的工作。我们现在管的方面很多，各地、各军、各部门的工作，都要照顾到，不能只注意一部分问题而把别的丢掉。凡是有问题的地方都要点一下，这个方法我们一定要学会。"① 二是对人民内部利益各方面要统筹兼顾，不可只顾一部分人的利益而不顾其他人的利益，更不可不顾多数人的利益。在抗日战争时期，毛泽东说："中国共产党提出的各项政策，都是为着团结一切抗日的人民，顾及一切抗日的阶级，而特别是顾及农民、城市小资产阶级以及其他中间阶级的"，"在土地关系上，我们一方面实行减租减息，使农民有饭吃；另一方面又实行部分的交租交息，使地主也能过活。在劳资关系上，我们一方面扶助工人，使工人有工做，有饭吃；另一方面又实行发展实业的政策，使资本家也有利可图"，"就是要为全国一切抗日的人民谋利益，而不是只为一部分人谋利益"②。中华人民

---

① 毛泽东：《党委会的工作方法》（1949年3月13日），《毛泽东选集》第4卷，人民出版社1991年版，第1442页。
② 毛泽东：《在陕甘宁边区参议会的演说》（1941年11月6日），《毛泽东选集》第3卷，人民出版社1991年版，第808页。

共和国成立前夕，毛泽东提出一个"四面八方"的方针："公私兼顾，劳资两利，城乡互助，内外交流。"这是新中国新民主主义经济政策上的统筹兼顾。在社会主义时期，毛泽东把调动一切积极因素作为建设社会主义的一项基本方针。1957 年 1 月，他在省市自治区党委书记会议上说："统筹兼顾，各得其所。这是我们历来的方针。"① 他强调处理所有问题，都要从对全体人民统筹兼顾这个观点出发。从 21 世纪开始，我国进入全面建设小康社会的新阶段。我们的奋斗目标是一个全面的奋斗目标："使经济更加发展、民主更加健全、科教更加进步、文化更加繁荣、社会更加和谐、人民生活更加殷实。"② 这就要求对各方面工作统筹兼顾。为了实现这个全面的奋斗目标，必须"妥善处理各方面的利益关系，把一切积极因素充分调动和凝聚起来"，"对为祖国富强贡献力量的社会各阶层人们都要团结，对他们的创业精神都要鼓励，对他们的合法权益都要保护，对他们中的优秀分子都要表彰，努力形成全体人民各尽其能、各得其所而又和谐相处的局面"。③ 科学发展观的根本方法是统筹兼顾。其中包括三层意思：一是正确认识和处理各方面工作的关系，统筹城乡发展、区域发展、经济社会发展、人与自然和谐发展、国内发展和对外开放；二是正确认识和处理各方面利益关系，统筹中央和地方关系，统筹个人利益和集体利益、局部利益和整体利益、当前利益和长远利益；三是统筹国内国

---

① 毛泽东：《在省市自治区党委会议上的讲话》（1957 年 1 月 27 日），《毛泽东文集》第 7 卷，人民出版社 1999 年版，第 186 页。

② 胡锦涛：《构建社会主义和谐社会》（2005 年 2 月 19 日），《胡锦涛文选》第 2 卷，人民出版社 2016 年版，第 273 页。

③ 江泽民：《全面建设小康社会，开创中国特色社会主义事业新局面》（2002 年 11 月 8 日），《江泽民文选》第 3 卷，人民出版社 2006 年版，第 539—540 页。

际两个大局，善于从国际形势发展变化中把握发展机遇、应对挑战，营造良好国际环境。

这里需要明确的是，什么叫统筹兼顾？统筹兼顾不是简单地一二三四五的排列，不是形式主义的甲乙丙丁开中药铺，而是要正确处理各方面之间的关系，其中最重要的是比例关系和顺序关系。所谓比例关系，就是何者为重、何者为轻的问题，要有一个优化的比例。例如，所有制结构、产业结构、经济增长动力结构、投资结构、分配结构、企业结构、产品结构等，都有比例问题。人民代表大会中各阶级、各阶层、各党派、各民族、各地区各有多少代表，也是比例问题。领导班子的年龄结构、知识结构、智能结构，教育的层次结构、专业结构、人才结构等，都是比例问题。比例不同、效能不同，优化的比例才能产生优化的效能。所以，毛泽东要求我们要"胸中有'数'"。他在《党委会的工作方法》一文中说："对情况和问题一定要注意到它们的数量方面，要有基本的数量的分析。任何质量都表现为一定的数量，没有数量也就没有质量。我们有许多同志至今不懂得注意事物的数量方面，不懂得注意基本的统计、主要的百分比，不懂得注意决定事物质量的数量界限。"① 所谓顺序关系，就是何者为先、何者为后的问题，要有一个优化的顺序。《史记》中"田忌赛马"的故事讲的就是如何以优化的顺序取胜的问题，华罗庚的运筹法也是讲的顺序优选法。中国的革命、中国的改革从农村到城市，中国的开放从沿海到内地，中国的发展从又快又好到又好又快，都是顺序问题，也都是事关全局的战略问题。解放战争后期毛泽东提出东

---

① 毛泽东：《党委会的工作方法》（1949 年 3 月 13 日），《毛泽东选集》第 4 卷，人民出版社 1991 年版，第 1442 页。

北战场先打锦州，后打长春、沈阳，华北战场先取两头（天津、张家口和新保安），后取中间（北平），都是顺序优化的战略杰作。邓小平"两个大局"的思想是关于我国发展问题上的一个战略杰作。他在 20 世纪 80 年代说："沿海地区要加快对外开放，使这个拥有两亿人口的广大地带较快地先发展起来，从而带动内地更好地发展，这是一个事关大局的问题。内地要顾全这个大局。"同时他又说："发展到一定的时候，又要求沿海拿出更多力量来帮助内地发展，这也是个大局。那时沿海也要服从这个大局。"① 这个先后顺序都不是从局部考虑的，而是从全局考虑的。沿海率先发展，不仅仅是为了沿海，而是着眼全国，包括内地；到一定时候（后来他在"南方谈话"中讲，到 20 世纪末）帮助内地加快发展，也不仅仅是为了内地，同样是着眼全国，包含沿海（因为沿海的进一步发展需要内地更多的资源和更大的市场）。所以，事关全局的顺序问题是战略问题。

（三）开阔视野

系统作为整体，不但在内部存在诸多要素之间的联系，而且在外部存在与环境之间的联系。系统与环境之间不断进行物质、能量、信息的交换，一切事物的发展都不能不受到周围环境的影响。因此，做好全局工作，一定要有开阔的视野。邓小平说，"眼界要非常宽阔，胸襟要非常宽阔"，"放眼世界，放

---

① 邓小平：《中央要有权威》（1988 年 9 月 12 日），《邓小平文选》第 3 卷，人民出版社1993 年版，第 277—278 页。

眼未来，也放眼当前，放眼一切方面"。①

　　要放眼世界。古人说："不审天下之势，难应天下之务。"现在的世界是开放的世界，中国的发展离不开世界。不了解中国国情，会脱离中国实际，固然办不好中国的事情；不了解世界，会落后于时代潮流，同样办不好中国的事情。中国特色社会主义理论体系之所以富有强大的生命力，在于它既深深植根于中华大地，又有开阔的世界眼光。我们正确分析时代特征，做出"和平与发展"是当今世界两大主题的科学判断，明确自己的任务就是抓住和平机遇，加快自己的发展；我们正确分析世界经济发展趋势，做出"经济全球化"的科学判断，实行对外开放的基本国策；我们正确分析世界科技革命形势，做出"科学技术是第一生产力"的科学判断，制定和实施科教兴国战略；我们正确分析国际共产主义运动的经验教训，做出"走自己的道路，建设有中国特色的社会主义"的战略决策；我们正确分析发达国家发展的态势和矛盾、成就和危机，实行独立自主的和平外交政策，在促进世界和平、国际合作中应对各种挑战和风险考验。这就是胡锦涛所说的："统筹国内国际两个大局，树立世界眼光，加强战略思维，善于从国际形势发展变化中把握发展机遇、应对风险挑战，营造良好国际环境。"② 在当代，一个国家的发展离不开世界，一个真正现代化企业的发展也离不开世界。美国的一些大企业，为了制定自身的发展战略，专门组织力量研究国际国内经济环境对自身经营发展的影

---

　　① 邓小平：《组成一个实行改革的有希望的领导集体》（1989 年 5 月 31 日），《邓小平文选》第 3 卷，人民出版社 1993 年版，第 299—300 页。

　　② 胡锦涛：《高举中国特色社会主义伟大旗帜，为夺取全面建设小康社会新胜利而奋斗》（2007 年 10 月 15 日），《胡锦涛文选》第 2 卷，人民出版社 2016 年版，第 625 页。

响。美国 IBM 公司曾聘请 30 名经济学家与系统分析学家，从事对美国经济、世界经济与 IBM 公司的经营做相关分析，以求对公司的发展战略提出科学的依据和有效的咨询。这些专家建立和使用经济计量模型，对美国经济做了两年和六年的预测研究，从而估计 IBM 在美国市场上所占的地位。他们建立与使用宏观经济模型，对当时的西德、日本、英国、法国、巴西、意大利六国进行季度和年度的经济预测，建立与使用贸易分析模型，分析各国贸易之间的相互影响，同时使用世界贸易和外汇率模型，从而估算各种经济环境发生变化时对 IBM 公司产品需求的变化。这些经济环境的分析与预测，为该公司战略规划的制订提供了科学的论据。[1]

要放眼全国。深刻认识基本国情，了解全国工作大局，掌握党的大政方针，自觉在大局下行动。毛泽东说："我党规定了中国革命的总路线和总政策，又规定了各项具体的工作路线和各项具体的政策。但是，许多同志往往记住了我党的具体的各别的工作路线和政策，忘记了我党的总路线和总政策。而如果真正忘记了我党的总路线和总政策，我们就将是一个盲目的不完全的不清醒的革命者，在我们执行具体工作路线和具体政策的时候，就会迷失方向，就会左右摇摆，就会贻误我们的工作。"[2] 在今天，放眼全国，最重要的是牢牢把握中国社会主义初级阶段的基本国情，及其主要矛盾的变化，党的"一个中心、两个基本点"的基本路线，分三步走实现现代化的发展战略，以人为本、全面协调、可持续的科学发展观，"两个一百

① 参见冯之浚《论战略研究》，群言出版社 1995 年版，第 30 页。
② 毛泽东：《在晋绥干部会议上的讲话》（1948 年 4 月 1 日），《毛泽东选集》第 4 卷，人民出版社 1991 年版，第 1316 页。

年"奋斗目标，"四个全面"战略布局等。这就是我们的基本国情，这就是我们的工作大局，这就是我们的大政方针。大局在胸，我们就有坚定正确的政治方向，就有明确的奋斗目标和科学的指导思想，就能卓有成效地做好我们的本职工作，为全国大局的发展做出应有的贡献。

要放眼一切方面。我们所面对的一切都处于相互联系之中，自然、社会、思维，经济、政治、文化，国家、集体、个人，东部、中部、西部，一产、二产、三产，古今中外、上下左右，没有一个事物是孤立存在的。我们研究其中任何一个事物都要联系到与它相关的事物，把握它们之间的相互依存和相互转化。研究政治离不开经济，研究文化离不开经济和政治，研究党情离不开国情，研究城市离不开农村，研究本地离不开外地，研究今天离不开历史，如此等等。因此，研究问题一定要有开阔的视野，要眼观六路、耳听八方，不仅要放眼世界、放眼全国，还要放眼一切方面。列宁说："要真正地认识事物，就必须把握住、研究清楚它的一切方面、一切联系和'中介'。我们永远也不会完全做到这一点，但是，全面性这一要求可以使我们防止犯错误与防止僵化。"①马克思说："人的本质不是单个人所固有的抽象物，在其现实性上，它是一切社会关系的总和"②，毛泽东提出研究党史要运用"古今中外法"，科学发展观的根本方法是"统筹兼顾"，所有这些都是以事物的普遍联系为根据的，对这些联系的认

---

① 列宁：《再论工会、目前局势及托洛茨基和布哈林的错误》（1921 年 1 月 25 日），《列宁选集》第 4 卷，人民出版社 2012 年版，第 419 页。
② 马克思：《关于费尔巴哈的提纲》，《马克思恩格斯选集》第 1 卷，人民出版社 2012 年版，第 135 页。

识越全面、越深刻，就越能揭示事物的本质，也就越能找到解决问题的正确方法。

（四）照应阶段

"把握重点""统筹兼顾""开阔视野"，都是从"系统"角度研究全局。我们还应当从"过程"角度研究全局，正确处理阶段与阶段之间的关系。

一是立足当前，不要超越阶段。马克思主义者是唯物主义者，唯物主义要求我们一切从实际出发，不能用幻想的东西代替现实的东西，不能用抽象的可能性代替现实的可能性。现实情况乃是我们考虑一切问题、制定一切方针政策的最根本的依据。我们需要的主体能动性是根据和符合于客观实际的主体能动性。我们只能去做那些经过努力可以做到的事情，而不要勉强去做那些在现阶段经过努力也做不到的事情。超越阶段，曾经是我们一个很大的教训。过去搞革命就犯过超阶段的"左"的错误，所谓民主革命与社会主义革命"毕其功于一役"就是超越阶段。20 世纪五六十年代搞建设也犯过超阶段的错误，其集中表现是两个方面：一是发展生产力急于求成，1958 年发动"大跃进"，提出"人有多大胆，地有多大产""思想有粮就有粮，思想有钢就有钢""苦战三年基本改变面貌"，急于超英赶美，刮起浮夸风，结果欲速不达，受到自然规律、经济规律的惩罚。接受这个教训，在党的十一届三中全会以后，我们清醒分析中国国情，确认我国处于并将长期处于社会主义初级阶段，这个阶段从 20 世纪 50 年代到 21 世纪中叶，大约需要经历一百年时间，要分"三步走"逐步实现现代化。这就比较实事求是了，结果搞得比较好也比较快。二是调整生产关系盲目求纯，认为越公越好、越纯越好，不断过渡，老割所谓"资本主义尾巴"，甚至鼓吹"跑步进入共产主义"，结果破坏生产力，把老百姓搞得很穷。党的十一届三中全会以后，我们接受这个教训，确立"公有制为主体、多种所有制共同发展"的基本经济制度和分"三步走"实现现代化的发展战略，结果大大促进了我国经济和社会的发展。邓小平对此做了深刻总结，他说："不要离开现实和超越阶段采取一些'左'的办法，这样是搞不成社会主义的。"① "社会主义本身是共产主义的初级阶段，而我们中国又处在社会主义的初级阶段，就是不发达的阶段。一切都要从这个实际出发，根据这个实际来制订规划。"② 一个国家如此，一个地方、一个部门、一个单位也如此，都要从实际出发想问题，不要离开现实可能性去提口号、定目标、作规划。据报道，全国曾有 183 个城市提出要把自己的城市建设成国际大都会，这简直是异想天开嘛！我们有一个毛病就是爱刮风，你大我比你还大，你高我比你还高，再加上"上有好者，下必甚焉"，结果往往脱离实际，劳民伤财。

二是放眼长远，不要鼠目寸光。阶段之间既互相区别，又互相联系，我们在实现今天任务的同时，要为明天的发展准备必要条件，而不要使明天的发展丧失必要条件。这就要求有长远眼光。毛泽东在谈到战争的时候说："初战的计划必须是全战役计划的有机的序幕。没有好的全战役计划，绝不能有真正好的第一仗。这就是说，即使初战打了一个胜仗，若这个仗不但不于全战

---

① 邓小平：《社会主义首先要发展生产力》（1980 年 4 月 21 日），《邓小平文选》第 2 卷，人民出版社 1994 年版，第 312 页。

② 邓小平：《一切从社会主义初级阶段的实际出发》（1987 年 8 月 29 日），《邓小平文选》第 3 卷，人民出版社 1993 年版，第 252 页。

役有利，反而有害时，则这个仗虽胜也只算败了。……因此在打第一仗之先，必须想到第二、第三、第四以至最后一仗大体上如何打法，……没有全局在胸，是不会真的投下一着好棋子的。"① 没有长远打算，束缚于眼前的利害，就是失败之道。邓小平说，"考虑任何问题都要着眼于长远，着眼于大局"，"要总结现在，看到未来"，"回顾过去，着眼未来"。② 这就要求在实践活动中加强预见性。战略思维在本质上是预见思维。战略目标的确立，战略步骤的设计，战略布局的谋划，战略举措的选择，都属于对未来的思考，都是预想的东西。可以说，没有预见就没有战略，所谓预见就是见微而知著，"凡事预则立，不预则废"。有了科学预见，才能胸怀远大目标，才能关照好发展的各个阶段，才能未雨绸缪，防患于未然。先算后胜，是一切实践活动的成功之道。毛泽东在党的七大结论报告中对领导与预见的关系做了深刻阐述，他说："预见就是预先看到前途趋向。如果没有预见，叫不叫领导？我说不叫领导。""坐在指挥台上，如果什么也看不见，就不能叫领导。坐在指挥台上，只看见地平线上已经出现的大量的普遍的东西，那是平平常常的，也不能算领导。只有当着还没有出现大量的明显的东西的时候，当桅杆顶刚刚露出的时候，就能看出这是要发展成为大量的普遍的东西，并能掌握住它，这才叫领导。""为着领导，必须有预见"，"没有预见就没有领导，没有领导就没有胜利。

---

① 毛泽东：《中国革命战争的战略问题》（1936 年 12 月），《毛泽东选集》第 1 卷，人民出版社 1991 年版，第 221 页。

② 邓小平：《我们有信心把中国的事情做得更好》（1989 年 9 月 16 日），《邓小平文选》第 3 卷，人民出版社 1993 年版，第 298、308、327 页。

因此，可以说没有预见就没有一切"。①

三是审时度势，与时俱进。阶段与阶段之间，不但相互区别、相互联系，而且在一定的条件下发生转化。当某一阶段向另一阶段推移转变以后，要审时度势，及时提出新的任务、方针、政策、办法，坚定地实行战略转变。否则主观指导就会落后于形势的发展，就会犯错误。在土地革命战争时期，党的土地政策是平分土地，到了抗日战争时期则是减租减息，因为社会主要矛盾变化了，民族矛盾上升为主要矛盾，政策必须调整。抗日战争胜利后，阶级矛盾又重新上升为主要矛盾，党的土地政策便是实行土地改革。革命战争时期党的工作重心在农村，夺取全国政权以后，党的工作重心在城市。毛泽东说："真正的马克思主义是：当需要在乡村时，就在乡村；当需要转到城市时，就转到城市。"② 在革命战争时期和社会主义改造完成以前，我国社会的主要矛盾是阶级矛盾；当社会主义改造基本完成、社会主义制度建立以后，我国社会的主要矛盾便是人民日益增长的物质文化需要同落后的社会生产之间的矛盾，全党全国的工作便转到以经济建设为中心上来。我国社会主义初级阶段是一个很长的历史时期，它的发展也区别为若干小的阶段。经过半个多世纪的建设特别是改革开放以来的发展，现在我国不仅解决了温饱，而且即将建成全面小康，我国社会主义初级阶段的主要矛盾双方都发生了很大变化，集中体现为人民日益增长的美好生活需要和不平衡不充分的发展之间的矛盾。这一

---

① 毛泽东：《在中国共产党第七次全国代表大会上的结论》（1945 年 5 月 31 日），《毛泽东文集》第 3 卷，人民出版社 1996 年版，第 394—396 页。
② 毛泽东：《在中国共产党第七次全国代表大会上的口头政治报告》（1945 年 4 月 24 日），《毛泽东文集》第 3 卷，人民出版社 1996 年版，第 332 页。

变化是关系全局的历史性变化，对党和国家工作提出了许多新要求，适应这一变化，我们在继续推动发展的基础上，要着力解决发展不平衡、不充分问题，大力提升发展质量和效益，更好地满足人民在经济、政治、文化、社会、生态等方面日益增长的需要，更好地推动人的全面发展、社会全面进步。

（五）抓住机遇

这也是从"过程"角度研究全局。

什么叫机遇？机遇是一种可能性。在事物发展过程中，常常出现一种加速发展或实现质的飞跃的可能性，这种可能性对主体而言，就是机遇。战有战机，商有商机，一切都有机遇。战国时期的军事家吴起十分重视战机，他说："用兵之害，犹豫最大；三军之灭，生于狐疑。"18 世纪末 19 世纪初法国的拿破仑说："战略就是运用时间和空间的艺术。我是比较重视前者。空间失去了，还可以收回，时间则一去永不回。""在战争中时间的损失无可补救，任何解释都没有用，因为迟误即为失败的主因。"他甚至说："最好的士兵不是会打仗而是会走路。"这是讲的战争，强调战机的重要。经商作决策，商机也很重要。美国著名企业家、福特汽车总裁李·艾柯卡说："即使是正确的决策，如果决定迟了，也会是错误的。"他对接替他担任福特汽车总裁的菲利普·考德威尔说："菲尔，你的问题就出在你上过哈佛大学。你受的教育是，当你没有获得全部事实根据之前，不要采取行动。你即使得到了 95% 的事实根据，你也还得花 6 个月的功夫去得到其余的 5%，而当你得到 100% 的事实根据时，它们已经过了时，因为市场情况变了。"他的意思是，在瞬息万变的市场面前，观其大略就应该当机立断，即使决断有某些不够完备的地方，那也可以在实践中继续完善，而不应错过时机。

毛泽东要求我们，"要多谋善断"。多谋，就是多研究，多思考，多商量，特别是要多跟群众商量（走群众路线），多在班子内部商量（坚持民主集中制）。多谋是善断的基础，只有多谋才能善断。但是，多谋还不等于善断。所谓善断，一要断得正确，二要断得及时。主观武断固然会丧失机遇，优柔寡断也会丧失机遇。当断不断，反受其乱。在多谋的基础上，当机立断，才能抓住机遇。毛泽东在读《南史·梁武帝纪》时，写了如下两句诗："时来天地皆同力，运去英雄不自由。"这两句诗是唐朝人罗隐《筹笔驿》中的诗句，同样说的是抓住时机的重要。1959 年 3 月，毛泽东在郑州会议上比较三国时期几个主要集团的核心人物在这个问题上的差别时说，曹操多谋善断，最厉害；刘备也很厉害，但"事情出来了，不能一眼看出就抓到，慢一点"，稍逊一筹；袁绍则根本就是"见事迟，得计迟"，属不称职的领导。他还举蒋介石的例子来说明抓住时机的重要，说在辽沈战役中蒋介石就是"见事迟，得计迟"，对卫立煌的部队总是犹豫不决，最后才下决心强迫他去热河、到北平。如果早一点，我们围攻锦州的炮声一响就让他马上走，我们就只能切他一个尾巴。如果在我们还没有打锦州时，就把沈阳、锦州统统放弃，集中于平津，跟傅作义搞在一起，我们也不太好办。在这里，毛泽东强调的就是要抓住时机。

在社会主义建设中，能否抓住机遇，也是一件至关紧要的事情。在 20 世纪中期以后，世界发生重大变化，时代主题由战争与革命转到和平与发展。许多国家和地区抓住这个机遇，加速发展，实现了后来居上的历史飞跃。而我国由于种种原因，没有很好地抓住这个机遇，不合时宜地认为时代的主题仍然是战争与革命，如邓小平所指出的，"过去我们的观点一直是战争不可避免，而且迫在眉睫"①，"总是担心打仗，每年总要说一次"②。这样，当然不可能聚精会神搞建设，加上对国内阶级斗争形势的估计过于严重，使我们在指导思想上偏离了经济建设这个中心，丧失了加快发展的良好机遇。党的十一届三中全会以后，我们才逐步改变了这个观点，确立和平与发展是时代主题的新观点，认为在较长的时间内不发生大规模世界战争的可能性是存在的，维护世界和平是有希望的。根据这个新认识，邓小平说："现在的问题是要注意争取时间，该上的要上。大战打不起来，不要怕，不存在什么冒险的问题。"③ 邓小平反复强调："机会要抓住，决策要及时"④，"抓住时机，发展自己""我就担心丧失机会。不抓呀，看到的机会就丢掉了，时间一晃就过去了。"⑤ 他不赞成离开发展坐而论道，搞抽象争论，说"不争论"是他的一大发明，"不争论，是为了争取时间干。一争论就复杂了，把时间都争掉了，什么也干不成"⑥。有的人对邓小平"不争论"的说法，不以为然，说"百家争鸣"不就是争论吗？学术、理论不争论能发展吗？这是对邓小平谈话的误

---

① 邓小平：《在军委扩大会议上的讲话》（1985年6月4日），《邓小平文选》第3卷，人民出版社1993年版，第127页。

② 邓小平：《视察江苏等地回北京后的谈话》（1983年3月2日），《邓小平文选》第3卷，人民出版社1993年版，第25页。

③ 邓小平：《视察江苏等地回北京后的谈话》（1983年3月2日），《邓小平文选》第3卷，人民出版社1993年版，第25页。

④ 邓小平：《国际形势和经济问题》（1990年3月3日），《邓小平文选》第3卷，人民出版社1993年版，第355页。

⑤ 邓小平：《在武昌、深圳、珠海、上海等地的谈话要点》（1992年1月18日—2月21日），《邓小平文选》第3卷，人民出版社1993年版，第375页。

⑥ 邓小平：《在武昌、深圳、珠海、上海等地的谈话要点》（1992年1月18日—2月21日），《邓小平文选》第3卷，人民出版社1993年版，第374页。

解或曲解。邓小平说的不是理论问题，更不是学术问题。学术问题、理论问题当然可以争论，而且应该争论，只有在争论中才能辨明是非，发展真理。但是，邓小平说的是党和政府的决策问题。决策问题，只要经过了群众路线，又经过了民主集中制，当断就断，断了就干，不能搞无穷无尽的争论，不能总是议而不决。什么时候都会有不同意见，不能因为有不同意见就什么也不干了。有人说，决断错了怎么办？这当然是完全可能的。群众路线和民主集中制可以使我们减少错误，但是不能保证我们不犯错误。犯了错误，再来一次群众路线和民主集中制，把它纠正过来就是了嘛！你总不能因为有不同意见就什么也不干了。党和政府是领导机关，不是俱乐部，俱乐部可以无休止地争论，因为它不管饭吃。而领导机关身负国计民生的重任，怎么能陷于无休止的争论呢？

2018 年 1 月 5 日，习近平在学习贯彻党的十九大精神研讨班开班式上的讲话中指出："当前，我国正处于一个大有可为的历史机遇期。"① 这是纵观过去、当下与未来的历史演进，通览国家、政党、民族的沉浮兴衰，做出的重大战略判断。在漫长的历史长河中，中华民族曾有过很多机遇，但真正抓住机遇、开创盛世的屈指可数。中国共产党成立后，经过 100 年的奋斗，中华民族才迎来了从站起来、富起来到强起来的伟大飞跃。中国在社会主义道路上追寻现代化的前景从未像今天这样天高地广，世界从来没有像今天这样关注中国、需要中国。我们应当抓住这个机遇，创造出无愧于历史、无愧于时代的新业绩。

---

① 人民日报社评论部：《论学习贯彻习近平总书记"1·5"重要讲话》，人民出版社 2018 年版，第 6 页。

第一编　毛泽东的战略思维

导　　论

　　毛泽东作为我们党第一代中央领导集体的核心，他的战略思维的主题，是创造性回答"什么是中国革命、怎样进行革命"这一重大历史课题。他在总结长期实践经验的基础上，集中党和人民集体智慧，把马克思主义普遍真理同我国革命具体实际相结合，创立和发展了关于中国革命的科学指导思想——毛泽东思想。他关于中国革命战略和策略的论述，关于中国革命战争战略和战术的论述，关于战略思维理论和方法的论述，是我们党进行战略思维的杰出范例。他在这方面著作之多，内容之深刻、丰富和系统，为古今中外所罕见，是马克思主义理论宝库中的珍品。

　　毛泽东深刻阐明了中国革命的战略问题。他从中国半殖民地半封建社会的国情出发，明确提出中国革命分两步走的发展战略：第一步新民主主义革命，第二步社会主义革命。这是一篇文章的上下篇，前者是后者的必要准备，后者是前者发展的必然结果。有力地反对了右的和"左"的错误。他在领导中国民主革命的过程中，创造性提出了以工人阶级为领导、以工农联盟为基础、人民大众反对帝国主义、封建主义、官僚资本主义的新民主主义革命总路线，解决了中国革命的领导力量、依靠力量、团结力量、革命对象等革命基本问题。他从中国是一个农业大国、敌人统治力量在城市的强大和在农村的薄弱的客观实际情况出发，领导全党开辟了在农村建立革命根据地、以农村包围城市、最后夺取全国政权的武装斗争革命道路。他总结中国革命经验，创造性提出统一战线、武装斗争、党的建设是夺取革命胜利"三大法宝"的战略思想。

毛泽东深刻阐明了中国革命战争的战略问题，提出了一整套关于人民军队、人民战争和人民战争战略战术的理论。他把游击战争提到战略地位，认为中国革命战争在长时期内的主要作战形式是游击战和带游击性的运动战，论述了积极防御的战略方针，即"防御中的进攻，持久中的速决，内线中的外线"，在战役、战斗中集中优势兵力，把战略上的劣势变为战役、战斗上的优势，达到各个歼灭敌人，积小胜为大胜的战略目的。他强调随着敌我力量对比的变化，要及时正确地实行战略转变，成功指挥辽沈、淮海、平津三大战役，一举歼灭国民党精锐部队 154 万人，为新中国的建立奠定了基础。

毛泽东深刻阐明了政策和策略的辩证法，强调必须把原则的坚定性和策略的灵活性结合起来。他指出：弱小的革命力量在变化着的主客观条件下能够最终战胜强大的反动力量；战略上要藐视敌人，战术上要重视敌人；要掌握斗争的主要方向，不要"四面出击"；对敌人要区别对待、分化瓦解，实行利用矛盾、争取多数、反对少数、各个击破的策略；实现对同盟者的领导，必须具备两个条件，一是率领他们同共同的敌人进行斗争并取得胜利，二是给他们必要的物质利益和正确的政治教育，等等。

毛泽东对如何建设社会主义从战略上进行了深入思考和探

索。他在《论十大关系》《关于正确处理人民内部矛盾的问题》等著作中，总结国际共产主义运动中政治动荡的经验教训和我国建设社会主义的初步经验，提出"以苏为戒"，独立探索中国社会主义建设道路的战略思想。他提出以经济建设为中心，正确处理"十大关系"，调动一切积极因素，建设社会主义国家的战略方针；做出正确处理人民内部矛盾已经成为国家政治生活主题的科学论断；提出正确处理人民内部矛盾的一系列重大方针，如处理人民内部思想矛盾采取"团结—批评—团结"的方针，处理人民内部利益矛盾采取"统筹兼顾，适当安排"的方针，处理共产党同民主党派的矛盾采取"长期共存，互相监督"的方针，处理艺术、科学问题上的矛盾采取"百花齐放，百家争鸣"的方针，等等。

毛泽东不但在各个历史时期回答了有关革命和建设的一系列战略问题，而且总结、提炼出关于战略思维的一系列原则和方法，十分重视对干部进行战略思维教育。他在《中国革命战争的战略问题》的报告中指出："战略问题是研究战争全局的规律的东西"，"指挥全局的人，最要紧的，是把自己的注意力摆在照顾战争的全局上面"，"如果丢了这个去忙一些次要的问题，那就难免要吃亏了"。又说，"任何一级的首长，应当把自己注意的重心，放在那些对于他所指挥的全局说来最重要最有决定意义的问题或动作上，而不应当放在其他的问题或动作上。"① 他批评王明"左"倾教条主义者在中央苏区第五次反"围剿"战争中所谓"不丢失一寸土地"的军事冒险主义时说："他们看问题仅从一局部出发，没有能力通观全局，不愿把今

---

① 毛泽东：《中国革命战争的战略问题》（1936 年 12 月），《毛泽东选集》第 1 卷，人民出版社 1991 年版，第 175、176 页。

天的利益和明天的利益相联结，把部分利益和全体利益相联结，捉住一局部一时间的东西死也不放。"① 结果因小失大，丢掉了整个中央苏区。他又指出，即使是战役指挥员和战术指挥员，也应重视研究战略问题，"因为懂得了全局性的东西，就更会使用局部性的东西"②，他把马克思主义认识论和辩证法创造性地运用于战略思维，不但深刻阐明了作为战争游泳术的军事辩证法、原则坚定性和策略灵活性相结合的政策策略辩证法，而且提出一系列富有中国特色的思想方法、工作方法、领导方法，如"按照实际情况决定工作方针""一般和个别相结合""领导和群众相结合""把工作方针放在自己力量的基点上""要抓紧中心工作，又要围绕中心工作而同时开展其他方面的工作""自觉走曲折前进的道路""要多谋善断"，等等。

　　毛泽东关于战略问题的著作，有许多是在革命战争时期和社会主义改造时期写成的，但这些著作仍然是我们今天必须经常学习的。这不但因为历史不能割断，如果不了解过去，就会妨碍我们对于今天问题的了解；而且因为这些著作所包含的战略思维理论与方法，具有普遍的指导意义。至于《论十大关系》《关于正确处理人民内部矛盾的问题》等著作，是我们党独立探索中国社会主义建设道路的理论结晶，对于我们今天思考和回答发展与改革中的战略问题，更有直接的现实指导意义。

---

① 毛泽东：《中国革命战争的战略问题》（1936 年 12 月），《毛泽东选集》第 1 卷，人民出版社 1991 年版，第 212 页。

② 毛泽东：《中国革命战争的战略问题》（1936 年 12 月），《毛泽东选集》第 1 卷，人民出版社 1991 年版，第 175 页。

第一章　战略问题是研究战争全局的规律的东西

中国革命初期，走过了相当曲折的道路，毛泽东称之为"两起两落"，即北伐战争的胜利和大革命的失败，土地革命战争的兴起和第五次反"围剿"的失败。1935 年 1 月召开的遵义会议，纠正了王明"左"倾错误，确立了毛泽东在全党的领导地位，中国革命才开始走上胜利的道路。红军长征到达陕北之后，毛泽东发表一系列著作，从政策策略、军事战略和思想路线上系统总结中国革命的经验教训。1936 年 12 月发表的《中国革命战争的战略问题》一文，就是这些重要著作之一。它系统地解决了中国革命战争的战略问题，是对第二次国内革命战争经验的理论总结，是一篇具有中国共产党人特色的马克思主义战略学杰作，也是马克思主义哲学在战争中的创造性运用和发展。

一　研究战争和战争指导规律应着眼其特点和发展

战争是民族和民族、国家和国家、阶级和阶级、政治集团和政治集团之间相互斗争的最高形式。由于战争或战斗双方是成群武装着的活人，而且又相互保密的缘故，战争过程比起其他过程来说，具有更大的流动性、不确定性和偶然性。然而，凡是偶然性的背后都存在着客观的必然性。战争也有其不以人的意志为转移的客观规律。不懂得它的客观规律，就不能指导战争，就不能取得战争的胜利。

那么，应当如何研究战争的规律呢？毛泽东认为，应当在战争的共性和个性的统一中着重研究战争的个性即战争规律的特殊性。一切战争都有共同本质和一般规律，不懂得这个共同本质和一般规律是战争的门外汉，是不能正确地指导战争的。然而战争不是抽象的，而是具体的。战争有正义战争和非正义战争、革命战争和反革命战争的区别，它们既有共同的规律，又各有其特殊的规律；如果不研究革命战争的特殊规律，就不能正确指导革命战争。不仅如此，革命战争又是在不同的国度里进行的，中国革命战争和其他国家的革命战争比较起来，又有自己的特殊性，不研究中国革命战争的特殊规律，就不能正确指导中国革命战争。即使是中国革命战争，在不同的历史时期，也有不同的特点，不能以不变应万变。所以，毛泽东说："我们应该研究一般战争的规律；也应该研究革命战争的规律；最后，我们还应该研究中国革命战争的规律。"[①]

"左"倾教条主义者不懂得战争的辩证法。他们认为，只要研究一般战争规律就得了，或者只要研究俄国革命战争规律就得了，或者认为北伐战争的经验是最好的，我们应学习他们那种长驱直入夺取大城市的经验。毛泽东认为，这是战争问题

---

① 毛泽东：《中国革命战争的战略问题》（1936 年 12 月），《毛泽东选集》第 1 卷，人民出版社 1991 年版，第 171 页。

上的机械论。他在《读艾思奇编〈哲学选辑〉一书的批注》中说："类推法的危险，中国人犯的太多了。类推须是真正的同类。若是形同类而实不同类，而妄用类推法，没有不错误的。如拿俄国革命和中国革命比，拿北伐战争与苏维埃战争比，拿第一次大战与现在的大战比。"① 这种类推法的根本错误，在于否认中国革命战争的特殊性。这样做，没有不遭到失败的。

　　毛泽东指出："战争情况的不同，决定着不同的战争指导规律，有时间、地域和性质的差别。从时间的条件说，战争和战争指导规律都是发展的，各个历史阶段有各个历史阶段的特点，因而战争规律也各有其特点，不能呆板地移用于不同的阶段。从战争的性质看，革命战争和反革命战争，各有其不同的特点，因而战争规律也各有其特点，不能呆板地互相移用。从地域的条件看，各个国家各个民族特别是大国家大民族均有其特点，因而战争规律也各有其特点，同样不能呆板地移用。我们研究在各个不同历史阶段、各个不同性质、不同地域和民族的战争的指导规律，应该着眼其特点和着眼其发展，反对战争问题上的机械论。"② 这就是毛泽东关于如何研究战争的根本回答。

　　以此为指导，毛泽东进一步深入研究并概括了中国革命战争的四个主要特点：其一，中国是一个政治经济发展不平衡的半殖民地的大国，而又经过了1924年至1927年的革命。"东方不亮西方亮，黑了南方有北方"，为红军在敌人统治薄弱的地区建立革命根据地创造了条件，为游击战争提供了回旋的余地；经过了第一次大革命的洗礼，也就准备好了红军的种子，准备

---

① 毛泽东：《毛泽东哲学批注集》，中央文献出版社1988年版，第316—317页。
② 毛泽东：《中国革命战争的战略问题》（1936年12月），《毛泽东选集》第1卷，人民出版社1991年版，第173页。

好了红军的领导者即共产党，又准备好了参加过一次革命的民众。其二，敌人的强大。红军的敌人国民党，是掌握着国家政权的党，其武器和其他军事物资的供给比起红军来雄厚得多，其军队数量之多超过中国任何一个历史时代的军队，超过世界任何一个国家的常备军，也远远超过红军，它控制了全中国的政治、经济、交通、文化的枢纽或命脉。其三，红军的弱小。革命根据地的区域比较小，其经济条件和文化条件同国民党区域相比较是落后的，红军的数量是少的，红军的武器是差的，红军的粮食被服等物资供给是非常困难的。其四，共产党的领导和土地革命。中国革命战争虽然是处在中国和资本主义世界的反动时期，然而是能够胜利的，因为它有共产党的领导和农民的援助；根据地虽小却有很大的政治上的威力，军事上给国民党的进攻以很大的困难，因为我们有农民的援助；红军虽小却有强大的战斗力，因为在共产党领导下的红军人员是从土地革命中产生，为着自己的利益而战斗的，而且指挥员和战斗员之间在政治上是一致的。"这些特点，规定了中国革命战争的指导路线及其许多战略战术的原则。第一个特点和第四个特点，规定了中国红军的可能发展和可能战胜其敌人。第二个特点和第三个特点，规定了中国红军的不可能很快发展和不可能很快战胜其敌人，即是规定了战争的持久，而且如果弄得不好的话，还可能失败。"[1]

这就是中国革命战争的根本规律，许多规律都是从这个根本规律发生出来的。谁要是睁眼看不见这些根本性质的规律，谁就不能指导中国的革命战争，谁就不能使红军打胜仗。

---

[1]　毛泽东：《中国革命战争的战略问题》（1936 年 12 月），《毛泽东选集》第 1 卷，人民出版社 1991 年版，第 191 页。

二 研究战争和指导战争应重视研究带全局性的战略问题

研究战争和指导战争，必须研究带全局性的战略问题。所谓战略问题，就是关系全局的重大问题。在事物存在和发展过程中，全局比局部具有更为重要的意义。从全局角度看问题，就能高瞻远瞩，不但看得全、看得远，而且看得准、看得透，从而能正确地认识事物，把握其本质和发展规律，运筹帷幄，决胜千里，而不至于成为"井底之蛙""一叶障目而不见泰山"。只要有战争，就有战争的全局。凡属带有要照顾各方面和各阶段的性质的，都是战争的全局。世界可以是战争的一全局，一国可以是战争的一全局，一个独立的游击区、一个大的独立的作战方面，也可以是战争的一全局。军事指挥家的根本任务就是研究和把握战争的全局和带全局性的战略问题。没有全局在胸的棋手，是不会真的投下一着好棋子的。同样，没有全局在胸的指挥员，是不会指挥军队打胜仗的。因此，毛泽东强调："指挥全局的人，最要紧的，是把自己的注意力摆在照顾战争的全局上面。主要地是依据情况，照顾部队和兵团的组成问题，照顾两个战役之间的关系问题，照顾各个作战阶段之间的关系问题，照顾我方全部活动和敌方全部活动之间的关系问题，这些都是最吃力的地方，如果丢了这个去忙一些次要的问题，那就难免要吃亏了。"①

处于局部地位的战役和战术指挥员，也应该了解全局和事

---

① 毛泽东：《中国革命战争的战略问题》（1936 年 12 月），《毛泽东选集》第 1 卷，人民出版社 1991 年版，第 176 页。

关全局的战略问题。因为：第一，全局和局部的区别是相对的，不是绝对的。相对于全局而言，你是局部；但相对于你所管辖的局部而言，你又是全局，也有一个总揽全局的问题。第二，局部是隶属于全局的，从全局着眼，才能更清楚看清局部、了解局部和谋划局部。现实中经常有这样的情况，由于受眼界、视角、环境等因素的影响，身处局部反而不能更好地了解局部，正如苏轼《题西林壁》所说的那样："横看成岭侧成峰，远近高低各不同。不识庐山真面目，只缘身在此山中。"所以古人讲，"不谋全局者不足谋一域，不谋万世者不足谋一时"。毛泽东进一步指出："懂得了全局性的东西，就更会使用局部性的东西，因为局部性的东西是隶属于全局性的东西的。……战争的胜败的主要和首先的问题，是对于全局和各阶段的关照得好或关照得不好。如果全局和各阶段的关照有了重要的缺点或错误，那个战争是一定要失败的。"[①] 因此，处于局部地位的指挥员，也必须时刻做到全局在胸，统筹考虑敌我双方的情况、各个战役之间或各个作战阶段之间的关系、前后方之间的关系，还要综合考虑消耗和补充、作战和休息、集中和分散、攻击和防御、前进和后退、持久战和速决战、阵地战和运动战、本军和友军等情况，不能只顾一点，不及其余。

当然，研究全局和注重全局，并不是说可以忽视局部。因为全局是由它的一切局部构成的，不能脱离局部而独立，没有局部，也不会有全局。有的时候，有些局部破坏了或失败了，全局可以不起重大的影响，但是如果对全局有决定意义的局部失败了，就可能出现"一着不慎，满盘皆输"的情况。所以，

---

　　① 毛泽东：《中国革命战争的战略问题》（1936年12月），《毛泽东选集》第1卷，人民出版社1991年版，第175页。

"任何一级的首长，应当把自己注意的重心，放在那些对于他所指挥的全局说来最重要最有决定意义的问题或动作上，而不应当放在其他的问题或动作上"①。什么是"最重要最有决定意义的问题或动作"？不能按照一般的或抽象的情况去规定，必须按照具体的情况去规定。一般说来，主要矛盾和中心任务、重大矛盾和战略布局，就是"最重要最有决定意义的问题或动作"。在一定条件下，突出的薄弱环节成为"有关全局的重要的关节"，必须重点关注和着力解决。如同一只木桶，它的最大容水量，不取决于众多较长木板，而取决于那块最短的木板。

在《中国革命战争的战略问题》中，毛泽东不仅从横向和共时态的视角，还从纵向和历时态的视角论述了全局和局部的关系。他认为，从发展的角度看，战争的全局，既包括现时的战略阶段，也包括以后几个相关的战略阶段，相对于战争全局而言，各个不同的战略阶段都是局部。从全局角度谋划战争，必须照顾到各个战略阶段及其相互联系。比如，在战略反攻中，如果只顾反攻，不顾反攻胜利后或万一反攻失败后如何做，依然未尽到战略指导者的责任。这就像下棋一样，新手往往是走一步、看一步，走到哪算哪，但高明的棋手则是走一步看两步、三步甚至更长远，因而能够在对弈中占据主动地位。所以，"战略指导者当其处在一个战略阶段时，应该计算到往后多数阶段，至少也应计算到下一个阶段。尽管往后变化难测，愈远看愈渺茫，然而大体的计算是可能的，估计前途的远景是必要的。那种走一步看一步的指导方式，对于政治是不利的，对于战争也是不利的。走一步应该看那一步的具体变化，据此以修

---

① 毛泽东：《中国革命战争的战略问题》（1936 年 12 月），《毛泽东选集》第 1 卷，人民出版社 1991 年版，第 176 页。

改或发展自己战略战役计划，不这样做，就会弄出冒险直冲的错误。然而贯通全战略阶段乃至几个战略阶段的、大体上想通了的、一个长时期的方针，是决不可少的。不这样做，就会弄出迟疑坐困的错误，实际上适合了敌人的战略要求，陷自己于被动地位。……退却阶段时必须计算到反攻阶段，反攻阶段时必须计算到进攻阶段，进攻阶段时又须计算到退却阶段。没有这种计算，束缚于眼前的利害，就是失败之道"①。

三　指导战争必须使自己的主观
认识同客观实际相符合

夺取革命战争的胜利，前提是战略决策必须正确。军事规律和其他事物规律一样，都是客观的东西，不以人的意志为转移。战争指导必须与战争规律相符合；否则，就会在战场上吃亏和打败仗。

毛泽东指出，在战争史上，事实上的常胜将军是很少的，但智勇双全的将军是可以做到的。而达到"智勇双全"的方法，"就是熟识敌我双方各方面的情况，找出其行动的规律，并且应用这些规律于自己的行动"②。"这里的关键，就在于把主观和客观二者之间好好地符合起来。"③ 举例来说，如果战斗的攻击点选择在敌人的薄弱环节，就是主观与客观实际相符合，

① 毛泽东：《中国革命战争的战略问题》（1936 年 12 月），《毛泽东选集》第 1 卷，人民出版社 1991 年版，第 221—222 页。

② 毛泽东：《中国革命战争的战略问题》（1936 年 12 月），《毛泽东选集》第 1 卷，人民出版社 1991 年版，第 178 页。

③ 毛泽东：《中国革命战争的战略问题》（1936 年 12 月），《毛泽东选集》第 1 卷，人民出版社 1991 年版，第 179 页。

否则，就是不相符合。一些人之所以会犯错误，就是因为战争或战斗的部署和指挥不适合当时当地的情况，主观指导和客观实际不相符合，没有解决主观和客观之间的矛盾。而且，由于战争是敌我双方的较量，要做到主观与客观相符合，要打胜仗，就必须了解敌我双方两个方面的实际，既要知己，也要知彼。只有知己知彼，才能百战不殆。有一种人，明于知己，暗于知彼；又有一种人，明于知彼，暗于知己，他们都不能做到主观指导与客观实际相符合，都不能解决战争规律的学习和使用问题，因而都不可能指导革命战争取得胜利。

在《中国革命战争的战略问题》中，毛泽东把马克思主义认识论运用于战争问题研究，科学地阐明了正确战略的形成过程：指挥员的正确的部署来源于正确的决心，正确的决心来源于正确的判断，正确的判断来源于周到的和必要的侦察，以及对于各种侦察材料的联贯起来的思索。指挥员使用一切可能的和必要的侦察手段，将侦察得来的敌方情况的各种材料加以去粗取精、去伪存真、由此及彼、由表及里的思索，然后将自己方面的情况加上去，研究双方的对比和相互的关系，因而构成判断，定下决心，做出计划——这是军事家在做出每一个战略、战役或战斗的计划之前的一个整个的认识情况的过程。[①] 他还指出，认识情况的过程，不但存在于军事计划建立之前，而且存在于军事计划建立之后。当执行某一计划时，从开始执行起，到战局终结止，这是又一个认识情况的过程，即实行的过程。此时，第一个过程中的东西是否符合实际情况，需要重新加以检查。如果计划和情况不符合，或者不完全符合，就必须依照

[①] 毛泽东：《中国革命战争的战略问题》（1936 年 12 月），《毛泽东选集》第 1 卷，人民出版社 1991 年版，第 180 页。

新的认识，构成新的判断，定下新的决心，把已定计划加以改变，使之适合于新的情况。①

　　要做出正确的战略决策，除了尽可能了解客观实际情况外，还要善于学习和借鉴他人的经验。因为个人经历和实践经验都是有限的，任何人都不可能事事直接经验，学习他人的经验是我们获得知识的重要途径。一切带原则性的军事规律或军事理论，都是前人或今人做的关于过去战争经验的总结。这些过去的战争所留给我们的血的教训，我们应该着重地学习；但同时还要从自己经验中考证这些结论，吸收那些用得着的东西，拒绝那些用不着的东西，增加那些自己所特有的东西。这也就是说，学习和借鉴他人经验，必须从自己的实际出发，把普遍性的军事理论与具体的革命战争实践相结合，切不可像土地革命战争时期的教条主义那样照抄照搬别人的作战经验。

　　在《中国革命战争的战略问题》中，毛泽东还提出了"在战争中学习战争"的方法。他认为："读书是学习，使用也是学习，而且是更重要的学习。从战争学习战争——这是我们的主要方法。"② 在革命战争实践中常常不是先学好了再干，而是干起来再学习，干就是学习。只要肯学习，就能实现由"老百姓"到军人的转变。这一思想，无论是对学习战争指导规律，还是对学习其他方面的规律，都具有普遍指导意义。

---

① 毛泽东：《中国革命战争的战略问题》（1936 年 12 月），《毛泽东选集》第 1 卷，人民出版社 1991 年版，第 180 页。

② 毛泽东：《中国革命战争的战略问题》（1936 年 12 月），《毛泽东选集》第 1 卷，人民出版社 1991 年版，第 181 页。

四　由中国革命战争特点产生的战略战术

中国革命战争的特点不仅在根本上决定了中国革命战争的持久性和最终胜利属于中国人民，也决定了中国革命战争的一系列战略战术。

（一）"围剿"和反"围剿"是土地革命战争的主要形式

在土地革命战争时期，由于敌强我弱的态势，决定"围剿"和反"围剿"是革命战争的主要形式。国民党反动派掌握着全国政权，控制了全中国的政治、经济、交通、文化的枢纽或命脉，其军事装备和军队数量也远远超过红军，可以说处于绝对优势地位。国民党反动派为了消灭红军，必然借助其军事优势对红军实行所谓"围剿"。他们不但对中央苏区进行了五次"围剿"，对其他革命根据地的红军也实行了同样的"围剿"。而红军虽然弱小，但得到人民群众的拥护和支持，可以凭借广袤的农村特别是山区与敌人周旋，采取"敌进我退，敌驻我扰，敌疲我打，敌退我追"的游击战术，诱敌深入，在运动中歼灭敌人，实现打破敌人"围剿"，巩固和发展革命根据地的战略目的。

毛泽东指出，敌人的"围剿"和红军的反"围剿"，互相采用进攻和防御这两种战斗的形式，这与古今中外的战争没有两样。土地革命战争的特点，则是二者长期的反复。在反"围剿"战役的第一阶段，敌人以进攻反对红军的防御；在战役的第二阶段，则是红军以进攻反对敌人的防御。任何"围剿"，都是包括这两个阶段的。从战略上说，只有反"围剿"根本没有成功，才叫作失败，而且也只能叫作局部的和暂时的失败。这种"围剿"和反"围剿"斗争，只有在敌我力量对比发生根本性变化，即我强敌弱时才会结束。

（二）积极防御的战略方针

中国革命战争的特点和规律，决定了红军在土地革命战争中长期处于战略防御地位。因为在强敌的"围剿"面前，"首先而且严重的问题，是如何保存力量，待机破敌。所以，战略防御问题成为红军作战中最复杂和最重要的问题"①。"左"倾冒险主义者不愿意承认这一现实，不懂得战略防御和战略退却的必要性，即使在强敌面前也坚决反对战略退却，主张"御敌于国门之外"。理由是退却会丧失土地，会"打烂坛坛罐罐"，对外也产生不良影响。毛泽东以《战国策》中"将欲取之必先与之"的策略思想予以驳斥：如果我们丧失的是土地，而取得的是战胜敌人，加恢复土地，再加扩大土地，这是赚钱生意；②不在一部分人民家中一时地打烂些坛坛罐罐，就要使全体人民长期地打烂坛坛罐罐。惧怕一时的不良政治影响，就要以长期的不良影响做代价。毛泽东指出："战略退却，是劣势军队处在优势军队进攻面前，因为顾到不能迅速地击破其进攻，为了保存军力，待机破敌，而采取的一个有计划的战略步骤。"③

在此基础上，毛泽东提出了"积极防御"的战略思想。他

---

① 毛泽东：《中国革命战争的战略问题》（1936 年 12 月），《毛泽东选集》第 1 卷，人民出版社 1991 年版，第 197 页。

② 毛泽东：《中国革命战争的战略问题》（1936 年 12 月），《毛泽东选集》第 1 卷，人民出版社 1991 年版，第 211 页。

③ 毛泽东：《中国革命战争的战略问题》（1936 年 12 月），《毛泽东选集》第 1 卷，人民出版社 1991 年版，第 203 页。

指出，军事上有两种防御，一种是消极防御，即单纯防御；另一种是积极防御，即攻势防御或决战防御。消极防御实际上是假防御，只有积极防御才是真防御，才是为了反攻和进攻的防御。积极防御"是防御和进攻的交替的应用"，[①]进攻中有防御，防御中有进攻，防御的目的是为了更好地进攻。"为了进攻而防御，为了前进而后退，为了向正面而向侧面，为了走直路而走弯路，是许多事物在发展过程中所不可避免的现象，何况军事运动。"[②]"围剿"没有打破以前是防御，"围剿"一经打破就开始了进攻，这是一件事情的两个阶段。只有通过积极防御，红军才能不断打破敌人的"围剿"，巩固和发展革命根据地。

毛泽东还指出，实行积极防御的战略方针，从战略防御中争取胜利，集中兵力、运动战、速决战、歼灭战，都是必要的条件。"而集中兵力，是首先的和主要的。"[③]因为集中兵力可以改变敌我力量对比的态势，变被动为主动、变不利为有利、变劣势为优势。所以，他认为："在有强大敌军存在的条件下，无论自己有多少军队，在一个时间内，主要的使用方向只应有一个，不应有两个。我不反对作战方向有两个或两个以上，但主要的方向，在同一个时间内，只应有一个。中国红军以弱小者的姿态出现于内战的战场，其迭挫强敌震惊世界的战绩，依

---

① 毛泽东：《中国革命战争的战略问题》（1936 年 12 月），《毛泽东选集》第 1 卷，人民出版社 1991 年版，第 200 页。

② 毛泽东：《中国革命战争的战略问题》（1936 年 12 月），《毛泽东选集》第 1 卷，人民出版社 1991 年版，第 196 页。

③ 毛泽东：《中国革命战争的战略问题》（1936 年 12 月），《毛泽东选集》第 1 卷，人民出版社 1991 年版，第 223 页。

赖于兵力集中使用者甚大。"①

（三）红军的主要作战方式是运动战而不是阵地战

中国革命战争的特点和规律，决定了红军的主要作战方式是运动战而不是阵地战。毛泽东认为，在没有广大兵力，没有弹药补充，每一个根据地打来打去仅只有一支红军的条件下，阵地战对于我们是基本上无用的。阵地战，对于我们，不但防御时基本地不能用它，就是进攻时也同样不能用。因为，"由于敌人强大和红军技术贫弱所发生的红军作战的显著特点之一，就是没有固定的作战线"②。大方向虽在一个时期中是不变更的，然而大方向内的小方向则是随时变更的，一个方向受了限制，就得转到另一个方向去；大方向受了限制，也得及时变更。这就决定了红军必须采用运动战。

毛泽东把运动战的基本原则概括为"打得赢就打，打不赢就走"，"一切的'走'都是为着'打'，我们的一切战略战役方针都是建立在'打'的一个基本点上"③。运动战的精妙之处在于：在运动中调动敌人，牵着敌人的鼻子走，造成有利于我而不利于敌的主动局面和优势地位，伺机歼灭或重创敌人。

毛泽东同时也指出，虽然红军的基本作战方式是运动战，但并不拒绝必要的和可能的阵地战。比如，战略防御时，我们钳制某些支点的固守，战略进攻时遇着孤立无援之敌，都应该

---

①　毛泽东：《中国革命战争的战略问题》（1936 年 12 月），《毛泽东选集》第 1 卷，人民出版社 1991 年版，第 225 页。

②　毛泽东：《中国革命战争的战略问题》（1936 年 12 月），《毛泽东选集》第 1 卷，人民出版社 1991 年版，第 228 页。

③　毛泽东：《中国革命战争的战略问题》（1936 年 12 月），《毛泽东选集》第 1 卷，人民出版社 1991 年版，第 230 页。

运用阵地战去对付。但不能把阵地战作为基本的作战方式，或者把阵地战和运动战平等看待。

（四）战略的持久战和战役、战斗的速决战

中国革命战争的特点和规律，决定了红军必须实行战略的持久战、战役和战斗的速决战。毛泽东认为，"战略的持久战，战役和战斗的速决战，这是一件事的两方面，这是国内战争的两个同时并重的原则，也可以适用于反对帝国主义的战争"，"因为反动势力的雄厚，革命势力是逐渐地生长的，这就规定了战争的持久性。在这上面性急是要吃亏的，在这上面提倡'速决'是不正确的"。①

但是，战役和战斗的原则与此相反，不是持久而是速决。原因在于：红军的武器尤其是弹药没有来源；在对敌作战中，国民党反动派有很多支部队，红军只有一支部队，打它们中间的一个如果不能迅速地解决战斗，其余各个就会赶来支援。

毛泽东进一步指出，速决战不是心里想要如此做就做得成功的，还须加上许多具体的条件。主要的条件是准备充足，不失时机，集中优势兵力，包围迂回战术，良好阵地，打运动中之敌，或打驻止而阵地尚不巩固之敌。不解决这些条件，而求战役或战斗的速决，是不可能的。在作战中，还要力争打歼灭战，避免击溃战，尽可能多地消灭敌人的有生力量。

---

① 毛泽东：《中国革命战争的战略问题》（1936 年 12 月），《毛泽东选集》第 1 卷，人民出版社 1991 年版，第 233—234 页。

第二章　抗日战争中的伟大战略 预见和战略指导

　　1937年卢沟桥事变后，中华民族开始了全民族的伟大抗日战争。但是，战争的前景如何？如何进行这场战争？执政的国民党认识非常混乱，国内各种意见纷呈，"亡国论""速胜论"等错误论调流行，严重困扰抗日战争的顺利进行。有鉴于此，毛泽东在1938年发表《论持久战》讲演，异常清晰而又科学地回答了这个关系抗日战争全局、为人们所关心而又最迷惘的问题。他以惊人的精确性科学预见了抗日战争的前途和历史进程，制定了指导抗日战争的正确战略，坚定和鼓舞了全国人民夺取抗日战争胜利的信心，指引抗日战争取得伟大胜利。

一　科学回答抗日战争的前途命运问题

　　全国抗战爆发后，对于这场战争前途命运的错误认识，主要表现为两种错误倾向。

　　一是"亡国论"。这种观点对日本的实力充满恐惧，大肆宣扬"抗日亡国"的论调。实际上，"恐日病"在"九一八"事变时，在国民党内就普遍存在并在社会上非常流行。蒋介石、张学良的不抵抗主义，国民党在"九一八"事变之后的一系列对日妥协退让和与之签订丧权辱国协定，根本原因即源于此。全国抗战爆发后，"恐日病"不仅没有消失，反而更加泛滥。身为国民党副总裁的汪精卫竭力散布抗日战争的恐怖：如果再打下去，"无论是通都大镇，无论是荒村僻壤，必使人与地俱成灰烬"。"所谓抵抗，便是能使整个国家，整个民族为抵抗侵略而牺牲。"① 许多国民党高官和社会名流认同并附和汪精卫的这些观点，认为积极抗战的主张是唱高调，"歇斯底里的风气"，于是组织所谓"低调俱乐部"②，大肆宣扬"亡国论"，说"除了头脑极简单的糊涂虫以外，没有不明白继续打下去，中国绝不能侥幸成功的道理"③。随着抗战初期国民党战场的节节败退和日本侵略军的长驱直入，这种"亡国论"越来越甚。

二是"速胜论"。这种论调对中国抗日同样没有信心。他们寄希望于国际大国，幻想依靠美、英等国的干预，迫使日本停止侵略；或者盼望苏联出兵对日作战，帮助中国战胜日本；甚至幻想日本国内发生变化，从而迅速结束战争。全国抗战开始后，蒋介石期望英、法、美等国出面干预，并多次请求苏联政府出兵。由于过度强调和宣传国际因素，当时国内许多人都推测苏联会参战："只要打三个月，国际局势一定变化，苏联一定出兵，战争就可解决。""速胜论"的出发点

---

① 汪精卫：《最后关头》（1937年7月29日），《汪精卫先生抗战言论集》，独立出版社1938年版，第21页。

② 其主要成员之一的周佛海说："当抗战到底的调子高唱入云的时候，谁也不敢唱和平的低调，故我们主张和平的这一个小集团，便名为'低调俱乐部'。"（周佛海：《回忆与前瞻》，《中华日报》1939年7月22日）。

③ 周佛海：《回忆与前瞻》，《中华日报》1939年7月22日。

是期盼中国胜利，但对中国抗战的艰难性和长期性认识不足，当期盼的制胜因素不能出现时，"速胜论"就会转而陷入"亡国论"。

国民党在中国如何抗日的问题上没有清晰的认识和正确的主张，谋略混乱。他们不相信依靠中国自己的力量能够战胜日本，从巩固其一党专政的立场出发，忽视国内各种力量的动员和发动，压制中国共产党和其他党派，压制民众的抗日活动，实行由其政府和军队包办抗战的片面抗战路线。其结果，内部和战分歧频发，战争一遇挫折则失败主义猛烈反弹，对日求和论调泛起。1937年12月南京沦陷后，国民党高层中议和之论甚嚣尘上，蒋介石就此在日记中写道："近日各方人士与重要同志皆以为军事失败非速求和不可，几乎众口一词"①，"文人老朽以军事失利皆倡和议，高级将领皆多落魄望和"②。1938年4月，台儿庄战役歼灭日军近2万人，取得正面战场抗战以来的最大的一次胜利后，蒋介石速胜心理膨胀，调集60多万大军到徐州附近，部署与日军"准决战"，"速胜论"一时又高调频起。然而，战事的发展迅速地粉碎了"速胜论"者的幻想，国民党军随后被日军分割、包围，陷入败局，最后不得不向豫皖边突围并遭受严重损失。5月19日，徐州沦陷。于是，国民党内的失败主义情绪猛烈反弹，"再战必亡"的"亡国论"再次泛滥。

为了反对"亡国论"和"速胜论"，毛泽东在1938年5月26日至6月3日，集中时间埋头撰写《论持久战》。当时可以说废寝忘食。他的警卫员翟作军回忆：他曾两天两夜没有睡觉，

---

① 《蒋介石日记》1937年12月18日，斯坦福大学胡佛研究所藏手稿影印件。
② 《蒋介石日记》1937年11月30日，斯坦福大学胡佛研究所藏手稿影印件。

实在太困就洗洗脸清醒清醒，或者到院子里转一转，或者在床上闭上眼睛养一会儿神，其后连着五六天没睡好觉，两只眼睛布满红丝，神情疲惫，竟至最后累病了。因潜心写作，一餐饭曾数次温热，甚至连棉鞋被火盆烤着了也浑然不觉。[①] 另一位警卫员贺清华回忆说："七天七夜不睡觉，就是铁人也要熬倒了啊，主席当时真是拼了命了。"[②]

毛泽东在《论持久战》中明确指出：中国会亡吗？不会亡；中国能够速胜吗？不能速胜；中国抗日战争是持久的，最后胜利是中国的，中国抗日战争的前途是光明的。毛泽东的这一战略论断，是建立在对中日战争的性质和双方特点的科学分析的基础上的。他指出："中日战争不是任何别的战争，乃是半殖民地半封建的中国和帝国主义的日本之间在二十世纪三十年代进行的一个决死的战争。全部问题的根据就在这里。"[③] 他具体分析了中日双方的特点。

从日本方面说：第一，日本是帝国主义强国，它的军力、经济力和政治组织力在东方是一等的，在世界也是少数的几强之一。这个特点决定了战争的不可避免和中国的不能速胜。第二，日本所发动的这场战争是侵略战争，是退步的和野蛮的，这就决定它的战争必然失败。第三，日本国度比较小，其人力、军力、财力、物力均感缺乏，经不起长期战争的消耗。第四，日本在国际上虽能得到国际法西斯国家的援助，但同时遇到超过其国际援助力量的国际反对力量。失道寡助。这是从日本战

---

① 翟作军：《在毛主席身边》，湖北人民出版社 1959 年版，第 10—15 页。

② 转引自韩航海《读懂了〈论持久战〉，就读懂了中国和世界》，《思想大视野》2018 年 1 月 7 日。

③ 毛泽东：《论持久战》（1938 年 5 月），《毛泽东选集》第 2 卷，人民出版社 1991 年版，第 447 页。

争的本性产生出来的。"总起来说，日本的长处是其战争力量之强，而其短处则在其战争本质的退步性、野蛮性，在其人力、物力之不足，在其国际形势之寡助。这些就是日本方面的特点。"①

从中国方面来说：第一，我们是一个半殖民地半封建的国家，是一个弱国，军力、经济力和政治组织力各方面都不如敌人。战争之不可避免和中国之不能速胜，在这方面有其基础。第二，中国近百年的解放运动锻炼了中国人民，中国有了比任何一个历史时期更为进步的因素。中国共产党及其领导下的军队，就是这种进步因素的代表。中国今天的解放战争就是在这种进步的基础上得到了持久战和最后胜利的可能性。第三，中国又是一个很大的国家，地大、物博、人多、兵多，能够支持长期的战争。第四，由于中国战争的进步性、正义性而产生出来的国际广大援助，同日本的失道寡助又恰恰相反。"总起来说，中国的短处是战争力量之弱，而其长处则在其战争本质的进步性和正义性，在其是一个大国家，在其国际形势之多助。这些都是中国的特点。"②

毛泽东指出：抗日战争中敌我双方的这些特点，"是事实上存在的，不是虚造骗人的；是战争的全部基本要素，不是残缺不全的片段；是贯彻于双方一切大小问题和一切作战阶段之中的，不是可有可无的"③。中日之间这些矛盾着的特点，"规定

---

① 毛泽东：《论持久战》（1938 年 5 月），《毛泽东选集》第 2 卷，人民出版社 1991 年版，第 448 页。

② 毛泽东：《论持久战》（1938 年 5 月），《毛泽东选集》第 2 卷，人民出版社 1991 年版，第 449 页。

③ 毛泽东：《论持久战》（1938 年 5 月），《毛泽东选集》第 2 卷，人民出版社 1991 年版，第 450 页。

了和规定着战争的持久性和最后胜利属于中国而不属于日本。战争就是这些特点的比赛。这些特点在战争过程中将各依其本性发生变化，一切东西就都从这里发生出来"①。基于以上的科学分析，他令人信服地揭示了这场战争发展的不以人的意志为转移的客观规律：抗日战争是持久战而不是速决战，持久战是"从全部敌我因素的相互关系产生的结论"②，中国必定最后胜利而不会灭亡。

毛泽东深刻揭露了"亡国论"和"速胜论"错误的认识论根源，指出："战争问题中的唯心论和机械论的倾向，是一切错误的认识论上的根源。他们看问题的方法是主观的和片面的。或者是毫无根据地纯主观地说一顿；或者是只根据问题的一个侧面、一时候的表现，也同样主观地把它夸大起来，当作全体看。"③"亡国论"者只看到敌人军事力量强大的一面，而没有看到敌人的根本弱点和中国的优势；"速胜论"者不承认敌强我弱的现实状况，不了解敌方的短处需要一个长时期才能充分地暴露出来，而我方的长处也需要经过长时期的努力才能充分地发挥出来。两者看问题的方法都是非科学的，即主观的和片面的，因而得出的结论都是错误的。在实践中，"亡国论"产生妥协倾向，"速胜论"则"因为估计不符合真相，行动就无法达到目的；勉强行去，败军亡国，结

---

① 毛泽东：《论持久战》（1938年5月），《毛泽东选集》第2卷，人民出版社1991年版，第450页。

② 毛泽东：《论持久战》（1938年5月），《毛泽东选集》第2卷，人民出版社1991年版，第460页。

③ 毛泽东：《论持久论》（1938年5月），《毛泽东选集》第2卷，人民出版社1991年版，第447页。

果和失败主义者没有两样"①。因此，两者都是错误的、十分有害的。

二　科学预见抗日战争的历史进程

基于对敌我特点演化发展的客观分析，毛泽东在《论持久战》中科学预见了中国抗日战争的历史进程。他指出，中国持久的抗日战争将经历三个阶段。"第一个阶段，是敌之战略进攻、我之战略防御的时期。第二个阶段，是敌之战略保守、我之准备反攻的时期。第三个阶段，是我之战略反攻、敌之战略退却的时期。"② 其演化的过程是："中国由劣势到平衡到优势，日本由优势到平衡到劣势，中国由防御到相持到反攻，日本由进攻到保守到退却——这就是中日战争的过程，中日战争的必然趋势。"③

在第一阶段，敌人是进攻者，占据优势，我是防御者，处于劣势。敌人大举进攻，将占领许多大城市和重要交通线，但由于其战线延长、兵力分散和中国军民的抗击，其困难逐渐加大，财政经济开始竭蹶，"敌人将不得不决定在一定限度上的战略进攻终点，到达此终点以后，即停止其战略进攻，转入保守占领地的阶段"④，战争随之转入第二阶段。

---

① 毛泽东：《论持久战》（1938 年 5 月），《毛泽东选集》第 2 卷，人民出版社 1991 年版，第 458 页。

② 毛泽东：《论持久战》（1938 年 5 月），《毛泽东选集》第 2 卷，人民出版社 1991 年版，第 462 页。

③ 毛泽东：《论持久战》（1938 年 5 月），《毛泽东选集》第 2 卷，人民出版社 1991 年版，第 468—469 页。

④ 毛泽东：《论持久战》（1938 年 5 月），《毛泽东选集》第 2 卷，人民出版社 1991 年版，第 463—464 页。

　　在第二阶段，由于力量对比所决定，在敌停止战略进攻后，中国还难以举行战略反攻，因此必须经过一个相当长的阶段，继续消耗、削弱敌人的力量，积蓄壮大自己的力量，进一步改变敌我力量的对比，才能形成战略反攻的必要条件。在战略相持阶段，敌人的企图是保守占领地，组织伪政府，搜刮中国人民，以维持和继续扩大侵略战争。"我们的任务，在于动员全国民众，齐心一致，绝不动摇地坚持战争，把统一战线扩大和巩固起来，排除一切悲观主义和妥协论，提倡艰苦斗争，实行新的战时政策，熬过这一段艰难的路程。"① 毛泽东特别强调了相持阶段的极端重要性，他指出：这是关系抗日持久战和抗日战争前途的至为关键的阶段，"这个第二阶段是整个战争的过渡阶段，也将是最困难的时期，然而它是转变的枢纽，中国将变为独立国，还是沦为殖民地，不决定于第一阶段大城市之是否丧失，而决定于第二阶段全民族努力的程度。如能坚持抗战，坚持统一战线和坚持持久战，中国将在此阶段中获得转弱为强的力量"②。相持阶段是中国抗战力量生长的主要时期，必须解决也可能解决的根本问题是使敌强我弱的力量对比发生根本性的变化。即在长期的相持过程中，"中国将逐渐上升，日本则逐渐下降。那时，中国将脱出劣势，日本则脱出优势，先走到平衡的地位，再走到优劣相反的地位"。但这是一个非常艰苦的过程，我们应该准备长期战争，"跨过战争的艰难路程之后，

---

　　① 毛泽东：《论持久战》（1938 年 5 月），《毛泽东选集》第 2 卷，人民出版社 1991 年版，第 465 页。

　　② 毛泽东：《论持久战》（1938 年 5 月），《毛泽东选集》第 2 卷，人民出版社 1991 年版，第 465 页。

胜利的坦途就到来了"①。相持阶段是奠定中国抗日战争胜利基础的阶段。

第三阶段是战略反攻阶段，经过相持阶段的努力，中国的力量将转弱为强，日军的力量将由强变弱，使敌我力量对比发生根本性的变化，因此，"这个阶段，战争已不是战略防御，而将变为战略反攻了，在现象上，并将表现为战略进攻；已不是战略内线，而将逐渐地变为战略外线。直至打到鸭绿江边，才算结束了这个战争"②。

毛泽东运用辩证唯物主义的质量互变规律分析了三个阶段敌我力量的变化：第一阶段，敌优我劣。我之劣势有两种变化：一种是向下的，即经济、军事力量的消耗和土地、人口的减少等，但这是旧的量和质，主要表现在量上；一种是向上的，即战争中的经验、军队的进步、政治的进步、人民的动员、文化向新方向的发展、游击战争的出现、国际援助的增长等，这是新的量和质，主要表现在质上。敌之优势也有两种变化：一种是向下的，表现在经济、军事力量的消耗，士气的颓靡，国内人心的不满，国际舆论的责备等；一种是向上的，即扩大了土地、人口和资源，但这只是暂时和局部的。第二阶段，大体上是日本继续向下，中国继续向上，经过相当长的时间，敌我力量的对比将发生巨大的相反的变化，中国脱出劣势，日本脱出优势，先走到平衡的地位，再走到优劣相反的地位。第三阶段，中国利用优势实行反攻，驱敌出国。

---

①　毛泽东：《论持久战》（1938 年 5 月），《毛泽东选集》第 2 卷，人民出版社 1991 年版，第 466 页。

②　毛泽东：《论持久战》（1938 年 5 月），《毛泽东选集》第 2 卷，人民出版社 1991 年版，第 466 页。

三　卓越的马克思主义战略指导

《论持久战》一共讲了 120 个问题。前半部分，即第 1—58 个问题，主要讲"是什么""不是什么"，指出中国不会亡，也不会速胜，抗日战争只能是持久战，最后胜利是属于中国的。后半部分，即第 59—120 个问题，主要讲"怎样做""不怎样做"，科学阐明争取抗日战争胜利所必须采取的战略战术方针、政策，体现了卓越的马克思主义战略指导。

（一）必须发扬根据和符合于客观事实的自觉能动性

战争的胜负，固然决定于双方军事、政治、经济、地理、战争性质、国际援助诸条件，然而不仅仅决定于这些条件。这些条件只是规定了胜负的可能性。要把这种可能性变成现实，必须加上主观的努力，即发扬战争中的自觉的能动性。毛泽东指出："一切事情是要人做的，持久战和最后胜利没有人做就不会出现。""坐着不动，只有被灭亡，没有持久战，也没有最后胜利。"①

能动性有正确与错误之分。"一切根据和符合于客观事实的思想是正确的思想，一切根据于正确思想的做或行动是正确的行动、我们必须发扬这种自觉的能动性。"② 必须反对主观盲目性。"主观指导的正确与否，影响到优势劣势和主动被动的变

---

① 毛泽东：《论持久战》（1938 年 5 月），《毛泽东选集》第 2 卷，人民出版社 1991 年版，第 477—478 页。

② 毛泽东：《论持久战》（1938 年 5 月），《毛泽东选集》第 2 卷，人民出版社 1991 年版，第 477 页。

化"，主观指导的正确，可以化劣势为优势，化被动为主动；主观指导的错误，就会变优势为劣势，变主动为被动。"主动和胜利，是可以根据真实的情况，经过主观能力的活跃，取得一定的条件，而由劣势和被动者从优势和主动者手里夺取过来的。"① 因此，"战争就是两军指挥员以军力财力等项物质基础作地盘，互争优势和主动的主观能力的竞赛。竞赛结果，有胜有败，除了客观物质条件的比较外，胜者必由于主观指挥的正确，败者必由于主观指挥的错误"②。

指导战争的人们不能超越客观条件许可的限度企求战争的胜利，然而可以而且应必须在客观条件限度之内，能动地争取战争的胜利。战争指挥员活动的舞台，必须建筑在客观条件的许可之上，然而他们凭借这个舞台，却可以导演出很多有声有色、威武雄壮的戏剧来。这就是毛泽东所讲的"能动性在战争中"的唯物论和辩证法。

（二）必须实行灵活机动的战略战术

毛泽东指出："指挥员在战争的大海中游泳，他们要不使自己沉没，而要使自己决定地有步骤地到达彼岸。作为战争指导规律的战略战术，就是战争大海中的游泳术。"③ 他运用唯物辩证法，制定了一整套抗日战争中克敌制胜的战略战术原则。

---

① 毛泽东：《论持久战》（1938 年 5 月），《毛泽东选集》第 2 卷，人民出版社 1991 年版，第 491 页。

② 毛泽东：《论持久战》（1938 年 5 月），《毛泽东选集》第 2 卷，人民出版社 1991 年版，第 490 页。

③ 毛泽东：《论持久战》（1938 年 5 月），《毛泽东选集》第 2 卷，人民出版社 1991 年版，第 478 页。

其一，保存自己和消灭敌人。这是战争的目的，是一切战争的普遍原则和行动根据。为此，必须采取进攻和防御两种手段。进攻，是为了直接消灭敌人，同时也是为了保存自己，因为如果不消灭敌人，则自己将被消灭。防御是为了直接保存自己，同时也是辅助进攻或准备进攻的一种手段。只讲消灭敌人，不讲保存自己，会导致拼命主义；反之，为了保存自己而不敢消灭敌人，会导致逃跑主义。而在两者中，"消灭敌人是主要的，保存自己是第二位的"，因为只有大量消灭敌人，才能有效地保存自己。这既然是战争的目的和基本原则，那么，"一切技术的、战术的、战役的、战略的原理原则，一点也离不开它"。它将普及于战争的全体，贯穿于战争的始终。因此，我们争取持久战的胜利，就要力求每战争取不论大小的胜利，力求每战解除敌人一部分武装，损伤敌人一部分人马器物，把这些部分消灭敌人的成绩积累来，成为大的战略胜利，达到最后驱敌出国、保卫祖国，建设新中国的政治目的。

其二，防御中的进攻，持久战中的速决，内线中的外线——这是在战争第一、第二阶段上，由于敌强我弱所必须采取的战略方针；在第三阶段上，则是战略的反攻战。防御与进攻，持久与速决，内线与外线，本来都是相反的、对立的东西。但是，辩证法告诉我们，相反相成，在一定条件下，它们又是统一的。因为是敌强我弱，敌人采取战略进攻的方针，采取战略的速决战和外线作战，我只能居于战略防御地位，采取战略的持久战和内线作战。这是一方面。然而还有问题的另一方面：敌人虽强，却兵力不足，只能占领一部分大城市、大道和某些平地；我军虽弱，却兵多地广。这一点又决定我们可以采取灵活的运动战，以几师对他一师，以几万人对他一万人，从战场的外线，突然包围其一路而攻击之。这就势必造成敌之战略作战的外线和进攻，在战役和战斗的作战上不得不变成内线和防御；而我之战略作战上的内线和防御，在战役和战斗上变成了外线和进攻。这种情况的发生，在于敌小我大这一特点。然而，我兵虽多，乃是弱兵，因此，在战役和战斗上，我不但应以多兵打少兵、从外线打内线，而且应采取速决战的方针。总之，防御中的进攻，持久中的速决，内线中的外线，这是我们克敌制胜、最后实行战略进攻的必由之路，是夺取持久战最后胜利的三大基本原则。实行这三大原则，在战役和战斗上，敌人便从强者变成弱者，从优势变为劣势；我则从弱者变成强者，从劣势变为优势。在打了许多这样的胜仗以后，总的敌强我弱的形势就会发生根本变化，积无数小胜而成为大胜。

其三，主动性、灵活性、计划性。所谓主动性，就是军队行动的自由权。主动与被动，固然和战争力量的优势和劣势分不开，同时也决定于主观指导是否正确。主观指导正确，全局上处于被动者，可以造成在局部上的主动，最后转化为全局的主动；而有计划地造成敌人的错觉，予其出其不意的攻击，则是夺取局部主动的重要方法，因为优势而无准备，不是真正的优势，也没有主动。所谓灵活性，就是灵活地使用兵力。兵力的分散和集中、分进和合击、攻击和防御、突击和钳制、包围和迂回、前进和后退等战术或方法的使用和变化，都应当掌握时机、地点、部队三个关节。这就要求指挥员基于客观情况审时度势，采取及时和恰当的处置方法。关于战争的计划性，毛泽东指出，战争没有绝对的确实性，但是有相对的确实性。我之一方是比较确实的，敌之一方不很确实，但也有征兆可循，有端倪可察，有前后现象可供思索。这种相对的确实性，乃是计划性的客观基础。"凡事预则立，不预则废"，没有事先的计划和准备，是不能取得作战的胜利的。

其四，运动战、游击战、阵地战——防御中的进攻，持久中的速决，内线中的外线，这是战争的内容，而战争的形式则表现为运动战。它的特点是：正规兵团，战役和战斗的优势，进攻性和流动性。在运动战中，既要反对"有退无进"的逃跑主义，也要反对"有进无退"的拼命主义。在作战形式中，除了主要的是运动战，其次就是游击战。游击战在抗日战争中居于重要战略地位，一是辅助正规战，二是把自己也变为正规战。阵地战不是我们在第一、第二阶段的重要作战形式，然而在战役作战上，起辅助作用的局部的阵地战，也是可能和必要的。只有在第三阶段上，阵地战才有重要地位，但这时仍将以运动战为主要作战形式。

毛泽东还论述了如何打好战役和战斗的歼灭战，达到战略的对敌消耗战；如何把乘敌之隙的可能性变为现实性；如何执行有利的战略决战，避免不利的决战，等等。所有这些，都是高度发挥自觉能动性的问题，其中充满了生动的辩证法。

（三）必须依靠人民群众夺取战争的胜利

正确的战略方针、战役和战斗的原则，还都是主观的东西，只有付诸实践，才能变成强大的物质力量。要实现抗日战争的胜利，就必须把这些主观的东西转化为全国人民的行动，即必须使抗日的理论、路线、方针、政策、战略、战术等为广大群众所掌握和运用。这是抗日战争持久战和夺取最后胜利至为关键的问题。"兵民是胜利之本"①，这是毛泽东对历史唯物主义的创造性运用和发展。

第一，战争的伟力之最深厚的根源，存在于民众之中。战争中的"唯武器论"者，只看到武器的作用，而看不到人的作用，因而是片面的、错误的。"武器是战争的重要的因素，但不是决定的因素，决定的因素是人不是物。力量对比不但是军力和经济力的对比，而且是人力和人心的对比。军力和经济力是要人去掌握的。"② 日本敢于欺负我们，主要原因在于中国民众的无组织状态，"克服了这一缺点，就把日本侵略者置于我们数万万站起来了的人民之前，使它像一匹野牛冲入火阵，我们一声唤也要把它吓一大跳，这匹野牛就非烧死不可"③。只要我们把群众动员起来，组织起来，就会有源源不断的兵员的补充，财政也不成问题。军民团结一致，这个军队将无敌于天下。这个人民战争的指导思想，充分体现了历史唯物主义关于人民群众是历史创造者的光辉思想。

第二，全国的团结和进步，是制胜日本的主要条件。人民群众力量的发挥，决定于他们的觉悟和组织水平。首先，军队的基础在士兵，没有进步的政治精神贯注于军队之中，没有进步的政治工作去执行这种贯注，就不能达到真正的长官和士兵的一致，就不能激发官兵最大限度的抗战热忱，一切技术和战术就不能得着最好的基础去发挥他们应有的效力。其次，要广

---

① 毛泽东：《论持久战》（1938年5月），《毛泽东选集》第2卷，人民出版社1991年版，第509页。

② 毛泽东：《论持久战》（1938年5月），《毛泽东选集》第2卷，人民出版社1991年版，第469页。

③ 毛泽东：《论持久战》（1938年5月），《毛泽东选集》第2卷，人民出版社1991年版，第511—512页。

泛动员和组织民众，使军队和民众打成一片，使民众将军队看成是自己的军队，从人力、物力上支援军队。总之，正确处理官兵关系、军民关系，尊重士兵和尊重人民，达到全国团结和各方面较之过去的十倍、百倍的进步，这是取得战争胜利的主要条件。

第三，坚持抗日民族统一战线的总方针。这个统一战线，是全军全民的统一战线，绝不仅仅是几个党派的党部和党员的统一战线。进行广泛的政治动员，发动全军全民的全部积极性，才能把持久战打到底，取得最后的胜利。毛泽东就此指出：全军全民的广大的政治动员和组织，对于中国的抗日战争"实在是头等重要""是一件绝大的事"，并强调，"我们之所以不惜反反复复地说到这一点，实在是没有这一点就没有胜利，……这是胜利的最基本的条件"。[①]

《论持久战》论述体系完整，思维逻辑严密，论证雄辩有力，它析疑匡谬，批驳了在当时流传甚广、颇有市场的"亡国论""速胜论"，清晰揭示了抗日战争发展的方向和未来结局，指明了抗日战争持久战的进程，以及在不同阶段的战略、战术等基本问题，描绘了处于劣势和弱国境况的中国战胜强大而凶狠的日本帝国主义的蓝图。因此对全国抗战产生了极其重要的战略指导作用。一是指导中国共产党领导的抗日军民在艰苦卓绝的抗日斗争中英勇奋斗。《论持久战》实际上是洛川会议制定的持久战战略和全面抗战路线的具体反映与进一步解读，是对党的抗日军事战略的深化，因此对党领导的抗日军民产生了深刻的教育作用，对敌后抗战的开展、坚持、发展和胜利产生

---

① 毛泽东：《论持久战》（1938年5月），《毛泽东选集》第2卷，人民出版社1991年版，第480—481、513页。

了战略指导的作用。二是在全国产生了消除人们对抗日战争的疑惑，激发抗日自信心，推动抗日战争深入发展，用正确理论武装人民的巨大作用。三是深刻地触动和影响了国民党高层的抗日认识和抗日战略。时任国民政府军事委员会军训部长、第五战区代理司令长官的白崇禧把《论持久战》的精神归纳成两句话："积小胜为大胜，以空间换时间。"并经蒋介石同意，"由军事委员会通令全国，作为抗日战争中的战略指导思想"[①]。国民党第一战区司令长官卫立煌、第九战区司令长官陈诚、第八战区副司令长官兼绥省主席傅作义、骑兵第二军军长何柱国等都被《论持久战》折服，在产生思想震撼之后组织部属学习，从中得到了启迪。虽然毛泽东的持久战战略不可能被坚持片面抗战的国民党完全接受，但上述事例说明，它潜移默化地对国民党抗日战略及其军事活动产生了深刻的影响。武汉会战后国民党逐渐改变硬顶死守、大打阵地战的错误，开始在敌后部署游击军，这些事实，在一定程度上印证了这一点。

恩格斯指出："只有清晰的理论分析才能在错综复杂的事实中指明正确的道路。"[②] 毛泽东的《论持久战》就是这样的理论，发挥了这样的作用。《论持久战》因之名垂青史，成为一部享有世界声誉的经典军事理论著作、战略经典之作。

---

① 程思远：《政坛回忆》，广西人民出版社1983年版，第119页。
② 恩格斯：《致康拉德·施米特》（1889年10月17日），《马克思恩格斯全集》第37卷，人民出版社1971年版，第283页。

第三章 战略上藐视敌人和 战术上重视敌人

在战略上藐视敌人，在战术上重视敌人，是毛泽东的重要战略思想，是中国共产党人克敌制胜和做好各项工作的重要法宝。其精神实质，就是将革命精神和科学态度结合起来，既敢于斗争，又善于斗争，能动地夺取革命和建设事业的胜利。

一 战略上藐视敌人和战术上重视敌人 是克敌制胜的重要法宝

毛泽东关于在战略上藐视敌人，在战术上重视敌人的思想，最初是作为对敌斗争的战略策略原则提出来的，是我党对敌斗争经验的概括和总结，后来广泛地推广、运用于各个实践领域，成为做好一切工作、克服一切困难的法宝。

（一）战略上藐视敌人和战术上重视敌人是中国革命斗争经验的总结

中国革命发生在半殖民地半封建社会，它所面临的敌人十分强大且穷凶极恶。与此相反，革命的进步势力在开始时则比较弱小。弱小的革命力量能不能战胜强大敌人，怎样才能战胜强大敌人？这是领导中国革命的中国共产党，从一开始就面临的一个现实问题。这里既有精神状态问题，又有科学态度问题。怎样把敢于斗争同善于斗争这两个原则结合起来？毛泽东总结长期历史经验，提出了一个以弱胜强的根本原则，这就是：在战略上藐视敌人、在战术上重视敌人。

在战略上藐视敌人、在战术上重视敌人的思想，萌芽于第二次国内革命战争时期。1927年，蒋介石、汪精卫相继发动"四一二"和"七一五"反革命政变，全国笼罩在一片白色恐怖之中。南昌起义和秋收起义后，革命武装力量被迫转入农村，建立农村革命根据地。当时敌我力量对比极为悬殊。面对这种形势，党内有两种错误倾向，一种是过分夸大自己的力量，过低估计敌人的力量，盲目主张调动根据地的队伍去攻打大城市；一种是过分夸大敌人的力量，过低估计自己的力量，怀疑"红旗到底能够打多久"。毛泽东全面分析当时的客观形势和敌我力量对比，论证了中国红色政权存在的根据和条件，提出了"星星之火，可以燎原"的战略思想。这一思想既肯定了敌强我弱的事实，又指明了革命的"星星之火"可以"燎原"的光明前途，这里已经包含了"在战略上藐视敌人，在战术上重视敌人"的思想萌芽。1936年12月，毛泽东在《中国革命战争的战略问题》中提出："我们的战略是'以一当十'，我们的战术是'以十当一'，这是我们制胜敌人的根本法则之一。"[①] 战略上"以一当十"，就是在战略上要藐视敌人，敢于斗争；战术上"以十当一"，就是在战术上要重视敌人，集中优势兵力

---

　　① 毛泽东：《中国革命战争的战略问题》（1936年12月），《毛泽东选集》第1卷，人民出版社1991年版，第225页。

各个歼灭敌人。

　　在战略上藐视敌人、在战术上重视敌人的思想，系统形成于解放战争时期。1946 年 7 月，蒋介石在美帝国主义支持下发动全面内战。当时，革命队伍中的一些人（包括国际共产主义运动中的某些领导者）过高地估计了美帝国主义和蒋介石反动派的力量，过低地估计了人民的力量，特别是惧怕美帝国主义的原子弹，不敢和敌人进行斗争。针对这种情况，毛泽东发表了《和美国记者安娜·路易斯·斯特朗的谈话》，提出"一切反动派都是纸老虎"的著名论断。1948 年 1 月，他在《关于目前党的政策中的几个重要问题》中进一步指出："全世界帝国主义和中国蒋介石反动集团的统治，已经腐烂，没有前途。我们有理由轻视它们，我们有把握、有信心战胜中国人民的一切内外敌人。但是在每一个局部上，在每一个具体斗争问题上（不论是军事的、政治的、经济的或思想的斗争），却又决不可轻视敌人，相反，应当重视敌人，集中全力作战，方能取得胜利。""如果我们在全体上过高估计敌人力量，因而不敢推翻他们，不敢胜利，我们就要犯右倾机会主义错误。如果我们在每一个局部上，在每一个具体问题上，不采取谨慎态度，不讲究斗争艺术，不集中全力作战，不注意争取一切应当争取的同盟者……，我们就要犯'左'倾机会主义错误。"①

　　中华人民共和国成立后，在同国际帝国主义的斗争中，毛泽东又先后发表了《美帝国主义是纸老虎》（1956 年）、《一切反动派都是纸老虎》（1957 年）、《关于帝国主义和一切反动派是不是真老虎的问题》（1958 年）等谈话和文章，对战略上藐

---

　　① 毛泽东：《关于目前党的政策中的几个重要问题》（1948 年 1 月 18 日），《毛泽东选集》第 4 卷，人民出版社 1991 年版，第 1267 页。

视敌人、战术上重视敌人的思想做了进一步的说明和发挥。他指出："为了同敌人作斗争，我们在一个长时间内形成了一个概念，就是说，在战略上我们要藐视一切敌人，在战术上我们要重视一切敌人。也就是说在整体上我们一定要藐视他，在一个一个的具体问题上我们一定要重视他。"①

（二）战略上藐视敌人和战术上重视敌人的战略策略思想是马克思主义哲学在对敌斗争中的运用与发展

1. 毛泽东从全局和局部关系的角度论证了这一思想

战略问题是研究全局的规律的东西，其着眼点是事物的全局、本质和规律。而从全局看问题，就不仅要看现象、看现状，而且要看本质、看主流、看趋势。由于中国革命长期是在敌强我弱的背景下进行的，如果仅仅看眼前、看现象，势必被中国反动力量和装备精良的帝国主义军事力量的表面强大所吓倒，丧失革命的信心和勇气。如果从本质上看，从长远看，反动势力虽然眼下貌似强大，实质上是外强中干。因为它们所坚持的那一套不符合历史发展方向，因而终将由大变小，逐步灭亡。而新生的革命力量一开始虽然比较弱小，但是由于它代表了事物的发展方向，最终会逐渐强大并战胜旧的反动势力。比如，1917 年二月革命前的俄国，是一个经济上落后、政治上反动的专制国家，尼古拉二世更是一个"血腥沙皇"，曾残酷镇压了1905 年的革命，把成千上万人送往刑场和流放地，"从表面上看，当时的沙皇是有力量的；但是二月革命的一阵风，就把沙

---

①　毛泽东：《一切反动派都是纸老虎》（1957 年 11 月 18 日），《毛泽东文集》第 7 卷，人民出版社 1999 年版，第 328 页。

皇吹走了"。① 因为其反动统治丧失人心，激化了社会矛盾，短短五天，统治俄罗斯长达 304 年的罗曼诺夫王朝就被二月革命打垮了。再如，希特勒曾经横行一时，给世界人民带来深重的灾难，但最终被世界反法西斯革命力量所消灭，历史证明他也不过是个纸老虎。

战术问题是研究局部问题的，其着眼点是局部和当前。虽然从全局、本质和长远来看，帝国主义和一切反动派都是纸老虎，但是从当下现实来看，它还有力量，还很强大，我们要战胜它，就必须花大气力。所以在战术上，在具体的战役战斗中，我们又必须重视敌人，认真对付，采用正确的策略去战胜它，决不能麻痹轻敌、掉以轻心。

2. 毛泽东从事物的两重性角度论述了这一思想

他指出："同世界上一切事物无不具有两重性（即对立统一规律）一样，帝国主义和一切反动派也有两重性，它们是真老虎又是纸老虎。"② 从历史看，奴隶主阶级、封建地主阶级和资产阶级，在它们取得统治权力以前和取得统治权力以后的一段时间内，是革命者，是先进者，是真老虎。在随后的一段时间，由于奴隶阶级、农民阶级和无产阶级逐步壮大并同它们斗争，它们就逐步向反面转化，化为反动派，化为落后者，化为纸老虎，终究被或者将被人民所推翻。从现实看，帝国主义和反动派在同人民进行殊死斗争时，也具有"真老虎"和"纸老虎"的两面性：一方面，是真老虎，会吃人；另一方面，是纸

---

① 毛泽东：《和美国记者安娜·路易斯·斯特朗的谈话》（1946 年 8 月 6 日），《毛泽东选集》第 4 卷，人民出版社 1991 年版，第 1195 页。
② 毛泽东：《关于帝国主义和一切反动派是不是真老虎的问题》（1958 年 12 月 1 日），《毛泽东文集》第 7 卷，人民出版社 1999 年版，第 455 页。

老虎，终究会被人民打败。"所以，从本质上看，从长期上看，从战略上看，必须如实地把帝国主义和一切反动派，都看成纸老虎。从这点上，建立我们的战略思想。另一方面，它们又是活的铁的真的老虎，它们会吃人的。从这点上，建立我们的策略思想和战术思想。"①

毛泽东从人心向背决定战争胜败的唯物史观论述了这一思想。他指出，战争的伟力之最深厚的根源存在于民众之中。敌我力量的对比不但是军力和经济力的对比，而且是人力和人心的对比。人心的向背，是革命成败的决定性因素。党领导的革命力量之所以能够由小变大、由弱变强并最后战胜大的反动势力，在于它得到人民群众的支持。而强大的势力之所以会由大变小，由强变弱，直至最后灭亡，从根本上讲是因为它违背人民利益，失去人民支持。"强大的失败，因为它脱离人民；弱小的胜利，因为它同人民联系在一起，为人民工作。结果，也就是这样。"②

（三）战略上藐视敌人和战术上重视敌人的辩证统一

在战略上藐视敌人和在战术上重视敌人，是相互联系、互为条件的。在战略上藐视敌人是在战术上重视敌人的前提。在战略上藐视敌人，就是要在对敌斗争中，树立敢于斗争、敢于胜利的思想；在战术上重视敌人，就是要树立善于斗争、善于胜利的思想。只有敢于斗争、敢于胜利，才能谈得上善于斗争、

---

① 毛泽东：《关于帝国主义和一切反动派是不是真老虎的问题》（1958 年 12 月 1 日），《毛泽东文集》第 7 卷，人民出版社 1999 年版，第 456 页。
② 毛泽东：《美帝国主义是纸老虎》（1956 年 7 月 14 日），《毛泽东文集》第 7 卷，人民出版社 1999 年版，第 72 页。

善于胜利；只有在战略上不怕敌人，敢于和它做斗争，才能进一步解决如何斗争的战术问题。如果畏敌如虎，不敢和敌人进行坚决斗争，也就谈不上善于斗争和善于胜利的战术问题了。

在战术上重视敌人是在战略上藐视敌人的延伸和补充。在战略上藐视敌人是对敌斗争的前提，但要现实地战胜敌人，就必须认真对待敌人，采取强有力的制胜措施。否则，对敌人只是轻视一番，不同它进行切实斗争，丝毫不能解决问题。因为反动派是不会自行退出历史舞台的，何况敌人手里还拿着刀枪！所以，在战略上藐视敌人还需要在战术上重视敌人来补充，没有在战术上对敌人的重视和斗争，在战略上藐视敌人就会流于空谈。

在战略上藐视敌人和在战术上重视敌人是统一的不可分割的两个方面，片面夸大其中一个方面，就要犯机会主义的错误。如果在战略上和战术上都藐视敌人，过分夸大自己的力量，以尚且十分弱小的革命力量去与暂时还很强大的敌人硬拼，就要犯"左"倾盲动主义的错误。相反，如果在战略上和战术上都把敌人估计得过高，把自己估计得过低，势必畏敌如虎，不敢和它进行坚决斗争，这就要犯右倾投降主义的错误。

二　战略上藐视敌人和战术上重视敌人体现了革命精神和科学态度的统一

战略上藐视敌人和战术上重视敌人的战略策略思想，虽然最初是在对敌斗争问题上提出并加以运用的，但对革命和建设的各项工作都具有普遍指导意义。无论做什么工作，既要有无所畏惧，敢于斗争、敢于胜利的革命精神，又要有实事求是的科学态度和脚踏实地的工作作风。

（一）战略上藐视敌人和战术上重视敌人是具有普遍意义的战略策略原则

中华人民共和国成立后，中国共产党成为执政党，党的中心工作由武装斗争转向经济建设。但是要在"一穷二白"的基础上恢复和发展国民经济，实现国家的工业化，困难重重。面对这些困难，中国共产党人应该采取什么样的态度和战略呢？毛泽东把革命战争年代总结出来的"在战略上藐视敌人，在战术上重视敌人"的战略思想运用于社会主义建设，提出了"在战略上藐视困难，在战术上重视困难"的战略思想。他说，一个六万万人口的东方国家举行社会主义革命，要在这个国家里改变历史方向和国家面貌，要在大约三个五年计划期间内使国家基本上工业化，完成对农业、手工业和资本主义工商业的社会主义改造，会遇到比过去更大的困难，但是我们共产党人是以不怕困难著名的。"我们可以藐视而且必须藐视人世遭逢的任何巨大的困难，把它们放在'不在话下'的位置"，但是"我们在战术上必须重视一切困难。对于每一个具体的困难，我们都要采取认真对待的态度"。①

藐视困难和重视困难，是一个问题的两个方面。只有不怕困难，才能战胜困难。另一方面，仅仅不怕困难又是远远不够的，还必须进一步去分析困难，找出克服困难的办法。因此，在做任何一项工作以前，我们首先必须在战略上"藐视"它，克服畏惧心理，否则，就会束缚自己的手脚。同时，我们又必须重视面临的困难，想方设法克服困难。只有这样，才能取得

---

① 毛泽东：《在中国共产党全国代表会议上的讲话》（1955 年 3 月），《毛泽东文集》第 6 卷，人民出版社 1999 年版，第 393 页。

胜利和成功。

（二）革命精神和科学态度相结合

战略上藐视敌人和战术上重视敌人的精神实质和普遍意义，就是将革命精神和科学态度相结合。用毛泽东的话说，就是"头脑要冷又要热""冲天干劲是热，科学分析是冷"。[①] 在他看来，革命精神和科学态度相结合，既充满革命热情又头脑清醒，既大胆又谨慎，是我们对待工作的正确态度，也是取得胜利的重要精神条件。怕字当头，顾虑重重，谨小慎微，或者头脑发热，粗心大意，轻举妄动，对于做好工作特别是领导工作都是不利的。1958 年 12 月，毛泽东在初步纠正"左"的错误的党的八届六中全会期间写的一篇文章中，着重批评了头脑过热的倾向，指出："在目前，有些人太热了一点。他们不想使自己的头脑有一段冷的时间，不愿意做分析，只爱热。同志们，这种态度是不利于做领导工作的，他们可能跌筋斗。"[②] 同时也批评"一些人爱冷不爱热"，主张把"热"（冲天干劲）与"冷"（科学分析）恰当地结合起来。

革命精神是我们做好工作的重要前提。它包括两个方面的内容：一是藐视困难，二是相信自己。这是一个问题的两面。所谓藐视困难，是说不要把困难看得太大、太多、太重，以至于束缚自己的手脚。这是从客体方面讲的。从主体方面讲，就是要相信自己。要做好工作，首先主体自身底气要足，要有压

---

① 毛泽东：《关于帝国主义和一切反动派是不是真老虎的问题》（1958 年 12 月 1 日），《毛泽东文集》第 7 卷，人民出版社 1999 年版，第 457 页。

② 毛泽东：《关于帝国主义和一切反动派是不是真老虎的问题》（1958 年 12 月 1 日），《毛泽东文集》第 7 卷，人民出版社 1999 年版，第 457 页。

倒一切的英雄气概，要有做好工作的勇气和信心，相信自己一定能克服困难，把工作做好。认为自己这也不行，那也不行，无异于放弃自己在主客体关系中的主动地位。这就是说，要战胜困难，首先要战胜自己。

要做好工作，除了革命精神之外，还要有科学态度。什么是科学态度？就是实事求是。实事求是有两个基本要求，即：求实和求是。我们要认识和改造客观事物，首先必须承认事物（和困难）的客观实在性即"求实"；又由于客观事物是按照自身固有规律变化发展的，人们要想改造事物，就必须正确认识客观事物的本质和规律性，即"求是"，按照客观规律去办事情。"求实"和"求是"合而言之，就是"实事求是"。毛泽东反复号召全党必须坚持实事求是的思想路线和科学态度，"不是单凭热情去工作"，而是要"把革命气概和实际精神结合起来"。① 1958 年"大跃进"中，包括一些高层领导人在内的许多人头脑发热，只有"冲天干劲"，缺乏科学态度，无视客观规律，在上者制定脱离实际的"高指标"，在下者迎合上级口味"层层加码"，大刮"浮夸风"，于是就演出一幕幕"威武雄壮"的悲剧来。这种历史悲剧从反面说明了革命精神和科学态度相统一的极端重要性。

三　敢于斗争，善于斗争

在战略上藐视敌人，是为了树立对敌斗争的信心，敢于斗争。在战术上重视敌人，是为了防止轻敌和盲动。但要现实地

---

① 毛泽东：《改造我们的学习》（1941 年 5 月 19 日），《毛泽东选集》第 3 卷，人民出版社 1991 年版，第 801 页。

战胜敌人，既要敢于斗争，还要善于斗争。

（一）集中优势兵力，各个歼灭敌人

集中优势兵力是一条具有普遍意义的军事原则。早在春秋时期，我国著名军事家孙武就在《孙子兵法·虚实篇》中提出了"我专而敌分""以众击寡"的用兵思想。近代德国资产阶级军事家克劳塞维茨也提出了在决定性时机和地点最大限度地集中兵力的思想。恩格斯也指出：把兵力集中在决定性地段进行主攻，这是解决几乎一切决战的伟大的战术原则。毛泽东吸收了这些思想，并把它运用于指导中国革命战争，形成了"集中优势兵力，各个歼灭敌人"的军事战略思想，并将它作为著名的"十大军事原则"之一。

战争力量的优势或劣势，是主动或被动的客观基础。谁在战争力量上占据优势，谁就取得了战争的主动权。但是，"绝对的主动权，只有以绝对优势对绝对劣势才有可能。一个身体壮健者和一个重病患者角斗，前者便有绝对的主动权"①。几个大汉打一个大汉容易打胜，这也是绝对的主动权。集中优势兵力的意义，就在于"我专而敌分"，造成局部的绝对优势地位，"每战集中绝对优势兵力（两倍、三倍、四倍，有时甚至是五倍或六倍于敌之兵力），四面包围敌人，力求全歼，不使漏网。……这样，在全体上，我们是劣势（就数量来说），但在每一个局部上，在每一个具体战役上，我们是绝对的优势，这

---

① 毛泽东：《论持久战》（1938 年 5 月），《毛泽东选集》第 2 卷，人民出版社 1991 年版，第 488 页。

就保证了战役的胜利"。①

集中优势兵力，各个歼灭敌人，是以弱胜强的基本条件和斗争艺术。弱小的革命力量要战胜强大敌人，"方法就是人工地造成我们许多的局部优势和局部主动地位，去剥夺敌人的许多局部优势和局部主动地位，把他抛入劣势和被动。把这些局部的东西集合起来，就成了我们的战略优势和战略主动，敌人的战略劣势和战略被动"②。在《论持久战》中，毛泽东举了晋楚城濮之战、楚汉成皋之战、袁曹官渡之战、吴魏赤壁之战、秦晋淝水之战、拿破仑的多数战役、十月革命后的苏联内战等中外历史上以弱胜强的著名战例，说明集中优势兵力，各个击破，化局部优势为全局优势的普遍意义。

回顾中国革命战争的历史，我党我军之所以能不断发展壮大，打败日本侵略者和国民党反动派，在军事上主要就是靠这种战略策略。正如毛泽东所说的那样："中国红军以弱小者的姿态出现于内战的战场，其迭挫强敌震惊世界的战绩，依赖于兵力集中使用者甚大。"③

集中优势兵力，各个歼灭敌人，也是政治上克敌制胜和工作上战胜困难的一条普遍规律。在与国内外敌人的斗争中，毛泽东做出了帝国主义和一切反动派既是纸老虎又是真老虎的科学论断，要求我们既要在战略上把他们看作纸老虎，树立对敌斗争的勇气，又要在战术上和具体斗争中把他们看作真老虎，

---

① 毛泽东：《目前的形势和我们的任务》（1947 年 12 月 25 日），《毛泽东选集》第 4 卷，人民出版社 1991 年版，第 1247 页。

② 毛泽东：《论持久战》（1938 年 5 月），《毛泽东选集》第 2 卷，人民出版社 1991 年版，第 490 页。

③ 毛泽东：《中国革命战争的战略问题》（1936 年 12 月），《毛泽东选集》第 1 卷，人民出版社 1991 年版，第 225 页。

"要解决它，就要一个一个地来。比如它有十个牙齿，第一次敲掉一个，它还有九个，再敲掉一个，它还有八个。牙齿敲完了，它还有爪子。一步一步地认真做，最后总能成功"①。

战争如此，对敌斗争如此，经济社会建设也是如此。在社会主义经济建设中，我们会遭受到比民主革命时期更多更大的困难。我们可以藐视而且必须藐视任何困难，但是，我们在战术上必须重视一切困难。"对于每一个具体的困难，我们都要采取认真对待的态度，创造必要的条件，讲究对付的方法，一个一个地、一批一批地将它们克服下去。"② 当然，经济社会建设比军事斗争复杂得多，要战胜困难，做好工作，就必须"重视每件工作，重视科学研究，分析事物的每一个矛盾侧面，钻进去，逐步地认识自然运动的法则和社会运动的法则。然后就有可能掌握这些法则，比较自由地运用这些法则，一个一个地解决人们面临的问题，处理矛盾，完成任务，使困难向顺利转化，使真老虎向纸老虎转化，使革命的初级阶段向高级阶段转化"③。从方法论上讲，这也是"集中优势兵力，各个歼灭敌人"的战略，是我们与困难作斗争的艺术。

(二) 对敌区别对待，分化瓦解，各个击破

对敌斗争的另外一个重要战略策略，是区别对待，分化瓦

---

① 毛泽东：《美帝国主义是纸老虎》（1956年7月14日），《毛泽东文集》第7卷，人民出版社1999年版，第73页。

② 毛泽东：《在中国共产党全国代表会议上的讲话》（1955年3月21日），《毛泽东文集》第6卷，人民出版社1999年版，第393页。

③ 毛泽东：《关于帝国主义和一切反动派是不是真老虎的问题》（1958年12月1日），《毛泽东文集》第7卷，人民出版社1999年版，第457页。

解，"利用矛盾，争取多数，反对少数，各个击破"。①

在中国新民主主义革命过程中，我们面对的敌人异常复杂，既有外国帝国主义，又有封建势力，还有买办资产阶级。它们内部又分为不同的派别。这些敌人由于其经济利益不完全相同，政治立场和思想倾向也有一些差别。应该对不同的敌人加以区别对待，采取不同的策略。1940 年 12 月，毛泽东在《论政策》中指出，在抗日战争中，既须将反对抗日的亲日派大地主大资产阶级与主张抗日的英美派大地主大资产阶级加以区别，又须将主张抗日但又动摇、主张团结但又反共的两面派大地主大资产阶级与两面性较小的民族资产阶级和中小地主、开明绅士加以区别。对待帝国主义亦然。虽然共产党是反对任何帝国主义的，但是，须将侵略中的日本帝国主义与现时没有举行侵略的其他帝国主义加以区别；将同日本结成同盟的德意帝国主义，与同日本处于对立地位的英美帝国主义加以区别；又须将过去采取远东慕尼黑政策危害中国抗日时的英美，与目前放弃这个政策改为赞助中国抗日的英美加以区别；还要把英美的人民和英美的帝国主义政府加以区别。没有这些区别，就没有正确的政策和策略。

既然敌人内部有矛盾，我们就有可能而且应该利用他们之间的矛盾，加以分化瓦解，以达到革命的目的。毛泽东指出："即使在地主买办阶级营垒中也不是完全统一的。这是半殖民地的环境，即许多帝国主义争夺中国的环境所造成的。当斗争是向着日本帝国主义的时候，美国以至英国的走狗们是有可能遵照其主人的叱声的轻重，同日本帝国主义者及其走狗暗斗以

---

①　毛泽东：《论政策》（1940 年 12 月 25 日），《毛泽东选集》第 2 卷，人民出版社 1991 年版，第 763 页。

至明争的……这点争斗，这个缺口，这种矛盾，对于革命的人民却是有用的。我们要把敌人营垒中间的一切争斗、缺口、矛盾，统统收集起来，作为反对当前主要敌人之用。"①

对无产阶级及其政党来说，敌人不但是有区别的，而且是分主次的。毛泽东认为，在对敌斗争中要采取争取多数，反对少数，各个击破的斗争策略。在一个时间里，主要的敌人只能有一个，"打击的敌人不能太多，要打少数"，"什么都打，看起来很革命，实际上为害很大"。② 应该根据革命需要和客观形势，区分哪些是当前的主要的敌人，哪些不是当前的主要敌人，并尽可能与当前的非主要敌人暂时结为联盟，至少使其保持中立，不与我作对，以便最大限度地孤立和打击当前最主要的敌人。如果不区别对待，把所有敌人一齐打，只能分散我们的力量，而敌人却联合起来对付我们，必然增加克敌制胜的难度。比如抗日战争时期，中华民族与日本侵略者的矛盾成为最主要的矛盾，国内阶级矛盾降为次要矛盾，日本侵略者和汉奸亲日派成为当时最主要的敌人，大资产阶级中的亲英美派暂时成为我们的同盟者。在这个时候，我们就利用英美和日本的矛盾，与以蒋介石为代表的大地主大资产阶级亲英美派结成抗日统一战线，集中一切力量打倒日本侵略者和依附于它的买办集团。

作为杰出的无产阶级政治家和战略家，毛泽东极善于利用敌人的内部"争斗"和"缺口"，分化瓦解，各个击破。也正因为如此，我们党才能最大限度地团结一切可以团结的力量，

---

① 毛泽东：《论反对日本帝国主义的策略》（1935 年 12 月 27 日），《毛泽东选集》第 1 卷，人民出版社 1991 年版，第 148 页。

② 毛泽东：《我们党的一些历史经验》（1956 年 9 月 25 日），《毛泽东文集》第 7 卷，人民出版社 1999 年版，第 135 页。

最大限度地孤立和打击极少数主要敌人，在政治斗争中永远立于不败之地。

（三）掌握斗争主要方向，不要四面出击

"不要四面出击"，是1950年6月毛泽东在党的七届三中全会上提出的重要战略策略思想。当时，我们党已经在军事、政治和经济等方面取得了伟大胜利。但是由于新中国刚刚成立，百废待兴，要做的事情很多，同时也面临着复杂的斗争和严重的困难。国民党反动派在大陆若干地区内采取了土匪游击战争的方式，和人民政府作斗争，敌特分子在人民中散布谣言，企图破坏共产党和人民政府的威信，离间各民族、各民主阶级、各民主党派、各人民团体的团结和合作。帝国主义特别是美帝国主义则在背后支持和策动这些破坏活动。同时，由于社会经济改组和战争带来的工商业的某些破坏，造成许多人对我们不满。民族资产阶级与我们的关系很紧张，失业的知识分子和失业的工人不满意我们，一批小手工业者也不满意我们。在大部分农村，由于还没有实行土地改革，又要收公粮，农民也有意见。根据这种情况，党中央召开了七届三中全会，把争取国家财政经济状况的基本好转确定为当时的中心任务。毛泽东在会上明确提出了"不要四面出击"的战略策略方针。主要是：

第一，抓住主要矛盾，解决当前的最主要问题。中华人民共和国成立之初，我们要解决的问题很多，既要在广大的新解放区进行土地改革，继续消灭国民党在大陆的残余势力，又要巩固财政经济工作的统一管理和统一领导，巩固财政收支的平衡和物价的稳定，还要对工商业进行合理的调整，解决失业人员的生活问题，等等。其中，争取财政经济状况的基本好转是

主要矛盾。国家的财政经济状况基本好转了，国家稳定了，我们才能做到财政收支的平衡和物价的稳定，大力发展经济和其他社会事业，解决失业人员的就业问题，才能尽快地消灭国民党的残余势力，解放台湾和西藏，也才能顺利地进行土地改革和工商业的调整。

第二，正确处理国内各阶级、政党和民族的关系，最大限度地团结一切可以团结的人。为了实现国家财政经济状况的基本好转，恢复和发展国民经济，孤立和打击当前的敌人，就必须正确处理国内各阶级、政党和民族的关系，"认真地、谨慎地做好统一战线工作。要在工人阶级领导下，以工农联盟为基础，把小资产阶级、民族资产阶级团结起来"，"使工人、农民、小手工业者都拥护我们，使民族资产阶级和知识分子中的绝大多数人不反对我们"。① 如果"四面出击"，危害了我们同工人、农民、知识分子和民族资产阶级的关系，必然造成全国紧张，不利于党的中心任务的实现。

第三，不可树敌太多，集中主要力量孤立和打击当前的敌人。要建立和发展社会主义，就需要进行土地改革和对农业、手工业、资本主义工商业进行社会主义改造。但是进行土地改革和社会主义改造必须讲究策略。"我们绝不可树敌太多，必须在一个方面有所让步，有所缓和，集中力量向另一方面进攻。"② 为了孤立地主和早日恢复农业生产，在新解放区的土地改革中，党将解放战争时期的征收富农多余土地的政策改变为

---

① 毛泽东：《不要四面出击》（1950 年 6 月 6 日），《毛泽东文集》第 6 卷，人民出版社1999 年版，第 75—76 页。

② 毛泽东：《不要四面出击》（1950 年 6 月 6 日），《毛泽东文集》第 6 卷，人民出版社1999 年版，第 75 页。

保存富农经济的政策。为了团结少数民族，毛泽东提出要谨慎对待少数民族地区的社会改革，条件不成熟，不能进行改革。为了恢复和发展工商业，我们对民族资产阶级实行了团结政策。毛泽东指出，民族资产阶级将来是要消灭的，但是现在要把他们团结在我们身边，不要把他们推开。团结他们，有利于劳动人民。这样就缓和了与民族资产阶级、富农和少数民族的关系，孤立了敌人，为争取国家财政经济状况的基本好转创造了有利条件。

"不要四面出击"的精神实质，就是在革命和建设过程中要抓住主要矛盾，正确处理社会各阶级、政党和民族的关系，最大限度地团结一切可以团结的人，掌握斗争主要方向，孤立和打击当前的敌人。

第四章　三大战役：解放战争
时期的伟大战略决战

辽沈、淮海、平津三大战役，是毛泽东战略思想运用的生动典范，体现了毛泽东作为伟大军事家、战略家对战略全局的通盘筹划和完整部署，谱写了古今中外战争史上罕见的壮丽篇章。这场波澜壮阔震撼世界的战略决战，历时 142 天，歼敌 154 万余人，一举消灭了国民党盘踞在江北的精锐部队，为中华人民共和国的诞生奠定了胜利基础。三大战役是第二次世界大战之后规模最大、影响最深的战略决战。毛泽东作为决战的总指导，运筹帷幄、决胜千里，亲笔起草 3369 份电报，规定了决战的方针以及各战役的主攻方向、首突目标、兵力部署、实施顺序，在世界上最小的司令部里导演和指挥了一场最大的人民战争。三大战役的伟大战略决战，体现了毛泽东英明的战略决策和高超的战略思维。

一　审时度势,善择时机

"执行有利决战，避免不利决战"，是我军战略决战的基本原则。毛泽东主张："不到决战的时机，没有决战的力量，不能冒冒失失地去进行决战。"① 那么，决战时机成熟的标志是什么？这既要看敌我双方军力的对比情况，包括兵力的数量、军队的军政素质及武器装备等，还要看政治、经济、外交、战争态势等条件。一般来说，有利的决战时机是逐渐成熟的，而且常常伴随着一些复杂的甚至是困难的情况，使人们不易看清。这就需要战略指导者去把握。

（一）深谋远虑，科学预见决战的先兆

在战略决战中，对决战时机的把握极为重要。

毛泽东对解放战争的战略决战，是有预见的，确切地说，早在解放战争初期就预见到了。1945 年抗日战争胜利后，工于心计的蒋介石命令共产党的军队停留原地，又命令日伪军不得向共产党的军队投降。而早已识破蒋介石阴谋的毛泽东针锋相对，命令人民军队立即向敌占区开进，寸土必争。那么，首先争哪里？怎么争？毛泽东把目光投向中国的东北。

当时的东北，总面积一百三十万平方公里，是全国产粮最多的地区，有丰富的资源和完整的工业体系。如果我军控制东北，便可使东北与华北各解放区连成一片，从而拥有一个兵员充足、物资雄厚的战略后方。"从我们党，从中国革命的最近将来的前途看，东北是特别重要的。如果我们把现有的一切根据地都丢了，只要我们有了东北，那末中国革命就有了巩固的基础。"② 反之，如果蒋介石控制了东北，他便可使出南北重锤

---

① 毛泽东：《论反对日本帝国主义的策略》（1935 年 12 月），《毛泽东选集》第 1 卷，人民出版社 1991 年版，第 153 页。
② 毛泽东：《关于第七届候补中央委员选举问题》（1945 年 6 月 10 日），《毛泽东文集》第 3 卷，人民出版社 1996 年版，第 426 页。

砸向共产党的各个解放区。毛泽东把握先机，先向东北派去了11万大军和2万名干部，为后续战争准备打下坚实基础。

解放战争进行到1948年春，战争主动权已转入我军手中。当时，我军在东北的经济实力与军事实力相对国民党已占绝对优势。1948年2月7日，毛泽东指示林彪、罗荣桓、刘亚楼："对我军战略利益来说，是以封闭蒋军在东北加以各个歼灭为有利。"① 这是党中央根据形势发展提出的具有决战意图的战略预见。随后，党中央在西柏坡召开了政治局会议，毛泽东提出"三五计划"，即："建设五百万人民解放军，在大约五年左右的时间内（从一九四六年七月算起）歼敌正规军共五百个旅（师）左右（平均每年一百个旅左右），歼敌正规军、非正规军和特种部队共七百五十万人左右（平均每年一百五十万人左右），从根本上打倒国民党的反动统治。"② 这为此后的战略决战制定了战略目标，开启了决定国民党最终失败命运大决战的序幕。

（二）权衡利弊，全面分析决战的条件

时机问题是一个十分复杂的问题。有百利而无一弊的时机，几乎不存在。三大战役前，毛泽东对敌我双方各方面的利与弊，进行了全面分析，为正确的战略决策打下了坚实基础。

首先，对全国战场敌我双方情况进行了客观分析。就敌情而言，在近两年的战争中，敌军大量被歼，其总兵力从战争初

---

① 毛泽东：《东北野战军应利用冰期歼灭大批敌人》（1948年2月），《毛泽东军事文集》第4卷，军事科学出版社、中央文献出版社1993年版，第391页。
② 毛泽东：《中共中央关于九月会议的通知》（1948年10月10日），《毛泽东军事文集》第5卷，军事科学出版社、中央文献出版社1993年版，第57页。

期的 430 万下降到 365 万；其中正规军 198 万，除去后方守备兵力外，能用于一线作战的正规军只有 174 万。卫立煌、傅作义、刘峙、白崇禧、胡宗南五个战略集团被我军分别钳制在东北、华北、华东、华中、西北五个战场上，大部分只能在战略要地和重要交通线附近进行作战，能够进行战略机动的兵力已寥寥无几。随着军事形势每况愈下，国民党政府的政治、经济危机也日益严重。国民党统治区经济恶化，通货膨胀，民族工商业大量倒闭；政治危机加深，人民反饥饿、反迫害、反独裁、反卖国的斗争风起云涌。敌军内部也发生了重大变化，派系斗争更为突出，矛盾更加尖锐。蒋介石也承认，他们无论军事、政治、经济都到了危急存亡的关头。就我军而言，1948 年 2月，我军总兵力已从战争初期的 120 万发展到 280 万，其中野战军 132 万。同时，我军装备大为改善，加上新式整军和群众性练兵运动的进行、工农业生产的发展，都为我军进行大规模作战和夺取解放战争在全国胜利奠定了基础。总之，除敌我兵力数量上敌仍稍占优势，即 1.3 : 1 外，其他各方面我都已处于极为有利的地位。

其次，对东北战场的情况进行分析，得出"五个有利"的结论。一是战场态势有利。从全国看，东北敌人孤立突出，与关内敌人在战略上的联系比较脆弱。从东北看，我冬季攻势后，东北敌军已被分割包围在长春、沈阳、锦州三块互不相连的地区内，难以互相支援，且长、沈两敌全靠空运补给，便于我各个歼灭。二是作战环境有利。我军已拥有全东北 97% 的土地、86% 的人口，并控制了 95% 的铁路线，根据地已连成一片。经过土地改革，后方更加巩固，工农业生产进一步发展，尤其是军工生产有了较快发展，广大人民群众积极参军参战，兵源充足，支援战争的物资更加雄厚，具备支持我军大规模作战的条件。三是兵力对比有利。在全国五大战场中，东北野战军经过扩充整编，总兵力已达 100 余万。四是训练准备有利。从 1947 年底开始，已预感到决战气息的东北野战军总部，开展了一个让官兵在后来搏杀中受益匪浅的"大兵团、正规化、攻坚战"军政大练兵运动，使得备战工作比较有效。五是决战时机有利。此时的蒋介石与卫立煌之间，在撤退还是固守东北的问题上，进行了激烈的争吵，直到辽沈战役开始前尚未最后决策。正是这种或守或撤、犹豫徘徊、举棋不定的矛盾状态，让我方赢得了时间，为我军实现就地歼灭卫立煌集团提供了有利决战时机。这样，毛泽东就得出结论：我军对国民党军的战略决战条件基本成熟，东北战场的决战条件相对更加成熟。

（三）当机立断，果敢下定决战的决心

战争对指挥员来说，往往是胜利与失败相伴，机遇与风险同行，任何人从来就没有绝对胜算的把握。三大战役中，毛泽东等老一辈军事家就是在基本条件具备、时机比较成熟的情况下，当机立断，果敢下定决战的决心。当时，决战的条件是基本成熟，而不是完全成熟、非常成熟。主要问题是，我军打大歼灭战尤其是攻克大城市的能力是否具备。1948 年 9 月 7 日，在北宁线作战开始前的第 5 天，毛泽东在给林彪、罗荣桓、刘亚楼的指示中明确提出，"确立打你们前所未有的大歼灭战的决心，即在卫立煌全军来援的时候敢于同他作战"并"争取将卫立煌全军就地歼灭"。同时，要林彪、罗荣桓、刘亚楼按上

述"两项决心，重新考虑作战计划并筹办全军军需"①。这一指示包含了两个重要的决战思想：一是要敢于对敌重兵集团展开大歼灭战，而不再是"打得赢就打，打不赢就走"；二是要就地全歼敌军战略集团，而不是让敌脱出困境，实现战略收缩。就地歼灭敌军重兵集团的决战方针，已经明确提出来。

济南战役，我军仅以 8 天时间即攻克了敌军以重兵坚守的济南，取得了带决战性实战的经验，对敌我的防攻能力心中有了底数，因而给全军极大鼓舞，中央军委和毛泽东对决战的决心就更加坚定。毛泽东在战略决战时机的把握上，是经过审时度势的，是建立在对战局发展的科学预见和对军事、政治、经济形势的客观分析，并具体计算了敌我双方军力对比基础之上的，既积极又稳妥，因而经受了战争实践的考验，推动了三大战役的逐次展开并先后取得重大胜利。

决战的重大意义在于加快战争进程，但这是以选准决战的首歼目标为前提的。从实践看，毛泽东在选择决战的首歼目标时，重点把握了三条原则：一是立足于必胜，在敌我兵力对比敌仍占一定优势的情况下，只有打胜，一举歼灭首战目标，才能使兵力敌消我长，彻底改变敌多我少的状况。二是着眼于对敌全局产生巨大的震撼和瓦解作用，使敌人军心涣散，丧失斗志，降低与我抗衡的能力，加快其灭亡的速度。三是能将局部的胜利导向全局的胜利。在这三条原则下，对全国各个战场的条件和敌我情况进行了分析比较，最后把决战的首歼目标选定为东北战场上的卫立煌集团。这是毛泽东从战略全局所下的一招妙棋，战略决战先从局部的优势开始，进而争取全局上的更大优势。

---

① 毛泽东：《关于辽沈战役的作战方针》（1948 年 9 月 7 日），《毛泽东军事文集》第 5 卷，军事科学出版社、中央文献出版社 1993 年版，第 2 页。

二　关照全局，把握重心

毛泽东指出："指挥全局的人，最要紧的，是把自己的注意力摆在照顾战争的全局上面。主要地是依据情况，照顾部队和兵团的组成问题，照顾两个战役之间的关系问题，照顾各个作战阶段之间的关系问题，照顾我方全部活动和敌方全部活动之间的关系问题，这些都是最吃力的地方，如果丢了这个去忙一些次要的问题，那就难免要吃亏了。"① 他又说："任何一级的首长，应当把自己注意的重心，放在那些对于他所指挥的全局说来最重要最有决定意义的问题或动作上，而不应当放在其他的问题或动作上。"② 就是说，要关照全局，把握重心。

（一）统筹全盘，选准重心

为了把握好重心，首先必须选准重心。一方面要站在全局的高度选重心。尤其是战略性战役，必须从战役乃至战略全局上选重心，一般来讲，对于达成战役、战略目的应解决好的最重要问题，就是重心。另一方面，要从敌我斗争的焦点中选重心。一个战役特别是战略性战役，要在多方向、多地区以多种方式展开交战，就必然产生多个斗争焦点，分析各焦点对整个战役所起的作用，其中能够左右战役全局的焦点，通常就是重心。毛泽东把决战的首歼目标选定为东北战场上的卫立煌集团，

① 毛泽东：《中国革命战争的战略问题》（1936 年 12 月），《毛泽东选集》第 1 卷，人民出版社 1991 年版，第 176 页。
② 毛泽东：《中国革命战争的战略问题》（1936 年 12 月），《毛泽东选集》第 1 卷，人民出版社 1991 年版，第 176 页。

不仅确保了首战胜利，而且推动了战局发展。同时，在各个具体战役中，也存在如何选准重心的问题。

辽沈战役中，重心是攻克锦州。辽沈战役开始前，林彪提出就近攻打长春，毛泽东复电指出，先打长春并非最佳方案，在卫立煌预料之中，不利于战局后续发展。东北野战军主力应南进北宁线，先打锦州，封闭蒋军于东北，然后各个歼灭。从战争实践看，战局发展完全如毛泽东所料。毛泽东在《关于辽沈战役的作战方针》中指出，攻克锦州是战役胜利的关键，"你们的中心注意力必须放在锦州作战方面，求得尽可能迅速地攻克该城。即使一切其他目的都未达到，只要攻克了锦州，你们就有了主动权，就是一个伟大的胜利"。^① 中央军委和东北野战军指挥员不仅全力把握重心，抓住主要战场、主要方向的作战不放，而且围绕重心，关照好次要战场、次要方向的作战，使之融为一体，形成一盘棋。战役第一阶段，东北野战军指挥员围绕夺取锦州这一重心，在集中主要兵力于锦州方向的同时，以一部兵力围困长春守敌，一部兵力钳制沈阳之敌，从而不仅有力地保障了攻锦作战，还为解放长春和歼灭沈阳廖耀湘兵团创造了条件。战役第二阶段，围绕抓住并全歼廖耀湘兵团这一重心，除集中野战军绝大部分兵力合围、歼击廖耀湘兵团外，还以2个纵队继续在塔山地区阻击锦西方向之敌，以1个纵队另6个师钳制沈阳之敌，以1个师奔袭营口，切断敌人海上退路。这样不仅确保了全歼廖耀湘兵团，还为第三阶段全歼东北地区残敌创造了条件。

淮海战役第一阶段的重心是歼灭黄百韬集团。毛泽东指出，

---

① 毛泽东：《关于辽沈战役的作战方针》（1948年9月、10月），《毛泽东选集》第4卷，人民出版社1991年版，第1337页。

"第一阶段的重心，是集中兵力歼灭黄百韬兵团，完成中间突破"①，由此实行了集中优势兵力、中间突破、分割歼敌的作战方针。而平津战役的重心，则是不让敌人南逃或收缩。毛泽东在《关于平津战役的作战方针》中指出，"只要塘沽（最重要）、新保安两点攻克，就全局皆活了"，"唯一的或主要的是怕敌人从海上逃跑。因此，在目前两星期内一般应采围而不打或隔而不围的办法"。② 为了不使敌人逃跑，又着重指示，"尤其不可将张家口、新保安、南口诸敌都打掉，这将迫使南口以东诸敌迅速决策狂跑，此点务求你们体会"③。这些都是从全局的高度选择的重心，这也成了每个战役作战方针的核心。

（二）集中精力，解决重心

在选准重心之后，即应牢牢把握住这个重心，集中能够集中的力量解决好这个重要问题。指导者要亲自指挥和协调重心地区的作战，并以此为中心带动整个战役的发展。当然也要兼顾其他问题，但都必须围绕重心，为解决好重心问题服务。在三大战役中，毛泽东对攻打锦州、歼灭黄百韬兵团、平张线作战等十分关注，特别是在一线指挥员在重心问题上出现偏差、闪失的情况下，亲自进行调控，比较典型的是平津战役中的西线作战。

平津战役第一阶段实际上是由毛泽东亲自指挥的。平津战

---

① 毛泽东：《关于淮海战役的作战方针》（1948 年 10 月），《毛泽东选集》第 4 卷，人民出版社 1991 年版，第 1351 页。

② 毛泽东：《关于平津战役的作战方针》（1948 年 12 月），《毛泽东选集》第 4 卷，人民出版社 1991 年版，第 1365 页。

③ 毛泽东：《关于平津战役的作战方针》（1948 年 12 月），《毛泽东选集》第 4 卷，人民出版社 1991 年版，第 1365 页。

役的关键是抑留傅作义集团于华北；抑留华北敌军的关键是实施西线作战；西线作战的关键是抓住傅系主力35军；抓住35军的关键首先是调敌西援，然后是切断平张线；而调敌西援的关键则是包围傅作义西窜绥远老巢的交通枢纽——张家口。只有这样，才能抓住傅系，拖住蒋系，达成抑留华北敌军的目的。为此，中央军委、毛泽东紧紧围绕"调敌西援、切断平张线、抓住35军"这一西线作战的重心，亲自决策、亲自指挥。据杨得志回忆，毛泽东在平津战役中为中央军委共起草了133份电报，在他看到的90份电报中，就有55份与包围和歼灭35军有关。可见，毛泽东对抓住敌35军这个重心，倾注了多么大的心血。毛泽东之所以如此，是因为他深知重心的重要，同时也担心在重心问题上出现差错、出现闪失。在三大战役中，不是没有出现过意外，而是在出现意外的时候，毛泽东总是能及时调控，果断决策纠偏，有力把握战役的重心所在，避免战役全局受到影响。

（三）因势利导，转换重心

事物是由多种矛盾构成的矛盾系统。在多种矛盾中，必有一种矛盾规定或影响着其他矛盾的存在和发展。这种在事物发展的一定阶段处于支配地位、起着决定作用的矛盾，就是主要矛盾。随着事物的动态发展，主要矛盾和次要矛盾，在一定条件下会发生转化。作为军事指挥员，要善于根据战争态势的变化，牢牢把握影响战争进程的主要矛盾及其变化，即始终掌握战争的重点，这是战争胜利的一个重要条件。

在一个战略或战役阶段中，重心只有一个，只要战局未起质的变化，重心也就相对稳定。当战场形势、任务和作战阶段都发生了变化，重心也应随之而变化。毛泽东紧密跟踪战争发展态势，及时指挥部队转变战略重心，牢牢把握战役枢纽，驾驭战争的发展，掌握战略主动权，始终立于主动地位。

辽沈战役规模空前，战场形势瞬息万变，攻防频繁交替，作战形式和作战样式也不断变化。在这种情况下，东北野战军指挥员从密切注视整个战场情况的变化入手，权衡利弊，趋利避害，很好地把握了作战形式和作战样式的转换。一是抓住作战形式转换的主要矛盾，促进战场形势的转化。战役第一阶段，迅速攻克锦州，是整个战役的主要矛盾，也是作战形式转换的主要矛盾。东北野战军指挥员集中野战军主力，采取阵地攻坚的作战形式，很快攻克了锦州，从而能够把攻锦的部队迅速转用于辽西作战，作战形式也就从阵地战转换成围歼运动中的廖耀湘兵团的运动战了。同样，战役第二阶段，东北野战军指挥员抓住歼灭廖耀湘兵团这个主要矛盾，集中野战军主力，迅速歼灭了这部分敌人，促使战役向第三阶段发展的同时，作战形式也随之由运动战向歼灭沈阳、营口地区之敌而采用的阵地战和运动战相结合的作战形式转换。二是根据敌情变化适时转换作战样式。当敌人由进攻转入防御时，我则由阵地阻击或运动阻击转为对野战阵地防御之敌的进攻；当敌人由防御转为逃跑时，我则由对野战阵地防御之敌的进攻转为对运动之敌的进攻；等等。由于东北野战军指挥员在作战形式和作战样式上的正确运用和适时转换，使战役中阵地战与运动战两种形式以及各种作战样式紧密结合，充分发挥了各种作战形式和作战样式的作用，因而保证了战役各阶段作战的胜利。

随着三大战役的逐次展开，指挥重心随之转移。辽沈战役中，在解决了锦州之后，重心即转向围歼廖耀湘兵团。淮海战役中，歼灭了黄百韬兵团后，歼灭黄维兵团就成了重心；黄维兵团解决之后，围歼杜聿明集团又成了重心。在关照全局、把握重心方面，在三大战役中还有很多精彩的例子。

在组织三大战役中，毛泽东总是经过对敌情、我情、战机、地势等多方面的调查和思考，准确找出战略枢纽，集中力量解决这些对全局作战最有影响的"关节"问题，以保证我军作战的顺利进行。

三　灵活机动，不拘一格

灵活机动，不拘一格，是毛泽东军事战略思想和指挥艺术的突出特色。毛泽东认为，灵活性"就是具体地实现主动性于作战中的东西，就是灵活地使用兵力。灵活地使用兵力这件事，是战争指挥的中心任务，也是最不容易做好的……需要极大的主观能力，需要克服战争特性中的纷乱、黑暗和不确实性，而从其中找出条理、光明和确实性来，方能实现指挥上的灵活性"，"灵活，是聪明的指挥员，基于客观情况，'审时度势'（这个势，包括敌势、我势、地势等项）而采取及时的和恰当的处置方法的一种才能，即是所谓'运用之妙'"。① 灵活机动，不拘一格，就是在战役指导和运用上，坚持一切从实际出发，灵活运用战略战术，使主观指导与客观实际很好地结合起来。这就要求指挥员依据战争不同时期、不同阶段的主客观条件，确定具体的作战方针，调整作战方案，不断创新战法，以引导战争向有利于己而不利于敌的方向发展。

---

① 毛泽东：《论持久战》（1938 年 5 月），《毛泽东选集》第 2 卷，人民出版社 1991 年版，第 493—494 页。

（一）针对战场的不同特点，制定各具特色的作战方针

战役方针，是战役行动所要达到的总目标及采取的基本方法，是战役行动的总纲，是组织实施战役的基本依据。毛泽东在战略指导中，根据各战场实际情况和战略决战需要，针对各战场的不同特点，从实际出发制定了别具一格的作战方针。制定三大战役的作战方针有一个共同要求，就是要尽可能地把各个战场的敌人就地歼灭，不让敌人收缩和逃跑。在此基础上，针对三个战场的不同特点，又制定了各具特色的作战方针。

辽沈战役的作战方针就是"关"，即关门打狗。毛泽东提出了"对我军战略利益来说，是以封闭蒋军在东北加以各个歼灭为有利"[1] 的基本构想，并逐步明确地制定了"置长、沈两敌于不顾，专顾锦、榆、唐……连续大举歼灭援敌，争取将卫立煌全军就地歼灭"[2] 这样一个辽沈战役的作战方针。

淮海战役的作战方针就是"截"，即截断徐蚌线。主要是根据淮海战场上敌军"十字架"部署的特点，令华东野战军首先歼灭黄百韬兵团，中原野战军攻占宿县，截断徐蚌线，将敌人牢牢钉在"十字架"上，消灭在中原大地上。

平津战役的作战方针就是"留"，即抑留傅作义。平津战役根据傅作义集团已成"惊弓之鸟"、处于是守是撤举棋不定的实际情况和我军下一步渡江作战的需要，决定采取首先包围张家口，调敌西援，造成"抑留傅作义集团于华北地区就地歼

---

① 毛泽东：《东北野战军应利用冰期歼灭大批敌人》（1948 年 2 月 7 日），《毛泽东军事文集》第 4 卷，军事科学出版社、中央文献出版社 1993 年版，第 391 页。

② 毛泽东：《关于辽沈战役的作战方针》（1948 年 9 月 7 日），《毛泽东军事文集》第 5 卷，军事科学出版社、中央文献出版社 1993 年版，第 2 页。

灭"的态势。

总之，这三个作战方针，都是依据战场实际特别是敌情而制定的，对战争胜利起到了至关重要的指导作用。

（二）适应战局变化，灵活调整作战方案

在三大战役的实施过程中，毛泽东善于把战略指导的计划性与灵活性统一起来，要求指挥员从不断变化的实际出发，使主观指导与客观形势同步。在淮海战役第一阶段作战即将结束之际，毛泽东曾部署我军进而歼灭敌邱清泉、李弥两兵团，以后又要求先打南线之敌李延年、刘汝明两兵团。我淮海前线总前委在此时发现敌黄维兵团远道疲劳，孤军冒进，已突入我军预设阵地，极利我歼之，便先后三次上报中央军委，建议改变作战意图，先打黄维兵团。毛泽东对来自前线的建议极为重视，在作了慎重考虑之后，果断采纳了他们的意见，电示总前委"完全同意先打黄维"，"望粟陈张遵刘陈邓部署，派必要兵力参加打黄维"，"情况紧急时机，一切由刘陈邓临机处置，不要请示"，从而使我军的战略指导与淮海战场的情况变化一致起来，最终取得了整个战役的胜利。

（三）因情措变，创新战法

在战争指导上，毛泽东特别强调要把原则的坚定性和策略的灵活性结合起来。战法的运用，需要灵活机动、不拘一格。任何一个好的战法，都是对它所产生的那个时代的战争经验的科学总结，但它总免不了要带有历史局限性。时代是发展变化的，战争是发展变化的，战法也应当是发展变化的。这就需要根据情况的变化而变化，不拘泥于常规常法，什么战法管用，

就用什么战法，没有现成的战法，那就创造新的战法。

平津战役中"围而不打，隔而不围"就是灵活机动战法最为典型的运用。毛泽东给前线将领发电报做出具体部署，"从本日起的两星期内（十二月十一日至十二月二十五日）基本原则是围而不打（例如对张家口、新保安），有些则是隔而不围（即只作战略包围，隔断诸敌联系，而不作战役包围，例如对平、津、通州），以待部署完成之后各个歼敌。尤其不可将张家口、新保安、南口诸敌都打掉，这将迫使南口以东诸敌迅速决策狂跑，此点务求你们体会"①。按照通常的战法是，分割之后马上包围，包围之后马上攻击，免得夜长梦多。然而，在平津战役中却偏偏来了个"围而不打，隔而不围"。正是这种围而不打的打法、隔而不围的围法，收到了常人意想不到的效果，使得傅作义这只"惊弓之鸟"成了一只地地道道的"笼中之鸟"。"围而不打，隔而不围"，文字虽然简短，却凝练着精深的谋略思想，可以说是战法上的一个创造。

四　军政结合，瓦解敌军

毛泽东曾指出："我们的胜利不但是依靠我军的作战，而且依靠敌军的瓦解。"② 用政治攻势瓦解敌军，是人民解放军在长期革命战争中形成的政治工作的一项重要原则。解放战争战略决战的实践表明，在强大军事打击的同时，通过政治手段瓦

---

① 毛泽东：《关于平津战役的作战方针》（1948 年 12 月 11 日），《毛泽东选集》第 4 卷，人民出版社 1991 年版，第 1365 页。
② 毛泽东：《和英国记者贝特兰的谈话》（1937 年 10 月 25 日），《毛泽东选集》第 2 卷，人民出版社 1991 年版，第 379 页。

解敌军，取得了非常好的效果。在三大战役中，人民解放军在施以强大军事压力的前提下，通过政治争取工作，使投诚、起义和接受改编的敌军达42.4万人，占消灭敌军总数的27.4％。其中正规军有39个建制师向我投诚、起义或接受改编，占消灭敌正规军140个建制师的27.8％。这不仅加快了战役的进程，减少了人民生命财产的损失，而且还为尔后解决残存的国民党军，创造了"北平""天津""绥远"三种方式。

（一）政治攻势与军事打击相结合

毛泽东强调，对敌人要区别对待、分化瓦解，实行利用矛盾、争取多数、反对少数、各个击破的策略。政治攻势与军事打击相结合就是瓦解敌军的一个重要形式。一方面，是指在以有力的军事打击为前提的情况下，重视并巧妙运用政治攻势，以利用和扩大军事打击的效果；另一方面，是指以强有力的政治攻势，摧毁敌方的精神意志，从而为军事打击创造有利条件，使军事打击能以小的代价取得大的胜利。政治攻势必须与军事打击相结合才能更加显示出它的威力。军事打击愈有力，政治争取才更易于成功。

平津战役中对傅作义的争取过程，就是一个非常典型的例子。平津战役在最初筹划时，并没有和平解放北平这一阶段。傅作义先是以35军为资本，不想和谈。那么我军就打掉了35军，同时新华广播电台以权威人士的名义，宣布了以蒋介石为首的43人为头等战犯，傅作义榜上有名。军事和政治的双重打击，使傅作义的精神几乎崩溃。就在战犯名单宣布的第二天，傅作义召回谈判代表，第一次北平和谈中断了。傅作义的心态，毛泽东十分清楚。傅作义多次表示要通电和平，是因为他既不愿公开反对蒋介石，又不愿投降共产党，更不愿战败做俘虏。傅作义摇摆不定，甚至把天津作为谈判新的筹码。毛泽东便断然下令：那就打下天津，给傅作义看看！天津被攻克后，傅作义心里十分清楚，现在能保护他的，已不是他手下的20万大军，而是这座无价之宝——紫禁城。在打下天津的第二天，傅作义的谈判代表终于在《关于北平和平解决问题的协议书》上签字。

（二）正面宣传与策反工作相结合

平津战役中，我军将一个欲撤未撤的敌军重兵集团滞留于北平地区，首先完成了战略包围和战役分割，再以战斗与和平改编方式将其各个解决。北平和平解放后，我军创造出以北平、天津、绥远三种方式解决国民党军的范例。这是毛泽东关于军事斗争和政治斗争互相结合思想的创造性地运用和发展。

同时，我军通过广播、传单、报刊等多种形式向敌军官兵展开广泛的宣传，宣传我党、我军的政策，宣传蒋军必败、我军必胜的形势，宣传弃暗投明是摆在他们面前的唯一出路，等等。这些引起敌军官兵在心理上的动摇，使其惶惶不可终日，迫其尽快抉择。与此同时，又选准目标，通过各种关系和渠道有针对性地做好策反工作，促其弃暗投明。国民党的许多中高级将领，经常在公开场合说：此处不留爷，自有留爷处。处处不留爷，爷去找八路。

淮海战役初期，由于张克侠、何基沣率三个半师起义，我山东兵团通过其防区插入徐州以东，切断敌人退路，对歼灭黄百韬兵团起了极大作用；利用敌人认为杂牌军不可靠而公开号召刘汝明部起义，加深了敌人的内部矛盾；在围困敌军杜聿明集团期间，我军进行大规模的宣传瓦解工作，争取了 1.4 万余人陆续投诚。这些都显示了我军瓦解敌军政策的强大威力。

（三）政治攻势要上下结合

毛泽东指出："历史上的战争，只有正义的和非正义的两类。我们是拥护正义战争反对非正义战争的。一切反革命战争都是非正义的，一切革命战争都是正义的。"[1] 我军进行的是正义战争，敌人进行的是非正义战争，这是我军的长处、敌人的短处。敌我双方这种不同的战争性质，对我军和敌军都有影响。旗帜鲜明地宣扬正义战争、反对非正义战争，是我们瓦解敌军的重要手段和政治优势。

政治攻势有两个"上下结合"。一个是我军上下全部行动起来，采取多种方式向敌展开攻心战，上至军委主席、副主席，下至普通士兵群众。另一个上下是争取敌军高级将领起义、投诚和瓦解敌军基层相结合。淮海战役中《敦促杜聿明等投降书》就是毛泽东亲自起草的。这封促降书对于瓦解敌军起到出其不意的影响和效果。诚如胡乔木所说：毛泽东的这些作品，"具有鲜明的战斗性和强烈的指导性，'长自己的志气，灭他人的威风'，在政治、军事和宣传上收到了振聋发聩、克敌制胜的非凡效果"[2]。

在淮海战役中，当杜聿明集团被包围在陈官庄后，杜聿明

---

① 毛泽东：《中国革命战争的战略问题》（1936 年 12 月），《毛泽东选集》第 1 卷，人民出版社 1991 年版，第 174 页。

② 胡乔木：《毛主席为新华社所写的作品》，《胡乔木回忆毛泽东》，人民出版社 2014 年版，第 467 页。

真真切切地体会到了当年那位西楚霸王被围垓下、四面楚歌的悲伤与凄凉。包围圈内国民党的粮食、弹药只能依靠空投补给，断了空投的国民党军彻底陷入了饥寒交迫之中。攻心为上的政治攻势，收到了意料之中的效果，不知是谁发明了夜间拍着巴掌来投降的办法，每到夜晚，前沿阵地就会响起一片巴掌声。美国作家贾克·贝尔登在《中国震撼世界》一书中写道：大批国军投降，是中国内战又一奇特现象，最令人震惊的是，这些官兵被俘后，迅即掉转枪口对准了蒋军。

五 人民战争的伟大胜利

毛泽东指出，"兵民是胜利之本""战争的伟力之最深厚的根源，存在于民众之中"。① 三大战役是人民战争的伟大胜利。我党我军运用毛泽东人民战争思想，在广大人民群众中进行了广泛的动员和组织工作，调动各方面的力量来支援战争，谱写了军民团结共同战胜敌人的历史凯歌。

（一）深入动员群众，把人民群众蕴藏的战争伟力变成现实力量

人民群众是历史的创造者，是社会发展的决定力量，也是革命战争胜负的决定力量。毛泽东历来高度评价人民群众在战争中的地位和作用，强调要牢固树立相信和依靠人民群众进行人民战争的思想。

从第二次国内革命战争开始，毛泽东就把武装斗争和解决

---

① 毛泽东：《论持久战》（1938 年 5 月），《毛泽东选集》第 2 卷，人民出版社 1991 年版，第 509、511 页。

农民的土地问题紧密结合起来，并正确地制定了党在各个历史时期对待国内外各个阶级、阶层的政策和策略，从而团结形成了浩浩荡荡的革命力量。毛泽东指出："如果我们能够普遍地彻底地解决土地问题，我们就获得了足以战胜一切敌人的最基本的条件。"① 土地改革对战略决战的发动和胜利产生了直接而重大的影响。摆脱了封建剥削压迫桎梏的广大农民，迸发出巨大的革命热情，恢复发展和生产，提供大量的粮食和军用物资，满足了大规模作战的需要。在东北战场上，我军刚刚开进东北时，国共双方都没有深厚的基础。确切地说，国民党还有一定的基础。但东北形势的发展非常迅速，我党我军很快就站稳了脚跟。靠的是六个字——"打土豪、分田地"。农民一听就全明白了，分得土地的农民自然就站在了我党我军一边。到决战开始的 1948 年 9 月，分得土地的农民中有 160 万人加入人民解放军的行列。

三大战役中，几百万参加运粮弹、抬伤员、修桥筑路等支前工作的浩浩荡荡大军，正是来自四面八方的翻身农民。由于各解放区相继完成了土地改革，动员了农民的生产积极性，使农业生产不断地提高。同时，在已解放的城市中，立即恢复了各种工业生产，尤其是军工生产，从而使我军的供应得到了根本保证。为了满足前线我军对粮食、被服的急需，又组织了规模巨大的群众运动，筹集粮食，赶制被服。可以毫不夸张地说，没有土地改革，没有获得土地后的千百万农民的贡献和支援，就没有战略决战的胜利，也就没有解放战争的胜利。

---

① 毛泽东：《目前形势和我们的任务》（1947 年 12 月 25 日），《毛泽东选集》第 4 卷，人民出版社 1991 年版，第 1252 页。

（二）有效组织群众，使军队和人民形成有机整体

战争是人类社会有组织的武装斗争，其最终结局归根到底还要靠战场上决出胜负。因此，仅仅把群众组织起来，有了进行战争的雄厚的物质基础是不够的，还必须把群众武装起来，使这种物质基础以适当的形式转化为现实的战斗力。

兵民是胜利之本，实行人民战争必须有一支人民军队。但光有军队还不够，还要有人民群众做基础，并使军队和人民结合起来，这样才能形成一个整体，发挥好人民战争的整体威力。毛泽东在领导我国长期的人民战争实践中，创建了野战军与地方军相结合，正规军与游击队、民兵相结合，武装群众与非武装群众相结合的人民战争的组织形式。野战军、地方军、民兵"三结合"的武装力量体制，是我军建设的一项重要组织原则，也是毛泽东人民战争思想的重要组成部分。我军自成立以来，一直实行的是"三结合"武装力量体制。土地革命战争时期，是"主力红军、地方红军和群众武装相结合"；抗日战争时期，是"主力军、地方军和群众武装相结合"；解放战争时期，是"野战军、地方军和民兵相结合"。

在辽沈战役中，动员了18个独立师直接投入战斗，又以80个二级兵团约30万人，作为东北人民解放军的后备兵源。在淮海战役中，动员了40余万人的地方武装，直接或间接地配合了主力部队作战。在平津战役中，也动员了华北几个省的地方武装，参加对敌斗争。在各战场上，还动员了广大的民兵和各种群众团体，支援前线，巩固后方，使我军得以专心作战。这样，就将人民的力量全部动员起来，与前线的军事斗争密切地结合在一起，使敌人陷入人民群众的汪洋大海，无法逃脱灭顶之灾。

战争实践证明，实行野战军、地方军和民兵"三结合"的武装力量体制，不仅解决了作战和前后方的相互配合问题，而且解决了根据地的建设和人民军队的发展壮大问题，同时也解决了平时少养兵、战时多用兵的矛盾。

（三）充分相信和依靠群众，形成支援战争的有力依托

要进行战争，必须有巩固的、有组织的后方支撑。注重建立巩固的根据地，构建可靠有力的后方战争支援保障，这是毛泽东人民战争战略战术的一个重要内容。根据地不仅是我军，在武装群众和全体人民配合下消灭敌人的最好的战场，而且是我军在人民关怀下休养生息、发展壮大的可靠后方。三大战役中，我党我军充分相信和依靠人民群众，广泛动员、发动和组织人民群众以各种形式支援战争，充分发挥各根据地的战争保障作用，为战争胜利提供了充足的战略物资保障。

在广大人民的大力支援和热情鼓舞下，人民解放军克服了一切困难，取得了战略决战的胜利。据统计，在三大战役中动员民工累计达 880 余万人次，人民群众出动支前的大小车辆 141 万辆，担架 36 万余副，牲畜 260 余万头，粮食 4.25 亿公斤。① 对此，陈毅曾深情地说：淮海战役的胜利是人民群众用小车推出来的。这同国民党军队恰成鲜明的对照，他们屡屡弹尽粮绝，陷入绝境，这也成为国民党军队多次覆没的重要原因。人民战争，是我军克敌制胜的法宝，能否得到广大人民群众的全力支持，的确是战争能否取得最后胜利的根本所在。

人民战争，确实是我军克敌制胜的法宝。在中华大地上，

---

① 中共中央党史研究室：《中国共产党历史》第 1 卷，中共党史出版社 1991 年版，第 794 页。

普通百姓和人民子弟兵一同登上了战争的舞台，就是他们的出现使战争的性质和力量对比都发生了转换。不管什么时候，在战争胜负的天平上，人民群众站在哪一方，天平就会向哪一方倾斜。

第五章　独立探索中国社会主义建设道路的伟大开端

中华人民共和国成立后，中国共产党领导人民继续完成新民主主义革命的遗留任务，迅速恢复国民经济，进而完成了对生产资料私有制的社会主义改造，开启了我国社会主义建设的伟大历史进程。在中国这样一个原来经济文化落后的大国，如何建设社会主义，是一项崭新的事业，没有前例可循，我们只能在马克思主义一般原理的指导下，从中国实际出发，独立探索适合中国国情的建设社会主义道路。1956 年 4 月 25 日毛泽东发表的《论十大关系》讲话，就是我们党进行这种独立探索的伟大开端，也是我们党在新的历史条件下进行战略思维的一个杰出范例。

一　《论十大关系》通篇贯穿"以苏为戒"的战略思想

毛泽东在《论十大关系》中明确提出："最近苏联方面暴露了他们在建设社会主义过程中的一些缺点和错误，他们走过的弯路，你还想走？过去我们就是鉴于他们的经验教训，少走了一些弯路，现在当然更要引以为戒。"① 1958 年 5 月 18 日，毛泽东在党的八大二次会议各代表团团长会议上的讲话中又说："十大关系的基本观点，就是同苏联作比较。除了苏联办法之外，是否可以找到别的办法，比苏联、东欧各国搞得更快更好。"② 可以说，"以苏为戒"是贯穿《论十大关系》全篇的重要战略思想。

苏联是世界上第一个社会主义国家。十月革命胜利后，苏共围绕在经济文化落后国家如何建设社会主义的问题进行了艰辛探索。有成功的经验，也有遭受挫折的教训。

列宁总结俄国十月革命初期的经验教训，实现了从战时共产主义到新经济政策的转变，用粮食税代替余粮收集制；开放国内市场，实行自由贸易；恢复发展中小私营企业；利用外国资本和技术发展国民经济，等等。这些措施迅速促进了国民经济的恢复和发展，改善了工农关系，巩固了新生的苏维埃政权。

列宁逝世后，斯大林领导苏共继续探索社会主义建设道路，实现了国家工业化和农业集体化，将苏联这个落后的农业国变成了先进的工业国。在取得重大成就的同时，也出现了许多问题，犯了许多错误，使社会主义制度的优越性没有得到充分发挥。斯大林逝世后，矛盾充分暴露出来，苏共二十大揭开了盖子，在苏联和国际共产主义运动中引起极大思想混乱和剧烈政治动荡。

正是在这种情况下，中国开始了大规模社会主义建设。怎

---

① 毛泽东：《论十大关系》（1956 年 4 月 25 日），《毛泽东文集》第 7 卷，人民出版社 1999 年版，第 23 页。

② 转引自逄先知、金冲及编《毛泽东传（1949—1976）》（上），中央文献出版社 2003 年版，第 484 页。

样建设社会主义，怎样对待苏联经验，这一重大历史课题鲜明地提到中国共产党人面前。毛泽东的探索正是从这里开始的。"以苏为戒"的战略思想不但在导语中鲜明地提了出来，而且在各个部分中都体现了这一精神。例如：

关于重工业和农业、轻工业的关系。他说："在处理重工业和轻工业、农业的关系上，我们没有犯原则性的错误。我们比苏联和一些东欧国家作得好些。像苏联的粮食产量长期达不到革命前最高水平的问题，像一些东欧国家由于轻重工业发展太不平衡而产生的严重问题，我们这里是不存在的。他们片面地注重重工业，忽视农业和轻工业，因而市场上的货物不够，货币不稳定。我们对于农业、轻工业是比较注重的。"① 毛泽东在这里实际上提出了一个产业结构问题。这是很有战略眼光的。产业结构既是一个经济问题，也是个政治问题，产业结构不合理不仅会阻碍经济的发展，而且会影响人民生活的改善和社会生活的稳定，最终会影响社会主义制度优越性的发挥。

关于国家、生产单位和生产者个人的关系。他说："鉴于苏联和我们自己的经验，今后务必更好地解决这个问题。"② 他特别讲到同农民的关系，认为我们同农民的关系历来都是好的。苏联则不同，"苏联的办法把农民挖得很苦。他们采取所谓义务交售制等项办法，把农民生产的东西拿走太多，给的代价又极低。他们这样来积累资金，使农民的生产积极性受到极大的损害"，"我们对农民的政策不是苏联的那种政策，而是兼顾国

---

① 毛泽东：《论十大关系》（1956 年 4 月 25 日），《毛泽东文集》第 7 卷，人民出版社 1999 年版，第 24 页。
② 毛泽东：《论十大关系》（1956 年 4 月 25 日），《毛泽东文集》第 7 卷，人民出版社 1999 年版，第 28 页。

家和农民的利益。我们的农业税历来比较轻。工农业品的交换，我们是采取缩小剪刀差，等价交换或者近乎等价交换的政策"。①

关于中央和地方的关系。他说："我们不能像苏联那样，把什么都集中到中央，把地方卡得死死的，一点机动权也没有。"②

关于汉族和少数民族的关系。他说："在苏联，俄罗斯民族同少数民族的关系很不正常，我们应当接受这个教训。"③

关于党和非党的关系。他说："究竟是一个党好，还是几个党好？现在看来，恐怕是几个党好"，"在这一点上，我们和苏联不同。"④

关于中国和外国的关系。他说："我们提出向外国学习的口号，我想是提得对的。现在有些国家的领导人就不愿意提，甚至不敢提这个口号。这是要有一点勇气的，就是要把戏台上的那个架子放下来。"⑤ 这里所指，不言自明。后边接着说的话就直截了当了："苏联和我们不同，一、沙皇俄国是帝国主义，二、后来又有了一个十月革命。所以许多苏联人很骄傲，尾巴翘得很高。"⑥

---

① 毛泽东：《论十大关系》（1956年4月25日），《毛泽东文集》第7卷，人民出版社1999年版，第29—30页。
② 毛泽东：《论十大关系》（1956年4月25日），《毛泽东文集》第7卷，人民出版社1999年版，第31页。
③ 毛泽东：《论十大关系》（1956年4月25日），《毛泽东文集》第7卷，人民出版社1999年版，第34页。
④ 毛泽东：《论十大关系》（1956年4月25日），《毛泽东文集》第7卷，人民出版社1999年版，第34页。
⑤ 毛泽东：《论十大关系》（1956年4月25日），《毛泽东文集》第7卷，人民出版社1999年版，第41页。
⑥ 毛泽东：《论十大关系》（1956年4月25日），《毛泽东文集》第7卷，人民出版社1999年版，第43页。

以上对苏联经验教训的分析，涉及的领域相当广泛，包括产业关系，工农关系，国家、集体、个人关系，中央和地方关系，民族关系，政党关系，本国和外国的关系，等等，处处体现了独立自主精神。

独立自主，是毛泽东思想的活的灵魂之一。早在 1930 年《反对本本主义》一文中，毛泽东就指出："中国革命斗争的胜利要靠中国同志了解中国情况。"① 这是独立自主思想的最初明确表述。正是靠独立自主的精神，我们将马克思列宁主义普遍真理同中国实际相结合，走出了一条具有中国特色的革命道路，取得了中国革命的完全胜利。建设社会主义同样要坚持独立自主的原则。毫无疑问，一切外国好的东西我们都要学习，闭关自守只能导致落后。但学习必须结合自己的实际，有分析地学习，不能一切照搬。毛泽东在 1956 年 2 月 15 日的一次调查会上对有关部门的同志说：你们为什么对一长制那么感兴趣？党委领导就不好？他明确地说，苏联有些东西就不能学，譬如内政部可以不受党的领导，这样一个武器不要受党的领导，那还得了！一个工厂几千人，很不容易搞好，没有党的领导，很容易形成一长独裁。任何情况下，党的集体领导这个原则不能废除。② 在《论十大关系》中，他说，对苏联和其他社会主义国家的经验，一定要有分析有批判地学习，不能一切照搬。过去有人因为苏联是设电影部、文化局，我们是设文化部、电影局，就说我们犯了原则错误。他们没有料到，苏联不久也改设文化

---

① 毛泽东：《反对本本主义》（1930 年 5 月），《毛泽东选集》第 1 卷，人民出版社 1999年版，第 115 页。

② 参见逄先知、金冲及编《毛泽东传（1949—1976）》（上），中央文献出版社 2003 年版，第 473 页。

部，和我们一样。① 所以，对一切都要分析，学习外国也要有分析。无论搞革命，还是搞建设，都要坚持独立自主，增强民族自信心，走适合自己情况的正确道路。

二　周密调查研究基础上的战略谋划

以毛泽东为主要代表的中国共产党人对于中国社会主义建设道路的探索，是从周密系统的调查研究开始着手的。《论十大关系》就是这些调查研究的主要成果。毛泽东后来回忆说："那个十大关系怎么出来的呢？我在北京经过一个半月，每天谈一个部，找了三十四个部的同志谈话，逐渐形成了那个十条。如果没有那些人谈话，那个十大关系怎么会形成呢？不可能形成。"②

毛泽东的调查研究，从 1956 年 2 月 14 日开始，到 4 月 24 日结束，共听取了国务院 34 个部门的工作汇报，还有国家计委关于第二个五年计划的汇报，实际听汇报的时间为 43 天。那是十分紧张疲劳的 43 个日日夜夜，用毛泽东自己的话说，几乎每天都是"床上地下，地下床上"。每天一起床，就开始听汇报，每次都是四五个小时。事先看书面材料，汇报过程中边听、边议，不断插话，提出问题，发表意见，进行评论。为了增加对工业建设的感性认识，从 4 月 12 日到 17 日这 6 天毛泽东又参观了设在中南海的机械工业展览，每天下午参观，少则一两个

---

① 毛泽东：《论十大关系》（1956 年 4 月 25 日），《毛泽东文集》第 7 卷，人民出版社 1999 年版，第 41 页。

② 转引自逄先知、金冲及编《毛泽东传（1949—1976）》（上），中央文献出版社 2003 年版，第 471 页。

小时，多则三个小时，看得十分认真，有时不满足讲解员的解说，还叫人找一些有关图书和资料做进一步研究。

　　调查研究的过程，是一个不断思考、总结、提炼、概括的过程。4月19日，毛泽东把思考中的问题归纳为三个关系，他说："三个关系必须很好地解决，即：沿海与内地的关系，轻工业与重工业的关系，个人与集体的关系。真想建设内地，就必须充分利用沿海；真想建设重工业，就必须建设轻工业；真想搞好集体所有制（社会主义），就必须搞好个人所得。"[①] 4月20日，毛泽东进一步把问题归纳为五个关系，他说："除了轻工业与重工业、沿海与内地、个人与集体、地方与中央几个关系，还有经济与国防的关系。"[②] 4月24日，毛泽东又进一步把问题归纳为"六大矛盾"，即六大关系：一，轻工业与重工业；二，沿海与内地；三，国防、行政与经济、文化；四，个人与集体；五，地方与中央；六，少数民族与汉族。他说："这几个矛盾如果调整得好，工作就会搞得更好些，犯错误也犯在这些矛盾上。如斯大林就在第四个矛盾上犯了错误，东欧兄弟国家在第一个矛盾上犯了错误。"[③] 1956年4月25日，毛泽东主持中央政治局扩大会议，发表《论十大关系》的讲话，十大关系的思想最终形成。

　　这次调查研究，是毛泽东在中华人民共和国成立后所做的规模最大、时间最长、最富有成效的一次周密系统的调查研究，

---

　　① 转引自逄先知、金冲及编《毛泽东传（1949—1976）》（上），中央文献出版社2003年版，第481页。
　　② 转引自逄先知、金冲及编《毛泽东传（1949—1976）》（上），中央文献出版社2003年版，第482页。
　　③ 转引自逄先知、金冲及编《毛泽东传（1949—1976）》（上），中央文献出版社2003年版，第482—483页。

第五章　独立探索中国社会主义建设道路的伟大开端

为我们党从战略上谋划社会主义建设，开辟符合中国实际的建设社会主义道路，总揽社会主义事业全局，奠定了初步基础。这次调查研究和这次讲话，也为开好党的第八次全国代表大会做了思想理论准备。刘少奇在党的八大二次会议的工作报告中曾经指出："党中央委员会向第八届全国代表大会第一次会议的工作报告，就是根据毛泽东同志关于处理十大关系的方针政策而提出的。"① 可以说，十大关系是八大报告的纲。

对于中国社会主义建设道路的探索，毛泽东持非常谨慎的态度。他曾多次表示，他在社会主义时期的著作究竟行不行，还有待于更多实践的检验。经过多次整理和修改，1975 年经他本人批准成立《毛泽东选集》第五卷工作小组，才将《论十大关系》纳入其中重新整理。邓小平在整理稿送审报告中说："《论十大关系》稿，已整理好，我看整理得比较成功"，"我们在读改时，一致觉得这篇东西太重要了，对当前和以后，都有很大的针对性和理论指导意义，对国际（特别是第三世界）的作用也大，所以，我们有这样的想法：希望早日定稿，定稿后即予公开发表，并作为全国学理论的重要文献。"② 毛泽东批示"同意""可以印发政治局同志阅""印发全党讨论"，将来出选集时再公开。③ 1976 年 12 月 16 日，《论十大关系》在《人民日报》首次公开发表。

《论十大关系》一文的形成过程，再一次告诉我们，正确

---

① 转引自逄先知、金冲及编《毛泽东传（1949—1976）》（上），中央文献出版社 2003 年版，第 511 页。

② 中共中央文献研究室：《邓小平思想年谱（1975—1997）》，中央文献出版社 2011 年版，第 25 页。

③ 参见黄小惠、郭景辉、叶相周主编《毛泽东思想政治工作理论》，经济管理出版社 1993 年版，第 120 页。

· 121 ·

的战略决策必须以周密系统的调查研究做基础。没有调查就没有发言权，更没有决策权。毛泽东有一个著名的命题——"调查就是解决问题"。他说："你对于那个问题不能解决吗？那末，你就去调查那个问题的现状和它的历史吧！你完完全全调查明白了，你对那个问题就有解决的办法了。"① 他曾经这样谈自己的体会，说："记得我在一九二〇年，第一次看了考茨基著的《阶级斗争》，陈望道翻译的《共产党宣言》，和一个英国人作的《社会主义史》，我才知道人类有史以来就有阶级斗争，阶级斗争是社会发展的原动力，初步地得到认识问题的方法论。可是这些书上，并没有中国的湖南、湖北，也没有中国的蒋介石和陈独秀。我只取了它四个字：'阶级斗争'，老老实实地来开始研究实际的阶级斗争。"② 1927 年，他通过对湖南五县一年零四个月的调查，得出农民运动"好得很"而不是什么"糟得很"的科学结论。到了井冈山之后，做了寻乌调查，弄清了富农与地主的问题。后来又作了兴国调查，弄清了贫农与雇农的问题。经过了大约六七年的时间，才大体搞清了中国农村的阶级关系，从而为制定正确的革命斗争理论、战略与策略，奠定了基础。搞革命是这样，搞建设也是这样。《论十大关系》形成过程中所做的这种大规模调查研究，以及在调查研究过程中所采取的广泛听取意见、深入思考、多方比较（正面反面、国际国内、历史现实）、不断提炼、反复修改的方法，为我们正确进行战略谋划树立了榜样。现在，中国特色社会主义进入新

---

① 毛泽东：《反对本本主义》（1930 年 5 月），《毛泽东选集》第 1 卷，人民出版社 1991 年版，第 110 页。

② 毛泽东：《关于农村调查》（1941 年 9 月 13 日），《毛泽东文集》第 2 卷，人民出版社 1993 年版，第 378—379 页。

时代，发展和改革呈现一系列阶段性特征，出现一系列新矛盾和新问题；国际形势复杂多变，综合国力竞争和各种力量较量更趋激烈，不确定不稳定因素增多。面对艰巨的历史任务和复杂的国内外形势，我们要提高总揽全局的战略思维能力，必须重视调查研究。这是谋事之基、成事之道，是做好领导工作必须掌握的基本功。

三　社会主义建设辩证法的开篇之作

毛泽东的《论十大关系》一文，立足中国实际，以马克思列宁主义为指导，以调查研究为基础，以苏联经验教训为借鉴，对我国如何建设社会主义进行战略谋划，第一次比较系统地阐明了社会主义建设辩证法，以一系列新思想、新战略丰富了马克思主义理论宝库，对于我们今天建设中国特色社会主义有重大的理论指导意义。

《论十大关系》是社会主义建设辩证法的开篇之作。马克思恩格斯创立了唯物辩证法，深刻阐明了人类社会特别是资本主义社会发展的客观规律，为无产阶级进行社会主义革命指明了方向，提供了正确的战略指导。他们对于未来社会主义社会有许多科学预见，如关于城乡之间、工农之间、体力劳动和脑力劳动之间的差别、矛盾及其解决办法，有许多科学论述。但是，他们毕竟没有生活在这个新社会，不可能提供这方面系统的理论。列宁对社会主义社会的矛盾有过明确的总体论断，他说："对抗和矛盾断然不同。在社会主义下，对抗消灭了，矛盾存在着。"① 这一论述为研究社会主义社会的矛盾问题指明了方向，但是由于他过早逝世，没有来得及做进一步论述。斯大林在这个问题上发生重大失误，在苏联社会主义制度建立以后，认为政治上道义上的一致是社会主义社会发展的动力，否认社会主义内部存在矛盾，直到他逝世前才吞吞吐吐地说，弄得不好也会发生矛盾。其实，弄得好也会有矛盾，矛盾是普遍存在的，社会主义社会充满矛盾，正是在不断解决矛盾的过程中才使社会主义社会不断向前发展。20 世纪 50 年代中期以后，我们党总结国际共产主义运动的经验教训，对社会主义矛盾问题进行深入系统的研究，代表作就是《论十大关系》和《关于正确处理人民内部的矛盾问题》。后者从总体上、理论原则上论述了社会主义社会的基本矛盾、主要矛盾、两类不同性质的矛盾等。《论十大关系》则比较具体地论述了在中国社会主义建设中的十大矛盾，初步形成了一个思想体系，开了社会主义建设辩证法的先河。

十大关系，就是十大矛盾。正确处理这十大矛盾，都是围绕一个基本战略方针——把国内外一切积极因素调动起来，为社会主义服务。过去为了结束帝国主义、封建主义、官僚资本主义的统治，为了人民民主革命的胜利，我们就实行了调动一切积极因素的方针；现在为了进行社会主义革命，建设社会主义国家，同样也要实行这个方针。贯彻这一方针，就要有针对性地解决事关社会主义建设全局的重大问题。毛泽东在讲话中说："什么是国内外的积极因素？在国内，工人和农民是基本力量。中间势力是可以争取的力量。反动势力虽是一种消极因

---

① 转引自毛泽东《矛盾论》（1937 年 8 月），《毛泽东选集》第 1 卷，人民出版社 1991 年版，第 336 页。

素，但是我们仍然要作好工作，尽量争取化消极因素为积极因素。在国际上，一切可以团结的力量都要团结，不中立的可以争取为中立，反动的也可以分化和利用。总之，我们要调动一切直接的和间接的力量，为把我国建设成为一个强大的社会主义国家而奋斗。"① 这就是贯穿讲话全文的主旨，也就是我们要坚持的基本战略方针。

为了实现这样一个战略方针，需要正确处理事关全局的重大战略问题，毛泽东认为有十大关系。这十大关系并不是平列的，而是有重点的。1958 年毛泽东在成都会议上说："在十大关系中，工业和农业，沿海和内地，中央和地方，国家、集体和个人，国防建设和经济建设，这五条是主要的。"② 也就是说，《论十大关系》重点是讲经济建设问题，同时讲了同经济建设密切相关的一些重大政治问题，体现了以经济建设为中心全面建设社会主义的指导思想。在讲到每一个关系时，都是全面而又有重点，在对立中把握统一，又在统一中把握对立，体现了唯物辩证法的科学态度，反对任何一种形而上学片面性。

在重工业和轻工业、农业的关系这一节，实际上就是讲的我们今天所说的产业结构问题。在这个问题上，毛泽东肯定"优先发展生产资料的生产"这个马克思主义基本观点，同时指出，"现在的问题，就是还要适当的调整重工业和农业、轻工业的投资比例，更多地发展农业、轻工业"，重工业"还是为主，还是投资的重点"，"但是，农业、轻工业投资的比例要

---

① 毛泽东：《论十大关系》（1956 年 4 月 25 日），《毛泽东文集》第 7 卷，人民出版社 1999 年版，第 23—24 页。

② 毛泽东：《在成都会议上的讲话》（1958 年 3 月），《毛泽东文集》第 7 卷，人民出版社 1999 年版，第 370 页。

加重一点"，① 这有利于更好地供给人民生活的需要，也有利于增强资金的积累，从而也有利于更多更好地发展重工业。这种方针是符合辩证法的。所以他说，这里就发生一个问题：你对发展重工业是真想还是假想，想得厉害一点还是差一点，你如果是假想或者想得差一点，那就打击农业、轻工业，对它少投点资。你如果是真想或者想得厉害，那就要注重农业、轻工业，使粮食和轻工业原料更多一些，投到重工业方面的资金将来也会更多一些。比例的优化，实际就是比例的主次和主次差别的度。毛泽东的这一思想是非常深刻的。

在沿海工业和内地工业的关系这一节，实际上就是讲的我们今天所说的区域结构问题。当时我国的工业有百分之七十在沿海，只有百分之三十在内地，这是历史上形成的不合理状况。怎么办？毛泽东认为，"沿海的工业基地必须充分利用，但是，为了平衡工业发展的布局，内地工业必须大力发展。"② 一个是"充分利用"，一个是"大力发展"，把二者更好地结合起来，这就是区域发展战略的辩证法。当时有的同志对充分利用沿海工业有顾虑，主要是担心打仗。毛泽东的观点是，"新的侵华战争和新的世界大战，估计短时期内打不起来，可能有十年或者更长一点的和平时期"③。有人认为原子弹已经在我们头上，几秒钟就要掉下来，毛泽东说，这种估计是不符合实际的。利用和平时期，不说十年，就是五年，也应当充分利用沿海工业，

---

① 毛泽东：《论十大关系》（1956 年 4 月 25 日），《毛泽东文集》第 7 卷，人民出版社 1999 年版，第 24 页。
② 毛泽东：《论十大关系》（1956 年 4 月 25 日），《毛泽东文集》第 7 卷，人民出版社 1999 年版，第 25 页。
③ 毛泽东：《论十大关系》（1956 年 4 月 25 日），《毛泽东文集》第 7 卷，人民出版社 1999 年版，第 26 页。

等第五年打起来再搬家。他的结论是，好好利用和发展沿海工业，可以使我们更有力量来发展和支持内地工业。这里也有一个对于发展内地工业是真想还是假想的问题；如果是真想，不是假想，就必须更多地利用和发展沿海工业，特别是轻工业。

在经济建设和国防建设的关系这一节，毛泽东认为，国防不可不有，我们现在已经比过去强，以后还要比现在强，不但要有更多的飞机大炮，而且还要有原子弹。在今天的世界上，我们要不受人家欺负，就不能没有这个东西。怎么办？可靠的办法就是把军政费用降到一个适当的比例，增加经济建设费用。只有经济建设发展得更快了，国防建设才能够有更大的进步。这里也发生一个你对原子弹是真正想要、十分想要，还是只有几分想要，没有十分想要的问题。真正想要、十分想要，你就降低军政费用的比重，多搞经济建设。你不是真正想要、十分想要，你就还是按老章程办事，"这是个战略方针问题"。结论是："我们一定要加强国防，因此，一定要首先加强经济建设。"① 这就是经济建设和国防建设的辩证法。

关于国家、生产单位和生产者个人的关系这一节，讲的实际上是局部和全局的关系问题。总的原则是"不能只顾一头，必须兼顾国家、集体和个人三个方面"②。就工人方面说，随着工人劳动生产率的提高，工人的劳动条件和集体福利就应逐步有所改进，工资也需要适当调整。就工厂方面说，有一个在国家统一领导下工厂自身的独立性问题，把什么东西都统统集中

---

① 毛泽东：《论十大关系》（1956 年 4 月 25 日），《毛泽东文集》第 7 卷，人民出版社 1999 年版，第 28 页。
② 毛泽东：《论十大关系》（1956 年 4 月 25 日），《毛泽东文集》第 7 卷，人民出版社 1999 年版，第 28 页。

到中央和省市，不给工厂一点权力，一点机动，一点利益，恐怕不妥，既要有统一性，又要有独立性，统一性与独立性也是对立的统一。就农民方面说，在合作社的收入中，国家拿多少，合作社拿多少，农民拿多少，以及怎样拿法，都要规定得适当。除了遇到特大自然灾害，在增加农业生产的基础上，要争取百分之九十的社员每年的收入比前一年有所增加；百分之十的社员的收入能够不增不减；如有所减少，也要及早想办法加以解决。总之，"国家和工厂，国家和工人，工厂和工人，国家和合作社，国家和农民，合作社和农民，都必须兼顾，不能只顾一头。这是一个关系到六亿人民的大问题，必须在全党和全国人民中间反复进行教育"①。

关于中央和地方的关系这一节，毛泽东说，中央和地方的关系也是一个矛盾。解决这个矛盾，目前要注意的是，应当在巩固中央统一领导的前提下，扩大一点地方的权力，给地方更多的独立性，让地方办更多的事情。我们的国家这样大，人口这样多，情况这样复杂，有中央和地方两个积极性，比只有一个积极性好得多。"处理好中央和地方的关系，这对于我们这样的大国大党是一个十分重要的问题。"② 为了建设一个强大的社会主义国家，必须有中央的强有力的统一领导，必须有全国的统一计划和统一纪律，破坏这种必要的统一，是不允许的。同时，又必须充分发挥地方的积极性，各地都要有适合当地情况的特殊。这种特殊不是离开统一性的特殊，而是为了整体利

① 中共中央文献研究室编：《毛泽东思想年编》（1921—1975），中央文献出版社2001年版，第801页。

② 毛泽东：《论十大关系》（1956年4月25日），《毛泽东文集》第7卷，人民出版社1999年版，第32页。

益，为了加强全国统一所必要的特殊。

以上五节，主要是讲经济问题，是讲话的重点。从第六节到第九节，讲与经济建设关系密切的一些重大政治问题。关于汉族和少数民族的关系，毛泽东强调既反对大汉族主义，也反对地方民族主义，要诚心诚意帮助少数民族发展经济建设和文化建设。关于党和非党的关系，指出：在中国，几个党比一个党好，不但过去如此，而且将来也可以如此，就是"长期共存，互相监督"。关于革命与反革命的关系，讲敌我问题，肯定"还有反革命，但是大为减少"。对他们要实行正确的政策。关于是非关系，讲如何对待犯错误的同志，强调"'惩前毖后，治病救人'的方针，是团结全党的方针，我们必须坚持这个方针"。① 第十节关于中国和外国的关系，主要讲要不要向外国学习和如何向外国学习的问题。他说："我们的方针是，一切民族、一切国家的长处都要学，政治、经济、科学、技术、文学、艺术的一切真正好的东西都要学。但是，必须有分析有批判地学，不能盲目地学，不能一切照抄，机械搬用。他们的短处、缺点，当然不要学。"② 对于苏联和其他社会主义国家的经验，要采取这种态度，对于西方资本主义国家也应当采取这种态度。"外国资产阶级的一切腐败制度和思想作风，我们要坚决抵制和批判。但是，这并不妨碍我们去学习资本主义国家的先进的科学技术和企业管理方法中合乎科学的方面。"③ 一切排斥和一

---

① 毛泽东：《论十大关系》（1956 年 4 月 25 日），《毛泽东文集》第 7 卷，人民出版社 1999 年版，第 40 页。

② 毛泽东：《论十大关系》（1956 年 4 月 25 日），《毛泽东文集》第 7 卷，人民出版社 1999 年版，第 41 页。

③ 毛泽东：《论十大关系》（1956 年 4 月 25 日），《毛泽东文集》第 7 卷，人民出版社 1999 年版，第 43 页。

切照搬，都不是马克思主义的态度，都对于我们的事业不利。

《论十大关系》写于我国社会主义改造基本完成、大规模社会主义建设即将开始之时，迄今已有 65 年。但是，时间的年轮和历史的曲折未能掩盖它真理的光芒。在今天，学习它仍有重大现实意义。文中所提出的调动一切积极因素建设社会主义的战略方针，统筹兼顾、正确处理各方面矛盾的基本原则，如协调发展农业、轻工业和重工业，统筹发展沿海工业和内地工业，兼顾国家、集体、个人之间的关系，发挥中央和地方两个积极性，加强国防一定要首先加强经济建设，以及重视并善于向外国学习等思想，都是马克思主义中国化的重要成果。不仅如此，它还为我们进行战略思维提供了一个重要的理论框架和方法论指导。这就是要学会围绕中心处理好事关全局的一系列重大矛盾，做好战略布局。它告诉我们，掌握全局必须抓住主要矛盾，明确战略主攻方向，同时要处理好重大矛盾，谋划好战略布局。这样，才能真正总揽全局，提纲挈领，纲举目张。改革开放以来，我们党关于"一个中心、两个基本点"的战略布局，关于正确处理社会主义现代化建设中十二大关系的论述，关于统筹兼顾是科学发展观的基本方法的论述，关于全面改革要重视顶层设计的论述，等等，都体现了毛泽东所倡导的这种战略思维方法。

第六章 社会主义改造基本完成后 国家政治生活主题的转变

　　1957 年 2 月 27 日，毛泽东在最高国务会议第十一次（扩大）会议上发表《关于正确处理人民内部矛盾的问题》的重要讲话，后来经过整理并做了若干修改与补充，十易其稿，于同年 6 月 19 日在《人民日报》公开发表。这是毛泽东在社会主义建设时期最重要的著作之一。它深刻总结了我国社会主义改造基本完成后新的历史经验，也借鉴和吸收了一年多来国际共产主义运动中政治风波的历史经验，提出并系统阐述了关于社会主义社会矛盾的学说，特别是把正确处理人民内部矛盾问题作为国家政治生活的主题，鲜明地提到人们的面前，详细论述了正确处理人民内部矛盾的一系列重大方针，为正确把握我国社会主义事业全局提供了科学的马克思主义战略指导。

一　正确处理人民内部矛盾成为国家政治生活的主题

　　1956 年，是一个多事之秋。苏共二十大对斯大林的批判，不仅在苏联国内，而且在许多社会主义国家和资本主义国家的共产党内，引起极大的思想混乱和剧烈政治震荡。特别是在波兰和匈牙利，发生了全国性的动乱。社会主义国家内部的矛盾，以相当尖锐的形式充分地暴露出来。这种情况，引起我们党的高度重视，促使毛泽东等党和国家领导人对社会主义社会矛盾，特别是人民内部矛盾问题进行了深入系统的思考。1956 年 4 月 5 日，在毛泽东主持下撰写了《关于无产阶级专政的历史经验》一文，在《人民日报》发表，该文从国际共产主义运动的大局出发，表明了我们党在斯大林问题上的严肃态度，并从中引出对社会主义社会矛盾问题的理论思考，破除了社会主义社会只有差异而没有矛盾的传统观念。否认矛盾存在，就是否认辩证法。社会主义社会的发展也是在生产力和生产关系的矛盾中进行着的，旧的矛盾解决了，新的矛盾又会产生。即使到了共产主义社会，也不会每个人都是完满无缺的，人们本身也还将有自己的矛盾，还将有好人和坏人，还将有思想比较正确的人和思想比较不正确的人。1956 年 12 月 29 日，《人民日报》发表了在毛泽东主持下撰写的《再论无产阶级专政的历史经验》一文，从国际范围的角度提出：在我们面前有两种不同性质的矛盾，第一种是敌我之间的矛盾，即帝国主义阵营和社会主义阵营之间，帝国主义同全世界人民和被压迫民族之间，帝国主义国家内部资产阶级同无产阶级之间的矛盾等。这是根本的矛盾，它的基础是敌对阶级之间的利害冲突。第二种是人民内部的矛盾，即这一部分人民和那一部分人民之间，共产党内这一部分同志和那一部分同志之间，社会主义国家的政府同人民之间，社会主义国家相互之间，共产党和共产党之间的矛盾等。这是非根本的矛盾，它的发生不是由于阶级利害的根本冲突，而是由于正确意见和错误意见的矛盾，或者由于局部利害的矛盾。

人民内部矛盾可以而且应该从团结的愿望出发，经过批评或者斗争获得解决，从而在新的条件下达到新的团结。

1956 年冬到 1957 年，国际共产主义运动中的动荡也波及国内，在一些人当中引起许多思想混乱。加之我国社会主义制度刚刚建立，大量新的社会矛盾有待我们在实践中去解决，如分配问题、生活待遇问题、住房问题、物价问题、就业问题、党和民主党派关系问题、民族关系问题、国家机关中的官僚主义作风问题等，问题很多，而且错综复杂。有些矛盾还表现得相当尖锐，出现了工人罢工、学生罢课事件。1956 年下半年，全国各地有一万多名工人罢工，一万多名学生罢课。从 1956 年 10 月起，广东、河南、安徽、浙江、江西、山西、河北、辽宁等省还发生了部分农民要求退出合作社的情况。对政府的批评意见，对现实不满的言论，也多起来。人们刚刚还在欢庆社会主义改造的胜利、欢呼进入了社会主义社会，怎么又出现了这么多问题呢？许多人所料未及。对这类事件怎么处理？全党既缺乏思想准备，也缺乏实践经验。一些干部习惯于按革命时期经验办事，用类似处理敌我矛盾的办法处理罢工、罢课事件，造成矛盾激化。这种情况，引起毛泽东等党和国家领导人的严重关注。

新时期出现的新情况和新问题，需要有新的方针、新的方法、新的理论去解决。毛泽东运用唯物辩证法的矛盾学说，对此做了说明。1956 年 11 月 15 日，他在党的八届二中全会上的讲话中说："世界充满着矛盾。民主革命解决了同帝国主义、封建主义、官僚资本主义这一套矛盾。现在，在所有制方面同民族资本主义和小生产的矛盾也基本上解决了，别的方面的矛盾又突出出来了，新的矛盾又发生了。"① 他把工人罢工、学生罢课这一类问题产生的根源，归结为官僚主义。他说："县委以上的干部有几十万，国家的命运就掌握在他们手里。如果搞不好，脱离群众，不是艰苦奋斗，那末，工人、农民、学生就有理由不赞成他们。我们一定要警惕，不要滋长官僚主义作风，不要形成一个脱离人民的贵族阶层。谁犯了官僚主义，不去解决群众的问题，骂群众，压群众，总是不改，群众就有理由把他革掉。"在这次全会上，毛泽东郑重宣布："我们准备在明年开展整风运动。整顿三风：一整主观主义，二整宗派主义，三整官僚主义。"并且强调，整风是一种小民主的方法，"以后凡是人民内部的事情，党内的事情，都要用整风的方法，用批评和自我批评的方法来解决，而不是用武力来解决"。②

　　1956 年 12 月 4 日，毛泽东在给中国民主建国会主任委员黄炎培的复信中，充分肯定民建中央通过讨论、批评和自我批评的方法统一思想认识的做法，欣喜地说："批评和自我批评这个方法竟在你们党内，在全国各地工商业者之间，在高级知识分子之间行通了，并且做得日益健全，真是好消息。"接着他对当时社会矛盾的状况和解决的方法谈了自己的看法，说："社会总是充满着矛盾。即使社会主义和共产主义社会也是如此，不过矛盾的性质和阶级社会有所不同罢了。""我们国家内部的阶级矛盾已经基本上解决了（即是说还没完全解决，表现在意识形态方面的，还将在一个长时期内存在。另外，还有少

---

① 转引自逄先知、金冲及编《毛泽东传（1949—1976）》（上），中央文献出版社 2003 年版，第 612 页。

② 转引自逄先知、金冲及编《毛泽东传（1949—1976）》（上），中央文献出版社 2003 年版，第 612—613 页。

数特务分子也将在一个长时间内存在），所有人民应当团结起来。但是人民内部的问题仍将层出不穷，解决的方法，就是从团结出发，经过批评与自我批评，达到团结这样一种方法。"①

1957 年 1 月 18 日，毛泽东在省市自治区党委书记会议上发表讲话，强调注意"思想动向"问题。他说："现在，党内的思想动向，社会上的思想动向，出现了很值得注意的问题。"②他列举了这样一些思想情况：有些干部争名夺利，唯利是图，比阔气，比级别，比地位；是合作社好还是个体经济好，这个问题也重新提出来了；在好些地方的学校里发生学生闹事，有的地方公开提出要来一个"匈牙利"；在一些教授中也有各种怪议论，说共产党领导不了他，社会主义不好，等等。面对这样一些新情况、新问题、新动向，毛泽东不无感慨地说，去年这一年是多事之秋，现在还是多事之秋，各种思想还要继续暴露出来，希望同志们注意。在 28 日，即会议最后一天，毛泽东再次讲话，一共讲了以下几点：要足够地估计成绩；统筹兼顾，各得其所；国际问题；百花齐放，百家争鸣；闹事问题；法制问题；农业问题。除了国际问题之外，其余六个问题，都成为后来发表的《关于正确处理人民内部矛盾的问题》那篇讲话的重要内容。③

经过一年多的观察和思考，在总结国际国内发生的重要事件和社会思潮的基础上，毛泽东关于正确处理人民内部矛盾的

---

① 毛泽东：《给黄炎培的信》（1956 年 12 月 4 日），《毛泽东文集》第 7 卷，人民出版社 1999 年版，第 164 页。

② 转引自逢先知、金冲及编《毛泽东传（1949—1976）》（上），中央文献出版社 2003 年版，第 615 页。

③ 参见逢先知、金冲及编《毛泽东传（1949—1976）》（上），中央文献出版社 2003 年版，第 615—616 页。

思想逐渐成熟并系统化。在他看来，在社会主义改造基本完成以后，正确处理人民内部矛盾问题，关系社会主义社会发展的全局，已经成为国家政治生活的主题，需要我们从理论和战略的高度予以关注和解决。因而在 1957 年 2 月 27 日以"如何处理人民内部的矛盾"为题，在有一千八百多人参加的最高国务会议第十一次扩大会议上发表了长篇重要讲话。一开头就说，"关于正确处理人民内部矛盾的问题，这是一个总题目"，虽然也要说到敌我矛盾的问题，"但是重点是讨论人民内部的矛盾问题"。① 叶剑英在庆祝中华人民共和国成立 30 周年大会上的讲话对这篇著作的主题和意义做了深刻阐述。他说："《关于正确处理人民内部矛盾的问题》科学地分析了国内的政治经济形势，提出了正确区分和处理两类不同性质的社会矛盾的学说，说明了正确处理人民内部矛盾，以便团结全国人民发展经济和文化，已经成为国家政治生活的主题。"② "总题目"也好，"主题"也好，都是讲它的重要性，讲它在国家政治生活中的战略意义。

二 社会主义社会矛盾学说的创立

在做了"如何处理人民内部的矛盾"这篇演讲之后，毛泽东对演讲的内容不断进行深入思考和研究。在他的建议下，1957 年 3 月 6 日至 13 日，中央在北京召开了全国宣传工作会议，主要议题是传达贯彻毛泽东的《关于正确处理人民内部矛

---

① 毛泽东:《关于正确处理人民内部矛盾的问题》（1957 年 2 月 27 日），《毛泽东文集》第 7 卷，人民出版社 1999 年版，第 204 页。
② 转引自《关于建国以来党的若干历史问题的决议》注释本，人民出版社 1983 年版，第 514 页。

盾的问题》讲话，研究思想动向和意识形态问题。毛泽东在会议期间先后召开五个座谈会，听取大家的意见，最后发表讲话，进一步阐明了有关人民内部矛盾问题。从 3 月 17 日至 20 日，毛泽东乘火车南下，先后在天津、济南、南京、上海做了四场报告，结合党内外出现的新情况，对如何处理人民内部矛盾问题，与大家一起探索、思考和研究，一面讲一面整理自己的思想，使之更加条理化，更加周密，更加丰富。从 4 月 24 日开始，集中力量修改讲话稿。整个修改工作，历时近两个月。在这期间，全党全国开展整风运动和反右派斗争，这种政治动向也反映到《关于正确处理人民内部矛盾的问题》的修改中，在讲话稿的整理过程中加进了强调阶级斗争很激烈、社会主义和资本主义之间谁胜谁负的问题还没有真正解决这些同原讲话精神不甚协调的一些内容。整个修改工作，除了最初毛泽东三次"自修稿"，又有十次"征求意见"修改稿，加在一起可以说是十三易其稿，历时 55 天，于 1957 年 6 月 19 日以"关于正确处理人民内部矛盾的问题"为题，在《人民日报》全文发表。其主要理论贡献如下。

（一）运用对立统一规律观察社会主义社会，肯定社会主义社会充满矛盾，正是这些矛盾运动推动社会主义社会的发展

毛泽东说："对立统一规律是宇宙的根本规律。这个规律，不论在自然界、人类社会和人们的思想中，都是普遍存在的"，"但是，对于许多人说来，承认这个规律是一回事，应用这个规律去观察问题和处理问题又是一回事"①。这个话是有现实针

---

① 毛泽东：《关于正确处理人民内部矛盾的问题》（1957 年 2 月 27 日），《毛泽东文集》第 7 卷，人民出版社 1999 年版，第 213 页。

对性的。

在国际上，斯大林在很长的时间内不承认社会主义社会还存在矛盾，更不承认生产关系和生产力、上层建筑和经济基础之间还存在矛盾，认为二者完全适合。只是到了晚年，他在《苏联社会主义经济问题》一书中，才吞吞吐吐地承认这个矛盾，说如果政策不对，调节得不好，是要出问题的。可是仍然没有把这些矛盾当作全面性、普遍性的问题提出来，因而也就不承认这些矛盾在人际关系上必然表现出来。他只强调社会主义社会在政治上道义上的一致是社会主义社会发展的动力。没有看到这种一致只是相对的一致，一致当中存在不一致，即存在矛盾，正是这种矛盾的存在和解决，才使这种一致得到保持和发展，从而推动社会的进步。由于不承认国内存在矛盾，所以发生了问题，便到国外帝国主义那里去找原因。这是斯大林在辩证法问题上不彻底的一个重要表现，也是他在政治上发生阶级斗争扩大化错误的一个重要原因。

在国内，许多人只承认国家的统一、人民的团结、国内各民族的团结是我们事业必定胜利的保证，而对于社会主义社会的矛盾则不承认或不敢承认，仿佛矛盾这个东西总不是个吉祥之物，讲社会主义社会存在矛盾生怕否定社会主义制度的优越性。因而在矛盾面前遮遮掩掩、缩手缩脚，处于被动地位。

毛泽东以彻底唯物主义的科学态度，把辩证法贯彻到底，运用于观察社会主义社会。他认为，既然矛盾是普遍的，那么，社会主义社会理所当然地存在矛盾，并且充满矛盾。1957年1月27日，他在省市自治区党委书记会议上说，社会上的事情总是对立统一的，社会主义社会也是对立统一的，有人民内部的对立统一，有敌我之间的对立统一。在《关于正确处理人民内部矛盾的问题》一文中，他指出："没有矛盾的想法是不符合客观实际的天真的想法。"① 1957 年 11 月 18 日，他在莫斯科召开的共产党和工人党代表会议上针对一些人说社会主义社会可以找到矛盾的说法，指出："我看这个提法不对。不是什么找到或者找不到矛盾，而是充满着矛盾。没有一处不存在矛盾，没有一个人是不可以加以分析的。"② 这是毛泽东对科学社会主义理论的一个重大贡献，是对唯物辩证法的创造性运用和发展，为巩固、建设和发展社会主义提供了科学的理论指导。

（二）明确提出社会主义社会的基本矛盾仍然是生产关系与生产力、上层建筑与经济基础之间的矛盾，并对这种矛盾的性质和特点做了科学论述

马克思深刻揭示了人类社会的基本结构和发展的根本动力，第一次科学说明了生产力、生产关系和上层建筑之间的辩证关系和矛盾运动的客观规律，创立了历史唯物主义。他在 1859 年 1 月写作的《〈政治经济学批判〉序言》一文中对此做了经典表述："人们在自己生活的社会生产中发生一定的、必然的、不以他们的意志为转移的关系，即同他们的物质生产力的一定发展阶段相适合的生产关系。这些生产关系的总和构成社会的经济结构，即有法律的和政治的上层建筑竖立其上并有一定的社会意识形式与之相适应的现实基础。物质生活的生产方式制

---

① 毛泽东：《关于正确处理人民内部矛盾的问题》（1957 年 2 月 27 日），《毛泽东文集》第 7 卷，人民出版社 1999 年版，第 204 页。

② 毛泽东：《在莫斯科共产党和工人党代表会议上的讲话》（1957 年 11 月 18 日），《毛泽东文集》第 7 卷，人民出版社 1999 年版，第 332 页。

约着整个社会生活、政治生活和精神生活的过程。不是人们的意识决定人们的存在，相反，是人们的社会存在决定人们的意识。社会的物质生产力发展到一定阶段，便同它们一直在其中活动的现存生产关系或财产关系……发生矛盾。于是这些关系便由生产力的发展形式变成生产力的桎梏。那时社会革命的时代就到来了。随着经济基础的变更，全部庞大的上层建筑也或慢或快地发生变革。"① 这是人类社会发展的普遍规律。

在这个问题上，毛泽东的贡献在于：第一，他首次把生产关系同生产力、上层建筑同经济基础之间的矛盾概括为"社会基本矛盾"，这是对马克思思想的一次升华，突出了这对矛盾在整个社会诸种矛盾中的基本的、决定性的地位，对于人们深刻理解和把握唯物史观的实质，有重要指导意义。第二，他首次提出："在社会主义社会中，基本的矛盾仍然是生产关系和生产力之间的矛盾，上层建筑和经济基础之间的矛盾。"② 纠正了斯大林在这个问题上的不彻底性。斯大林讲"完全适合"，完全适合就看不到矛盾，就必然导致思想僵化，就谈不到自觉地对社会主义的生产关系和上层建筑进行改革，社会主义社会便丧失了发展动力。第三，他首次论述了社会主义社会基本矛盾的性质。指出社会主义社会的基本矛盾同旧社会的基本矛盾，"具有根本不同的性质"。我国现在的社会制度比较旧时代的社会制度要优胜得多。如果不优胜，旧制度就不会被推翻，新制度就不可能建立。所谓社会主义生产关系比较旧时代生产关系

---

①　马克思：《〈政治经济学批判〉序言》（1859 年 1 月），《马克思恩格斯文集》第 2 卷，人民出版社 2012 年版，第 32 页。
②　毛泽东：《关于正确处理人民内部矛盾的问题》（1957 年 2 月 27 日），《毛泽东文集》第 7 卷，人民出版社 1999 年版，第 214 页。

更能够适合生产力发展的性质，就是指它能够容许生产力以旧社会所没有的速度发展，因而生产不断扩大，因而使人民不断增长的需要能够逐步得到满足。他用中华人民共和国成立后生产力迅速发展的大量事实说明社会主义制度的优越性，回答了"中国向哪里去""向资本主义还是社会主义"的问题，旗帜鲜明地提出："只有社会主义能够救中国。"① 第四，他提出，我国社会主义生产关系同生产力、上层建筑同经济基础之间的矛盾，是既相适应又相矛盾。从根本上说，是相适应的，但又"很不完善"，这些不完善的方面，又是同生产力的发展相矛盾的，这种矛盾需要我们不断地去解决，解决这些矛盾之后，又会出现新的矛盾，新的矛盾又需要我们去解决，社会主义社会就是在不断解决矛盾的过程中向前发展。这里实际上已经为社会主义制度的不断完善和改革奠定了理论基础。

（三）提出社会主义社会存在敌我矛盾和人民内部矛盾两类不同性质的矛盾

仅仅承认社会主义社会存在矛盾，是不够的，还应当运用矛盾特殊性的理论，对这些矛盾进行具体分析，区别各种矛盾性质的不同。毛泽东说："在我们的面前有两类社会矛盾，这就是敌我之间的矛盾和人民内部的矛盾。这是性质完全不同的两类矛盾。"② 能否正确处理这两类不同性质的矛盾，关系到社会主义社会发展的全局，关系到社会主义事业的兴衰

---

① 毛泽东：《关于正确处理人民内部矛盾的问题》（1957 年 2 月 27 日），《毛泽东文集》第 7 卷，人民出版社 1999 年版，第 214 页。

② 毛泽东：《关于正确处理人民内部矛盾的问题》（1957 年 2 月 27 日），《毛泽东文集》第 7 卷，人民出版社 1999 年版，第 204—205 页。

成败。在这个问题上，毛泽东的主要贡献有如下几点：第一，他对什么是人民、什么是敌人做了科学界定。他认为，这两个概念是具体的、历史的概念，在不同国家、不同历史时期，其内涵和外延是不同的。他在具体论述我国抗日战争时期和解放战争时期什么是人民、什么是敌人之后，对现阶段我国社会主义社会的人民和敌人做了详细论述。他说："在现阶段，在建设社会主义的时期，一切赞成、拥护和参加社会主义建设事业的阶级、阶层和社会集团，都属于人民的范围；一切反抗社会主义革命和敌视、破坏社会主义建设的社会势力和社会集团，都是人民的敌人。"① 人民内部矛盾主要有：人民内部各阶级、各阶层之间的矛盾以及各阶级、各阶层内部的矛盾；人民政府同人民群众之间的矛盾；执政的共产党和参政的各民主党派之间的矛盾，以及各个民族、各种宗教之间的矛盾等。第二，他论述了敌我矛盾与人民内部矛盾在性质上的不同。"敌我矛盾是对抗性矛盾"，就是说，它们之间在根本利益上是互相对立、互相冲突的，如同水火之不能相容，其中任何一方根本利益的实现，都以牺牲另一方根本利益为必要条件。人民内部矛盾的性质则不同，"一般说来，人民内部的矛盾，是在人民利益根本一致的基础上的矛盾"②。也就是说，根本利益一致，存在的只是局部的和暂时的利益矛盾，而这种矛盾，按其本性说，是相互依赖、相互渗透、相互转化的，其中任何一方利益的实现都可能促进另一方利

---

① 毛泽东：《关于正确处理人民内部矛盾的问题》（1957 年 2 月 27 日），《毛泽东文集》第 7 卷，人民出版社 1999 年版，第 205 页。

② 毛泽东：《关于正确处理人民内部矛盾的问题》（1957 年 2 月 27 日），《毛泽东文集》第 7 卷，人民出版社 1999 年版，第 206 页。

益的实现，或者为另一方利益的实现准备必要条件。第三，他提出要用不同的方法解决性质不同的两类矛盾。简单地说起来，解决敌我矛盾用专政的方法，解决人民内部矛盾用民主的方法。我们的国家是人民民主专政的国家，这个专政的作用，在国内，主要就是为了解决敌我矛盾。专政的制度不适用于人民内部，人民自己不能向自己专政，不能由一部分人民去压迫另一部分人民。在人民内部则实行民主制度，即实行民主集中制。第四，敌我矛盾和人民内部矛盾在一定的条件下可以互相转化，因此，要防止人民内部矛盾激化，防止人民内部矛盾转化成敌我矛盾。毛泽东认为，非对抗的人民内部矛盾如果处理不当或者由坏人插手破坏，也会激化起来，变成对抗性矛盾。国际国内经验证明，如何认识和处理少数人闹事事件，是正确处理人民内部矛盾时应当十分注意的一个问题。在这篇讲话中，毛泽东专门用一节讲"关于少数人闹事的问题"，又用一节讲"坏事能否变成好事"，表明了这个问题的重要性和复杂性。他说，"乱子有两重性"，一方面，它是坏事，我们不赞成；另一方面，坏事既已发生，又可以促使我们总结经验，吸取教训，克服官僚主义，教育干部和群众。"我们必须学会全面地看问题，不但要看到事物的正面，也要看到它的反面。在一定的条件下，坏的东西可以引出好的结果，好的东西也可以引出坏的结果。"他特别强调，"在这里，条件是重要的。没有一定的条件，斗争着的双方都不会转化"。①

---

① 毛泽东：《关于正确处理人民内部矛盾的问题》（1957 年 2 月 27 日），《毛泽东文集》第 7 卷，人民出版社 1999 年版，第 239 页。

三　正确处理人民内部矛盾的一系列重大方针

这篇著作虽然也谈到敌我矛盾问题，但重点是论述人民内部矛盾。在论述社会主义社会矛盾、基本矛盾、两类不同性质矛盾这些基本理论问题的基础上，系统论述了正确处理人民内部矛盾的一系列重大方针，为全党解决这个时代课题提供了基本遵循。

（一）"团结—批评—团结"的方针

这是处理人民内部思想是非矛盾的根本方针。毛泽东说："凡属于思想性质的问题，凡属于人民内部的争论问题，只能用民主的方法去解决，只能用讨论的方法、批评的方法、说服教育的方法去解决，而不能用强制的、压服的方法去解决。""企图用行政命令的方法，用强制的方法解决思想问题，是非问题，不但没有效力，而且是有害的。"[1] 过去党内"左"倾教条主义者在党内斗争中采取"残酷斗争，无情打击"的方式，毛泽东认为，这是一个错误的方针。在1942年延安整风运动中，我们曾经把解决人民内部矛盾的方法，概括为一个公式，叫作"团结—批评—团结"的方法，即从团结的愿望出发，经过批评或者斗争使矛盾得到解决，从而在新的基础上达到新的团结。这也就是"惩前毖后，治病救人"的方法。现在我们要在全社会加以推广，在所有的工厂、合作社、商店、学校、机关、团体，都采用这个方法去解决他们内部的矛盾。

---

[1]　毛泽东：《关于正确处理人民内部矛盾的问题》（1957年2月27日），《毛泽东文集》第7卷，人民出版社1999年版，第209页。

（二）"统筹兼顾，适当安排"的方针

这是我们党处理人民内部利益得失矛盾的一个重要方针。目的是"调动一切积极因素，团结一切可能团结的人，并且尽可能地将消极因素转变为积极因素，为建设社会主义社会这个伟大的事业服务"，"无论粮食问题，灾荒问题，就业问题，教育问题，知识分子问题，各种爱国力量的统一战线问题，少数民族问题，以及其他各项问题，都要从对全体人民的统筹兼顾这个观点出发，就当时当地的实际可能条件，同各方面的人协商，作出各种适当的安排"。① 在谈到合作社问题时，他说，在国家同合作社之间，在合作社内部，在合作社同合作社相互之间，都有一些矛盾需要解决，"我们必须经常注意从生产问题和分配问题上处理上述矛盾"②。在生产问题上，既要讲国家计划、政策的统一性，又要讲合作社的灵活性和独立性；在分配问题上，必须兼顾国家利益、集体利益和个人利益，"国家要积累，合作社也要积累，但是都不能过多"，要使农民在正常年景下"从增加生产中逐年增加个人收入"。③

（三）"百花齐放，百家争鸣"的方针

这是促进艺术繁荣和科学进步的方针。思想文化界的矛盾是人民内部矛盾的重要表现。处理这方面矛盾，我们在中华人

---

① 毛泽东：《关于正确处理人民内部矛盾的问题》（1957 年 2 月 27 日），《毛泽东文集》第 7 卷，人民出版社 1999 年版，第 228 页。
② 毛泽东：《关于正确处理人民内部矛盾的问题》（1957 年 2 月 27 日），《毛泽东文集》第 7 卷，人民出版社 1999 年版，第 221 页。
③ 毛泽东：《关于正确处理人民内部矛盾的问题》（1957 年 2 月 27 日），《毛泽东文集》第 7 卷，人民出版社 1999 年版，第 221 页。

民共和国成立初期是有经验教训的，主要是简单贴阶级斗争标签，用行政手段压制不同意见。在自然科学界，有人说中医是封建主义医学，西医是资本主义医学；摩尔根遗传学是资本主义的，米丘林生物学是社会主义的。在社会科学界，郭沫若和范文澜对中国社会历史分期看法不同，有人要中宣部出面裁决。在文艺领域，有人主张禁止传统戏剧，等等。鉴于这种情况，1956 年 4 月 28 日毛泽东在中央政治局扩大会议上的讲话中说，"百花齐放，百家争鸣，我看这应该成为我们的方针。艺术问题上百花齐放，学术问题上百家争鸣"。在《关于正确处理人民内部矛盾的问题》一文中，毛泽东全面系统阐述了这一方针，他指出："艺术和科学中的是非问题，应当通过艺术界科学界的自由讨论去解决，通过艺术和科学的实践去解决，而不应当采取简单的方法去解决。"① 这是因为，鉴别这些是非问题不是一件容易的事情，历史上新的正确的东西往往在开始的时候得不到多数人的承认而受到压制。因此，一定要持慎重的态度。他指出，实行这样的方针不会削弱马克思主义在思想理论界的指导地位，而只会加强这种指导地位。因为真理是在斗争中发展的，马克思主义也是在斗争中发展的，它既然是真理，就不怕争论，不怕别人批评，"相反，马克思主义者就是要在人们的批评中间，就是要在斗争的风雨中间，锻炼自己，发展自己，扩大自己的阵地"。② 对于各种错误意见，你不让它发表，它还是存在着，只有通过讨论的方法，批评的方法，说理

---

① 毛泽东：《关于正确处理人民内部矛盾的问题》（1957 年 2 月 27 日），《毛泽东文集》第 7 卷，人民出版社 1999 年版，第 229 页。
② 毛泽东：《关于正确处理人民内部矛盾的问题》（1957 年 2 月 27 日），《毛泽东文集》第 7 卷，人民出版社 1999 年版，第 232 页。

的方法，才能真正发展正确的意见，克服错误的意见。

（四）"长期共存，互相监督"的方针

这是处理共产党和民主党派之间关系的一个正确方针。在《论十大关系》中，毛泽东就提出："究竟是一个党好，还是几个党好？现在看来，恐怕是几个党好。不但过去如此，而且将来也可以如此，就是长期共存，互相监督。"[①] 共产党为什么要同民主党派长期共存呢？毛泽东认为，这是我国具体历史条件的产物。早在 1950 年 6 月 23 日召开的第二次全国政治协商会议上，他就明确表示，"只要谁肯真正为人民效力，在人民还有困难的时期内确实帮了忙，做了好事，并且是一贯地做下去，并不半途而废，那末，人民和人民的政府是没有理由不要他的，是没有理由不给他以生活的机会和效力的机会的"。[②] 这里所说的，也就是各党派可以长期共存的政治基础。所谓互相监督，就是说，这种监督不是单方面的。共产党可以监督民主党派，民主党派也可以监督共产党。

总之，关于正确处理人民内部矛盾问题，在社会主义国家是一个关系全局的重大理论与实践问题，是国家政治生活的主题，关系到社会主义事业的兴衰成败和国家的长治久安。在我国社会主义改造基本完成以后，毛泽东敏锐地抓住这个主题，总结国际国内的实践经验，对社会主义社会的矛盾、基本矛盾和两类不同性质的矛盾，特别是对人民内部矛盾，做了全面、

---

① 毛泽东：《论十大关系》（1956 年 4 月 25 日），《毛泽东文集》第 7 卷，人民出版社 1999 年版，第 34 页。

② 毛泽东：《在全国政协一届二次会议上的讲话》（1950 年 6 月 14 日、23 日），《毛泽东文集》第 6 卷，人民出版社 1999 年版，第 81 页。

系统的阐述，为我国社会主义事业的发展指明了方向，具有极为重大的理论意义和实践意义。当然，由于实践经验不足，特别是由于 20 世纪 50 年代中期以后在党内主观主义思想的滋长，使我们在一些问题上犯了阶级斗争扩大化的错误，相当严重地混淆了两类不同性质的矛盾，特别是犯了"文化大革命"那样长期的"左"倾错误，导致国家的动乱，使得毛泽东《关于正确处理人民内部矛盾的问题》的许多正确思想未能很好贯彻。但这并不影响这篇著作本身的科学价值和指导意义。在今天，重读这篇著作，掌握它的科学思想，在实践中创造性地加以运用和发展，仍然是十分必要的，这对于我们团结全国各族人民，为全面建成小康社会、实现社会主义现代化和中华民族伟大复兴而奋斗，具有重大现实意义。

第七章　战略思维中运用和发展马克思主义认识论与辩证法的范例

　　毛泽东具有高瞻远瞩、运筹帷幄、经纶天下的战略思维，是与他精深的马克思主义哲学修养分不开的。他创造性地运用马克思主义认识论和辩证法解决中国革命和建设中事关全局的重大问题，架起了哲学通向实践的桥梁，实现了哲学思维向战略思维的转化，使毛泽东哲学思想具有鲜明的实践理性风格和鲜明的方法论特征。特别是他的军事辩证法、政策策略辩证法、工作方法和领导方法，为我们进行战略思维提供了创造性运用和发展马克思主义认识论和辩证法的范例。

一　作为战争游泳术的军事辩证法

　　在长期戎马倥偬的战斗岁月里，毛泽东创造性地把马克思主义哲学运用于指导革命战争，写出了《中国革命战争的战略问题》《抗日游击战争的战略问题》《论持久战》《战争和战略问题》等一系列军事著作，阐明了中国革命战争的战略战术，充分显示了哲学家的深邃智慧和战略家的洞察力。

（一）战争与政治的辩证法

作为伟大的政治家和军事家，毛泽东在指导中国革命战争中，从来都不是就战争研究战争，而是把战争放到社会政治环境的大背景中，从哲学和战略高度进行考量和谋划。他认为："战争就是政治，战争本身就是政治性质的行动，从古以来没有不带政治性的战争。""政治发展到一定的阶段，再也不能照旧前进，于是爆发了战争，用以扫除政治道路上的障碍。"① 战争从属于政治，为一定政治目的服务。但战争又不是一般的政治，而是"流血的政治"，是解决那些用其他手段无法解决的对抗性政治矛盾的一种最严酷、最激烈的暴力手段。

政治决定战争的性质及其最终结局。历史上的战争分为两类，一类是正义的，一类是非正义的。"一切进步的战争都是正义的，一切阻碍进步的战争都是非正义的。"② "得道多助，失道寡助。"正义战争由于其进步性，由于其代表了历史发展的方向，代表了人民的根本利益，必然能够得到本国人民大众的拥护和支持，也会得到世界上大多数国家和人民的支持。所以，尽管革命武装力量起初比较弱小，但由于得到人民群众和社会进步势力的支持，必将不断发展壮大，最终战胜军事力量比自己强大的敌人。相反，非正义战争由于其反动性和反人民性，必然得不到人民群众的拥护和支持，最终必然归于失败。正是基于这样的政治考量和战略分析，毛泽东无论在土地革命

---

① 毛泽东：《论持久战》（1938年5月），《毛泽东选集》第2卷，人民出版社1991年版，第479页。

② 毛泽东：《论持久战》（1938年5月），《毛泽东选集》第2卷，人民出版社1991年版，第476页。

战争时期还是在抗日战争时期或解放战争时期，都能够在战略上藐视敌人、在战术上重视敌人，制定和实施了一整套以弱胜强的战略策略，成功指导革命战争取得伟大胜利。

毛泽东指出，人心向背是战争胜负的最终决定因素，"战争的伟力之最深厚的根源，存在于民众之中"。[①] 千百万真心实意拥护革命的群众是真正的铜墙铁壁。只要把群众动员组织起来，就能造成陷敌于灭顶之灾的汪洋大海，造成弥补武器等缺陷的补救条件，造成克服一切战争困难的前提，就能无敌于天下。

共产党领导的革命战争是实现无产阶级革命政治目的的手段。"我们是战争消灭论者，我们是不要战争的；但是只能经过战争去消灭战争，不要枪杆子必须拿起枪杆子。"[②] 这就是历史发展的辩证法。

（二）进攻与防御、进与退、得与失的辩证法

进攻和防御是两种基本作战形式。机械论者孤立地看待进攻或防御，认为进攻就是进攻，防御就是防御，进攻中不可能有防御，防御中也不可能有进攻。毛泽东则认为，进攻与防御是相互联系、相互转化的。进攻中含有防御因素，防御中也含有进攻因素；进攻可转变为防御，防御也可以转变为进攻。基于中国革命战争长期处于敌强我弱的状态，毛泽东提出了"积极防御"的战略思想，其基本内容，一是把战略上的防御与战役战斗上的进攻有机地结合起来，将战役战斗上的攻势作战作

---

① 毛泽东：《论持久战》（1938 年 5 月），《毛泽东选集》第 2 卷，人民出版社 1991 年版，第 511 页。

② 毛泽东：《战争和战略问题》（1938 年 11 月），《毛泽东选集》第 2 卷，人民出版社 1991 年版，第 547 页。

为达成战略防御目的的主要手段，以消灭敌人有生力量，不断壮大我军力量；二是把战略防御与战略反攻、战略进攻有机地结合起来，适时地将战略防御导向战略反攻和战略进攻，彻底地解决战争问题。

　　进攻与防御是和进与退、得与失相联系的。在积极防御战略中，无论进退还是得失，都是达到消灭敌人、保存自己的手段。战略退却，是劣势军队处在优势军队进攻面前，因为顾到不能迅速地击破其进攻，为了保存军力，待机破敌，而采取的一个有计划的战略步骤，其目的是保存军力，准备反攻。有计划的战略退却，从形式上看是被动的，但实际上却是主动的。"为了进攻而防御，为了前进而后退。"① 这就是战争中以退为进的辩证法。作战有进退，必然有得失。在强敌进攻面前实行战略退却，必然要丧失一些土地，但是"常有这样的情形，就是只有丧失才能不丧失，这是'将欲取之，必先与之'的原则。如果我们丧失的是土地，而取得的是战胜敌人，加恢复土地，再加扩大土地，这是赚钱生意"。② 这就是得与失的辩证法。

（三）持久与速决、内线与外线的辩证法

　　在《论持久战》中，毛泽东通过对抗日战争敌我双方情况的分析，提出了抗日战争表现为"犬牙交错的战争形态"。这种特殊的战争形态，决定了我军在敌强我弱的战略防御和相持

---

　　① 毛泽东：《中国革命战争的战略问题》（1936年12月），《毛泽东选集》第1卷，人民出版社1991年版，第196页。
　　② 毛泽东：《中国革命战争的战略问题》（1936年12月），《毛泽东选集》第1卷，人民出版社1991年版，第211页。

阶段必须采取"防御中的进攻、持久中的速决、内线中的外线"①的战略方针。因为敌强我弱，敌人采取战略进攻的方针，采取战略的速决战和外线作战，我只能居于战略防御地位，采取战略的持久战和内线作战。但敌人虽强，却兵力不足；我军虽弱，却兵多地广。这又决定我们可以采取灵活的运动战，从战场的外线，突然包围其一路而攻击之。这就势必造成敌之战略作战上的外线和进攻，在战役和战斗上不得不变成内线和防御；而我之战略作战上的内线和防御，在战役和战斗上变成了外线和进攻。在战役和战斗上，我不但应以多兵打少兵，从外线打内线，而且应采取速决战的方针。总之，防御中的进攻，持久中的速决，内线中的外线，这是我们克敌制胜、最后实行战略进攻的必由之路，是夺取持久战最后胜利的三大基本原则。

（四）游击战、运动战、阵地战的辩证法

游击战、运动战、阵地战是中国革命战争时期我军作战的三种重要形式。敌强我弱的形势，决定了我们的战略方针必须是实行战略的防御的持久战和战役、战斗的速决的进攻战，这在战争形式上就表现为运动战。毛泽东将运动战的运用概括为"避敌主力，诱敌深入，集中优势兵力，各个击破"，其核心也就是《十大军事原则》中讲的："在运动中消灭敌人。"开展运动战既要反对"有退无进"的逃跑主义，也要反对"有进无退"的拼命主义。运动战也需要阵地战的配合，没有阵地战的辅助和配合，便没有运动战。这就是运动战与阵地战的相互依赖和统一。

在战争史上，一般认为游击战只具有战役或战斗上的配合

---

① 毛泽东：《论持久战》（1938年5月），《毛泽东选集》第2卷，人民出版社1991年版，第477页。

作用，只有战术意义。毛泽东则认为，在中国，游击战不只有战术问题，还有特殊的战略问题。"游击战的战略作用就有两方面：一是辅助正规战，一是把自己也变为正规战。"① 他在《抗日游击战争的战略问题》中分析说："中国既不是小国，又不像苏联，是一个大而弱的国家。……敌人在我们这个大国中占地甚广，但他们的国家是小国，兵力不足，在占领区留了很多空虚的地方，因此抗日游击战争就主要地不是在内线配合正规军的战役作战，而是在外线单独作战。"② 由于有共产党领导的坚强的军队和广大的人民群众存在，抗日游击战争就不是小规模的，而是大规模的，于是战略防御和战略进攻等一全套的东西都发生了，中国抗日的游击战争，就从战术范围跑了出来向战略敲门，要求把游击战争的问题放在战略的观点上加以考察。抗日战争时期，中国共产党领导人民武装力量，独立自主地开展敌后游击战争，在整个战争中发挥了中流砥柱的作用。

（五）战争中自觉能动性与客观条件的辩证法

战争是国力、军力的竞赛，也是战略战役指挥员主观努力的竞赛。毛泽东指出："战争的胜负，固然决定于双方军事、政治、经济、地理、战争性质、国际援助诸条件，然而不仅仅决定于这些；仅有这些，还只是有了胜负的可能性，它本身没有分胜负。要分胜负，还须加上主观的努力，这就是指导战争和实行战争，这就是战争中的自觉的能动性。""指导战争的人们不能超越客观

① 毛泽东：《论持久战》（1938年5月），《毛泽东选集》第2卷，人民出版社1991年版，第499页。
② 毛泽东：《抗日游击战争的战略问题》（1938年5月），《毛泽东选集》第2卷，人民出版社1991年版，第405页。

条件许可的限度期求战争的胜利，然而可以而且必须在客观条件的限度之内，能动地争取战争的胜利。战争指挥员活动的舞台，必须建筑在客观条件的许可之上，然而他们凭借这个舞台，却可以导演出很多有声有色、威武雄壮的戏剧来。"①

自觉能动性在战争中的重要意义，就在于居于劣势和被动的一方，可以依靠战争主观指导的正确，扭转被动与劣势的地位。"方法就是人工地造成我们许多的局部优势和局部主动地位，去剥夺敌人的许多局部优势和局部主动地位，把他抛入劣势和被动。把这些局部的东西集合起来，就成了我们的战略优势和战略主动，敌人的战略劣势和战略被动。"② 具体到战役和战斗上，就是"先打分散和孤立之敌，后打集中和强大之敌""每战集中绝对优势兵力（两倍、三倍、四倍、有时甚至是五倍或六倍于敌之兵力），四面包围敌人，力求全歼，不使漏网……这样，在全体上，我们是劣势（就数量来说），但在每一个局部上，在每一个具体战役上，我们是绝对的优势，这就保证了战役的胜利。"③

二 原则坚定性和策略灵活性相统一的 政策策略辩证法

毛泽东认为，政策和策略是党的生命。革命政党的任何行

---

① 毛泽东：《论持久战》（1938 年 5 月），《毛泽东选集》第 2 卷，人民出版社 1991 年版，第 478 页。

② 毛泽东：《论持久战》（1938 年 5 月），《毛泽东选集》第 2 卷，人民出版社 1991 年版，第 490 页。

③ 毛泽东：《目前的形势和我们的任务》（1947 年 12 月 25 日），《毛泽东选集》第 4 卷，人民出版社 1991 年版，第 1247 页。

动都是实行政策，不是实行正确的政策就是实行错误的政策，不是自觉地就是盲目地实行某种政策。人们的实践，特别是革命政党和群众的实践，没有不同这种或那种政策相联系的。他在《目前抗日统一战线中的策略问题》《论政策》《关于目前党的政策中的几个重要问题》《不要四面出击》等著作所阐发的政策和策略辩证法，不但具有重大实践价值，而且具有重大理论价值，闪烁着哲学智慧之光。

（一）政策策略的制定和实行必须从实际出发，随实际情况变化而变化

无产阶级政党要指导革命和建设取得胜利，首先必须保证自己政策策略的正确。而要做到这一点，就必须从实际出发。毛泽东指出："实际政策的决定，一定要根据具体情况，坐在房子里面想像的东西，和看到的粗枝大叶的书面报告上写着的东西，决不是具体的情况。倘若根据'想当然'或不合实际的报告来决定政策，那是危险的。"[①]

制定和实行政策策略不但要从客观存在的实际出发，也要考虑到当时当地群众的物质利益、意见要求和觉悟程度、组织程度。对于制定和实行政策策略来说，这也是一种"实际"，同样要加以重视。因为政策策略是要通过群众去实行的，如果政策和策略不能给群众带来利益，群众不理解，不认同，不拥护，甚至有抵触情绪，那他们就不会真心去做，即使做了，也不会做好。所以，毛泽东同志指出："一定要每日每时关心群众利益，时刻想到自己的政策措施一定要适合当前群众的觉悟

---

① 毛泽东：《〈兴国调查〉前言》（1931年1月26日），《毛泽东文集》第1卷，人民出版社1993年版，第254页。

水平和当前群众的迫切要求。凡是违背这两条的，一定行不通，一定要失败。"①

任何事物都有自己质的规定性，不同事物因其不同的质而相互区别。事物之间质的区别是无产阶级政党制定政策策略的客观依据。在区别上建立我们的政策策略，既是从实际出发的客观要求，也是制定和实行政策策略必须遵循的重要原则。毛泽东这方面的思想十分丰富且独具特色。

一是对不同的阶级和阶层实行不同的政策策略。在阶级社会中，不同阶级、阶层由于其经济利益的不同，他们的政治态度和思想倾向也不同。对于革命阶级来说，这些阶级和阶层有些是革命的对象，有些是革命的动力，有些则是革命的同盟军。因此，无产阶级政党在各革命时期，必须对社会各阶级的经济状况及其对于革命的态度作一个基本的分析，将不同阶级和阶层加以区别，并"在这些区别上建立我们的政策"。②

二是在不同历史时期和同一历史时期的不同阶段实行不同的政策策略。不同历史时期和同一历史时期的不同发展阶段的矛盾各有其特殊性。历史时期不同，革命的政策和策略也应有所不同。"当着革命的形势已经改变的时候，革命的策略，革命的领导方式，也必须跟着改变。"③ 如在土地革命战争时期，党的农村政策是平分土地；抗日战争爆发后，针对社会主要矛盾和阶级关系的新变化，适时调整了自己的策略方针，确定了

---

① 毛泽东：《党内通信》（1959 年 3 月 17 日），《毛泽东文集》第 8 卷，人民出版社 1999 年版，第 33 页。
② 毛泽东：《论政策》（1940 年 12 月 25 日），《毛泽东选集》第 2 卷，人民出版社 1991 年版，第 764 页。
③ 毛泽东：《论反对日本帝国主义的策略》（1935 年 12 月 27 日），《毛泽东选集》第 1 卷，人民出版社 1991 年版，第 152 页。

建立抗日民族统一战线的政策，并修改了党的一些具体政策，如将没收地主土地的政策调整为减租减息政策等。

三是在某些不同地区实行不同的政策策略。不同地区之间不但自然条件不同，经济、政治、文化发展水平不同，群众的觉悟程度和组织程度也不同。这就决定了党和国家在制定和实行政策策略时，既要根据革命与建设的客观需要和全国的总体情况制定具有普遍性的政策策略，又要区别不同地区、部门的特殊情况采取不同的具体政策、策略和做法，不能千篇一律，搞一刀切。如在解放战争时期的土地改革中，毛泽东就多次强调，由于各解放区解放的时间先后不同，环境条件不同，群众的觉悟程度、组织程度和领导干部力量强弱不同，在不同地区贯彻执行土地法时就不能千篇一律，而应当分为三种地区，采取不同的策略。

（二）弱小的革命力量在变化着的主客观条件下最终能够战胜强大的反动力量

新民主主义革命时期，中国革命力量在开始和很长一段时期里是非常弱小的。弱小的革命力量犹如漫漫长夜中一点星火。星星之火能否成燎原之势？弱小的革命力量能否最终战胜强大的反动力量？对此，毛泽东运用对立面相互转化的辩证法思想和客观规律性与自觉能动性辩证关系原理做了深入分析。他认为，力量的强弱不是一成不变的，关键要看弱的一方是否代表了历史发展的方向。现代中国革命力量虽然弱小，但作为一种代表中国社会发展趋势的新质的东西必然会在发展过程中逐渐强大起来，并最终彻底战胜反动腐朽的社会政治力量。从客观条件看，旧中国是一个半殖民地半封建的大国，地方性农业经济和帝国主义划分势力范围的政策，使反动政权内部发生长期的分裂和战争。帝国主义和买办阶级虽然在中国城市的统治力量很强大，但在广大农村的统治却很弱，因而会使共产党领导下的革命政权在敌人力量不及的地方乘势而生，并为共产党在广大的农村建立革命根据地、发展壮大自己的力量提供了可能性的基础。从主观条件看，在有相当力量的正式红军存在的前提下，共产党实行正确的武装斗争、土地革命和根据地建设等正确的政策便可保证革命力量的日益壮大。所有这些都是革命力量由弱变强的必要条件和可能性根据。发挥自觉能动性是弱力战胜强力的重要保证。弱小革命力量只有实现对中国革命发展规律的理性把握，制订出符合中国革命规律的计划和方案，才能有效地指导中国革命实践活动；只有极大地激发革命者勇于牺牲的精神和坚韧不拔的意志，才能冲破白色恐怖的黑暗，迎来革命胜利的曙光。

（三）掌握斗争主要方向，对敌区别对待，利用矛盾，各个击破

毛泽东把主要矛盾理论运用于对敌斗争，提出了掌握斗争的主要方向，对敌区别对待，利用矛盾，各个击破的政策策略思想。由于敌人内部的利益不完全相同，他们之间也是有矛盾的。这样，我们就有可能也应该利用他们之间的矛盾，加以分化瓦解，以达到革命的目的。他指出："即使在地主买办阶级营垒中也不是完全统一的。这是半殖民地的环境，即许多帝国主义争夺中国的环境所造成的。当斗争是向着日本帝国主义的时候，美国以至英国的走狗们是有可能遵照其主人的叱声的轻重，同日本帝国主义者及其走狗暗斗以至明争的……这点争斗，这个缺口，这

种矛盾，对于革命的人民却是有用的。我们要把敌人营垒中间的一切争斗、缺口、矛盾，统统收集起来，作为反对当前主要敌人之用。"[1] 他认为，在对敌斗争中一定要采取争取多数、反对少数、各个击破的斗争策略。在一个时间里，主要的敌人只能有一个，"打击的敌人不能太多，要打少数""什么都打，看起来很革命，实际上为害很大"。[2] 应该根据革命需要和客观形势，区分哪些是当前的主要的敌人，哪些不是当前的主要敌人，并尽可能与当前的非主要敌人暂时结为联盟，至少使其保持中立，不与我作对，以便最大限度地孤立和打击当前最主要的敌人。如果不区别对待，把所有敌人一齐打，只能分散我们的力量，而敌人却可能联合起来对付我们，必然增加克敌制胜的难度。

作为杰出的无产阶级政治家和战略家，毛泽东不但充分地阐述了这条原则，而且娴熟自如地运用这条策略于中国革命实际，尤其是运用这条策略原则，结成了抗日民族统一战线。不仅有效地防止了内战和摩擦，而且有效地孤立了顽固势力，争取了中间势力，发展了革命势力，为抗战胜利奠定了基础，为最后战胜国民党反动派奠定了基础。

（四）善于率领同盟者向共同敌人作坚决斗争，在照顾其利益的同时给以政治教育

要建立和巩固统一战线，必须处理好与同盟者的关系，在照顾其利益的同时给以政治教育。做不到这一点，就无法实现

---

① 毛泽东：《论反对日本帝国主义的策略》（1935 年 12 月 27 日），《毛泽东选集》第 1 卷，人民出版社 1991 年版，第 148 页。
② 毛泽东：《我们党的一些历史经验》（1956 年 9 月 25 日），《毛泽东文集》第 7 卷，人民出版社 1999 年版，第 135 页。

对同盟者的领导，无法结成一个为完成共同目标而奋斗的政治联盟。

农民是中国无产阶级的可靠同盟军。新民主主义革命时期，无产阶级及其先锋队要完成反帝反封建的民族民主革命任务，就必须与农民和小资产阶级结成政治同盟。而要获得他们的牢固支持就必须照顾其利益，同时必须对他们进行必要的政治教育。如在土地革命中，中国共产党发动农民群众向封建地主阶级作勇猛的斗争，没收其浮财，分配其土地，使农民获得了政治上和经济上的双重翻身，同时启发农民的阶级觉悟和革命意识，引导其克服小农意识、非组织观点、绝对平均主义。

中国的民族资产阶级具有两重性：一方面，其本身就是剥削工人的剥削阶级；另一方面，又受封建地主阶级、帝国主义买办资本以及官僚资本的压迫。对待民族资产阶级必须有一套灵活而有效的政策和策略，做到在物质上对其不予以损害而予以照顾。新民主主义革命时期，我们党在根据地和解放区，在经济上推行了发展生产、繁荣经济、公私兼顾、劳资两利、保护私人资本主义经济的政策；在政治上注意吸收民族资产阶级的代表参加行政管理。在社会主义革命时期，党对民族资产阶级采取十分慎重的"和平赎买"政策，并对他们进行思想上、政治上的教育改造，从而把一个社会主义革命的直接对象改造成为一支参加社会主义建设的重要力量。这是我们党在处理与同盟者关系时的一个伟大创举。

三　唯物辩证的领导方法和工作方法

毛泽东一生重视方法论问题研究，而且越是革命处于困难、遇到挫折时期，越是发展遇到困难的时候，他越重视工作方法和领导方法的思考和研究，特别是善于从全局和战略高度思考领导方法和工作方法问题，先后写下了《反对本本主义》《关心群众生活，注意工作方法》《〈农村调查〉的序言和跋》《关于领导方法的若干问题》《党委会的工作方法》《人的正确思想是从哪里来的?》《学习马克思主义的认识论和辩证法》等著作，为我们创造了一系列极其丰富、独具特色的中国共产党人的工作方法和领导方法。

（一）按照实际情况决定工作方针

从实际出发，实事求是，是中国共产党的思想路线，也是最基本的领导方法和工作方法。毛泽东指出："按照实际情况决定工作方针，这是一切共产党员所必须牢牢记住的最基本的工作方法。我们所犯的错误，研究其发生的原因，都是由于我们离开了当时当地的实际情况，主观地决定自己的工作方针。"① 因为我们的路线方针政策是客观实际的反映，人们要想取得实践的成功，就必须使自己的政策方针符合客观实际情况。否则，从书本出发，从主观幻想出发，主观地决定工作方针，势必造成"盲人骑瞎马，夜半临深池"的后果，必然会导致工作的失误乃至惨重的失败。因此，"我们要从国内外、省内外、县内外、区内外的实际情况出发，从其中引出其固有的而不是臆造的规律性，即找出周围事变的内部联系，作为我们行动的

---

① 毛泽东：《在晋绥干部会议上的讲话》（1948 年 4 月 1 日），《毛泽东选集》第 4 卷，人民出版社 1991 年版，第 1308 页。

向导"[①]。

　　了解实际情况的基本方法就是向社会做调查。毛泽东认为："没有调查，没有发言权。"[②] 一切结论产生于调查情况的末尾，而不是在它的先头。为了弄清谁是革命的领导力量、谁是我们的敌人、谁是我们的朋友这一中国革命的基本问题，毛泽东在调查研究的基础上撰写了《中国社会各阶级的分析》；为了说明农民在中国革命中的重要作用和回答一些人对农民运动的责难，他到湖南做了 32 天的考察，撰写了《湖南农民运动考察报告》；为了弄清土地问题和土地革命的一些基本问题，他在 20 天调查访谈的基础上整理成《寻乌调查》，为制定正确的土地分配政策奠定了基础。

　　社会主义建设初期，由于我党在经济建设方面缺乏经验，特别是 1958 年在"左"的思想影响下发动了"大跃进"和"人民公社化"运动，"高指标"和"共产风"盛行，加上自然灾害，致使经济失衡、市场紧张，国民经济遇到了严重的困难。毛泽东认为，要做好事情，必须有三条，即"情况明，决心大，方法对"。[③] 其中，情况明，是一切工作的基础；情况不明，一切无从着手。因此要摸清情况，要做调查研究。如果不做调查研究工作，只凭想象和估计办事，我们的工作就没有基础。不根据调查研究来制定方针、政策是不可靠的，很危险。我们过去搞革命战争，没有一次是情况不清楚、条件不成熟而

---

　　① 毛泽东：《改造我们的学习》（1941 年 5 月 19 日），《毛泽东选集》第 3 卷，人民出版社 1991 年版，第 801 页。

　　② 毛泽东：《反对本本主义》（1930 年 5 月），《毛泽东选集》第 1 卷，人民出版社 1991 年版，第 109 页。

　　③ 毛泽东：《大兴调查研究之风》（1961 年 1 月 13 日），《毛泽东文集》第 8 卷，人民出版社 1999 年版，第 234 页。

打了胜仗的。现在之所以会出现这些问题和困难，重要原因就是缺乏调查研究，不了解实际。所以，毛泽东在 1961 年 1 月 13 日中央工作会议上的讲话中提出要在全党大兴调查研究之风。

（二）一般与个别相结合

毛泽东认为："我们共产党人无论进行何项工作，有两个方法是必须采用的，一是一般和个别相结合，二是领导和群众相结合。""任何工作任务，如果没有一般的普遍的号召，就不能动员广大群众行动起来。但如果只限于一般号召，而领导人员没有具体地直接地从若干组织将所号召的工作深入实施，突破一点，取得经验，然后利用这种经验去指导其他单位，就无法考验自己提出的一般号召是否正确，也无法充实一般号召的内容，就有使一般号召归于落空的危险。"①

这是因为，党根据革命建设需要和客观实际制定出来的正确路线方针政策，要在各地区各部门贯彻落实，就必须在面上进行部署和普遍号召。但是，由于各地区各部门的具体情况千差万别，在贯彻落实的过程中就有一个如何把普遍性与特殊性相结合的问题。要使一般号召和工作部署得到很好的贯彻落实，领导人必须具体深入到若干单位进行调查研究和个别指导。个别指导的重要意义，在于能够深入了解党的方针政策的贯彻落实情况，总结贯彻落实的经验，并用这些经验去指导其他单位，同时也有利于进一步完善和发展方针政策。

毛泽东认为，一项新的政策在普遍推开之前，一般应该先选择若干单位进行试点，深入研究典型，取得经验，然后再在

---

① 毛泽东：《关于领导方法的若干问题》（1943 年 6 月 1 日），《毛泽东选集》第 3 卷，人民出版社 1991 年版，第 897 页。

面上推广。他把这一工作方法称为"解剖麻雀法"。"麻雀虽小，肝胆俱全"，要认识麻雀的生理构造，没有必要把所有麻雀都拿来解剖一番，只要解剖一两只就够了。因为任何个别的具体事物都包含着同类事物的共性，通过认识个别事物，就可以从中抽象概括出同类事物的共性和普遍性。由于这些共性和普遍性是同类事物所共有的，因此就可以拿了这些共性的认识去指导面上的工作。任何领导人员，凡不从下级个别单位的个别人员、个别事件取得具体经验者，必不能向一切单位作普遍的指导。

这种"从许多个别指导中形成一般意见（一般号召），又拿这一般意见到许多个别单位中去考验（不但自己这样做，而且告诉别人也这样做），然后集中新的经验（总结经验），做成新的指示去普遍地指导群众"[1] 的工作方法，体现了由个别到一般、又由一般到个别的马克思主义认识论原理，是被实践证明的行之有效的领导方法和工作方法。

（三）领导和群众相结合

做好领导工作，除了坚持一般号召与个别指导相结合外，还必须采取领导与群众相结合的方法。"只有领导骨干的积极性，而无广大群众的积极性相结合，便将成为少数人的空忙。但如果只有广大群众的积极性，而无有力的领导骨干去恰当地组织群众的积极性，则群众的积极性既不可能持久，也不可能

---

[1]　毛泽东:《关于领导方法的若干问题》（1943 年 6 月 1 日），《毛泽东选集》第 3 卷，人民出版社 1991 年版，第 900 页。

走向正确的方向和提到高级的程度。"①

实行领导与群众相结合，必须坚持"从群众中来到群众中去"的工作路线。"在我党的一切实际工作中，凡属正确的领导，必须是从群众中来，到群众中去。这就是说，将群众的意见（分散的无系统的意见）集中起来（经过研究，化为集中的系统的意见），又到群众中去作宣传解释，化为群众的意见，使群众坚持下去，见之于行动，并在群众行动中考验这些意见是否正确。然后再从群众中集中起来，再到群众中坚持下去。如此无限循环，一次比一次地更正确、更生动、更丰富。"②

之所以要坚持"从群众中来"，是因为人民群众不仅是实践的主体，也是认识的主体。就领导者的思想、意见、计划、办法的形成来说，他的头脑只是个加工厂，其原料或者半成品来自人民群众的实践。然而群众的意见和经验，往往是分散的、不系统的，其中有正确的、部分正确的，也有不正确甚至错误的，所谓"集中起来"，就是对这些意见和经验进行分析和综合、抽象概括，去粗取精、去伪存真，上升为普遍性的理性认识，并在此基础上形成正确的方针政策。

但是"从群众中来"只是领导工作的第一步，更重要的是，还必须将这些从群众中集中起来的领导意见再回到群众中去，变成群众的实际行动。"善于把党的政策变为群众的行动，善于使我们的每一个运动，每一个斗争，不但领导干部懂得，而且广大的群众都能懂得，都能掌握，这是一项马克思列宁主

---

① 毛泽东：《关于领导方法的若干问题》（1943 年 6 月 1 日），《毛泽东选集》第 3 卷，人民出版社 1991 年版，第 898 页。
② 毛泽东：《关于领导方法的若干问题》（1943 年 6 月 1 日），《毛泽东选集》第 3 卷，人民出版社 1991 年版，第 899 页。

义的领导艺术。"① 因为只有通过群众的实践，才能使党的路线、方针、政策转化成改造客观世界的强大物质力量，也只有在群众的实践中，才能检验这些意见、方针、政策是否正确。

毛泽东认为，领导与群众相结合、一般与个别相结合这两个领导方法是一致的。"从群众中集中起来又到群众中坚持下去，以形成正确的领导意见，这是基本的领导方法。在集中和坚持过程中，必须采取一般号召和个别指导相结合的方法，这是前一个方法的组成部分。"②

（四）把工作方针放在自己力量的基点上

独立自主、自力更生是毛泽东思想活的灵魂之一，也是他所倡导的一种工作方法。这一工作方法的基本含义是：要领导革命和建设取得胜利，必须把工作方针放在自己力量的基点上，主要依靠自己的力量和努力来做好各项工作。

早在 20 世纪 30 年代，毛泽东就针对照抄照搬苏联十月革命经验的教条主义，强调中国革命斗争的胜利要靠中国同志了解中国情况，独立自主地探索出一条适合中国国情的革命道路。抗日战争时期，中国共产党提出并坚持了统一战线中的独立自主原则。抗日战争胜利后，毛泽东进一步指出："我们的方针要放在什么基点上？放在自己力量的基点上，叫做自力更生。我们并不孤立，全世界一切反对帝国主义的国家和人民都是我们的朋友。但是我们强调自力更生，我们能够依靠自己组织的

---

① 毛泽东：《对晋绥日报编辑人员的谈话》（1948 年 4 月 2 日），《毛泽东选集》第 4 卷，人民出版社 1991 年版，第 1319 页。
② 毛泽东：《关于领导方法的若干问题》（1943 年 6 月 1 日），《毛泽东选集》第 3 卷，人民出版社 1991 年版，第 900 页。

力量，打败一切中外反对派。"①

　　社会主义建设也主要靠自己的力量。1956 年，毛泽东就提出要"以苏为戒"，寻找中国自己的建设道路。1958 年，他进一步明确提出："自力更生为主，争取外援为辅，破除迷信，独立自主地干工业、干农业、干技术革命和文化革命，打倒奴隶思想，埋葬教条主义，认真学习外国的好经验，也一定研究外国的坏经验——引以为戒，这就是我们的路线。"②

　　坚持独立自主、自力更生并不排除外援。"我们希望有外援，但是我们不能依赖它，我们依靠自己的努力，依靠全体军民的创造力。"③ 因为只有把着眼点和落脚点放在自己力量的基点上，才有可靠的根据使自己永远立于不败之地。

（五）"学会弹钢琴"

　　领导者居于统筹全局的战略地位，必须善于从全局角度谋划和推进工作，照顾到方方面面。同时，又要坚持"重点论"，集中力量抓住和解决主要矛盾。毛泽东认为，在任何一个地区内，不能同时有许多中心工作，在一定时间内只能有一个中心工作，辅以别的第二位、第三位的工作。因此，一个地区的总负责人，必须考虑到该处的斗争历史和斗争环境，将各项工作摆在适当的地位；而不是自己全无计划，只按上级指示来一件做一件，形成很多的"中心工作"和凌乱无秩序的状态。上级

---

　　① 毛泽东：《抗日战争胜利后的时局和我们的方针》（1945 年 8 月 13 日），《毛泽东选集》第 4 卷，人民出版社 1991 年版，第 1132 页。

　　② 毛泽东：《独立自主地搞建设》（1958 年 6 月 17 日），《毛泽东文集》第 7 卷，人民出版社 1999 年版，第 380 页。

　　③ 毛泽东：《必须学会做经济工作》（1945 年 1 月 10 日），《毛泽东选集》第 3 卷，人民出版社 1991 年版，第 1016 页。

机关也不要不分轻重缓急地没有中心地同时指定下级机关做很多项工作，以致引起下级在工作步骤上的凌乱，而得不到确定的结果。"领导人员依照每一具体地区的历史条件和环境条件，统筹全局，正确地决定每一时期的工作重心和工作秩序，并把这种决定坚持地贯彻下去，务必得到一定的结果，这是一种领导艺术。"①

这种围绕中心工作而展开其他方面工作的方法被毛泽东形象地喻之为"弹钢琴"。"弹钢琴要十个指头都动作，不能有的动，有的不动。但是，十个指头同时都按下去，那也不成调子。要产生好的音乐，十个指头的动作要有节奏，要互相配合。党委要抓紧中心工作，又要围绕中心工作而同时开展其他方面的工作。"② 领导者在工作中既要分清主次、轻重、缓急、先后，不能平均使用力量，也不能忽视和放弃其他工作。只有这样，才能有条不紊地推进和卓有成效地开展工作。

（六）波浪式发展，自觉走曲折前进的道路

毛泽东认为，波浪式前进也是一个工作方法。1928 年，他在《中国的红色政权为什么能够存在?》中就提出，"割据地区的扩大采取波浪式的推进政策"③。1930 年，在《星星之火，可以燎原》中他又指出，"政权发展是波浪式地向前扩大的"④。

---

① 毛泽东:《关于领导方法的若干问题》(1943 年 6 月 1 日)，《毛泽东选集》第 3 卷，人民出版社 1991 年版，第 901 页。
② 毛泽东:《党委会的工作方法》(1949 年 3 月 13 日)，《毛泽东选集》第 4 卷，人民出版社 1991 年版，第 1442 页。
③ 毛泽东:《中国的红色政权为什么能够存在?》(1928 年 10 月 5 日)，《毛泽东选集》第 1 卷，人民出版社 1991 年版，第 51 页。
④ 毛泽东:《星星之火，可以燎原》(1930 年 1 月 5 日)，《毛泽东选集》第 1 卷，人民出版社 1991 年版，第 98 页。

1961 年 1 月 24 日，他在同日本社会党议员黑田寿男谈话时又总结说，"中国几十年的斗争，就是波浪式的发展，而不是每天、每月、每年都在直线发展的"①。

1957 年，毛泽东在省市自治区党委书记会议上的讲话中，从马克思主义哲学的高度，阐明波浪式发展是事物发展变化的普遍规律，揭示了这一工作方法的理论根据。他说："世界上的事物，因为都是矛盾着的，都是对立统一的，所以，它们的运动、发展，都是波浪式的。太阳的光射来叫光波，无线电台发出的叫电波，声音的传播叫声波。水有水波，热有热浪。在一定意义上讲，走路也是起波的，一步一步走就是起波。唱戏也是起波的，唱完一句再唱第二句，没有一口气唱七八句的。写字也起波，写完一个字再写一个字，不能一笔写几百个字。"② 1959 年 12 月至 1960 年 2 月，他在《读苏联〈政治经济学教科书〉的谈话（节选）》中又指出："任何事物的发展都不是直线的，而是螺旋式地上升，也就是波浪式发展。我们读书也是波浪式的，读书之前要做别的事情，读了几个钟头以后，要休息，不能无日无夜地读下去。今天读得多，明天读得少；而且每天读的时候，有时议论多，有时议论少。这些都是波浪，都是起伏。"③

既然波浪式前进是事物发展的普遍规律，那么，我们做工作、定计划、干革命、搞建设也要遵循这一客观规律，只能逐

---

　　① 毛泽东：《日本人民斗争的影响是深远的》（1961 年 1 月 24 日），《毛泽东文集》第 8 卷，人民出版社 1999 年版，第 244 页。

　　② 毛泽东：《在省市自治区党委书记会议上的讲话》（1957 年 1 月 27 日），《毛泽东文集》第 7 卷，人民出版社 1999 年版，第 200 页。

　　③ 毛泽东：《读苏联〈政治经济学教科书〉的谈话（节选）》（1959 年 12 月—1960 年 2 月），《毛泽东文集》第 8 卷，人民出版社 1999 年版，第 120—121 页。

步地由点到面、由小到大、循序渐进、波浪式发展，而不能头脑过热、老是冒进、试图直线上升；既然事物的发展有起有伏，有高潮，有低潮，工作中就应该有进有退、有上有下、有快有慢、有张有弛，向前推进时不可太慢，也不可太急。这就要求各级领导干部推进工作的过程中"随时掌握工作进程"，把握事物发展的度，准确地抓住社会历史发展过程中的关键环节，既不能急躁冒进，也不能坐失良机，不失时机地根据新的形势及时地提出新的中心任务、新的方针政策，引领广大人民群众推动历史发展。

（七）胸中有数

"胸中有数"这一方法的基本要求是："对情况和问题一定要注意到它们的数量方面，要有基本的数量的分析。"因为任何事物都是质与量的统一。"任何质量都表现为一定的数量，没有数量也就没有质量。"[1] 量的变化在一定程度内不会引起事物质的变化，但是当数量变化达到一定程度，超过一定数量界限时，事物的性质就会起变化。因此，如果"不懂得注意事物的数量方面，不懂得注意基本的统计、主要的百分比，不懂得注意决定事物质量的数量界限，一切都是胸中无'数'，结果就不能不犯错误"[2]。例如，在土地改革中，对于地主、富农、中农、贫农各占人口多少，各有多少土地，这些数字必须了解，才能据以定出正确的政策。对于何谓富农，何谓富裕中农，有

---

① 毛泽东：《党委会的工作方法》（1949 年 3 月 13 日），《毛泽东选集》第 4 卷，人民出版社 1991 年版，第 1442 页。

② 毛泽东：《党委会的工作方法》（1949 年 3 月 13 日），《毛泽东选集》第 4 卷，人民出版社 1991 年版，第 1442 页。

多少剥削收入才算富农，否则就算富裕中农，也必须找出一个数量的界限，否则，就不可能正确地推动土地工作的开展。

　　需要特别指出的是，对正确和错误、成绩和缺点的分析也要"胸中有数"。不但"要划清正确和错误、成绩和缺点的界限，还要弄清它们中间什么是主要的，什么是次要的。例如，成绩究竟是三分还是七分？说少了不行，说多了也不行。一个人的工作，究竟是三分成绩七分错误，还是七分成绩三分错误，必须有个根本的估计。如果是七分成绩，那末就应该对他的工作基本上加以肯定。把成绩为主说成错误为主，那就完全错了"①。

　　毛泽东认为，胸中有数是做好领导工作的重要前提。他说："在任何群众运动中，群众积极拥护的有多少，反对的有多少，处于中间状态的有多少，这些都必须有个基本的调查，基本的分析，不可无根据地、主观地决定问题。"②

（八）多谋善断

　　作为工作方法，"多谋善断"是毛泽东 1959 年 4 月 5 日在党的八届七中全会上明确提出来的，目的是克服"大跃进"和人民公社化运动中出现的少谋武断、无谋乱断的"左"的思想作风和工作方法。他说："现在的中心问题是工作方法，……多谋善断。单是谋不行，第一要多谋，第二还要能断。现在有

---

　　① 毛泽东：《党委会的工作方法》（1949 年 3 月 13 日），《毛泽东选集》第 4 卷，人民出版社 1991 年版，第 1444 页。
　　② 毛泽东：《党委会的工作方法》（1949 年 3 月 13 日），《毛泽东选集》第 4 卷，人民出版社 1991 年版，第 1443 页。

些同志不多谋，也不善断，是少谋武断。"① 所谓"多谋"就是遇事要多想，多与人商量，多听各种意见特别是不同意见，以求对客观情况有比较全面正确的了解；"善断"，就是根据掌握的情况及时做出正确的决断。

毛泽东认为，多谋善断这句话，重点在"谋"字上。要多谋，少谋是不行的。要与各方面去商量，反对少谋武断。商量又少，又武断，那事情就办不好。谋是基础，只有多谋，才能善断。谋的目的就是为了断，各方面的意见集中了，各方面的分析明确了，恰当了，然后才能得到善断。

同时，他又强调要"善断"。情况明了之后，就要当机立断，不要错过形势。因为机不可失，时不再来。② 1959 年 3 月 2 日，毛泽东在中央政治局第二次郑州会议上曾经以《郭嘉传》为例，说明不要多端寡要，多谋寡断。他说，谋是要多，但是不要寡断，要能够当机立断；端可以多，但是要抓住要点，一个时候有一个时候的要点。这是个方法问题。特别是对外斗争，得计迟是很危险的。③ 他认为蒋介石就是见事迟，得计迟。形势已经出来了，他还没有看见，等到看见了又不好得计。

对各级领导干部来说，"多谋"与"善断"缺一不可。既要多谋，又要善断；既要反对少谋武断，又要反对优柔寡断。要运用唯物辩证法正确地观察分析形势，在弄清上级指示精神和客观实际情况的基础上，抓住时机，当机立断，制定和实施

---

① 参见中共中央文献研究室编《毛泽东年谱（1949—1976）》第 4 卷，中央文献出版社 2013 年版，第 8 页。

② 参见中共中央文献研究室编《毛泽东年谱（1949—1976）》第 4 卷，中央文献出版社 2013 年版，第 9 页。

③ 参见中共中央文献研究室编《毛泽东年谱（1949—1976）》第 3 卷，中央文献出版社 2013 年版，第 617 页。

正确的方针政策和战略策略。

（九）留有余地

"留有余地"，也是毛泽东为纠正"大跃进"和人民公社化运动中的高指标、浮夸风等"左"的错误，而在党的八届七中全会上提出来的一条重要工作方法。

早在"大跃进"初期，针对一些地方提出一些不切实际的计划和口号的"过热"现象，毛泽东就指出："建设的速度，是个客观存在的东西。凡是根据主观条件和客观条件能办到的，就应当多快好省，鼓足干劲，力争上游。但办不到的不要勉强。""今年这一年，群众出现很高的热潮。我很担心我们一些同志在这种热潮下面被冲昏了头脑，提出一些办不到的口号。"因此，他强调："做是一件事，讲又是一件事。即使能做得到，讲也要谨慎些，给群众留点余地，给下级留点余地，也就是替自己留点余地。总而言之，支票开得太多，后头难于兑现。"①

1959 年 4 月 5 日，毛泽东在党的八届七中全会上从工作方法的角度明确提出"要留有余地"。他说，我们过去打仗，是三倍、四倍、五倍、六倍以至七倍的兵力来包围敌人，这是留了很大的余地。不打无准备之仗，不打无把握之仗。而现在我们搞工业很多是打没有把握之仗，没有准备之仗。不晓得多谋善断，留有余地，这是个政治问题，这是个马克思主义的方法问题。②

---

① 转引自王香平《对毛泽东"大跃进"时期提倡"留有余地"的几点分析》，《党的文献》2012 年第 3 期。

② 参见中共中央文献研究室编《毛泽东年谱（1949—1976）》第 4 卷，中央文献出版社 2013 年版，第 9 页。

留有余地的精神实质，就是要尊重客观规律，按照客观实际情况办事情。1965 年 6 月 16 日，毛泽东在听取余秋里关于编制第三个五年计划的汇报和谷牧关于三线建设的汇报时的谈话中说：鉴于过去的经验，欲速则不达，还不如少一点慢一点能达到。我看大家都想多搞，你们也想多搞，向老百姓征税征粮，多了会闹翻，不行的。这是个原则问题。要根据客观可能办事，绝不能超过客观可能，按客观可能还要留有余地。留有余地要大，不要太小。要留有余地在老百姓那里，对老百姓不能搞得太紧。①

所谓"留有余地"，就是指在定计划、办事情的时候，要量力而行，不仅力所不及的事情不能做，就是满打满算也不应该，一定要留有活动的余地和可供机动的力量。如果生产计划、经济计划，满打满算，不留一点余地，很容易造成虚假现象。如果在做计划和安排工作时留有余地，尽可能把事物发展的各种趋势和可能性都考虑进来，一旦发生意外，就能及时应对，妥善处理，做到有备无患。

留有余地，也是调动下属和群众积极性的工作方法。毛泽东认为，在安排工作计划时，给下面留有余地，有利于发挥下面的积极性。1960 年 11 月 30 日至 12 月 4 日在杭州中央政治局扩大会议上，他在谈到 1960 年计划时指出：按实际办得到的，再留点余地，让各地、年度去超过；计划的方法，要注意余地留得够，我看留得还要多点，不仅中央，地方也如此。② 实际

---

① 参见中共中央文献研究室编《毛泽东年谱（1949—1976）》第 5 卷，中央文献出版社 2013 年版，第 501 页。

② 参见逄先知、金冲及编《毛泽东传（1949—1976）》（下），中央文献出版社 2003 年版，第 1029—1030 页。

上，不给下面留有余地，就是不给自己留有余地。留余地上下都有好处。

（十）善于总结经验

毛泽东认为，"善于总结经验"也是一个重要的领导方法和领导艺术。1941 年 8 月 22 日，他在《关于总结财政工作经验给谢觉哉的信》中指出："凡人（包括共产党员）都只能根据自己的见闻即经验作为说话，做事，打主意，定计划的出发点或方法论，故注意吸收新的经验甚为重要，未见未闻的，连梦也不会作……善于总结经验，就是领导者的任务。"① 1942 年 4 月 20 日，他在中央学习组会议上的报告中进一步指出："什么事都需要经验，什么好的政策都是经验之总结。"② 1948 年 3 月 12 日，他在为《山西崞县是怎样进行土地改革的》一文写的按语中又指出："领导者的责任，就是不但指出斗争的方向，规定斗争的任务，而且必须总结具体的经验，向群众迅速传播这些经验，使正确的获得推广，错误的不致重犯。"③ 因为，领导者居于指挥全局的战略地位，其基本职责不是事事亲力亲为，而是将群众中的先进经验加以概括总结，提炼上升为一般的方针政策，然后在面上推广，以便进一步推动工作的顺利开展。

善于总结经验，是中国共产党人制定和实行正确的政策策略，不断推进事业发展的重要法宝。不懂得总结历史经验的民

---

① 毛泽东：《关于总结财政工作经验给谢觉哉的信》（1941 年 8 月 22 日），《毛泽东文集》第 2 卷，人民出版社 1993 年版，第 369 页。

② 毛泽东：《关于整顿三风》（1942 年 4 月 21 日），《毛泽东文集》第 2 卷，人民出版社 1993 年版，第 417 页。

③ 毛泽东：《〈山西崞县是怎样进行土地改革的〉一文按语》（1948 年 3 月 12 日），《毛泽东文集》第 5 卷，人民出版社 1996 年版，第 80 页。

族，是没有前途的民族；不善于总结经验的政党，不是一个成熟的政党；不善于总结经验的领导者，不是一个合格的领导者。1965 年，在接见刚刚回国定居的李宗仁及其秘书程思远时，毛泽东说，他是"靠总结经验吃饭"的。

毛泽东认为，无论正确的经验，还是错误的经验，都要"加以总结，使那些有益的经验得到推广，而从那些错误的经验中取得教训"。[①] 之所以要总结错误的经验，是因为"错误有两重性。错误一方面损害党，损害人民；另一方面是好教员，很好地教育了党，教育了人民，对革命有好处。失败是成功之母"[②]。这里的关键是要善于总结经验教训，寻找失败的原因，善于从历史的经验中汲取营养，从历史教训中得到警示。善于总结，才能不断积累经验，避免再犯类似错误，才能不断前进。

毛泽东还指出，领导干部要善于虚心接受别人的经验，如果样样要待自己经验，否则固执己见拒不接受，这就是十足的"狭隘经验论"。1936 年 12 月，他在《中国革命战争的战略问题》中指出："一切带原则性的军事规律，或军事理论，都是前人或今人做的关于过去战争经验的总结。这些过去的战争所留给我们的血的教训，应该着重地学习它。这是一件事。然而还有一件事，即是从自己经验中考证这些结论，吸收那些用得着的东西，拒绝那些用不着的东西，增加那些自己所特有的东西。这后一件事是十分重要的，不这样做，我们就不能指导

---

①　毛泽东：《中国共产党第八次全国代表大会开幕词》（1956 年 9 月 15 日），《毛泽东文集》第 7 卷，人民出版社 1999 年版，第 115 页。

②　毛泽东：《我们党的一些历史经验》（1956 年 9 月 25 日），《毛泽东文集》第 7 卷，人民出版社 1999 年版，第 136 页。

战争。"①

　　毛泽东还指出了总结经验的方法："关于总结经验，我们的经验是很丰富的，但是不能够罗列很多事情，而是要抓住重点，从实际出发，根据马克思主义的观点，加以总结。这样总结，会给我们全党一个推动力，使我们的工作比过去做得更好些。"②

　　综上所述可以看到，毛泽东在领导中国革命和社会主义建设过程中，一方面使马克思主义基本理论具体化、实践化，另一方面又把丰富的实践经验和领导方法系统化、理论化，在理论和实践结合点上提出并论述了具有中国共产党人特色，以马克思主义哲学理论为底蕴的，渗透着实践唯物主义精神的系统的工作方法和领导方法，这是对马克思主义哲学的独特贡献。

---

　　①　毛泽东：《中国革命战争的战略问题》（1936 年 12 月），《毛泽东选集》第 1 卷，人民出版社 1991 年版，第 181 页。
　　②　毛泽东：《增强党的团结，继承党的传统》（1956 年 8 月 30 日），《毛泽东文集》第 7 卷，人民出版社 1999 年版，第 86 页。

第二编 邓小平江泽民胡锦涛的战略思维

导　　论

以党的十一届三中全会为主要标志，我国社会主义建设进入改革开放新时期。

邓小平作为我们党的第二代中央领导集体的核心，其战略思维的主题，是创造性回答"什么是社会主义、怎样建设社会主义"这一重大历史课题。他在总结我国和世界社会主义历史经验特别是改革开放以来新鲜经验的基础上，集中党和人民集体智慧，把马克思主义普遍真理同我国社会主义建设与改革的具体实际相结合，继承和发展毛泽东思想，创立和发展了关于建设中国特色社会主义的科学指导思想——邓小平理论，第一次比较系统地初步回答了在中国这样经济文化比较落后的国家如何建设、巩固和发展社会主义的一系列基本问题。这是我们党在社会主义建设新时期进行战略思维的杰出范例。

在历史转折关头，邓小平把端正思想路线提到首位，为开辟中国特色社会主义道路奠定了哲学基础。他的那篇《解放思想，实事求是，团结一致向前看》的重要讲话，实际上成为具有划时代意义的党的十一届三中全会的主题报告。它抓住了当时思想路线这个关系党和国家工作全局的根本问题，指出："一个党，一个国家，一个民族，如果一切从本本出发，思想僵化，迷信盛行，那它就不能前进，它的生机就停止了，就要亡党亡国。"强调要"研究新情况，解决新问题"，"如果现在再不实行改革，我们的现代化事业和社会主义事业就会被葬送。"① 这篇讲话高屋建瓴，振聋发聩，成为开辟中国特色社会主义道路的解放思想、实事求是的宣言书。

邓小平抓住"什么是社会主义、怎样建设社会主义"这个首要的基本问题，深刻揭示社会主义本质和中国社会主义初级阶段基本国情，澄清对社会主义的种种曲解和误解，领导全党确立了"一个中心、两个基本点"的基本路线，明确规定了党在社会主义初级阶段的奋斗目标、中心任务以及为了实现这个目标和任务必须坚持的基本原则、基本方针、领导力量和依靠力量。概括起来就是：以经济建设为中心是兴国之要，四项基本原则是立国之本，改革开放是强国之路。这是我们党和国家能够经受各种风险考验、胜利实现社会主义现代化和中华民族伟大复兴的根本政治保证。

邓小平领导我们党制定了实现社会主义现代化的一系列重大战略，例如：分"三步走"基本实现社会主义现代化的发展战略；先富带分富、帮后富，最终实现共同富裕的发展战略；沿海和内地"两个大局"的发展战略；以建立社会主义市场经济体制为目标的经济体制改革战略；以经济体制改革为重点的全面改革战略；发展经济主要依靠科技和教育的发展战略；把解决"三农"问题作为重中之中的发展战略；"两手抓、两手都要硬"的战略方针；以"一国两制"实现祖国和平统一的战略构想，等等。

---

① 《邓小平文选》第 2 卷，人民出版社 1994 年版，第 143—150 页。

　　邓小平以宽广眼界观察世界，对当今时代和国际形势做出一系列科学战略判断，为我们统筹国内国际两个大局提供了科学依据。他提出"和平与发展是当今世界两大主题"，为我们确立了维护世界和平、促进共同发展的外交战略；提出"现在的世界是开放的世界""中国的发展离不开世界"，为我国制定了对外开放的基本国策；提出"现在的世界正在经历一场深刻的科技革命"，科学技术已经成为第一生产力，为确立科教兴国战略奠定了理论基础。

　　1992 年春天，邓小平在关键时刻发表关键谈话，为我国改革发展进一步指明了方向。他在南方谈话中，针对东欧剧变、苏联解体和国内政治风波后出现的严峻形势，深刻回答长期束缚人们思想的许多重大认识问题，集中阐述了坚持党的基本路线一百年不动摇的战略思想。他强调，改革开放要大胆试大胆闯；抓住机遇，加快发展，首先是发展经济；"两手抓，两手都要硬"；关键在党，关键在人，关键是共产党内部要搞好。这次谈话，成了我国加快改革开放和社会主义现代化建设的又一个解放思想、实事求是的宣言书，把我国的改革发展推进到一个新阶段。

　　邓小平像毛泽东一样，也十分重视对干部进行战略思维教育。1954 年 1 月 25 日，他在全国财政厅局长会议上的讲话中说："毛主席曾经指出，我们党历来是重视战略的，部队的战士、伙夫都关心战略，只要把战略形势讲清楚，问题就好办了。毛主席的话说得很对。例如粮食的征购，只要把战略问题和全局问题摆开来，就可以得到解决。"[①] "财政部门要看到大事，

---

　　① 邓小平：《地方财政工作要有全局观念》（1954 年 1 月 25 日），《邓小平文选》第 1 卷，人民出版社 1994 年版，第 198 页。

要有战略观念。"① 1961 年 12 月 27 日，他在谈到妇联工作时指出："妇女工作一定要管本行，议大事"，"把眼界搞开阔些"，"只看到一个家，不看到国，那怎么行。妇女干部要看世界，农村妇女也要看世界。"② 1989 年 5 月 31 日，他在同两位中央负责同志的谈话中说："我们政治局、政治局常委会、书记处的同志，都是管大事的人，考虑任何问题都要着眼于长远，着眼于大局。许多小局必须服从大局，关键是这个问题。""我们组成的这个新的领导机构，眼界要非常宽阔，胸襟要非常宽阔，这是对我们第三代领导人最根本的要求。""要从大局看问题，放眼世界，放眼未来，也放眼当前，放眼一切方面。"③ 他强调，"不能只在眼前的事务里面打圈子，要用宏观战略的眼光分析问题"④。

以江泽民同志为核心的党的第三代中央领导集体和以胡锦涛同志为总书记的党中央，在世纪之交，面对世界的新变化和中国的新发展，高举邓小平理论伟大旗帜，大力推进实践创新和理论创新，进一步回答"什么是社会主义、怎样建设社会主义"，创造性回答"建设什么样的党、怎样建设党""实现什么样的发展、怎样发展"的重大历史课题，谱写了中国特色社会主义新篇章。

江泽民从战略高度论述了社会主义现代化建设中的十二个

---

① 邓小平：《地方财政工作要有全局观念》（1954 年 1 月 25 日），《邓小平文选》第 1 卷，人民出版社 1994 年版，第 200 页。

② 邓小平：《重要的是做好经常工作》（1961 年 12 月 27 日），《邓小平文选》第 1 卷，人民出版社 1994 年版，第 296 页。

③ 邓小平：《组成一个实行改革的有希望的领导集体》（1989 年 5 月 31 日），《邓小平文选》第 3 卷，人民出版社 1993 年版，第 298—300 页。

④ 邓小平：《国际形势和经济问题》（1990 年 3 月 3 日），《邓小平文选》第 3 卷，人民出版社 1993 年版，第 355 页。

重大关系，认为这都是"新形势下带有全局性的重大问题"。他强调，发展、改革、稳定是"三枚关键棋子"，发展是目的，改革是动力，稳定是前提，任何一个方面出了问题都会影响全局，必须坚持"抓住机遇，深化改革，扩大开放，促进发展，保持稳定"的战略方针；必须正确处理发展中的四大关系，即速度与效益的关系、经济建设与人口资源环境的关系、一二三产业的关系、东部地区和中西部地区的关系；必须正确处理改革中的五大关系，即：市场机制与宏观调控的关系、公有制与非公有制的关系、收入分配中国家企业与个人之间的关系、对外开放与自力更生的关系、中央与地方的关系；必须正确处理作为发展改革之保障的两大关系，即国防建设与经济建设的关系、物质文明建设与精神文明建设的关系。这是在世纪之交我们党对我国社会主义现代化建设所做的战略谋划。

江泽民科学判断我们党的历史方位，以改革创新精神推进党的建设新的伟大工程，创造性提出"三个代表"重要思想，即我们党必须始终代表中国先进生产力的发展要求，代表中国先进文化的前进方向，代表中国最广大人民的根本利益。这是"立党之本、执政之基、力量之源"。这一论述，对于在新的历史条件下，保持党的先进性、纯洁性，使我们党始终走在时代前列；对于增强党的阶级基础、扩大党的群众基础、实现党的奋斗目标，具有根本性意义。这是在新的历史条件下，推进党的建设新的伟大工程、发展中国特色社会主义伟大事业的一项重大战略决策。

胡锦涛深刻总结我国发展的历史经验，吸收世界各国发展的经验教训，反映新形势下我国发展的客观要求，继承和发展马克思主义关于发展的科学思想，创造性提出以人为本、全面协调、可持续的科学发展观，从战略高度回答了什么是发展、为谁发展、怎样发展、靠谁发展等一系列重大问题，为在新的历史条件下处理我国发展中的重大矛盾和突出问题提供了根本遵循。这是马克思主义关于发展的世界观和方法论的集中体现。这同样是关系党和国家事业全局的重大战略决策。

胡锦涛创造性提出并系统阐述了关于社会主义和谐社会的战略构想。他强调，这是中国特色社会主义的本质要求，也是全面建设小康社会的一项重大战略任务，关系广大人民的根本利益，关系巩固党执政的社会基础，关系国家的长治久安。胡锦涛说："全党同志都要从这样的战略高度，深刻认识社会主义和谐社会的重大意义"，努力把我国社会建设成为"民主法治、公平正义、诚信友爱、充满活力、安定有序、人与自然和谐相处的社会"。这一论述进一步丰富了中国特色社会主义的建设布局，从经济、政治、文化"三位一体"发展为经济、政治、文化、社会"四位一体"的建设布局。到了党的十八大，正式形成经济、政治、文化、社会、生态"五位一体"建设布局。

江泽民和胡锦涛也十分重视对干部进行战略思维教育。1999 年 8 月 4 日，江泽民在一次外事工作会议上说，毛泽东、邓小平都是伟大的战略家，都很重视研究战略问题。当前，我们同样要加强对战略问题的研究。他很重视对干部特别是中青年干部进行战略思维教育，说："要大力培养中青年领导干部的战略思维能力，使他们善于从实际出发不断研究解决改革发展稳定中的重大问题"，"党校要按照这个要求来培养中青年领导干部，通过一系列调查研究和战略问题研讨，帮助他们增长研究解决重大现实问题的才干，养成对重大现实问题进行战略思考的能力"，"全党同志特别是高级干部，要有战略眼光，要有老一辈无产阶级革命家的那种高瞻远瞩和宽阔胸襟，切实把培养造就一大批适应新世纪要求的中青年领导干部这项重大政治任务完成好"。① 党的十六大第一次把提高战略思维能力的要求写进党代会报告，指出："必须以宽广的眼界观察世界，正确把握时代发展的要求，善于进行理论思维和战略思维"，不断提高"科学判断形势的能力""驾驭市场经济的能力""应对复杂局面的能力""依法行政的能力""总揽全局的能力"。2004 年 9 月 19 日，党的十六届四中全会通过的《中共中央关于加强党的执政能力建设的决定》强调，各级党政干部要"坚持用宽广的眼界观察世界，提高科学判断国际形势和进行战略思维的水平"②。2007 年 10 月 15 日，胡锦涛在党的十七大报告中再一次强调，要"加强战略思维"。2009 年 9 月 18 日，党的十七届四中全会通过的《中共中央关于加强和改进新形势下党的建设若干重大问题的决定》要求中央委员和省部级领导干部要"切实提高战略思维、创新思维、辩证思维能力"③。

---

① 江泽民：《加紧培养适应新世纪要求的中青年领导干部》（2000 年 6 月 9 日），《江泽民文选》第 3 卷，人民出版社 2006 年版，第 48—50 页。

② 中共中央文献研究室编：《十六大以来重要文献选编》（中），中央文献出版社 2006 年版，第 288 页。

③ 《中共中央关于加强和改进新形势下党的建设若干重大问题的决定》，人民出版社 2009 年版，第 12 页。

第一章　历史转折关头把解决思想路线问题提到首位

邓小平说："搞社会主义一定要遵循马克思主义的辩证唯物主义和历史唯物主义，也就是毛泽东同志概括的实事求是，或者说一切从实际出发。"① 可以说，这是对社会主义历史经验的一个根本性总结，抓住了问题的实质。

1978 年 12 月 13 日，邓小平在中央工作会议上发表《解放思想，实事求是，团结一致向前看》的重要讲话。这个讲话，实际上成为随即召开的党的十一届三中全会的主题报告，成为我们党开创中国社会主义建设新道路、新理论的解放思想、实事求是的宣言书，成为中国特色社会主义发展史上一座具有标志性意义的里程碑。它所阐述的党的解放思想、实事求是的思想路线贯穿于中国特色社会主义理论与实践活动的各方面和全过程，具有极其重大而深远的现实意义和历史意义，是我们党在社会主义建设新时期进行战略思维的开篇之作。

---

① 邓小平：《政治上发展民主，经济上实行改革》（1985 年 4 月 15 日），《邓小平文选》第 3 卷，人民出版社 1993 年版，第 118 页。

一　历史转折关头思想路线的拨乱反正

1976 年 10 月，粉碎"四人帮"以后，广大干部、群众强烈要求拨乱反正，纠正"文化大革命"及其以前的"左"的错误，开创中国社会主义建设的新局面。但是，遇到了阻力，这就是 1977 年 2 月 7 日中央"两报一刊"社论所提出的"两个凡是"的错误方针，即："凡是毛主席作出的决策，我们都坚决拥护，凡是毛主席的指示，我们都始终不渝地遵循。"按照这一方针，就要继续坚持以阶级斗争为纲，继续坚持"文化大革命"，中国就将继续陷入混乱和动乱，社会主义现代化事业就没有希望。

历史转折关头，把解决思想路线问题提到首位。邓小平敏锐地抓住这一事关全局的重大思想理论问题，旗帜鲜明地反对"两个凡是"，支持和领导实践是检验真理唯一标准问题的大讨论，为确立"解放思想、实事求是"的思想路线做出了历史性的重大贡献。

1977 年上半年，当时尚未恢复工作的邓小平，多次对"两个凡是"表示异议，认为这不是马克思主义、不是毛泽东思想。5 月 24 日，他在一次谈话中说："一个人讲的每句话都对，一个人绝对正确，没有这回事情"，"这是个重要的理论问题，是个是否坚持历史唯物主义的问题"。即使是正确的话，邓小平认为也不能到处搬用，"把毛泽东同志在这个问题上讲的移到另外的问题上，在这个地点讲的移到另外的地点，在这个时间讲的移到另外的时间，在这个条件下讲的移到另外的条件下，这样做，不行嘛！"① 他说："按照'两个凡是'，就说不通为我平反的问题，也说不通肯定一九七六年广大群众在天安门广场的活动'合乎情理'的问题。"② 1977 年 7 月 21日，党的十届三中全会决定恢复邓小平的党、政、军的领导职务，在会上他发表复出后的第一次讲话，就明确指出："不能够只从个别词句来理解毛泽东思想，而必须从毛泽东思想的整个体系去获得正确的理解"，更不能像林彪、"四人帮"那样，"引用毛泽东同志的某些片言只语来骗人、吓唬人"，那样，只能"割裂、歪曲毛泽东思想，损害毛泽东思想"。③ 邓小平的这些论述，深刻批评了"两个凡是"的错误思想，实际上已经拉开当代中国解放思想的序幕。

在邓小平批评"两个凡是"的同时，广大干部、群众要求拨乱反正、纠正各种冤假错案的呼声，也一直以实践的方式冲击着"两个凡是"的精神枷锁。历史把解决真理标准问题鲜明地提到全党和全国人民面前。理论界对此做出了回应，中央党校成为真理标准问题大讨论的一个重要策源地。时任中央党校副校长并主持党校工作的胡耀邦，在全校教员和学员中组织了一场"关于第九次、第十次、第十一次路线斗争问题"的大讨论。他明确提出，研究这些问题，"不要根据哪个文件、哪个同志讲话"，"要看实践"，"通过实践检验分析"。他亲自组织撰写、修改并定稿《实践是检验真理的唯一标准》一文。此文

---

① 邓小平：《"两个凡是"不符合马克思主义》（1977 年 5 月 24 日），《邓小平文选》第 2卷，人民出版社 1994 年版，第 38 页。

② 邓小平：《"两个凡是"不符合马克思主义》（1977 年 5 月 24 日），《邓小平文选》第 2卷，人民出版社 1994 年版，第 38 页。

③ 邓小平：《完整地、准确地理解毛泽东思想》（1977 年 7 月 21 日），《邓小平文选》第 2卷，人民出版社 1994 年版，第 42—43 页。

于 1978 年 5 月 10 日首刊于中央党校《理论动态》第 60 期，第二天《光明日报》以特约评论员名义在头版发表，当天新华社向全国转发，随后《人民日报》和全国许多报纸陆续刊登。这篇文章以深刻的思想性、鲜明的针对性和独特的发表方式，吹响了当代中国解放思想的号角，受到广大干部、群众的热烈拥护。但也受到一些人，包括当时主管意识形态工作的中央领导人和有关工作部门负责人的抵制和反对，他们指责这篇文章是"砍旗""非毛化"，犯了严重的政治错误。

在"实践标准"与"两个凡是"这两条思想路线激烈交锋的关键时刻，邓小平等老一辈革命家给《实践是检验真理的唯一标准》一文以坚决有力的支持。

1978 年 6 月 2 日，邓小平在全军政治工作会议上发表讲话，第一个问题就讲实事求是。他说："我们开会，作报告，作决议，以及做任何工作，都为的是解决问题。"[①] 而"解决问题，究竟是否正确或者完全正确，还需要今后的实践来检验"[②]，"一些同志天天讲毛泽东思想，却往往忘记、抛弃甚至反对毛泽东同志的实事求是、一切从实际出发、理论与实践相结合的这样一个马克思主义的根本观点，根本方法。不但如此，有的人还认为谁要是坚持实事求是，从实际出发，理论和实践相结合，谁就是犯了弥天大罪。他们的观点，实质上是主张只要照抄马克思、列宁、毛泽东同志的原话，照抄照转照搬就行了。要不然，就说这是违反了马列主义、毛泽东思想，违反了中央

---

① 邓小平：《在全军政治工作会议上的讲话》（1978 年 6 月 2 日），《邓小平文选》第 2 卷，人民出版社 1994 年版，第 113 页。

② 邓小平：《在全军政治工作会议上的讲话》（1978 年 6 月 2 日），《邓小平文选》第 2 卷，人民出版社 1994 年版，第 114 页。

精神。他们提出的这个问题不是小问题，而是涉及到怎么看待马列主义、毛泽东思想的问题。"① 他引用了毛泽东从 1929 年到 1963 年的十六段有关论述，说明"实事求是，是毛泽东思想的出发点、根本点"，"如果我们只把过去的一些文件逐字逐句照抄一通，那就不能解决任何问题，更谈不到正确地解决什么问题。那样，即使我们口头上大讲拥护毛泽东思想，实际上也只能是违反毛泽东思想。我们一定要肃清林彪、'四人帮'的流毒，拨乱反正，打破精神枷锁，使我们的思想来个大解放"。②

1978 年下半年，邓小平又陆续多次发表谈话，支持开展真理标准问题大讨论。他说："《实践是检验真理的唯一标准》这篇文章是马克思主义的。争论不可避免，争得好。引起争论的根源就是'两个凡是'。"他要求一些同志，不要再下禁令、设禁区了，不要再把刚刚开始的生动活泼的政治局面向后拉。他一针见血地指出，现在对理论要通过实践来检验这个问题还要引起争论，"可见思想僵化"，根本问题是"违反毛泽东同志实事求是的思想，违反辩证唯物主义、历史唯物主义的原理，实际上是唯心主义和形而上学的反映"，这种所谓"高举"，是"形式主义的高举，是假的高举"。③

在邓小平等老一辈革命家的支持下，从理论界到实际工作部门，从城市到农村，从高层到基层，一场席卷全国的关于实

---

① 邓小平：《在全军政治工作会议上的讲话》（1978 年 6 月 2 日），《邓小平文选》第 2 卷，人民出版社 1994 年版，第 114 页。
② 邓小平：《在全军政治工作会议上的讲话》（1978 年 6 月 2 日），《邓小平文选》第 2 卷，人民出版社 1994 年版，第 114、119 页。
③ 邓小平：《高举毛泽东思想旗帜，坚持实事求是的原则》（1978 年 9 月 16 日），《邓小平文选》第 2 卷，人民出版社 1994 年版，第 128 页。

践是检验真理的唯一标准问题大讨论，轰轰烈烈地开展起来，为成功召开具有划时代意义的十一届三中全会、实现伟大历史转折、开创中国社会主义建设新局面，奠定了坚实的思想基础。

二　社会主义建设新时期解放思想、
实事求是的宣言书

1978 年 11 月 10 日，中央召开工作会议，主要议题是讨论经济工作。会议开始时，没有提真理标准问题和端正思想路线问题，也没有提当时党内外普遍关心的一系列冤假错案的平反问题。许多同志提出，如果不解决思想路线的是非问题和冤假错案的平反问题，不可能真正把工作重点转移到经济建设上来，也不可能有正确的政策和工作思路。在大家的强烈要求下，中央做出决定，为"天安门事件"平反，为"二月逆流"平反，为"薄一波等六十一人案件"平反，为彭德怀平反，为陶铸平反，也决定撤销 1975 年至 1976 年中央连续下发的有关"反击右倾翻案风"的 12 个文件。会议还就真理标准问题大讨论中的意见分歧、工作重点转移问题上的不同认识，以及调整农业政策、改革经济管理体制、健全民主集中制等问题进行了讨论。会议内容大大超出原定的议题，会期也大大超出原定的时间，从 11 月 10 日到 12 月 15 日，开了 36 天。

1978 年 12 月 13 日，邓小平在中央工作会议的闭幕会上发表题为"解放思想，实事求是，团结一致向前看"的重要讲话。这篇讲话的形成也有一个过程。原本胡乔木根据邓小平的要求已经起草了两稿，重点论述把工作重点转移到经济建设上来。中央工作会议开始后，形势迅速发生变化，邓小平认为，

工作重点转移问题已经不需要加以强调，应当强调的是解放思想、实事求是的问题。于是，他亲自动笔写了三页纸共 400 多字的讲话提纲。提纲第一个问题就是"解放思想，开动机器"。然后是"改革制度，发扬民主，权力下放，用经济的办法管理经济，允许一部分人生活先好起来，这是一个大政策，物质鼓励，国内市场的重要，加强责任制，引进项目，一切向前看等"①。正式讲话稿中的关键词尽在其中。根据这个提纲，胡乔木等起草了一个新的讲话稿，邓小平看了新稿后说："语言太多，砍掉一半。"最后定稿不到 8000 字。正是这 8000 字，开辟了一个新时代。

这篇讲话强调"解放思想是当前的一个重大政治问题"。他说："解放思想，开动脑筋，实事求是，团结一致向前看，首先是解放思想。只有思想解放了，我们才能正确地以马列主义、毛泽东思想为指导，解决过去遗留的问题，解决新出现的一系列问题，正确地改革同生产力迅速发展不相适应的生产关系和上层建筑，根据我国的实际情况，确定实现四个现代化的具体道路、方针、方法和措施。"② 他对半年来轰轰烈烈开展的关于实践是检验真理的唯一标准问题的大讨论给予充分肯定和高度评价，他说："目前进行的关于实践是检验真理的唯一标准问题的讨论，实际上也是要不要解放思想的争论。大家认为进行这个争论很有必要，意义很大。从争论的情况来看，越看越重要。一个党，一个国家，一个民族，如果一切从本本出

---

① 转引自中央文献研究室《中国道路》课题组编《中国道路》，中央文献出版社 2011 年版，第 73 页。

② 邓小平：《解放思想，实事求是，团结一致向前看》（1978 年 12 月 13 日），《邓小平文选》第 2 卷，人民出版社 1994 年版，第 141 页。

发，思想僵化，迷信盛行，那它就不能前进，它的生机就停止了，就要亡党亡国。""只有解放思想，坚持实事求是，一切从实际出发，理论联系实际，我们的社会主义现代化建设才能顺利进行，我们党的马列主义、毛泽东思想的理论也才能顺利发展。从这个意义上说，关于真理标准问题的争论，的确是个思想路线问题，是个政治问题，是个关系到党和国家的前途和命运的问题。"①

这篇讲话强调"民主是解放思想的重要条件"。他说，"解放思想、开动脑筋，一个十分重要的条件就是要真正实行无产阶级的民主集中制"，"当前这个时期，特别需要强调民主。因为在过去一个相当长的时间内，民主集中制没有真正实行，离开民主讲集中，民主太少"，"我们要创造民主的条件，要重申'三不主义'：不抓辫子、不扣帽子、不打棍子。在党内和人民内部的政治生活中，只能采取民主手段，不能采取压制、打击的手段。宪法和党章规定的公民权利、党员权利、党委委员的权利，必须坚决保障，任何人不得侵犯"，"一个革命政党，就怕听不到人民的声音，最可怕的是鸦雀无声"，"为了保障人民民主，必须加强法制。必须使民主制度化、法律化，使这种制度和法律不因领导人的改变而改变，不因领导人的看法和注意力的改变而改变"，"做到有法可依，有法必依，执法必严，违法必究"。②

这篇讲话强调要正确处理历史遗留问题。"我们的原则是

---

①　邓小平：《解放思想，实事求是，团结一致向前看》（1978 年 12 月 13 日），《邓小平文选》第 2 卷，人民出版社 1994 年版，第 143 页。

②　邓小平：《解放思想，实事求是，团结一致向前看》（1978 年 12 月 13 日），《邓小平文选》第 2 卷，人民出版社 1994 年版，第 144—147 页。

'有错必纠'。凡是过去搞错了的东西，统统应该改正。有的问题不能够一下子解决，要放到会后去继续解决。但是要尽快实事求是地解决，干脆利落地解决，不要拖泥带水。"① 解决历史遗留问题的目的是向前看。"对于人的处理要十分慎重。对过去的错误，处理可宽可严的，可以从宽；对今后发生的问题，要严些。对一般党员处理要宽些，对领导干部要严些，特别是对高级干部要更严些"，"文化大革命已经成为我国社会主义历史发展中的一个阶段，总要总结，但是不必匆忙去做。要对这样一个历史阶段做出科学的评价，需要做认真的研究工作，有些事要经过更长一点的时间才能充分理解和作出评价"②。

　　这篇讲话强调要"研究新情况，解决新问题"，尤其要注意研究和解决管理方法、管理制度、经济政策三个方面的问题。在管理方法上，"当前要特别注意克服官僚主义"，机构臃肿，层次重叠，手续繁杂，效率极低，政治空谈往往湮没一切，"如果现在再不实行改革，我们的现代化事业和社会主义事业就会被葬送"。③ 在管理制度上，"当前要特别注意加强责任制"④，克服无人负责或名曰集体负责、实际无人负责的现象。为此，一要扩大管理人员的权限，"只交责任，不交权力，责任制非落空不可"⑤。二要善于选用人员，"量才授予职权"。三

① 邓小平：《解放思想，实事求是，团结一致向前看》（1978 年 12 月 13 日），《邓小平文选》第 2 卷，人民出版社 1994 年版，第 147 页。

② 邓小平：《解放思想，实事求是，团结一致向前看》（1978 年 12 月 13 日），《邓小平文选》第 2 卷，人民出版社 1994 年版，第 147—149 页。

③ 邓小平：《解放思想，实事求是，团结一致向前看》（1978 年 12 月 13 日），《邓小平文选》第 2 卷，人民出版社 1994 年版，第 150 页。

④ 邓小平：《解放思想，实事求是，团结一致向前看》（1978 年 12 月 13 日），《邓小平文选》第 2 卷，人民出版社 1994 年版，第 150 页。

⑤ 邓小平：《解放思想，实事求是，团结一致向前看》（1978 年 12 月 13 日），《邓小平文选》第 2 卷，人民出版社 1994 年版，第 151 页。

要"严格考核，赏罚分明"。在经济政策上，"要允许一部分地区、一部分企业、一部分工人农民，由于辛勤努力成绩大而收入先多一些，生活先好起来"①。这样，"必然产生极大的示范力量，影响左邻右舍，带动其他地区、其他单位的人们向他们学习"，"使整个国民经济不断地波浪式地向前发展，使全国各族人民都能比较快地富裕起来"。"这是一个大政策，一个能够影响和带动整个国民经济的政策。"② 为了研究新情况、解决新问题，邓小平强调，"一定要善于学习，善于重新学习"，"从实践中学，从书本上学，从自己和人家的经验教训中学"③。

以党的十一届三中全会为主要标志，我们党重新确立了以解放思想、实事求是为主要内容的马克思主义思想路线。从党的十二大开始，我们党的党章都对党的思想路线做了这样的表述："党的思想路线是一切从实际出发，理论联系实际，实事求是，在实践中检验真理和发展真理。"④ 这一概括体现了马克思主义认识论的基本点，也吸收了真理标准问题讨论的思想成果。党的十四大报告对这条思想路线的指导意义作了深刻阐述，指出："解放思想、实事求是，是建设有中国特色社会主义理论的精髓，是保证我们党永葆蓬勃生机的法宝。"⑤ 党的十一届三中全会以来我国的历史，是改革开放的历史，是经济、社会

---

① 邓小平：《解放思想，实事求是，团结一致向前看》（1978年12月13日），《邓小平文选》第2卷，人民出版社1994年版，第152页。

② 邓小平：《解放思想，实事求是，团结一致向前看》（1978年12月13日），《邓小平文选》第2卷，人民出版社1994年版，第149、150、151、152页。

③ 邓小平：《解放思想，实事求是，团结一致向前看》（1978年12月13日），《邓小平文选》第2卷，人民出版社1994年版，第153页。

④ 《中国共产党章程》（1982年9月6日），《十二大以来重要文献选编》上，人民出版社1986年版，第67页。

⑤ 江泽民：《加快改革开放和现代化建设步伐，夺取有中国特色社会主义事业的更大胜利》（1992年10月12日），《江泽民文选》第1卷，人民出版社2006年版，第246页。

持续快速发展的历史，也是解放思想、实事求是的历史。

三 党的思想路线的重新确立使我们研究 社会主义的思维方式发生了重大变化

对"两个凡是"的批判，开始主要是纠正"文化大革命"的错误。随着"解放思想、实事求是"思想路线的确立，随着拨乱反正的深入开展，随着对中华人民共和国成立以来历史经验的全面总结，以及对世界社会主义历史经验的思考，思想解放也不断深入。在这个过程中，使我们研究社会主义的思维方式发生了重大变化。

（一）破除僵化的社会主义模式观念，坚持走自己的道路，建设中国特色社会主义

在国际共产主义运动中，长期以来形成一种僵化的社会主义模式观念。苏联在 20 世纪 30 年代建立起来的那种权力过分集中的社会主义体制被凝固化、神圣化，认为坚持那一套东西，就是坚持社会主义；违背了那一套东西，就是违背了社会主义。这种状况，严重束缚了人们的思想，使社会主义制度的优越性不能得到充分发挥。对此，毛泽东早有察觉。1956 年他在《论十大关系》一文中说："最近苏联方面暴露了他们在建设社会主义过程中的一些缺点和错误，他们走过的弯路，你还想走？过去我们就是鉴于他们的经验教训，少走了一些弯路，现在当然更要引以为戒。"[1] 但是，由于历史的局限和毛泽东晚年的失

---

[1] 毛泽东：《论十大关系》（1956 年 4 月 25 日），《毛泽东文集》第 7 卷，人民出版社 1999 年版，第 23 页。

误，他提出了探索中国自己建设社会主义道路的任务，却没有能够完成这个任务。

在新的历史条件下，邓小平重新提出并正确地解决了这个问题。他指出，革命和建设都要走自己的路。我们过去的体制"是从苏联模式来的。看来这个模式在苏联也不是很成功的。即使在苏联是百分之百的成功，但是它能够符合中国的实际情况吗？"[①] "在革命成功后，各国必须根据自己的条件建设社会主义。固定的模式是没有的，也不可能有。"[②] 他联系到中国革命的历史经验，说"过去搞民主革命，要适合中国情况，走毛泽东同志开辟的农村包围城市的道路"，"中国式的现代化，必须从中国的特点出发"[③]。在党的十二大的开幕词中，他第一次明确地提出了"建设有中国特色的社会主义"这个新概念，指出："我们的现代化建设，必须从中国的实际出发。无论是革命还是建设，都要注意学习和借鉴外国经验。但是，照抄照搬别国经验、别国模式，从来不能得到成功。这方面我们有过不少教训。把马克思主义的普遍真理同我国的具体实际结合起来，走自己的道路，建设有中国特色的社会主义，这就是我们总结长期历史经验得出的基本结论。"[④] 这个基本结论，是对我国也是对世界社会主义历史经验的科学总结，表现出邓小平继承前人又突破陈规，在实践中开辟社会主义建设新道路的巨大政治

---

　　① 邓小平：《关于政治体制改革问题》（1986 年 9 月—12 月），《邓小平文选》第 3 卷，人民出版社 1993 年版，第 178 页。
　　② 邓小平：《结束过去，开辟未来》（1989 年 5 月 16 日），《邓小平文选》第 3 卷，人民出版社 1993 年版，第 292 页。
　　③ 邓小平：《坚持四项基本原则》（1979 年 3 月 30 日），《邓小平文选》第 2 卷，人民出版社 1994 年版，第 163—164 页。
　　④ 邓小平：《中国共产党第十二次全国代表大会开幕词》（1982 年 9 月 1 日），《邓小平文选》第 3 卷，人民出版社 1993 年版，第 2—3 页。

勇气和开拓马克思主义新境界的巨大理论勇气。这个基本结论，也是在新的历史条件下对毛泽东思想，特别是对它的活的灵魂——实事求是、群众路线、独立自主思想的继承和发展。它不是在具体问题上，而是在一个根本问题上，即社会主义统一性与多样性的关系上，社会主义基本制度与具体体制的关系上，对社会主义观念的一个重大更新，使人们在探索建设社会主义的道路上进一步获得思想上的大解放。它告诉我们："社会主义制度并不等于建设社会主义的具体做法。"① 坚持社会主义，不等于坚持某种社会主义模式；抛弃某种社会主义模式，不等于抛弃社会主义；某种社会主义模式的失败，也不等于社会主义的失败。只有从实际出发，把马克思主义的普遍真理同本国的特点结合起来，走出符合自己国情的社会主义道路，社会主义才能充满生机与活力，才能充分发挥出社会主义制度的优越性。

（二）破除超阶段的"左"的思想，坚持一切从社会主义初级阶段的实际出发

从实际出发，建设中国特色社会主义，一个首要的问题是，必须对中国的国情有一个科学的认识。毛泽东说："认清中国的国情，乃是认清一切革命问题的基本的根据。"② 同样地，认清国情也是认清中国社会主义现代化建设一切问题的基本的根据。对国情的认识，一是我国社会是什么性质的社会，二是这

---

① 邓小平：《目前的形势和任务》（1980 年 1 月 16 日），《邓小平文选》第 2 卷，人民出版社 1994 年版，第 250 页。
② 毛泽东：《中国革命与中国共产党》（1939 年 12 月），《毛泽东选集》第 2 卷，人民出版社 1991 版，第 633 页。

个性质的社会处于什么发展阶段。对第一个问题，我们的认识是清楚的，我国已经是社会主义社会；对第二个问题，过去很长一段时间是不那么清楚的。不仅我国，其他许多社会主义国家在这个问题上也是不清楚的。总的来说，都是估计过高。因此，制定的方针政策有许多是超阶段的。邓小平说，过去"左"的教训就在于"制定的政策超越了社会主义的初级阶段"。① 在社会主义初级阶段，本来应当允许存在的东西，却当作资本主义尾巴不断去割；本来商品经济就不发达，却执意要限制商品经济的发展；本来生产力很落后，却在生产关系上急于过渡，追求所谓"一大二公"；本来一百多年造成的贫困落后，却急于在很短的时间内赶上和超过发达国家，如此等等。欲速则不达，想快反而慢，这是我们过去的一个严重教训。

错误和挫折使我们的头脑逐步变得清醒起来。在总结长期历史经验的基础上，我们终于对国情获得了一个符合实际的科学认识，即我国现在处于并将长期处于社会主义初级阶段。这就为坚持以经济建设为中心、坚持改革开放、坚持四项基本原则的党的基本路线和各项基本的方针政策提供了根本的立足点；为反对超越社会主义初级阶段的"左"的思想，例如在调整生产关系上追求公有制纯而又纯，在发展生产力上急于求成等思想，提供了锐利的思想武器。它使人们获得进一步的思想大解放：一切超阶段的东西，都必须加以革除。书本上写的也好，外国的经验也好，过去的传统做法也好，更不用说单纯的主观愿望，只要不符合社会主义初级阶段的实际，不管它们看起来是怎样的"革命"，怎样的合乎"理想"和"道义原则"，都必

---

① 邓小平：《形势迫使我们进一步改革开放》（1988年6月22日），《邓小平文选》第3卷，人民出版社1993年版，第269页。

须加以抛弃。马克思主义者是唯物主义者，唯物主义要求我们不能用幻想的东西代替现实的东西。现实的国情乃是我们考虑一切问题、制定一切方针政策的最根本的依据。

（三）破除抽象谈论社会主义的思维定式，坚持"三个有利于"的判断标准

在改革开放的过程中，一些本来有利于发展生产力的东西，却常常被当作资本主义加以批判，一些本来阻碍生产力的东西，却常常被当作社会主义加以坚持，例如，农村联产承包责任制曾被说成是走资本主义道路，所谓"辛辛苦苦几十年，一夜回到解放前"。办经济特区、对外开放也被说成是引进和发展资本主义，认为"三资"企业多了，就是资本主义的东西多了，就是发展了资本主义。市场经济、证券、股市等都被说成是资本主义固有的东西，学不得，学了就是走资本主义道路。问题的根子还是思想路线不对头，离开发展生产力抽象地谈论社会主义。一些人脑子里有一大堆扭曲了的关于社会主义的观念，认为符合这些观念的就是社会主义，不符合这些观念的就是资本主义。至于这些观念本身是否正确，是否有利于发展生产力，就完全被置诸脑后了。邓小平说："按照历史唯物主义的观点来讲，正确的政治领导的成果，归根结底要表现在社会生产力的发展上，人民物质文化生活的改善上。"① 既然社会主义社会的根本任务是发展生产力，既然社会主义初级阶段必须坚持以经济建设为中心、推动社会的全面进步，那么，检验我们的路线方针政策是否正

---

① 邓小平：《高举毛泽东思想旗帜，坚持实事求是的原则》（1978 年 9 月 16 日），《邓小平文选》第 2 卷，人民出版社 1994 年版，第 128 页。

确，检验各项工作的得失成败，当然主要应当看是否有利于发展生产力。你搞的那一套说起来很"革命"，很动听，就是束缚生产力，就是不能提高人民的物质文化生活水平，那叫什么社会主义？是同社会主义本质不相容的。

根据邓小平的思想，党的十三大报告明确指出："是否有利于发展生产力，应当成为我们考虑一切问题的出发点和检验一切工作的根本标准。""一切有利于生产力发展的东西，都是符合人民根本利益的，因而是社会主义所要求的，或者是社会主义所允许的。一切不利于生产力发展的东西，都是违反科学社会主义的，是社会主义所不允许的。""离开了生产力标准，用抽象原则和空想模式来裁判生活，只能败坏马克思主义的声誉。"[1] 在 1992 年春天，邓小平又一次批判了离开生产力标准、抽象谈论社会主义的思维定式。他说："改革开放迈不开步子，不敢闯，说来说去就是怕资本主义的东西多了，走了资本主义道路。要害是姓'资'还是姓'社'的问题。判断的标准，应该主要看是否有利于发展社会主义社会的生产力，是否有利于增强社会主义国家的综合国力，是否有利于提高人民的生活水平。"[2]"三个有利于"，说到底是有利于发展生产力，因为没有生产力的发展，就无法增强综合国力，无法提高人民的生活水平。针对有人认为"多一分外资就多一分资本主义""'三资'企业多了，就是资本主义的东西多了，就是发展了资本主义"的错误观点，邓小平说："这些人连基本常识都没有。"因为"'三资'企业受到我国整个政治、经济条件的制约，是社会主

① 《中国共产党第十三次全国代表大会文件汇编》，人民出版社 1987 年版，第 13、72 页。
② 邓小平：《在武昌、深圳、珠海、上海等地的谈话要点》（1992 年 1 月 18 日—2 月 21 日），《邓小平文选》第 3 卷，人民出版社 1993 年版，第 372 页。

义经济的有益补充，归根到底是有利于社会主义的"。① 针对一些人把有利于发展生产力的某些具有普遍意义的手段和方法说成是资本主义固有的东西而拒绝加以采用的错误观点，邓小平说："许多经营形式，都属于发展社会生产力的手段、方法，既可以为资本主义所用，也可为社会主义所用，谁用得好，就为谁服务。"② 如计划和市场，"都是方法""只要对发展生产力有好处，就可以利用。它为社会主义服务，就是社会主义的；为资本主义服务，就是资本主义的"。③

　　牢固树立生产力标准和"三个有利于"的判断标准，我们就可以大大地解放思想：一切符合发展生产力要求、符合"三个有利于"的东西，都应当大胆加以采用，对于人类社会创造的一切文明成果，包括资本主义发达国家一切反映现代化社会化生产规律的先进经营形式和管理方法，都应当大胆加以吸收和借鉴；而一切束缚生产力的东西，一切违背"三个有利于"的东西，不管它是从什么地方来的，不管它标榜什么"革命"的词句，都应当大胆加以革除。要破除从观念出发的抽象的姓"资"姓"社"的思维定式，树立从实际出发的思想方法，围绕解放和发展生产力、增强国家综合实力、提高人民生活水平这个根本任务，解放思想、更新观念、勇于创新、开拓前进。

---

　　① 邓小平：《在武昌、深圳、珠海、上海等地的谈话要点》（1992 年 1 月 18 日—2 月 21 日），《邓小平文选》第 3 卷，人民出版社 1993 年版，第 373 页。

　　② 邓小平：《企业改革和金融改革》（1986 年 12 月 19 日），《邓小平文选》第 3 卷，人民出版社 1993 年版，第 192 页。

　　③ 邓小平：《计划和市场都是发展生产力的方法》（1987 年 2 月 6 日），《邓小平文选》第 3 卷，人民出版社 1993 年版，第 203 页。

（四）破除把马克思主义教条化的思想，在实践中不断开辟认识真理的道路

实践的观点，是马克思主义认识论的首要的和基本的观点；理论和实践的统一，是马克思主义的一个最根本的原则。邓小平哲学思想的一个最鲜明的特点，就是处处体现尊重实践的科学态度和在实践中发展马克思主义的创造精神。

列宁说："根据书本争论社会主义纲领的时代也已经过去了，我深信已经一去不复返了。今天只能根据经验来谈论社会主义。"[①] 探索自己的建设社会主义道路，需要有一种实践的勇气，创造的勇气，敢冒风险的勇气。"没有一点闯的精神，没有一点'冒'的精神，没有一股气呀、劲呀，就走不出一条好路，走不出一条新路，就干不出新的事业。"[②]

怎样对待试验和探索中的不同意见？邓小平说："实践是检验真理的唯一标准，实践是检验路线、方针、政策是否正确的唯一标准。"[③] 一条思路、一个观点、一种办法，是否正确，要由实践作结论，要"拿事实来说话"。不能坐而论道、搞抽象争论，因为"一争论就复杂了，把时间都争掉了，什么也干不成。不争论，大胆地试，大胆地闯。农村改革是如此，城市改革也应如此"。[④]

有人思想不通怎么办？邓小平说，用实践去教育。"允许

---

① 列宁：《在全俄苏维埃第五次代表大会上关于人民委员会工作的报告》（1918 年 7 月 5 日），《列宁全集》第 34 卷，人民出版社 2017 年第 2 版，第 466 页。

② 邓小平：《在武昌、深圳、珠海、上海等地的谈话要点》（1992 年 1 月 18 日—2 月 21 日），《邓小平文选》第 3 卷，人民出版社 1993 年版，第 372 页。

③ 邓小平：《建设社会主义的物质文明和精神文明》（1983 年 4 月 29 日），《邓小平文选》第 3 卷，人民出版社 1993 年版，第 28 页。

④ 邓小平：《在武昌、深圳、珠海、上海等地的谈话要点》（1992 年 1 月 18 日—2 月 21 日），《邓小平文选》第 3 卷，人民出版社 1993 年版，第 374 页。

看"，"不搞强迫，不搞运动，愿意干就干，干多少是多少，这样慢慢就跟上来了"。农村改革，开始的时候有些地区根本不理睬，他们不相信这条路，就是不搞，观望了一年，有的观望了两年，看到凡是执行改革政策的都好起来了，他们就跟着走了。"所以，改革的政策，人们一开始并不是都能理解的，要通过事实的证明才能被普遍接受。"① 这就是用实践、事实去证明政策的正确，去统一人们的思想，而不是像过去那样搞运动、搞大批判去"统一思想"，这又是一个新办法。

在试验和探索中，犯了错误怎么办？邓小平说，第一是不要怕，"要克服一个怕字，要有勇气。什么事情总要有人试第一个，才能开拓新路。试第一个就要准备失败，失败也不要紧"②。"既然是新事物，难免要犯错误"，改革没有万无一失的方案，办什么事情都有百分之百的把握，万无一失，没有这回事，"如果前怕狼后怕虎，就走不了路"，"一怕就不能搞改革了"。③ 第二，随时注意总结经验，"走一步，看一步"，"每年领导层都要总结经验，对的就坚持，不对的赶快改，新问题出来抓紧解决"，"随着实践的发展，该完善的完善，该修补的修补"。④

尊重实践和尊重群众是一致的。人民群众是实践的主体，也是认识的主体。群众观点和群众路线是贯穿邓小平著作中的又一个根本观点和根本方法。他说："群众是我们力量的源泉，

---

① 邓小平：《拿事实来说话》（1986 年 3 月 28 日），《邓小平文选》第 3 卷，人民出版社 1993 年版，第 155 页。

② 邓小平：《视察上海时的谈话》（1991 年 1 月 28 日—2 月 18 日），《邓小平文选》第 3 卷，人民出版社 1993 年版，第 367 页。

③ 《邓小平文选》第 3 卷，人民出版社 1993 年版，第 174、263、203 页。

④ 《邓小平文选》第 3 卷，人民出版社 1993 年版，第 113、372、371 页。

群众路线和群众观点是我们的传家宝。"① "党只有紧紧地依靠群众，密切地联系群众，随时听取群众的呼声，了解群众的情绪，代表群众的利益，才能形成强大的力量，顺利地完成自己的各项任务。"② 邓小平时刻关注最广大人民群众的利益、愿望和要求，把"人民拥护不拥护""人民赞成不赞成""人民高兴不高兴""人民答应不答应"，作为考虑一切问题的出发点和归宿。例如，在谈到为什么要进行改革的时候，他说："改革是大家的主意，人民的要求。"③ 在谈到改革为什么要随时注意总结经验的时候，他说："因为改革涉及人民的切身利害问题，每一步都会影响成亿的人。"④ 谈到我们的事业为什么一定会取得胜利时，他指出："凡是符合最大多数人的根本利益，受到广大人民拥护的事情，不论前进的道路上还有多少困难，一定会得到成功。"⑤ 正是这种对人民群众的深厚感情，对人民群众利益的无限关怀，对人民群众高度负责的精神，使他提出的理论和政策，始终得到广大人民群众的拥护，始终无往而不胜。

邓小平十分重视总结、概括人民群众的经验和创造。他反复强调，我个人做了一点事，但不能说都是我发明的。其实很多事是别人发明的，群众发明的，我只不过是把它们概括起来，提出了方针政策。例如，在谈到农村改革的时候，他说："农

①　邓小平：《贯彻调整方针，保证安定团结》（1980 年 12 月 25 日），《邓小平文选》第 2 卷，人民出版社 1994 年版，第 368 页。

②　邓小平：《党和国家领导制度的改革》（1980 年 8 月 18 日），《邓小平文选》第 2 卷，人民出版社 1994 年版，第 342 页。

③　邓小平：《政治上发展民主，经济上实行改革》（1985 年 4 月 15 日），《邓小平文选》第 3 卷，人民出版社 1993 年版，第 118 页。

④　邓小平：《改革是中国的第二次革命》（1985 年 3 月 28 日），《邓小平文选》第 3 卷，人民出版社 1993 年版，第 113 页。

⑤　邓小平：《在中国共产党全国代表会议上的讲话》（1985 年 9 月 23 日），《邓小平文选》第 3 卷，人民出版社 1993 年版，第 142 页。

村搞家庭联产承包，这个发明权是农民的。农村改革中的好多东西，都是基层创造出来，我们把它拿来加工提高作为全国的指导。"① "农村改革中，我们完全没有预料到的最大的收获，就是乡镇企业发展起来了，突然冒出搞多种行业，搞商品经济，搞各种小型企业，异军突起。这不是我们中央的功绩。……如果说在这个问题上中央有点功绩的话，就是中央制定的搞活政策是对头的。"② "那不是我们领导出的主意，而是基层农业单位和农民自己创造的。"③ 在谈到办经济特区时，他说："开始的时候广东提出搞特区，我同意了他们的意见，我说名字叫经济特区。"④ 正是这种尊重群众首创精神的科学态度，使邓小平建设中国特色社会主义理论有了取之不尽、用之不竭的源头活水，始终保持其蓬勃的生机和创造活力。正如党的十四大报告所说，邓小平"尊重实践，尊重群众，时刻关注最广大人民的利益和愿望，善于概括群众的经验和创造"⑤。

---

① 邓小平：《在武昌、深圳、珠海、上海等地的谈话要点》（1992 年 1 月 18 日—2 月 21 日），《邓小平文选》第 3 卷，人民出版社 1993 年版，第 382 页。

② 邓小平：《改革的步子要加快》（1987 年 6 月 12 日），《邓小平文选》第 3 卷，人民出版社 1993 年版，第 238 页。

③ 邓小平：《一切从社会主义初级阶段的实际出发》（1987 年 8 月 29 日），《邓小平文选》第 3 卷，人民出版社 1993 年版，第 252 页。

④ 邓小平：《改革的步子要加快》（1987 年 6 月 12 日），《邓小平文选》第 3 卷，人民出版社 1993 年版，第 239 页。

⑤ 江泽民：《加快改革开放和现代化建设步伐，夺取有中国特色社会主义事业的更大胜利》，《江泽民文选》第 1 卷，人民出版社 2006 年版，第 222 页。

第二章 最重要的是搞清楚"什么是社会主义、怎样建设社会主义"

邓小平坚持解放思想、实事求是的思想路线，围绕"什么是社会主义、怎样建设社会主义"这个首要的基本问题，深刻总结我国社会主义历史经验特别是改革开放以来的新鲜经验，同时借鉴其他社会主义国家的经验教训，创造性地提出建设中国特色社会主义的科学命题，第一次初步系统地回答了在中国这样一个经济文化比较落后的国家如何建设、巩固和发展社会主义的一系列基本问题，把我们党对社会主义的认识提高到新的科学水平，率领全国人民开创了社会主义建设新局面。党的十五大把十一届三中全会以来形成的建设有中国特色社会主义理论概括为邓小平理论，同马列主义、毛泽东思想一起，作为党的指导思想写入党章，实现了党的指导思想的与时俱进，这对于党和国家事业的发展、中华民族的前途命运，具有极为重大而深远的意义。

一　一个亟待弄清的首要的基本问题

解放思想、实事求是，在不同的历史时期，围绕不同的历史主题。毛泽东在延安时期倡导解放思想、实事求是，主要是为了回答"什么是中国革命、怎样进行革命"这个首要的基本问题；邓小平在"文化大革命"结束以后，倡导解放思想、实事求是，主要是为了回答"什么是社会主义、怎样建设社会主义"这个首要的基本问题。

长期以来，我们对社会主义的认识，存在许多误区，这是我们在社会主义建设初期遭受一些挫折的根本原因。对此，邓小平反复加以强调，直接点到这个题目的谈话就有十几处之多。例如：

1980 年 4 月，他说："不解放思想不行，甚至于包括什么叫社会主义这个问题也要解放思想。"①

1980 年 5 月，他说："社会主义是一个很好的名词，但是如果搞不好，不能正确理解，不能采取正确的政策，那就体现不出社会主义的本质。"② 这里第一次提出社会主义本质问题。为什么不能体现社会主义本质？有理论的理解问题，有政策是否正确的问题，有在实践中做得好不好的问题。涉及理论、政策、实践三个层面。

1984 年 6 月，他说："什么叫社会主义？什么叫马克思主

① 邓小平：《社会主义首先要发展生产力》（1980 年 4 月—5 月），《邓小平文选》第 2 卷，人民出版社 1994 年版，第 312 页。
② 邓小平：《社会主义首先要发展生产力》（1980 年 4 月—5 月），《邓小平文选》第 2 卷，人民出版社 1994 年版，第 313 页。

义？我们过去对这个问题的认识不是完全清醒的。马克思主义最注重发展生产力。……社会主义阶段的最根本的任务就是发展生产力。"①

1985 年 4 月，他说："我们建立的社会主义制度是个好制度，必须坚持。……但问题是什么是社会主义，如何建设社会主义。我们的经验教训有许多条，最重要的一条，就是要搞清楚这个问题。"②

1987 年 4 月，他说："现在的方针政策，就是对'文化大革命'进行总结的结果。最根本的一条经验教训，就是要弄清什么叫社会主义和共产主义，怎样搞社会主义。"③

正是因为在这个基本问题上，不完全清醒、没完全搞清楚，所以在很长一段时间内，我们忽视发展生产力，忽视改善人民生活，固守本本中某些实际上并不正确的条条框框，附加给马克思主义许多不属于马克思主义的错误观点，致使社会主义制度的优越性没有能够充分发挥出来，也使得我们在改革开放中步履艰难，常常纠缠于抽象的姓"社"姓"资"的无谓争论而迈不开步子。例如，如何看待"一大二公三纯"？如何对待农村家庭联产承包责任制和乡镇企业？如何认识经济特区和三资企业？如何认识"计划"和"市场"？如何认识国有企业改革？如何看股市和证券？如何处理先富、后富与共同富裕的关系？如此等等。所有这些争论和模糊认识，都同"什么是社会主

---

① 邓小平：《建设有中国特色社会主义》（1984 年 6 月 30 日），《邓小平文选》第 3 卷，人民出版社 1993 年版，第 63 页。

② 邓小平：《政治上发展民主，经济上实行改革》（1985 年 4 月 15 日），《邓小平文选》第 3 卷，人民出版社 1993 年版，第 116 页。

③ 邓小平：《社会主义必须摆脱贫穷》（1987 年 4 月 26 日），《邓小平文选》第 3 卷，人民出版社 1993 年版，第 223 页。

义、怎样建设社会主义"这个根本问题有关。邓小平作为伟大的战略家，作为中国改革开放和现代化建设的"总设计师"，敏锐地抓住了问题的实质，抓住了当代中国社会主义事业全局的首要的基本问题，从而势如破竹地打开了中国社会主义现代化建设的新局面。

"什么是社会主义"和"怎样建设社会主义"这两个问题是密切相关的。搞不清"什么是社会主义"，便谈不上正确回答"怎样建设社会主义"。正确回答前者是正确回答后者的前提。但是，这两个问题又是有区别的。"什么是社会主义"，这是社会主义理论一般，是共性；"怎样建设社会主义"，是同国情相联系的一般理论的具体化，是个性。前者回答"是什么"，属于认识理性范畴；后者回答"怎么做"，属于实践理性范畴。邓小平全面、系统地初步回答了这两个相互联系的重大问题。

二　对"什么是社会主义"的科学回答

邓小平对这个问题的回答不是纯学理的，更不是书生式的，而是深深地植根于实践的基础之上，有强烈的问题意识，强烈的思想针对性和现实针对性，即针对长期以来人们对社会主义的误解或曲解，针对社会主义实践中的经验教训，针对改革开放中人们思想上的犹豫和困惑，针对现代化建设中迫切需要回答的重大问题。其中主要有：

（一）贫穷不是社会主义，发展太慢也不是社会主义，社会主义的根本任务是发展生产力

在 20 世纪中期以后，我们最大的一个失误，是常常以阶级斗争为纲冲击经济建设这个中心，"四人帮"把这个失误推向极端，鼓吹"宁要穷的社会主义，不要富的资本主义"。在改革开放的进程中，受此影响，一些同志往往自觉不自觉地离开发展生产力这个根本任务讲坚持社会主义，结果是作茧自缚，迈不开前进的步子。在这种情况下，邓小平反复强调，社会主义的根本任务是发展生产力，首要任务是发展生产力，第一位任务是发展生产力，中心任务是发展生产力，贫穷不是社会主义，发展太慢也不是社会主义。

邓小平指出，社会主义制度的优越性在于它能创造比资本主义更高的劳动生产率。他说，"我们相信社会主义比资本主义的制度优越。它的优越性应该表现在比资本主义有更好的条件发展社会生产力。"[1] "我们一定要、也一定能拿今后的大量事实来证明，社会主义制度优于资本主义制度。这要表现在许多方面，但首先要表现在经济发展的速度和效果方面。没有这一条，再吹牛也没有用。"[2] 这是社会主义最终战胜资本主义的物质基础。在当今世界两种制度并存的情况下，做到这一点，对于坚定人们的社会主义信念，扩大社会主义的影响力，具有决定性的意义。

邓小平强调，社会主义国家解决一切问题最终都要靠发展生产力。国家要富强，人民要富裕，国防要巩固，国际地位要提高，都离不开生产力的发展，"这是我们解决国际问题、国

---

① 邓小平：《社会主义也可以搞市场经济》（1979 年 11 月 26 日），《邓小平文选》第 2 卷，人民出版社 1994 年版，第 231 页。

② 邓小平：《目前的形势和任务》（1980 年 1 月 16 日），《邓小平文选》第 2 卷，人民出版社 1994 年版，第 251 页。

内问题的最主要的条件"①。他在 1980 年初讲，80 年代我们要做的三件大事，一件是在国际事务中反对霸权主义，一件是台湾回归祖国、实现祖国统一，一件是加紧经济建设。核心是第三件大事。经济建设搞好了，解决前两件大事就有了强大物质基础。至于国内的其他各种问题，如就业问题、贫困地区和贫困人口问题、民族团结问题、社会稳定问题等问题的解决，都离不开发展生产力。从根本上说，手头东西多了，处理这些问题就会立于主动地位。

邓小平认为，未来向共产主义过渡，也要依赖于生产力的发展。他说："马克思主义的最高目的就是要实现共产主义，而共产主义是建立在生产力高度发展的基础上的。"② 没有生产力的高度发展、物质财富的极大丰富，就没有"各尽所能、各取所需"的共产主义。

邓小平深刻批判了"四人帮"鼓吹的所谓"宁要贫穷的社会主义，也不要富裕的资本主义"谬论。他说："当然我们不要资本主义，但是我们也不要贫穷的社会主义，我们要发达的、生产力发展的、使国家富强的社会主义。"③ "经济长期处于停滞状态总不能叫社会主义。人民生活长期停止在很低的水平总不能叫社会主义。""社会主义经济政策对不对，归根到底要看生产力是否发展，人民收入是否增加。"④ 在他看来，不仅贫穷

①　邓小平：《目前的形势和任务》（1980 年 1 月 16 日），《邓小平文选》第 2 卷，人民出版社 1994 年版，第 240 页。

②　邓小平：《政治上发展民主，经济上实行改革》（1985 年 4 月 15 日），《邓小平文选》第 3 卷，人民出版社 1993 年版，第 116 页。

③　邓小平：《社会主义也可以搞市场经济》（1979 年 11 月 26 日），《邓小平文选》第 2 卷，人民出版社 1994 年版，第 231 页。

④　邓小平：《社会主义首先要发展生产力》（1980 年 4 月—5 月），《邓小平文选》第 2 卷，人民出版社 1994 年版，第 312、314 页。

不是社会主义，"发展太慢也不是社会主义"。因为"现在，周边一些国家和地区经济发展比我们快，如果我们不发展或发展得太慢，老百姓一比较就有问题了"，"低速度就等于停步，甚至等于后退"。①

（二）平均主义不是社会主义，两极分化也不是社会主义，社会主义的最终目标是实现共同富裕

邓小平指出："我们坚持走社会主义道路，根本目标是实现共同富裕，然而平均发展是不可能的。过去搞平均主义，吃'大锅饭'，实际上是共同落后，共同贫穷，我们就是吃了这个亏。改革首先要打破平均主义，打破'大锅饭'。"② 正是基于这种认识，他提出"允许一部分地区、一部分企业、一部分工人农民，由于辛勤努力成绩大而收入先多一些，生活先好起来"③ 这个"大政策"，提出沿海率先发展、帮助内地加快发展这样"两个大局"的方针。

但是，先富、后富是富裕程度、富裕次序的差别，不是富的越富、穷的越穷的"两极分化"。邓小平说："社会主义的目的就是要全国人民共同富裕，不是两极分化。如果我们的政策导致两极分化，我们就失败了；如果产生了什么新的资产阶级，那我们就真是走了邪路了。"④ 为此，他认为，第一，必须坚持

---

① 邓小平：《在武昌、深圳、珠海、上海等地的谈话要点》（1992 年 1 月 18 日—2 月 21 日），《邓小平文选》第 1 卷，人民出版社 1994 年版，第 375 页。

② 邓小平：《拿事实来说话》（1986 年 3 月 28 日），《邓小平文选》第 3 卷，人民出版社 1993 年版，第 155 页。

③ 邓小平：《解放思想，实事求是，团结一致向前看》（1978 年 12 月 13 日），《邓小平文选》第 2 卷，人民出版社 1994 年版，第 44—45 页。

④ 邓小平：《一靠理想二靠纪律才能团结起来》（1985 年 3 月 7 日），《邓小平文选》第 3 卷，人民出版社 1993 年版，第 110—111 页。

公有制的主体地位。"只要我国经济中公有制占主体地位，就可以避免两极分化。"① 第二，对困难地区和困难群众，"国家应当从各方面给以帮助，特别要从物质上给以有力的支持"②。第三，"先富起来的地区多交点利税，支持贫困地区的发展"③。第四，提倡先富帮后富。如地区之间对口支援，广泛开展社会扶贫济困活动，提倡先富的人修桥补路、兴办教育事业等。第五，对先富起来的个人通过征收个人所得税、遗产税等适当加以调节。

（三）计划经济不等于社会主义，市场经济不等于资本主义，社会主义也可以搞市场经济

这个判断是邓小平在理论上的一个重大创新。1979 年 11 月 26 日，邓小平在会见美国客人时说："说市场经济只存在于资本主义社会，只有资本主义的市场经济，这肯定是不正确的。社会主义为什么不可以搞市场经济，这个不能说是资本主义。我们是计划经济为主，也结合市场经济，但这是社会主义的市场经济。"④ 1982 年 9 月，党的十二大报告明确提出"计划经济为主、市场调节为辅"，这在理论上是一个重大突破。

1984 年 10 月，党的十二届三中全会通过的《中共中央关于经济体制改革的决定》在"为主、为辅"提法的基础上，又

---

① 邓小平：《社会主义和市场经济不存在根本矛盾》（1985 年 10 月 23 日），《邓小平文选》第 3 卷，人民出版社 1993 年版，第 149 页。

② 邓小平：《解放思想，实事求是，团结一致向前看》（1978 年 12 月 13 日），《邓小平文选》第 2 卷，人民出版社 1994 年版，第 152 页。

③ 邓小平：《在武昌、深圳、珠海、上海等地的谈话要点》（1992 年 1 月 18 日—2 月 21 日），《邓小平文选》第 3 卷，人民出版社 1993 年版，第 374 页。

④ 邓小平：《社会主义也可以搞市场经济》（1979 年 11 月 26 日），《邓小平文选》第 2 卷，人民出版社 1994 年版，第 236 页。

前进了一步，提出："社会主义计划经济必须自觉依据和运用价值规律，是在公有制基础上的有计划的商品经济。"这一提法，突破了计划与市场两大块的思想。1987年2月，邓小平又说："我们以前是学苏联的，搞计划经济。后来又讲计划经济为主，现在不要再讲这个了。"[1] 同年10月，党的十三大报告说："社会主义有计划商品经济的体制，应该是计划与市场内在统一的体制"，"计划和市场的作用范围都是覆盖全社会的。新的经济运行机制，总体上来说应当是'国家调节市场，市场引导企业'"。[2] 从"计划经济"到"计划经济为主、市场经济为辅"，再到"有计划的商品经济（市场经济）"，这是一个思想不断解放、认识不断深化和提高的过程。

进入90年代以后，邓小平做了进一步总结。这就是他在"南方谈话"中所说的："资本主义与社会主义的区分不在于是计划还是市场这样的问题"，"不要以为，一说计划经济就是社会主义，一说市场经济就是资本主义，不是那么回事，两者都是手段，市场也可以为社会主义服务"。根据邓小平的论述，党的十四大报告明确提出："我国经济体制改革确定什么样的目标模式，是关系整个社会主义现代化建设全局的一个重大问题。"大会决定："我国经济体制改革的目标是建立社会主义市场经济体制，以利于进一步解放和发展生产力。"[3] 这样，我国经济体制改革就进入了一个新阶段。

---

① 邓小平：《计划和市场都是发展生产力的方法》（1987年2月6日），《邓小平文选》第3卷，人民出版社1994年版，第203页。

② 《沿着中国特色社会主义道路前进》（1987年10月25日），《十三大以来重要文献选编》（上），人民出版社1991年版，第26—27页。

③ 江泽民：《加快改革开放和现代化建设步伐，夺取有中国特色社会主义事业的更大胜利》（1992年10月12日），《江泽民文选》第1卷，人民出版社2006年版，第226页。

（四）社会主义本质的科学概括

如果说前面讲到的"贫穷不是社会主义、发展太慢也不是社会主义，社会主义的根本任务是发展生产力"和"平均主义不是社会主义、两极分化也不是社会主义，社会主义的最终目标是实现共同富裕"这两条分别从生产力和生产关系方面揭示了社会主义本质，那么，邓小平在"南方谈话"中关于社会主义本质的科学概括，就是一个综合性的概括——"社会主义的本质，是解放生产力，发展生产力，消灭剥削，消除两极分化，最终达到共同富裕"①。它从生产方式上全面揭示了社会主义本质，为我们深刻理解"什么是社会主义"指明了方向。在这里，前两句讲的是生产力，中间两句讲的是生产关系，最后一句是一个综合得出的结论。简要地说，共同富裕就是社会主义的本质。

（五）民主和精神文明是社会主义的重要特征

任何一种社会形态，都是经济基础和上层建筑的统一。社会主义作为崭新的社会形态，既是一种新型的经济制度，又是一种新型的政治制度和新型社会意识形态。邓小平在回答"什么是社会主义"这个问题时，既从经济上深刻揭示了社会主义本质，又从政治上和思想上揭示了社会主义特征。

邓小平指出："没有民主就没有社会主义，就没有社会主义的现代化。"② 社会主义制度的优越性，表现在经济上是解放和

---

① 邓小平：《在武昌、深圳、珠海、上海等地的谈话要点》（1992 年 1 月 18 日—2 月 21 日），《邓小平文选》第 3 卷，人民出版社 1993 年版，第 373 页。

② 邓小平：《坚持四项基本原则》（1979 年 3 月 30 日），《邓小平文选》第 2 卷，人民出版社 1994 年版，第 168 页。

发展生产力，表现在政治上是人民当家作主，能够"创造比资本主义国家的民主更高更切实的民主"①。高度的社会主义民主是社会主义现代化的目标之一，又是实现社会主义现代化的一个重要保证。而"必须使民工制度化、法律化"。②

　　社会主义作为人类文明发展的新阶段，解放和发展生产力，最终实现共同富裕，是它的物质文明；发展社会主义民主、健全社会主义法制，是它的政治文明；高尚的思想道德、发达的教育科学文化，是它的精神文明。三个文明都搞好，才是社会主义。邓小平创造性提出了"社会主义精神文明"这一概念，强调精神文明建设的根本任务是培养有理想、有道德、有文化、有纪律的社会主义公民，提高整个中华民族的思想道德素质和科学文化素质。这也是社会主义现代化的一个重要目标，也是实现社会主义现代化的一个重要保证。

三　对"怎样建设社会主义"的战略谋划

　　邓小平作为我国改革开放和社会主义现代化建设的总设计师，不但对"什么是社会主义"做了科学回答，而且对"怎样建设社会主义"做了战略谋划。他强调，搞革命要走自己的路，搞建设也要走自己的路，必须从中国社会主义初级阶段的国情出发，建设有中国特色社会主义，坚持以经济建设为中心推动社会全面进步，坚持在改革开放中建设社会主义，坚持

---

　　①　邓小平：《党和国家领导制度的改革》（1980 年 8 月 18 日），《邓小平文选》第 2 卷，人民出版社 1994 年版，第 322 页。
　　②　邓小平：《解放思想，实事求是，团结一致向前看》（1978 年 12 月 13 日），《邓小平文选》第 2 卷，人民出版社 1994 年版，第 146 页。

"四项基本原则"这个立国之本。概括起来说，就是坚持党在社会主义初级阶段"一个中心、两个基本点"的基本路线，这就是我们建设中国特色社会主义的战略谋划，即总体布局。

（一）以经济建设为中心推动社会全面进步

这是社会主义本质的要求。在我国社会主义初级阶段，主要矛盾是人民日益增长的物质文化需要同落后的社会生产之间的矛盾，发展经济的任务更加迫切。只有紧紧抓住经济建设这个中心，才能清醒地观察和把握现阶段我国社会矛盾的全局，有效地促进各种社会矛盾的解决。邓小平反复强调，对经济建设这个中心要"扭着不放，'顽固'一点，毫不动摇"①，"抓住时机，发展自己，关键是发展经济"②。多年的经验告诉我们，坚持以经济建设为中心，关键又在于正确认识和处理经济建设与阶级斗争的关系。在社会主义初级阶段，阶级斗争在一定范围内还将长期存在，在一定条件下还可能激化，对此决不能掉以轻心。但是，必须明确，阶级斗争已经不是主要矛盾，抓阶级斗争要服务经济建设这个中心，而不能离开、更不能干扰经济建设这个中心。

多年的经验还告诉我们，强调"中心"是为了带动其他，而不是冲击、代替其他。要围绕经济建设这个中心，推动社会全面进步。邓小平说："为了建设现代化的社会主义强国，任务很多，需要做的事情很多，各种任务之间又有相互依存的关

---

① 邓小平：《目前的形势和任务》（1980年1月16日），《邓小平文选》第2卷，人民出版社1994年版，第249页

② 邓小平：《在武昌、深圳、珠海、上海等地的谈话要点》（1992年1月18日—2月21日），《邓小平文选》第3卷，人民出版社1993年版，第375页。

系，如像经济与教育、科学，经济与政治、法律等等，都有相互依存的关系，不能顾此失彼"，要"综合平衡，不能单打一"。[①] 他反复强调，要有一系列的"两手抓"，并且"两手都要硬"，如强调"没有民主就没有社会主义，就没有社会主义现代化"，"没有精神文明，怎么能建设社会主义"，"科学技术是第一生产力"，"教育是一个民族最根本的事业"，"发展生产力，成果是属于人民的"，要使"国家富强起来，使人民生活得到改善"。如此等等。

（二）改革开放是决定中国命运的一招

建设社会主义，必须解决社会主义社会发展动力问题。这个问题在国际共产主义运动中长期未能正确解决，思想僵化、体制僵化，严重束缚了生产力的发展，使社会主义制度的优越性没有得到充分发挥。邓小平在总结国内外社会主义历史经验的基础上，创造性提出"革命是解放生产力，改革也是解放生产力"[②] 的科学命题。推翻旧社会的基本政治经济制度，使社会生产力获得解放，所以，革命是解放生产力。社会主义制度建立以后，生产关系同生产力、上层建筑同经济基础既相适应又相矛盾，对这些不相适应的部分进行改革，使之不断完善，以促进生产力的发展，所以，改革也是解放生产力。邓小平说："过去，只讲在社会主义条件下发展生产力，没有讲还要通过改革解放生产力，不完全。应该把解放生产力和发展生产力两

---

① 邓小平：《目前的形势和任务》（1980 年 1 月 16 日），《邓小平文选》第 2 卷，人民出版社 1994 年版，第 249—250 页。

② 邓小平：《在武昌、深圳、珠海、上海等地的谈话要点》（1992 年 1 月 18 日—2 月 21日），《邓小平文选》第 3 卷，人民出版社 1993 年版，第 370 页。

个讲全了。"① 这是社会主义社会发展动力观上的新认识，具有普遍的指导意义。他深刻总结我国社会主义历史经验，特别是"文化大革命"的教训，指出："不改革就没有出路，旧的那一套经过几十年的实践证明是不成功的"②，"如果现在再不实行改革，我们的现代化事业和社会主义事业就会被葬送"③。从这个意义上说，"改革是中国的第二次革命"④，"改革开放是决定中国命运的一招"⑤。

改革是全面的改革，涉及生产关系和上层建筑的各个领域、各个环节，包括经济体制改革、政治体制改革和相应的其他各个领域的改革。经济体制改革的总目标，是建立社会主义市场经济体制，政治体制改革的总方向是建设有中国特色的社会主义民主政治。二者相互联系，相互促进。此外，还有科技体制改革、教育体制改革、文化体制改革等。必须把改革作为一项系统工程，全面向前推进。

开放也是改革。邓小平从国际国内、历史现实各个方面，深刻论述了对外开放对于建设中国特色社会主义的重大战略意义。他说，现在的世界是开放的世界，"中国的发展离不开世界"，"总结历史经验，中国长期处于停滞和落后状态的一

---

① 邓小平：《在武昌、深圳、珠海、上海等地的谈话要点》（1992 年 1 月 18 日—2 月 21 日），《邓小平文选》第 3 卷，人民出版社 1993 年版，第 370 页。

② 邓小平：《改革的步子要加快》（1987 年 6 月 12 日），《邓小平文选》第 3 卷，人民出版社 1994 年版，第 237 页。

③ 邓小平：《解放思想，实事求是，团结一致向前看》（1978 年 12 月 13 日），《邓小平文选》第 2 卷，人民出版社 1994 年版，第 150 页。

④ 邓小平：《改革是中国的第二次革命》（1985 年 3 月 28 日），《邓小平文选》第 3 卷，人民出版社 1993 年版，第 113 页。

⑤ 邓小平：《总结经验，使用人才》（1991 年 8 月 20 日），《邓小平文选》第 3 卷，人民出版社 1993 年版，第 368 页。

个重要原因是闭关自守"①，只有对外开放，才能充分利用国内国际两种资源、两个市场，发挥我国经济的比较优势，实现我国的跨越式发展，才能打开我们的视野，在与不同文明的交流中取长补短，不断获得新的活力，从而完善我们的社会主义制度，使之成为世界上最好的制度。以邓小平同志为核心的党的第二代中央领导集体总揽全局，对我国的对外开放做出了全面战略部署，其中包括以兴办经济特区为突破口的多层次的对外开放，以经济开放为重点的宽领域对外开放，面向世界各国的全方位对外开放。对外开放成了我国的一项基本国策。

（三）　四项基本原则是立国之本

在改革开放和社会主义现代化建设中，必须始终保持清醒的政治头脑，坚持正确的政治方向。邓小平曾经指出："改革，现代化科学技术，加上我们讲政治，威力就大多了。"② 讲政治，就是旗帜鲜明地坚持四项基本原则。这是我们的立国之本。

1979 年 3 月 30 日，针对当时出现的一股否定党的领导和社会主义道路的错误思潮，邓小平以"坚持四项基本原则"为题，发表重要讲话，提出"实现四个现代化，必须在思想政治上坚持四项基本原则"，即必须坚持社会主义道路，必须坚持无产阶级专政，必须坚持共产党的领导，必须坚持马列主义、毛泽东思想，"这是实现四个现代化的根本前提"。否则，"三

---

① 邓小平：《我们的宏伟目标和根本政策》（1984 年 10 月 6 日），《邓小平文选》第 3 卷，人民出版社 1993 年版，第 78 页。

② 邓小平：《视察天津时的谈话》（1986 年 8 月 19 日—21 日），《邓小平文选》第 3 卷，人民出版社 1993 年版，第 166 页。

中全会的方针政策就要落空，工作着重点的转移就要落空，四个现代化建设就要落空，党内外民主生活的发展也要落空"。针对当时一些危害甚大的错误论调，他给予了深刻批判，指出："我们要有计划、有选择地引进资本主义国家的先进技术和其他对我们有益的东西，但是我国决不学习和引进资本主义制度，决不学习和引进各种丑恶颓废的东西。""发展社会主义民主，决不是可以不要对敌视社会主义的势力实行无产阶级专政"。我们讲要改善党的领导，纠正党所犯的错误，"但是这决不能成为要求削弱和取消党的领导的理由"，决不能否定作为科学理论体系的毛泽东思想。"如果动摇了这四项基本原则中的任何一项，那就动摇了整个社会主义事业，整个现代化建设事业。"①

　　在 20 世纪 80 年代末、90 年代初，东欧剧变、苏联解体，国内也发生政治风波，资产阶级自由化思潮泛滥。邓小平在这场关系党和国家前途命运的斗争中，以战略家的远见卓识，反复强调，坚持四项基本原则，必须旗帜鲜明地反对资产阶级自由化。他说，资产阶级自由化思潮的产生和发展，既同国际敌对势力对我"西化"、"分化"、实施和平演变的战略有关，又同我们面对错误思潮软弱涣散、坚持四项基本原则不够一贯、"一手比较硬、一手比较软"等工作中的失误相联系。因此，必须加强教育，"在整个改革开放的过程中，必须始终注意坚持四项基本原则"，"依靠无产阶级专政保卫社会主义制度，这是马克思主义的一个基本观点"，"巩固和发展社会主义制度，还需要一个很长的历史阶段，需要我们几代人、十几代人，甚

---

　　①　邓小平：《坚持四项基本原则》（1979 年 3 月 30 日），《邓小平文选》第 2 卷，人民出版社 1994 年版，第 164、168、170、173、178 页。

至几十代人坚持不懈地努力奋斗，决不能掉以轻心"。[①]

　　归根到底，建设中国特色社会主义必须坚持"一个中心、两个基本点"的基本路线。这是中国特色社会主义道路的核心内容。党的十三大报告在系统论述中国社会主义初级阶段基本国情的基础上，对这一历史阶段的基本路线做了完整概括，指出："在社会主义初级阶段，我们党的建设有中国特色的社会主义的基本路线是：领导和团结全国各族人民，以经济建设为中心，坚持四项基本原则，坚持改革开放，自力更生，艰苦创业，为把我国建设成为富强、民主、文明的社会主义现代化国家而奋斗。"强调经济建设是"工作重心"，四项基本原则是"立国之本"，改革开放是"总方针"，这就是我们的战略布局。根据社会主义初级阶段的国情和党在这一阶段的基本路线，我们党制定和实施了分"三步走"基本实现现代化等一系列关系党和国家工作全局的重大战略。

---

　　① 邓小平：《在武昌、深圳、珠海、上海等地的谈话要点》（1992 年 1 月 18 日—2 月 21 日），《邓小平文选》第 3 卷，人民出版社 1993 年版，第 379—380 页。

第三章　关系党和国家全局的
一系列重大战略决策

　　邓小平作为我们党第二代中央领导集体的核心，不但领导全党重新确立了"解放思想、实事求是"的马克思主义思想路线和"一个中心、两个基本点"的党在社会主义初级阶段的基本路线，为当代中国的发展进步指明了方向，而且领导我们根据中国国情和时代特征，做出了事关党和国家全局的一系列重大战略决策，为当代中国发展进步绘制了宏伟蓝图。邓小平不愧为我国改革开放和现代化建设的总设计师。

一　分"三步走"基本实现现代化的发展战略

　　实现现代化，是中华民族的百年梦想。中华人民共和国的成立，使这一梦想开始变为现实。1956 年 4 月，毛泽东在《论十大关系》一文中提出"把我国建设成为一个强大的社会主义国家"的奋斗目标。1964 年年底召开的第三届全国人大一次会议提出"把我国建设成为一个具有现代农业、现代工业、现代国防和现代科学技术的社会主义强国"的历史任务，并规划分"两步走"基本实现"四个现代化"的战略步骤，即第一步，建立一个独立的比较完整的工业体系和国民经济体系；第二步，全面实现农业、工业、国防和科学技术现代化。1975 年 1 月 13 日至 17 日召开的第四届全国人大一次会议重申了"两步走"的发展战略，并进一步明确了时间表，即第一步在 1980 年实现，第二步在 20 世纪末实现。

党的十一届三中全会后，以邓小平同志为核心的党的第二代中央领导集体总结中华人民共和国成立以来的历史经验，深入分析当时中国国情和时代发展变化，对实现我国社会主义现代化目标做出了新的部署。1979 年 12 月 6 日，邓小平在会见日本首相大平正芳时说："我们要实现的四个现代化，是中国式的四个现代化。我们的四个现代化的概念，不是像你们那样的现代化的概念，而是'小康之家'。"① 根据邓小平的论述，1982 年 9 月召开的党的十二大，把 20 世纪最后 20 年的发展分成"两步走"：前十年主要是打好基础，积蓄力量，创造条件，后十年进入一个新的经济振兴时期，力争使全国工农业总产值翻两番，人民物质文化生活达到小康水平。1987 年 8 月 29 日，邓小平在会见意大利共产党领导人约蒂和赞盖里时，提出了"三步走"的设想，他说："我国经济发展分三步走，本世纪走两步，达到温饱和小康，下个世纪用三十年到五十年时间再走一步，达到中等发达国家的水平。这就是我们的战略目标，这就是我们的雄心壮志。"② 根据这一构想，1987 年 10 月召开的党的十三大正式确定了"三步走"的发展战略，即我国经济建

---

① 邓小平：《中国本世纪的目标是实现小康》（1979 年 12 月 6 日），《邓小平文选》第 2 卷，人民出版社 1994 年版，第 237 页。

② 邓小平：《一切从社会主义初级阶段的实际出发》（1987 年 8 月 29 日），《邓小平文选》第 3 卷，人民出版社 1993 年版，第 251 页。

设的战略部署大体分三步走。第一步，实现国民生产总值比1980年翻一番，解决人民的温饱问题。这个任务已经基本实现。第二步，到本世纪末，使国民生产总值再增长一倍，人民生活达到小康水平。第三步，到下个世纪中叶，人均国民生产总值达到中等发达国家水平，人民生活比较富裕，基本实现现代化。

这个"三步走"战略，有以下显著特点：一是充分体现了不断满足人民日益增长的物质文化需要这个社会主义现代化目的，为中国人民摆脱贫困、不断提高生活水平描绘了宏伟蓝图，"温饱""小康""富裕"这些概念集中反映了这一点。二是充分体现了实事求是的科学态度，既正确估计了有利条件，又正确估计了困难和问题，实事求是地把实现现代化的时间从原来规定的20世纪末，调整到21世纪中叶，把现代化水平从"走在世界前列"调整为"达到中等发达国家水平"。三是对现代化的内涵和标志的阐述更加科学了。过去只是把某几种产品的产量作为是否实现现代化的内涵和标志，现在把以美元计算的国民生产总值作为现代化的内涵和标志，符合国际通行标准，而且在世界范围内更加有可比性。

第三步战略目标时间跨度较长，大约五十年的时间。为了把第二步战略目标同第三步战略目标很好地衔接起来，在第一步战略目标实现之后，我们党便着手研究跨世纪发展问题，逐步形成了21世纪发展战略。1989年6月16日，邓小平在谈到第三代领导集体的当务之急时提出："我建议组织一个班子，研究下一个世纪前五十年的发展战略和规划。"[①] 1995年党的十

---

① 邓小平：《第三代领导集体的当务之急》（1989年6月16日），《邓小平文选》第3卷，人民出版社1993年版，第312页。

四届五中全会通过的《中共中央关于制定国民经济和社会发展"九五"计划和二〇一〇年远景目标的建议》，提出了全面实现第二步战略目标并向第三步战略目标迈进的指导方针和主要任务。1997年9月，党的十五大将第三步战略目标进一步具体化，分成了三个具体目标，即："第一个十年实现国民生产总值比二〇〇〇年翻一番，使人民的小康生活更加宽裕，形成比较完善的社会主义市场经济体制；再经过十年的努力，到建党一百年时，使国民经济更加发展，各项制度更加完善；到世纪中叶建国一百年时，基本实现现代化，建成富强民主文明的社会主义国家。"① 这实际上是一个新"三步走"的发展战略。

二 先富带后富、帮后富，最终实现共同富裕的发展战略

共同富裕是社会主义的本质要求，是社会主义制度优越性的集中表现，是我们党一以贯之的价值追求。邓小平科学总结我国社会主义发展中的经验教训，深刻指出："社会主义原则，第一是发展生产，第二是共同致富。"② "社会主义与资本主义不同的特点就是共同富裕，不搞两极分化。"③ 他在1992年"南方谈话"中，明确地说："社会主义的本质，是解放生产

---

① 江泽民：《高举邓小平理论伟大旗帜，把建设有中国特色社会主义事业全面推向二十一世纪》（1997年9月12日），《十五大以来重要文献选编》（上），人民出版社2000年版，第4页。

② 邓小平：《答美国记者迈克·华莱士问》（1986年9月2日），《邓小平文选》第3卷，人民出版社1993年版，第172页。

③ 邓小平：《搞资产阶级自由化就是走资本主义道路》（1985年5月、6月），《邓小平文选》第3卷，人民出版社1993年版，第123页。

力，发展生产力，消灭剥削，消除两极分化，最终达到共同富裕。"① 他多次指出，如果我们的政策导致两极分化，如果产生了什么新的资产阶级，那我们的改革就失败了，就真的走上了邪路。如果那样，民族矛盾、区域矛盾、阶级矛盾都会发展，中央和地方的矛盾也会发展，就可能出乱子。

问题是什么叫共同富裕，怎样才能达到共同富裕？共同富裕不等于同时富裕、同等富裕，不等于平均主义。针对改革开放前严重的平均主义弊端，邓小平提出："要允许一部分地区、一部分企业、一部分工人农民，由于辛勤努力成绩大而收入先多一些，生活先好起来。一部分人生活先好起来，就必然产生极大的示范力量，影响左邻右舍，带动其他地区、其他单位的人们向他们学习。这样，就会使整个国民经济不断地波浪式地向前发展，使全国各族人民都能比较快地富裕起来。……这是一个大政策，一个能够影响和带动整个国民经济的政策。"② 这一论述，符合社会主义社会经济发展的客观规律。多种所有制的共同发展，"各尽所能，按劳分配"的分配原则，社会主义市场经济的发展，以及区位优势、产业优势等的不同，决定人们收入存在差别，这是客观的、必然的，它是经济社会发展的动力而非阻力。两极分化不是社会主义，平均主义也不是社会主义。邓小平说："我们坚持走社会主义道路，根本目标是实现共同富裕，然而平均发展是不可能的。过去搞平均主义，吃'大锅饭'，实际上是共同落后，共同贫穷，我们就是吃了这个

① 邓小平：《在武昌、深圳、珠海、上海等地的谈话要点》（1992 年 1 月 18 日—2 月 21 日），《邓小平文选》第 3 卷，人民出版社 1993 年版，第 373 页。
② 邓小平：《解放思想，实事求是，团结一致向前看》（1978 年 12 月 13 日），《邓小平文选》第 2 卷，人民出版社 1994 年版，第 152 页。

亏。改革首先要打破平均主义，打破'大锅饭'。"① 允许"先富"这个大政策，以承认差别为前提，以诚实劳动和合法经营为条件，以共同富裕为目标，体现了效率与公平的统一，是一个推动社会发展进步的政策、社会主义政策。

当然，共同富裕不会自动实现，需要有必要的制度、政策和工作来保证。邓小平指出，为了防止两极分化，先富起来的地区可以多交点利税，国家通过财政转移支付，帮助贫困地区加快发展；对一部分先富裕起来的个人，也要有一些限制，例如征收所得税；提倡先富起来的人，自愿拿出一点钱办教育、修路，从事公共事业；有计划地组织地区之间的对口支援，开展扶贫活动；国家对特殊地区、特殊人群实行特殊扶持政策，帮助困难地区和困难群体加快脱贫。他举例说，"可以由沿海一个省包内地一个省或两个省，也不要一下子负担太重，开始时可以做某些技术转让。"② 如此等等。

三　沿海和内地"两个大局"的发展战略

我国地域辽阔。各地在历史、地理、资源等方面存在很大差别，沿海和内地之间发展很不平衡。在现代化建设过程中，如何处理沿海和内地之间的关系，是一个重大的战略问题。

邓小平立足国家发展全局，提出"两个大局"的发展战略。他在1988年9月12日说："沿海地区要加快对外开放，使

---

① 邓小平：《拿事实来说话》（1986年3月28日），《邓小平文选》第3卷，人民出版社1993年版，第155页。
② 邓小平：《善于利用时机解决发展问题》（1990年12月24日），《邓小平文选》第3卷，人民出版社1993年版，第364页。

这个拥有两亿人口的广大地带较快地先发展起来，从而带动内地更好地发展，这是一个事关大局的问题。内地要顾全这个大局。反过来，发展到一定的时候，又要求沿海拿出更多力量来帮助内地发展，这也是个大局。那时沿海也要服从这个大局。"① 也就是说，沿海率先发展，不仅仅是为了沿海，而是着眼全国，包括内地的需要，因为只有它先发展起来，才能有力地推动全国的发展；同样，到一定时候，帮助内地加快发展，也不仅仅是为了内地，同样是着眼全国，包括沿海的需要，因为沿海的进一步发展需要内地更多的资源和更大的市场。一个时候的"率先"，另一时候的"加快"，都是全国大局的需要，大家都要着眼大局、服从大局。

两个大局，有先后，何者为先，何者为后，决定于全局的需要，由中央确定，所以"中央要有权威"。1992 年春天，邓小平在"南方谈话"中说："共同富裕的构想是这样提出的：一部分地区有条件先发展起来，一部分地区发展慢点，先发展起来的地区带动后发展的地区，最终达到共同富裕。"② 什么时候突出地提出先富起来的地区帮助后发展起来的地区？邓小平认为，这个问题要研究，太早不行，现在不能削弱发达地区的活力。他设想，"在本世纪末达到小康水平的时候，就要突出地提出和解决这个问题。到那个时候，发达地区要继续发展，并通过多交利税和技术转让等方式大力支持不发达地区。不发达地区又大都是拥有丰富资源的地区，发展潜力是很大的。总

① 邓小平：《中央要有权威》（1988 年 9 月 12 日），《邓小平文选》第 3 卷，人民出版社 1993 年版，第 277—278 页。

② 邓小平：《在武昌、深圳、珠海、上海等地的谈话要点》（1992 年 1 月 18 日—2 月 21 日），《邓小平文选》第 3 卷，人民出版社 1993 年版，第 373—374 页。

之，就全国范围来说，我们一定能够逐步顺利解决沿海同内地贫富差距的问题"①。

　　在邓小平"两个大局"战略方针指引下，我国沿海地区走在改革开放的前列，经济得到快速发展。兴办经济特区，开放沿海城市，引进外资和现代管理经验，发展高新技术产业，积极参与国际市场竞争，成为我国改革开放的窗口和基地，成为振兴我国经济的"主攻手"和带动内地发展的"火车头"。世纪之交，我国进入全面建设小康社会新阶段，第二个大局提到了日程。党中央先后提出和实施了"西部大开发""中部崛起""振兴东北老工业基地"等区域发展战略。党的十八大以来，以习近平同志为核心的党中央审时度势，统筹内外，提出了以"一带一路"建设、京津冀协同发展和长江经济带发展三大战略为重点的"区域发展总体战略"，大力开展精准扶贫，积极支持革命老区、民族地区、边疆地区、贫困地区加快发展，实现一体联动和重点突破相统一，促进区域协调发展，从而进一步丰富和发展了邓小平"两个大局"的战略思想。

四　把解决"三农"问题作为重中之重的发展战略

　　农业、农村和农民问题，即"三农"问题，是中国革命和建设的根本问题。邓小平在领导我国改革开放和现代化建设过程中，十分重视农业的基础地位和农业现代化，十分关注农村的发展和农民的富裕，强调"三农问题"是实现我国社会主义现代化的一个战略重点。

---

① 邓小平：《在武昌、深圳、珠海、上海等地的谈话要点》（1992年1月18日—2月21日），《邓小平文选》第3卷，人民出版社1993年版，第374页。

　　1982 年在规划我国经济发展目标时，邓小平指出："战略重点，一是农业，二是能源和交通，三是教育和科学。"① 中国是一个农业大国，农民占人口的大多数，中国社会是不是安定，中国经济能不能发展，首先要看农村能不能发展，农民生活是不是好起来。而农业问题，又首先是粮食问题。"不管天下发生什么事，只要人民吃饱肚子，一切就好办了。"② 他明确要求，到 20 世纪末全国粮食生产要"做到粮食基本过关"，并强调"这是一项重要的战略部署"。③

　　邓小平十分重视农村的改革。他说："改革首先是从农村做起的，农村改革的内容总的说就是搞责任制，抛弃吃大锅饭的办法，调动农民的积极性。"④ 这是中国农民的创造。中国农民还有一个创造，就是兴办乡镇企业，搞市场经济。一个是家庭联产承包责任制，一个是乡镇企业，极大地解放了农业劳动力，搞活了农村经济，使中国农民开始走上了致富的道路。这个经验十分宝贵。邓小平在"南方谈话"中说，实事求是是马克思主义的精髓，要提倡这个，不要提倡本本。我们改革开放的成功，不是靠本本，而是靠实践，靠实事求是。尊重实践，尊重群众，尊重基层创新，这是农村改革成功的一条重要经验，也是中国全面改革的一条成功经验。

　　邓小平提出了走中国特色农业现代化道路的思想。他说：

---

① 邓小平：《一心一意搞建设》（1982 年 9 月 18 日），《邓小平文选》第 3 卷，人民出版社 1993 年版，第 9 页。

② 邓小平：《我国经济建设的历史经验》（1982 年 5 月 6 日），《邓小平文选》第 2 卷，人民出版社 1993 年版，第 406 页。

③ 邓小平：《各项工作都要有助于建设有中国特色的社会主义》（1983 年 1 月 12 日），《邓小平文选》第 3 卷，人民出版社 1993 年版，第 22—23 页。

④ 邓小平：《政治上发展民主，经济上实行改革》（1985 年 4 月 15 日），《邓小平文选》第 3 卷，人民出版社 1993 年版，第 117 页。

"我国农业现代化，不能照抄西方国家或苏联一类国家的办法，要走出一条在社会主义制度下合乎中国情况的道路。"①

他在强调粮食生产特殊重要性的同时，指出要全面发展农村经济。"农业翻番不能只靠粮食，主要靠多种经营"②，最直接的措施有两条，一是饲养业，二是林果业。这一重要思想突破了传统的农业思想，确立了农林牧渔等各业相互促进、全面发展的大农业思想。

他对乡镇企业的重要性给予了充分肯定，认为它是我国农村新兴工业化、农村城镇化的必由之路。他指出："大量农业劳动力转到新兴的城镇和新兴的中小企业。这恐怕是必由之路。总不能老把农民束缚在小块土地上，那样有什么希望？"③ 这一论述，为推动农村经济全面发展指明了方向。

他提出依靠科技发展农业的思想。他说："农业的发展一靠政策，二靠科学。"④ "将来农业问题的出路，最终要由生物工程来解决，要靠尖端技术"⑤，他提出"科技兴农"的发展战略，大力推进"丰收计划""星火计划""燎原计划"等一大批重大农业科技攻关项目。

他提出农业发展改革的"两个飞跃"的重要思想，为中国式农业现代化道路指明了方向。他说："中国社会主义农业的改

①　邓小平：《贯彻调整方针，保证安定团结》（1980年12月25日），《邓小平文选》第2卷，人民出版社1994年版，第362页。

②　邓小平：《各项工作都要有助于建设有中国特色的社会主义》（1983年1月12日），《邓小平文选》第3卷，人民出版社1993年版，第23页。

③　邓小平：《怎样评价一个国家的政治体制》（1987年3月27日），《邓小平文选》第3卷，人民出版社1993年版，第213—214页。

④　邓小平：《前十年为后十年做好准备》（1982年10月14日），《邓小平文选》第3卷，人民出版社1993年版，第17页。

⑤　邓小平：《科学技术是第一生产力》（1988年9月5日、12日），《邓小平文选》第3卷，人民出版社1993年版，第275页。

革与发展，从长远的观点看，要有两个飞跃。第一个飞跃，是废除人民公社，实行家庭联产承包为主的责任制。这是一个很大的前进，要长期坚持不变。第二个飞跃，是适应科学种田和生产社会化的需要，发展适度规模经营，发展集体经济。这是又一个很大的前进，当然这是很长的过程。"① 这一论述，深刻阐明了农业生产力与生产关系之间的辩证关系，指明了中国农村发展改革的总趋势，为推进中国特色农业现代化提供了战略指导。

五　发展经济主要依靠科技和教育的发展战略

现代科学技术的发展及其在生产中的应用，极大地推动生产力的发展和社会的进步。邓小平敏锐地抓住这一时代特点，提出了"发展经济主要依靠科技和教育"的战略思想，为我国实施"科教兴国"战略奠定了思想理论基础，在我国社会主义现代化建设中发挥了战略指导作用。

邓小平在 1977 年夏季复出后，自告奋勇地向党中央提出要求抓科技和教育。这是一种战略考虑。他在许多场合反复强调，"我们要实现现代化，关键是科学技术要能上去。发展科学技术，不抓教育不行。"② "四个现代化，关键是科学技术的现代化。没有现代科学技术，就不可能建设现代农业、现代工业、现代国防。没有科学技术的高速度发展，也就不可能有国民经

---

① 邓小平：《国际形势和经济问题》（1990 年 3 月 3 日），《邓小平文选》第 3 卷，人民出版社 1993 年版，第 355 页。

② 邓小平：《尊重知识，尊重人才》（1977 年 5 月 24 日），《邓小平文选》第 2 卷，人民出版社 1994 年版，第 40 页。

济的高速度发展"，"科学技术人才的培养，基础在教育"。① 这些论述的理论基础，是他关于"科学技术是第一生产力"的思想。早在 100 多年前，马克思就指出"生产力中也包括科学"，邓小平说，这话讲得很对，现在看来，"科学技术是第一生产力"②。因为"现代科学技术的发展，使科学与生产的关系越来越密切了。科学技术作为生产力，越来越显示出巨大的作用"③，它使生产的各个领域面貌一新，同样数量的劳动力在同样的时间内，可以生产出比过去多几十倍几百倍的产品。

邓小平提出，充分发挥科学技术作为第一生产力的作用，必须深化体制改革，进一步解决科技与经济相结合的问题。"经济体制，科技体制，这两方面的改革都是为了解放生产力。新的经济体制，应该是有利于技术进步的体制。新的科技体制，应该是有利于经济发展的体制。"④ 双管齐下，才能克服科技与经济脱节的弊端。抓体制改革，抓到了要害，抓到了科技进步与经济发展相结合的牛鼻子。据此，党中央在 1984 年做出《中共中央关于经济体制改革的决定》之后，1985 年又做出了《中共中央关于科学技术体制改革的决定》，确立了"经济建设必须依靠科学技术、科学技术工作必须面向经济建设"的战略方针。

重视发展高科技，是邓小平科技思想的一个重点。他说："过去也好，今天也好，将来也好，中国必须发展自己的高科

---

① 邓小平：《在全国科学大会开幕式上的讲话》（1978 年 3 月 18 日），《邓小平文选》第 2 卷，人民出版社 1994 年版，第 86、95 页。

② 邓小平：《科学技术是第一生产力》（1988 年 9 月 5 日、12 日），《邓小平文选》第 3 卷，人民出版社 1993 年版，第 274 页。

③ 邓小平：《在全国科学大会开幕式上的讲话》（1978 年 3 月 18 日），《邓小平文选》第 2 卷，人民出版社 1994 年版，第 87 页。

④ 邓小平：《改革科技体制是为了解放生产力》（1985 年 3 月 7 日），《邓小平文选》第 3 卷，人民出版社 1993 年版，第 108 页。

技，在世界高科技领域占有一席之地。"① 这是经济社会发展的需要，国家安全的需要，国际竞争的需要，人类文明进步的需要。它反映了一个民族的能力，也是一个民族、一个国家兴旺发达的标志。如果 20 世纪 60 年代以来中国没有原子弹、氢弹，没有发射卫星，中国就不能叫有重大影响的大国，就没有现在这样的国际地位。今天世界高科技领域的发展一日千里，我们要走在世界前列，就必须发展自己的高科技。在邓小平这一战略思想指引下，我国先后实施了"科技攻关"计划、"863"计划和"火炬"计划，建设了一批高新技术开发区，大力推进高新技术产业化，对我国经济发展和社会进步发挥了重大作用。

发展科学技术是关键，教育是基础。"我们国家，国力的强弱，经济发展后劲的大小，越来越取决于劳动者的素质，取决于知识分子的数量和质量。一个十亿人口的大国，教育搞上去了，人才资源的巨大优势是任何国家比不了的。"② 所以，他认为，"中央提出要以极大的努力抓教育，并且从中小学抓起，这是有战略眼光的一着"，要求"各级领导要像抓好经济工作那样抓好教育工作"。③ 他认为，忽视教育的领导者，是缺乏远见的、不成熟的领导者，领导不了现代化。我们必须从现代化建设全局的战略高度，从中华民族长远发展的战略视野，提高对教育重要性的认识。

邓小平不但把教育工作提高到关系社会主义现代化全局的

---

① 邓小平：《中国必须在世界高科技领域占有一席之地》（1988 年 10 月 24 日），《邓小平文选》第 3 卷，人民出版社 1993 年版，第 279 页。

② 邓小平：《把教育工作认真抓起来》（1985 年 5 月 19 日），《邓小平文选》第 3 卷，人民出版社 1993 年版，第 120 页。

③ 邓小平：《把教育工作认真抓起来》（1985 年 5 月 19 日），《邓小平文选》第 3 卷，人民出版社 1993 年版，第 120—121 页。

战略高度加以强调，而且高瞻远瞩地提出了"三个面向"的战略方针，这就是"教育要面向现代化、面向世界、面向未来"。这一方针深刻揭示了我国教育工作发展的客观规律，为我国教育事业的发展指明了正确方向。

六　以"一国两制"和平统一祖国的战略构想

进入社会主义建设新时期后，完成祖国统一大业的历史任务更加迫切。邓小平根据国内国际形势的发展变化，集中全党智慧，创造性地提出以"一国两制"和平统一祖国的战略构想。

这一构想最初是为了解决台湾问题而提出来的。1978 年 11 月 14 日，邓小平在与缅甸总理吴奈温谈到如何解决台湾问题时说："我们会尊重台湾的现实。比如，台湾的某些制度可以不动，美日在台湾的投资可以不动，那边的生活方式可以不动，但是要统一。"[①] 1981 年 9 月 30 日，全国人大常委会委员长叶剑英发表《关于台湾回归祖国实现和平统一的方针政策》的谈话，阐明台湾回归祖国实现和平统一的九条方针。邓小平说，这九条方针，"实际上就是一个国家，两种制度"[②]。在这里，首次使用了"一个国家，两种制度"的概念。

1982 年 9 月 24 日，邓小平在会见英国首相撒切尔夫人时，全面阐述中国政府对香港问题的基本立场。他明确肯定：1997

---

①　中共中央文献研究室编：《邓小平年谱（1975—1997）》（上），中央文献出版社 2004 年版，第 430 页。

②　中共中央文献研究室编：《邓小平年谱（1975—1997）》（下），中央文献出版社 2004 年版，第 797 页。

年中国将收回香港。香港回归后，"现行的政治、经济制度，甚至大部分法律都可以保留，当然，有些要加以改革。香港仍将实行资本主义，现行的许多适合的制度要保持"①。

1984 年以后，"一国两制"战略构想进入系统化、理论化和决策阶段。1984 年 6 月 15 日，中华人民共和国第六届全国人民代表大会第三次会议通过的《政府工作报告》写入了"一个国家，两种制度"的构想。从此，"一国两制"成为和平统一祖国的国策。随后，邓小平在会见香港工商界访京团和香港知名人士钟士元等时，对"一国两制"的科学内涵作了进一步阐述："'一个国家，两种制度'，具体说，就是在中华人民共和国内，十亿人口的大陆实行社会主义制度，香港、台湾实行资本主义制度。"② 1984 年 12 月和 1987 年 4 月，中国政府先后同英国、葡萄牙政府签署了关于香港和澳门问题的联合声明，用"一国两制"原则圆满解决了中国恢复对香港、澳门行使主权的问题。1997 年 7 月 1 日和 1999 年 12 月 20 日，香港、澳门分别回归祖国。

"一国两制"和平统一祖国战略决策的基本内容如下：

1. "问题的核心是祖国统一"。这是"两制"的前提，没有这个核心就没有"一国两制"。邓小平曾说："我们提出的大陆与台湾统一的方式是合情合理的。统一后，台湾仍搞它的资本主义，大陆搞社会主义，但是是一个统一的中国。一个中国，

---

① 邓小平：《我们对香港问题的基本立场》（1982 年 9 月 24 日），《邓小平文选》第 3 卷，人民出版社 1993 年版，第 12—13 页。

② 邓小平：《一个国家，两种制度》（1984 年 6 月 22 日、23 日），《邓小平文选》第 3 卷，人民出版社 1993 年版，第 58 页。

两种制度。香港问题也是这样，一个中国，两种制度。"①

2. "一国两制"将长期存在。它不是一项权宜之计。邓小平指出："香港在一九九七年回到祖国以后五十年政策不变，包括我们写的基本法，至少要管五十年。我还要说，五十年以后更没有变的必要。……对台湾的政策按照'一国两制'方针解决统一问题后五十年也不变。"②

3. 主体是社会主义。"一国两制"，"主体必须是社会主义"③。邓小平说："我们坚持社会主义制度，坚持四项基本原则，是老早就确定了的，写在宪法上的。我们对香港、澳门、台湾的政策，也是在国家主体坚持四项基本原则的基础上制定的，没有中国共产党，没有中国的社会主义，谁能够制定这样的政策？"④

总之，邓小平提出的"一国两制"，是一项和平解决香港、澳门和台湾问题，实现祖国完全统一的具有远见卓识的战略决策，是对马克思主义国家学说的重大发展。它对解决当今时代许多国际争端也有一定借鉴意义。邓小平说："'一国两制'，是从我们自己的实际提出来的，但是这个思路可以延伸到某些国际问题的处理上。好多国际争端，解决不好会成为爆发点。我说是不是有些可以采取'一国两制'的办法，有些还可以用

---

① 邓小平：《稳定世界局势的新办法》（1984 年 2 月 22 日），《邓小平文选》第 3 卷，1993 年版，第 49 页。
② 邓小平：《会见香港特别行政区基本法起草委员会委员时的讲话》（1987 年 4 月 16 日），《邓小平文选》第 3 卷，人民出版社 1993 年版，第 215 页。
③ 邓小平：《一个国家，两种制度》（1984 年 6 月 22 日、23 日），《邓小平文选》第 3 卷，人民出版社 1993 年版，第 59 页。
④ 邓小平：《会见香港特别行政区基本法起草委员会委员时的讲话》（1987 年 4 月 16 日），《邓小平文选》第 3 卷，人民出版社 1993 年版，第 217 页。

'共同开发'的办法。"① "共同开发、共同发展"，实际上是"一国两制"思路的延伸。

七　时代主题和中国独立自主的和平外交战略

中国的发展离不开世界。邓小平从战略全局高度分析世界上各种矛盾，提出和平与发展是当今世界的时代主题，领导我们党制定了独立自主的和平外交政策，为我国的发展创造了有利的国际环境。

1985 年 3 月 4 日，邓小平说："现在世界上真正大的问题，带全球性的战略问题，一个是和平问题，一个是经济问题或者说发展问题。和平问题是东西问题，发展问题是南北问题。概括起来，就是东西南北四个字。"② 这一论述，抓住了当代世界最突出的问题，为我们观察和解决世界各种问题提供了总的思路和总的任务。

和平问题，就是维护世界和平，防止新的世界大战和其他战争的问题。和平离不开发展，发展需要和平。只有在和平环境中，各国才能实现发展；只有发展了，特别是第三世界发展了，和平才有保证。和平与发展的主要障碍来自霸权主义。邓小平说："要争取和平就必须反对霸权主义，反对强权政治。"③ 冷战期间的霸权主义主要表现为两极争霸；冷战后的霸权主义

---

① 邓小平：《在中央顾问委员会第三次全体会议上的讲话》（1984 年 10 月 22 日），《邓小平文选》第 3 卷，人民出版社 1993 年版，第 87 页。

② 邓小平：《和平和发展是当代世界的两大问题》（1985 年 3 月 4 日），《邓小平文选》第 3 卷，人民出版社 1993 年版，第 105 页。

③ 邓小平：《维护世界和平，搞好国内建设》（1984 年 5 月 29 日），《邓小平文选》第 3 卷，人民出版社 1993 年版，第 56 页。

主要表现为一极称霸。美国成为世界上唯一的超级大国，它以当代世界的领导者自居，到处推行扩张战略，运用各种手段向别国施加压力，干涉别国内政。中国和其他发展中国家是霸权主义的主要受害者，也是反对霸权主义的主要力量。中华民族是爱好和平的民族，中国特色社会主义是主张和平的社会主义，我们在任何时候都不会称霸，更不会搞霸权主义。

邓小平提出了处理对外关系的一系列重要原则，为我国确定了独立自主的和平外交战略，并在实践中亲自领导了重大外交活动，为我国和人类和平与发展的伟大事业做出了重大贡献。

在 1992 年召开的党的第十二次全国代表大会上，邓小平旗帜鲜明地阐明了中国独立自主的原则立场。他说："独立自主，自力更生，无论过去、现在和将来，都是我们的立足点。……任何外国不要指望中国做他们的附庸，不要指望中国会吞下损害我国利益的苦果。"①

我国独立自主的外交战略的主要原则是：第一，坚决维护国家的独立、主权和安全。这一点，"要始终放在第一位"②，"中华人民共和国决不会容许任何国家来干涉自己的内政"③。第二，在和平共处五项原则的基础上发展与世界各国的友好关系。"考虑国与国之间的关系主要应该从国家自身的战略利益出发。着眼于自身长远的战略利益，同时也尊重对方的利益，而不去计较历史的恩怨，不去计较社会制度和意识形态的差别，

① 邓小平：《中国共产党第十二次全国代表大会开幕词》（1982 年 9 月 1 日），《邓小平文选》第 3 卷，人民出版社 1993 年版，第 3 页。
② 邓小平：《国家的主权和安全要始终放在第一位》（1989 年 12 月 1 日），《邓小平文选》第 3 卷，人民出版社 1993 年版，第 348 页。
③ 邓小平：《结束严峻的中美关系要由美国采取主动》（1989 年 10 月 31 日），《邓小平文选》第 3 卷，人民出版社 1993 年版，第 332 页。

并且国家不分大小强弱都相互尊重，平等相待。"① 第三，按照
"独立自主、完全平等、互相尊重、互不干涉内部事务"的四
项原则正确处理党的对外关系。邓小平深刻总结国际共产主义
运动历史上处理党际关系的经验教训，指出："各国党的国内
方针、路线是对还是错，应该由本国党和本国人民去判断"，
"不能由别的党充当老子党，去发号施令。我们反对人家对我
们发号施令，我们也决不能对人家发号施令。这应该成为一条
重要的原则。"②

---

① 邓小平：《结束严峻的中美关系要由美国采取主动》（1989年10月31日），《邓小平文
选》第3卷，人民出版社1993年版，第330页。
② 邓小平：《处理兄弟党关系的一条重要原则》（1980年5月31日），《邓小平文选》第2
卷，人民出版社1994年版，第318—319页。

第四章 关键时刻的关键谈话：
毫不动摇地坚持党的
基本路线

  邓小平 1992 年 1 月 18 日至 2 月 21 日《在武昌、深圳、珠海、上海等地的谈话要点》，是《邓小平文选》第 3 卷的终卷篇，在中国特色社会主义发展史上具有里程碑意义。它是在关键时刻发表的关键谈话。面对东欧剧变、苏联解体和国内政治风波的严峻考验以及来自"左"、右两个方面错误思潮的干扰，邓小平以政治家、战略家的远见卓识和勇气，深刻回答了长期束缚人们思想的许多重大认识问题，为当代中国的发展进步进一步指明了方向，成为排除"左"右干扰、加快改革开放和现代化建设步伐的又一个解放思想、实事求是的宣言书。以这次谈话为标志，"我国改革开放和现代化建设事业进入了一个新的阶段"①。

一　基本路线要管一百年，动摇不得

  坚持党的基本路线一百年不动摇是"南方谈话"的核心思

---

  ① 江泽民：《加快改革开放和现代化建设步伐，夺取有中国特色社会主义事业的更大胜利》（1992 年 10 月 12 日），《江泽民文选》第 1 卷，人民出版社 2006 年版，第 217 页。

想，贯穿谈话的始终和全部内容。

党的基本路线即党的总路线，它是党在一定历史时期管全局、管方向、管根本的东西。基本路线是否正确，对于党和人民事业的兴衰成败具有决定性的意义。党的十一届三中全会以来，我们党形成了以经济建设为中心、坚持四项基本原则、坚持改革开放的"一个中心、两个基本点"的基本路线，这是社会主义初级阶段党和国家工作的生命线，是我国社会主义现代化建设事业能够经受各种风险考验、顺利达到目标的最可靠的保证。国内政治风波和东欧剧变、苏联解体发生后，一些人担心党的基本路线会不会改变，一些人怀疑党的基本路线是不是正确，极少数人企图这样或那样地改变党的基本路线。中国再一次面临向何处去的历史性选择。正是在这一重大历史关头，邓小平排除各种干扰，旗帜鲜明地回答：党的基本路线不会变，不能变，也不允许变。他说："坚持党的十一届三中全会以来的路线、方针、政策，关键是坚持'一个中心，两个基本点'。不坚持社会主义，不改革开放，不发展经济，不改善人民生活，只能是死路一条。基本路线要管一百年，动摇不得。只有坚持这条路线，人民才会相信你，拥护你。谁要改变三中全会以来的路线、方针、政策，老百姓不答应，谁就会被打倒。""在这短短的十几年内，我们国家发展得这么快，使人民高兴，世界瞩目，这就足以证明三中全会以来路线、方针、政策的正确性，谁想变也变不了。说过去说过来，就是一句话，坚持这个路线、方针、政策不变。"① 所以不能变，因为实践证明它正确，人民拥护它；所以变不了，因为人民不答应，谁要变就会被打倒；

---

① 邓小平：《在武昌、深圳、珠海、上海等地的谈话要点》（1992 年 1 月 18 日—2 月 21 日），《邓小平文选》第 3 卷，人民出版社 1993 年版，第 370—371 页。

所以一百年不能变，因为它是党在社会主义初级阶段的基本路线，而这一阶段至少要经历上百年的时间。

邓小平强调，坚持党的基本路线不动摇，"要警惕右，但主要是防止'左'"。右的表现主要是否定四项基本原则，搞资产阶级自由化，甚至制造政治动乱；"左"的表现主要是否定改革开放，认为和平演变的主要危险来自经济领域，甚至用"阶级斗争为纲"冲击经济建设这个中心。二者从两个不同的极端否定党的基本路线。在这个问题上，"我们必须保持清醒的头脑，这样就不会犯大的错误，出现问题也容易纠正和改正"①。

二　改革开放要大胆地试大胆地闯

改革开放是新时期最鲜明的特点。针对当时在改革开放问题上的种种疑虑和模糊认识，邓小平强调，改革开放要"大胆地试，大胆地闯"，"没有一点闯的精神，没有一点'冒'的精神，没有一股气呀、劲呀，就走不出一条好路，走不出一条新路，就干不出新的事业"②。任何试验和探索都会有风险，错误难以完全避免，我们的态度是：第一，不怕。如果前怕狼后怕虎，就走不了路，"一怕就不能搞改革了"③。第二，随时注意总结经验。"对的就坚持，不对的赶快改，新问题出来抓紧解

---

① 邓小平：《在武昌、深圳、珠海、上海等地的谈话要点》（1992 年 1 月 18 日—2 月 21 日），《邓小平文选》第 3 卷，人民出版社 1993 年版，第 375 页。
② 邓小平：《在武昌、深圳、珠海、上海等地的谈话要点》（1992 年 1 月 18 日—2 月 21 日），《邓小平文选》第 3 卷，人民出版社 1993 年版，第 372 页。
③ 邓小平：《计划和市场都是发展生产力的方法》（1987 年 2 月 6 日），《邓小平文选》第 3 卷，人民出版社 1993 年版，第 203 页。

决"。① 当时改革开放迈不开步子，不敢试、不敢闯，一个突出的顾虑是"怕资本主义的东西多了，走了资本主义道路"。② 邓小平说："要害是姓'资'还是姓'社'的问题。判断的标准，应该主要看是否有利于发展社会主义社会的生产力，是否有利于增强社会主义国家的综合国力，是否有利于提高人民的生活水平。"③"三个有利于"的标准就是实践标准、生产力标准、人民利益标准的统一。它的确立，使干部、群众的思想进一步得到解放，澄清了长期以来束缚人们头脑的许多认识问题。例如：关于特区姓"社"还是姓"资"的问题。有的人认为，多一分外资就多一分资本主义，"三资"企业多了就是资本主义东西多了，就是发展了资本主义，就是走资本主义道路。邓小平说，这些人连基本常识都没有。外商当然要赚一些钱，但是，国家拿回税收，工人拿回工资，我们还可以在这里学习技术和管理，还可以得到信息、打开市场。"'三资'企业受到我国整个政治、经济条件的制约，是社会主义经济的有益补充，归根到底是有利于社会主义的。"④ 所以，"特区姓'社'不姓'资'"⑤。

　　关于计划和市场是不是社会主义与资本主义的本质区别问题。有人认为"改革的市场取向就是资本主义取向"。邓小平

---

　　① 邓小平：《在武昌、深圳、珠海、上海等地的谈话要点》（1992 年 1 月 18 日—2 月 21 日），《邓小平文选》第 3 卷，人民出版社 1993 年版，第 372 页。

　　② 邓小平：《在武昌、深圳、珠海、上海等地的谈话要点》（1992 年 1 月 18 日—2 月 21 日），《邓小平文选》第 3 卷，人民出版社 1993 年版，第 372 页。

　　③ 邓小平：《在武昌、深圳、珠海、上海等地的谈话要点》（1992 年 1 月 18 日—2 月 21 日），《邓小平文选》第 3 卷，人民出版社 1993 年版，第 372 页。

　　④ 邓小平：《在武昌、深圳、珠海、上海等地的谈话要点》（1992 年 1 月 18 日—2 月 21 日），《邓小平文选》第 3 卷，人民出版社 1993 年版，第 373 页。

　　⑤ 邓小平：《在武昌、深圳、珠海、上海等地的谈话要点》（1992 年 1 月 18 日—2 月 21 日），《邓小平文选》第 3 卷，人民出版社 1993 年版，第 372 页。

说，计划多一点还是市场多一点，不是社会主义与资本主义的本质区别。计划经济不等于社会主义，资本主义也有计划；市场经济不等于资本主义，社会主义也有市场。计划和市场都是经济手段，"社会主义的本质，是解放生产力，发展生产力，消灭剥削，消除两极分化，最终达到共同富裕"。这就为党的十四大确立社会主义市场经济体制改革目标扫清了思想障碍。

关于证券、股市这些东西究竟好不好，有没有危险？是不是资本主义独有的东西？社会主义能不能用？邓小平说，允许看，但要坚决地试。看对了，搞一两年对了，放开；错了，纠正，关了就是了。关，也可以快关，也可以慢关，也可以留一点尾巴。只要坚持这种态度，就不会犯大的错误。"社会主义要赢得与资本主义相比较的优势，就必须大胆吸收和借鉴人类社会创造的一切文明成果，吸收和借鉴当今世界各国包括资本主义发达国家的一切反映现代社会化生产规律的先进经营方式、管理方法。"①

关于如何认识让一部分地区先富起来的问题，邓小平说我们的构想是这样的：一部分地区有条件先发展起来，一部分地区发展慢点，先发展起来的地区带动后发展的地区，最终达到共同富裕。这就是两个大局的方针。如果富的越来越富，穷的越来越穷，两极分化就会产生，而社会主义制度就应该而且能够避免两极分化。解决的办法之一，就是先富起来的地区多交点利税，支持贫困地区的发展。当然，太早这样办也不行，现在不能削弱发达地区的活力，也不能鼓励吃"大锅饭"，可以设想，在本世纪末达到小康水平的时候，就要突出地提出和解

---

① 邓小平：《在武昌、深圳、珠海、上海等地的谈话要点》（1992 年 1 月 18 日—2 月 21 日），《邓小平文选》第 3 卷，人民出版社 1993 年版，第 373 页。

决这个问题。到那个时候，发达地区要继续发展，并通过多交利税和技术转让等方式大力支持不发达地区。"总之，就全国范围来说，我们一定能够逐步顺利解决沿海同内地贫富差距的问题。"①

三　发展是硬道理，关键是发展经济

贫穷不是社会主义，发展太慢也不是社会主义，社会主义的根本任务是发展生产力、提高人民生活水平。党的基本路线的两个基本点都是服务于经济建设这个中心的。把经济搞上去，是解决国内国际一切问题的物质基础，是社会主义制度优越性的集中体现，也是将来向共产主义过渡的物质条件。"抓住时机，发展自己，关键是发展经济。"② 这是邓小平的一个重大战略思想。他说："现在，我们国内条件具备，国际环境有利，再加上发挥社会主义制度能够集中力量办大事的优势，在今后的现代化建设长过程中，出现若干个发展速度比较快、效益比较好的阶段，是必要的，也是能够办到的。我们就是要有这个雄心壮志！""当然，不是鼓励不切实际的高速度，还是要扎扎实实，讲求效益，稳步协调地发展"，"必须依靠科技和教育"，"科学技术是第一生产力"，"要提倡科学，靠科学才有希望"，"搞科技，越高越好，越新越好"，"高科技领域，中国也要在

---

① 邓小平：《在武昌、深圳、珠海、上海等地的谈话要点》（1992 年 1 月 18 日—2 月 21 日），《邓小平文选》第 3 卷，人民出版社 1993 年版，第 374 页。

② 邓小平：《在武昌、深圳、珠海、上海等地的谈话要点》（1992 年 1 月 18 日—2 月 21 日），《邓小平文选》第 3 卷，人民出版社 1993 年版，第 375 页。

世界占有一席之地。"①

　　针对当时一些人片面求稳而不敢放开手脚发展的情况，邓小平提出"发展是硬道理"的战略方针。他说："要注意经济稳定、协调地发展，但稳定和协调也是相对的，不是绝对的。发展才是硬道理。这个问题要搞清楚。如果分析不当，造成误解，就会变得谨小慎微，不敢解放思想，不敢放开手脚，结果是丧失时机，犹如逆水行舟，不进则退。""从根本上说，手头东西多了，我们在处理各种矛盾和问题时就立于主动地位。对于我们这样发展中的大国来说，经济要发展得快一点，不可能总是那么平平静静、稳稳当当。"② 邓小平提出一个"台阶论"，他说："我国的经济发展，总要力争隔几年上一个台阶。"③ 即在某一个发展阶段，抓住时机，加速搞几年，发现问题及时加以治理，尔后继续前进。这就是发展的波浪式。

四　"两手抓、两手都要硬"

　　"照辩证法办事"，是邓小平的名言。"两手抓、两手都要硬"，是邓小平指导我国社会主义现代化建设的一贯方针，体现了以经济建设为中心推动社会全面进步的辩证法。

　　1979 年 10 月 30 日，他在中国文学艺术工作者第四次代表大会的祝词中指出："我们要在建设高度物质文明的同时，……

---

　　①　邓小平：《在武昌、深圳、珠海、上海等地的谈话要点》（1992 年 1 月 18 日—2 月 21 日），《邓小平文选》第 3 卷，人民出版社 1993 年版，第 375、377—378 页。
　　②　邓小平：《在武昌、深圳、珠海、上海等地的谈话要点》（1992 年 1 月 18 日—2 月 21 日），《邓小平文选》第 3 卷，人民出版社 1993 年版，第 377 页。
　　③　邓小平：《在武昌、深圳、珠海、上海等地的谈话要点》（1992 年 1 月 18 日—2 月 21 日），《邓小平文选》第 3 卷，人民出版社 1993 年版，第 375 页。

建设高度的社会主义精神文明。"① 1982 年 4 月 10 日，他在《坚决打击经济犯罪活动》的讲话中说："我们要有两手，一手就是坚持对外开放和对内搞活经济的政策，一手就是坚决打击经济犯罪活动。"② 1986 年 1 月 17 日，他在中央政治局常委会上的讲话中说："搞四个现代化一定要有两手，只有一手是不行的。所谓两手，即一手抓建设，一手抓法制。""经济建设这一手我们搞得相当有成绩，形势喜人，这是我们国家的成功。但风气如果坏下去，经济搞成功又有什么意义？会在另一方面变质，反过来影响整个经济变质，发展下去会形成贪污、盗窃、贿赂横行的世界。所以，不能不讲四个坚持，不能不讲专政，这个专政可以保证我们的社会主义现代化建设顺利进行，有力地对付那些破坏建设的人和事。"③

　　1989 年政治风波发生后，邓小平总结经验教训，他说："八十年代初建立经济特区时，我与广东同志谈，要两手抓，一手要抓改革开放，一手要抓严厉打击经济犯罪，包括抓思想政治工作。就是两点论。但今天回头来看，出现了明显的不足，一手比较硬，一手比较软。一硬一软不相称，配合得不好。"④他在会见美国哥伦比亚大学教授李政道时说："改革开放有两只手，不要只用一只手，改革是一只手，反对资产阶级自由化也是一只手。有时这只手重些，有时另一只手重些，要根据实

---

　　① 邓小平：《在中国文学艺术工作者第四次代表大会上的祝词》（1979 年 10 月 30 日），《邓小平文选》第 2 卷，人民出版社 1994 年版，第 208 页。

　　② 邓小平：《坚决打击经济犯罪活动》（1982 年 4 月 10 日），《邓小平文选》第 2 卷，人民出版社 1994 年版，第 404 页。

　　③ 邓小平：《在中央政治局常委会上的讲话》（1986 年 1 月 17 日），《邓小平文选》第 3 卷，人民出版社 1993 年版，第 154 页。

　　④ 邓小平：《在接见首都戒严部队军以上干部时的讲话》（1989 年 6 月 9 日），《邓小平文选》第 3 卷，人民出版社 1993 年版，第 306 页。

际情况。"①

在"南方谈话"中，第四节专门讲这个问题，强调"要坚持两手抓，一手抓改革开放，一手抓打击各种犯罪活动。这两只手都要硬。"他说："打击各种犯罪活动，扫除各种丑恶现象，手软不得。"广东二十年赶上亚洲"四小龙"，不仅经济要上去，社会秩序、社会风气也要搞好，两个文明建设都要超过他们，这才是有中国特色的社会主义。邓小平提出：对一些地方出现的丑恶现象如吸毒、嫖娼、经济犯罪等，要注意很好地抓，坚决取缔和打击，决不能任其发展；在整个改革开放过程中都要反对腐败，廉政建设要作为大事来抓，还是要靠法制，搞法制靠得住些；在整个改革开放过程中，必须始终注意坚持四项基本原则，反对资产阶级自由化；依靠无产阶级专政保卫社会主义制度，这是马克思主义的一个基本观点。最后他指出："巩固和发展社会主义制度，还需要一个很长的历史阶段，需要我们几代人、十几代人，甚至几十代人坚持不懈地努力奋斗，决不能掉以轻心。"②

五　关键在党，关键在人，关键在共产党内部要搞好

正确的政治路线的贯彻执行，要靠正确的组织路线作保证。中国的事情能不能办好，社会主义和改革开放能不能坚

---

① 中共中央文献研究室编：《邓小平年谱（1975—1997）》（下），中央文献出版社 2004 年版，第 1289 页。

② 邓小平：《在武昌、深圳、珠海、上海等地的谈话要点》（1992 年 1 月 18 日—2 月 21 日），《邓小平文选》第 3 卷，人民出版社 1993 年版，第 379—380 页。

持，经济能不能快一点发展起来，国家能不能长治久安，邓小平认为，关键在党，关键在人，"中国要出问题，还是出在共产党内部"。① 针对党的现状，邓小平在这次谈话中，着重强调了三点。

一是组成一个实行改革开放的有希望的中央领导集体。1989 年 5 月 31 日，他在同两位中央负责同志的谈话中指出："这是最重要的一条""一个十分重要的问题""不是九分九，而是十分重要的问题。我们要看到这个大局。""我们现在就是要选人民公认是坚持改革开放路线并有政绩的人，大胆地将他们放进新的领导机构里，要使人民感到我们真心诚意要搞改革开放。"② 在"南方谈话"中，他又一次强调了这一点，"我们说党的基本路线要管一百年，要长治久安，就要靠这一条。真正关系到大局的是这个事"，"人民，是看实践。人民一看，还是社会主义好，还是改革开放好，我们的事业就会万古长青"。③

二是大力选拔和培养年轻的接班人。他说："要进一步找年轻人进班子"，"要注意下一代接班人的培养"，"让更多的年轻人成长起来"，"十一届三中全会确立的这条中国的发展路线，是否能够坚持得住，要靠大家努力，特别是要教育后代"。④ 邓小平认为，这是我们事业可持续发展的重大战略问

---

① 邓小平:《在武昌、深圳、珠海、上海等地的谈话要点》（1992 年 1 月 18 日—2 月 21 日），《邓小平文选》第 3 卷，人民出版社 1993 年版，第 380 页。
② 邓小平:《组成一个实行改革的有希望的领导集体》（1989 年 5 月 31 日），《邓小平文选》第 3 卷，人民出版社 1993 年版，第 296—297、300 页。
③ 邓小平:《在武昌、深圳、珠海、上海等地的谈话要点》（1992 年 1 月 18 日—2 月 21 日），《邓小平文选》第 3 卷，人民出版社 1993 年版，第 380—381 页。
④ 邓小平:《在武昌、深圳、珠海、上海等地的谈话要点》（1992 年 1 月 18 日—2 月 21 日），《邓小平文选》第 3 卷，人民出版社 1993 年版，第 381 页。

题。"中国目前人才往往从五六十岁的人中挑选，这样就不能体现活力。中国只有出现三四十岁的政治家、科学家、经济管理家和企业家，并由这批人担负重任，国家才有活力，政策才能保持长久。"①

三是要有好的作风。无论是老同志还是年轻同志，都有个作风问题。邓小平在谈到年轻干部成长时说："要使他们懂得，不只是年轻就能解决问题，不只是有了业务知识就能解决问题，还要有好的作风。"② 我们党的好的作风，最根本的是两条，一是实事求是，二是群众路线。在"南方谈话"中，邓小平着力批评了违背这两条的形式主义作风。他说："现在有一个问题，就是形式主义多。电视一打开，尽是会议。会议多，文章太长，讲话也太长，而且内容重复，新的语言并不很多。重复的话要讲，但要精简。形式主义也是官僚主义。要腾出时间来多办实事，多做少说"，"建议抓一下这个问题。"③ 遗憾的是，这些话讲了至今已经 20 多年，情况并没有根本改变，在某些方面甚至愈演愈烈。这里既有认识不够、抓得不力的问题，也有深层次的体制问题。早在 1980 年 8 月 18 日，邓小平在《党和国家领导制度的改革》那篇重要讲话中就指出："制度问题不解决，思想作风问题也解决不了。"④ 解决权力过分集中的领导体制，是治理形式主义的根本。我

①　中共中央文献研究室编：《邓小平思想年谱（1975—1997）》（下），中央文献出版社 2004 年版，第 1151 页。

②　邓小平：《高级干部要带头发扬党的优良传统》（1979 年 11 月 2 日），《邓小平文选》第 2 卷，人民出版社 1994 年版，第 230 页。

③　邓小平：《在武昌、深圳、珠海、上海等地的谈话要点》（1992 年 1 月 18 日—2 月 21 日），《邓小平文选》第 3 卷，人民出版社 1993 年版，第 381—382 页。

④　邓小平：《党和国家领导制度的改革》（1980 年 8 月 18 日），《邓小平文选》第 2 卷，人民出版社 1994 年版，第 328 页。

们必须双管齐下，既抓思想教育，又抓体制改革，这样才能真正收到实效。

　　邓小平"南方谈话"的最后一部分，表达了一个伟大的马克思主义者对社会主义、共产主义的坚定信念。面对国际共产主义运动的低潮，面对西方敌对势力所谓"共产主义大失败"的叫嚣，面对党内和人民内部一些人对社会主义前途的怀疑和动摇，邓小平以战略家的眼光，斩钉截铁地说："一些国家出现严重曲折，社会主义好像被削弱了，但人民经受锻炼，从中吸取教训，将促使社会主义向着更加健康的方向发展。因此，不要惊慌失措，不要认为马克思主义就消失了，没用了，失败了。哪有这回事！"他指出："社会主义经历一个长过程发展后必然代替资本主义。这是社会历史发展不可逆转的总趋势，但道路是曲折的。"① 唯物辩证法告诉我们：事物的发展都是前进性与曲折性的统一。自然界如此，人类社会也是如此，每一种新的社会制度代替旧的社会制度都走过了艰难曲折的道路。英国资本主义制度取代封建制度经过48 年的复辟和反复辟斗争，法国则经历了 86 年的反复较量，就整个资本主义制度来说，从建立到成熟，大约经历了二三百年的时间，其间不断地发生经济危机和政治危机。以一种剥削制度取代另一种剥削制度尚且如此，指望消灭一切剥削制度的社会主义运动，总是一帆风顺而不会经历任何曲折，是不现实的。中国改革开放以来 40 多年持续快速发展的历史证明，只要坚持马克思主义同本国国情相结合，同时代发展同进步，同人民群众共命运，马克思主义就有强大的生命力，

---

　　① 邓小平：《在武昌、深圳、珠海、上海等地的谈话要点》（1992 年 1 月 18 日—2 月 21 日），《邓小平文选》第 3 卷，人民出版社 1993 年版，第 383、382 页。

社会主义制度就是不可战胜的。现在，我们已经胜利实现第一个"一百年"奋斗目标，全面建成了小康社会，开启了向第二个"一百年"奋斗目标——为把我国全面建成社会主义现代化国家而奋斗的新征程。"两个一百年"目标实现之日，就如邓小平所说："不但是给占世界总人口四分之三的第三世界走出了一条路，更重要的是向人类表明，社会主义是必由之路，社会主义优于资本主义。"①

---

① 邓小平：《社会主义必须摆脱贫穷》（1987 年 4 月 26 日），《邓小平文选》第 3 卷，人民出版社 1993 年版，第 225 页。

第五章 社会主义现代化建设中的若干重大关系

1995 年 9 月 28 日，江泽民在党的十四届五中全会闭幕时的讲话（第二部分）《正确处理社会主义现代化建设中的若干重大关系》，以邓小平建设中国特色社会主义理论和党的基本路线为指导，在总结改革开放 17 年历史经验的基础上，针对当时我国社会主义市场经济条件下搞现代化建设所遇到的涉及全局的一系列新矛盾和新问题，作了系统、深刻的阐述，提出了我们党处理这些重大关系所应坚持的正确原则。整个讲话高屋建瓴，切合实际，充满唯物辩证法，对于我国社会主义现代化建设事业的发展具有重大的指导意义。

一 社会主义建设辩证法理论的新成果

以矛盾规律为核心的唯物辩证法，是无产阶级科学的世界观、方法论，是指导我们进行革命和建设的强大思想武器。毛泽东在谈到正确处理社会主义社会矛盾问题时曾经指出："要照辩证法办事。这是邓小平同志讲的。我看，全党都要学习辩证法，提倡照辩证法办事。"①

我们党对社会主义建设辩证法的认识，以实践为基础，经历了一个逐步深入的过程。

1956 年，毛泽东用了几个月的时间进行调查研究，以苏联经验为借鉴，总结我国经验，论述了我国社会主义革命和建设中的十大关系，即十大矛盾。毛泽东说："提出这十个问题，都是围绕着一个基本方针，就是要把国内外一切积极因素调动起来，为社会主义事业服务。"② 这是我们党第一次对社会主义建设辩证法进行系统阐述，表明我们党已经开始力图摆脱苏联模式、根据自己的经验独立探索建设社会主义道路。讲话中所提出的十大关系都带有全局性；处理这十大关系的许多基本原则，在今天仍然有现实的指导意义。

当然，这篇讲话讲的是计划经济体制下的各种关系问题，在今天看来不能不带有历史的局限性；有些问题提出来了，如何处理好，当时的经验还不多、还不成熟。但总的来看，这是一篇富有创造性的马克思主义文献，是我们党宝贵的精神财富。只是后来由于在政治上犯了阶级斗争扩大化和在经济工作中犯了急于求成的错误，许多本来正确的思想未能完全付诸实践，尤其到了"文化大革命"时期，全党对社会主义建设辩证法的科学研究就完全被打断了。

"文化大革命"结束之后，邓小平在和平与发展成为时代主题的历史条件下，在我国改革开放和社会主义现代化建设的

---

① 毛泽东：《在省市自治区党委书记会议上的讲话》（1957 年 1 月 27 日），《毛泽东文集》第 7 卷，人民出版社 1999 年版，第 200 页。

② 毛泽东：《论十大关系》（1956 年 4 月 25 日），《毛泽东文集》第 7 卷，人民出版社 1999 年版，第 23 页。

实践中，在总结我国社会主义胜利和挫折的历史经验并借鉴其他社会主义国家兴衰成败历史经验的基础上，逐步形成了中国特色的社会主义理论和以这个理论为指导的"一个中心、两个基本点"的基本路线，实事求是地分析和处理了一系列有关社会主义建设全局的重大关系，把我们党对社会主义建设辩证法的科学认识推进到了一个新的阶段。例如，关于以经济建设为中心与两个基本点的关系，解放生产力与发展生产力的关系，公有制为主体与其他经济成分的关系，按劳分配为主体与其他分配方式的关系，先富后富与共同富裕的关系，社会主义与市场经济的关系，中国的发展与世界的关系，中央与地方的关系，国防建设与经济建设的关系，物质文明建设与精神文明建设的关系，改革开放搞活与加强法制建设的关系以及改革、发展与稳定的关系等，所有这些涉及社会主义建设全局的重大关系，邓小平都作了创造性的马克思主义的科学分析，形成了一整套处理这些关系的正确原则。正是在这些科学原理、原则的指导下，我国社会主义建设事业取得了前所未有的伟大成就。

1992年邓小平"南方谈话"之后，特别是党的十四大之后，我国的改革和发展进入一个新的阶段。经济发展的速度明显加快，以建立社会主义市场经济体制为目标的经济体制改革全面推进并取得突破性进展。在社会主义市场经济条件下搞现代化建设，又出现了一系列新的矛盾和问题，例如，如何处理发展、改革、稳定的关系，如何处理经济发展、速度和效益的关系，如何处理经济建设与人口、资源、环境的关系，如何处理一、二、三产业的关系，如何处理东西部关系，如何处理市场和政府的关系，如何处理公有制和非公有制的关系，如何处理国家、企业、个人的关系，如何处理精神文明与物质文明的关系，等等。所有这些问题，都涉及我国社会主义现代化建设全局。党的十四届五中全会指出，今后 15 年是承前启后、继往开来的重要时期。在这一时期，我们将建立比较完善的社会主义市场经济体制，全面实现第二步战略目标并向第三步战略目标迈进，为下世纪中叶基本实现现代化奠定坚实的物质基础和体制基础。为了实现这个宏伟的奋斗目标，我们必须解决上述一系列重大问题。在这样的形势和任务面前，江泽民以邓小平中国特色社会主义理论为指导，把邓小平关于正确处理我国改革和发展中一系列重大关系的科学思想同当前我国的具体实际相结合，集中论述了应当正确处理的十二大关系，就不仅有重大的理论意义，而且有很强的现实针对性。这是我们党对社会主义建设辩证法认识的新的重大成果。

二　社会主义现代化建设辩证法的系统阐述

　　江泽民的讲话，对社会主义现代化建设的辩证法进行了系统的阐述，其中所论述的各种关系之间具有内在的逻辑联系，形成了一个比较完整的科学体系，我们应当系统地加以把握。

　　从讲话全文的结构看，开头一段话讲研究、处理这些重大关系的总的指导思想，即以邓小平中国特色社会主义理论为指导，明确处理这些重大关系所应坚持的基本原则，目的是总结经验，把握规律，统一认识，调动一切积极因素，加快社会主义现代化建设。结尾一段话，号召全党同志、特别是高级干部都要来研究这些重大关系问题，提高领导水平，把我国现代化建设更好地推向前进。中间十二个问题是主体部分。这个主体部分，大致可以概括为"一总三分"，即第 1 条是总揽全局的首要的基本关系；第 2—5 条是论述有关发展的四个重大关系；第 6—10 条是论述有关改革的五个重大关系；第 11—12 条是论述作为发展与改革的保证的两个重大关系。

（一）第 1 条论述改革、发展、稳定的关系

这是总揽全局的首要的基本关系，体现了党的"一个中心、两个基本点"的基本路线的要求。经济建设是我们全部工作的中心，加快经济的发展是解决中国所有问题的关键。为了加快发展，必须进行改革，改革是发展的强大动力。而改革和发展都只能在稳定的政治和社会环境中进行，稳定是改革和发展的前提。改革、发展、稳定是我国现代化建设总体格局中三枚关键的棋子，是一个有机的整体，发展是目的，改革是动力，稳定是前提，任何一个方面出了问题，都会影响全局。在实现我国的奋斗目标和战略任务中，必须总揽全局，坚持"抓住机遇，深化改革，扩大开放，促进发展，保持稳定"的基本方针，使改革、发展、稳定相互协调、相互促进。这是我国社会主义现代化建设顺利前进的根本保证。

（二）第 2—5 条论述有关发展的四个重大关系

速度和效益的关系，是发展中应当正确处理的首要的重大关系。我国作为发展中的社会主义国家，经济的发展必须有一个较高的速度。邓小平说："贫穷不是社会主义，发展太慢也不是社会主义"，"低速度就等于停步，甚至等于后退"。但是，速度本身不是目的，效益才是目的，没有效益的速度是没有意义的，甚至是一种浪费。经济效益不高一直是困扰我

国经济发展的突出问题。长期以来，我国经济主要偏重数量
扩张和速度增长，而忽视质量和效益，经济整体素质不高，
造成大量人力、物力、财力的浪费。例如，1953—1980 年我
国全民所有制固定资产投资增加 22 倍，但同期国民收入仅增
加 5.1 倍；1981—1993 年固定资产投资增加 1367.7%，而国
民生产总值仅增加 326.5%。这说明我国经济建设中存在极大
的浪费现象，整体效益比较差，高投入、高消耗换来的最终
产品及剩余产品较少。所以，江泽民说："多年来的经验表
明，我们讲发展，难就难在把速度和效益有机结合起来。"①
我们必须改变这种状况，走出一条既有较高速度又有较好效
益的经济发展的新路子。为此，便要更新发展思路，实现经
济增长方式由粗放型向集约型转变，切实把经济工作转到以
效益为中心的轨道上来。

　　发展中的第二个重大关系是经济建设和人口、资源、环境
的关系。经济的发展不但应当是速度和效益相统一的快速健康
的发展，而且应当是持续不断的发展，这就要求使人口增长与
社会生产力的发展相适应，使经济建设与资源、环境相协调，
实现经济发展的良性循环。这是可持续发展的一个重大战略问
题。可持续发展，是一个新概念。自 1992 年联合国环境与发展
大会以后，世界大多数国家都在考虑本国的可持续发展问题，
许多国家制定了自己的可持续发展战略。中国作为发展中国家，
面临工业化、现代化的历史任务。西方发达国家在工业化后期
所遇到的人口、资源、环境问题，在我国工业化前期就已经出
现了。我们面临着发展经济、摆脱贫穷和保护资源、生态环境，

----

　　① 江泽民：《正确处理社会主义现代化建设中的若干重大关系》（1995 年 9 月 28 日），
《江泽民文选》第 1 卷，人民出版社 2006 年版，第 462 页。

创造可持续发展物质基础的双重任务。在发展中，我们必须使人口适度增长，使资源得到充分利用，使环境得到切实保护。

　　发展中的第三个重大关系是第一、二、三产业的关系。正确处理这三者的关系，是争取经济发展既有较高速度又有较高效益的重要条件，也是保持社会稳定的重要条件。针对当时农业基础薄弱、工业素质不高、第三产业滞后、三者不够协调的情况，强调必须大力加强第一产业，调整提高第二产业，积极发展第三产业。我国是一个农业大国，农民占人口的大多数。农业的基础地位是否稳固，农村经济是否繁荣，决定着社会主义现代化建设的全局，决定我国社会的稳定和发展。邓小平说："中国经济能不能发展，首先要看农村能不能发展，农民生活是不是好起来。"①　"农村不稳定，整个政治局势就不稳定，农民没有摆脱贫困，就是我国没有摆脱贫困。"②　所以，必须大力加强农业的基础地位，从政策、科技、投入等诸多方面解决制约农业发展的问题。我国当时工业品的人均占有水平还不高，国民经济各方面的发展还需要工业提供大量先进的技术装备，因此，工业的发展仍然是我国整个经济发展的主要带动力。存在的问题是结构不合理，基础工业薄弱，加工工业重复建设，素质不高；总体技术水平低；工业经济效益不够好。今后的任务是调整结构，加强基础工业，大力振兴支柱产业，提高工业素质和水平。第三产业的兴旺发达是现代经济的一个重要特征。第三产业主要是指流通和服务两大方面，包括交通运输业，邮

---

　　①　邓小平：《我们的宏伟目标和根本政策》（1984年10月6日），《邓小平文选》第3卷，人民出版社1993年版，第77—78页。

　　②　邓小平：《改革的步子要加快》（1987年6月12日），《邓小平文选》第3卷，人民出版社1993年版，第237页。

电、通信业、商业、饮食业、金融、保险业、旅游业、科教文卫业以及为社会公共需要服务的其他各项事业。总的来说，我们的第三产业发展滞后，比重偏低。我们要积极发展第三产业，使之与第一、二产业的发展相适应。

　　发展中的第四个重大关系是东部地区和中西部地区的关系。协调发展不但包括国民经济内部各部门之间结构的协调，而且包括国家内部区域之间经济发展的协调。改革开放以来，我国所有地区的经济都有了前所未有的大发展，相对来说，东部地区比中西部地区发展得更快一些，二者之间的差距有所扩大。对此，我们要用历史的辩证的观点去加以认识和处理。既要看到地区发展不平衡是一个长期的历史现象，又要高度重视并采取有效措施正确解决地区差距问题，把解决区域经济协调发展作为今后改革和发展的一项战略任务。对待这个问题，关键是要树立全局观点。没有中西部顾全大局，就没有东部的起飞；没有东部的顾全大局，也将不会有中西部的加快发展。当然，缩小差距，并非是像过去那样搞"一平二调"，抽肥补瘦，抑富济贫，而是坚持"两个发展"。东部地区继续发展，在不丧失活力的前提下，帮助和支持中西部发展；中西部在前进中要发挥优势，并在国家、东部的支持下加快发展。从长远看，东部发展所形成的活力及其所形成的强大经济实力有利于全国经济发展，从而也有利于带动中西部的发展；中西部与东部差距的缩小，有利于国家总体战略目标的实现，从而也有利于东部发展后劲的增强。

（三）第 6—10 条论述有关改革的五个重大关系
　　我国经济体制改革的目标是建立社会主义市场经济体制。

充分发挥市场机制的作用与加强国家的宏观调控，是社会主义市场经济的基本要求。因此，正确处理市场机制和宏观调控的关系，便是改革中需要把握的一个首要的重大关系。市场机制将使我国经济富有活力和效率，国家的宏观调控将使我们减少市场经济的自发性、盲目性和滞后性。只有把二者统一起来，才能既发挥出市场经济的优势，又发挥出社会主义制度的优越性。

改革中的第二个重大关系是公有制经济和其他经济成分的关系。这是讲的市场经济中的主体问题。以公有制经济为主体、多种经济成分共同发展，是我们必须长期坚持的基本方针。必须积极推进国有企业改革、深化集体企业改革，积极促进国有经济和集体经济的发展；同时允许和鼓励非公有制经济的发展，并对其正确引导、加强监督、依法管理，使之成为社会主义市场经济的重要组成部分。

改革中的第三个重大关系是收入分配中国家、企业和个人的关系。这个关系是由所有制关系所决定的。与所有制关系相适应，在个人收入分配中必须坚持按劳分配为主体、多种分配方式并存的原则，体现效率与公平的统一，把国家、企业、个人三者利益结合起来。当时，存在的突出问题：一是国民收入分配过分向个人倾斜，国家所得的比重过低，1978 年我国财政收入占国内生产总值的 31.25%，1993 年下降到 14.79%，1994 年下降到 11.83%；中央财政收入占全国财政收入的比重由 1981 年的 57.6% 下降到 1992 年的 38.6%。二是部分社会成员之间收入差距悬殊。要采取切实措施解决改革中出现的这些新问题。

改革中的第四个重大关系是对外开放和坚持自力更生的关

系。我们的方针是在自力更生的基础上实行对外开放。今后要继续扩大对外开放的范围并着力提高对外开放的水平。同时要注意，必须把立足点放在依靠自己力量的基础上——引进国外先进技术要和开发、创新结合起来，发挥自己的优势；要利用外国资金，同时也要注意自己的积累。这样，才能争取时间，加快缩小同发达国家的差距。

改革中的第五个重大关系是中央和地方的关系。改革开放以来，实行权力下放，地方积极性得到充分发挥，有力地推动了改革和发展，但也出现了一些新的矛盾和问题。有的地区和部门过多考虑自己的局部利益，贯彻执行中央的方针政策不力；应当由中央集中的事情集中不够，某些地方存在过于分散的现象，因此，有必要强调，必须坚持发挥中央和地方两个积极性的方针。既要有体现全局利益的统一性，又要有统一指导下兼顾局部利益的灵活性；既要有维护国家宏观调控的集中，又要在集中的指导下赋予地方必要的权力，二者缺一不可。

（四）第 11—12 条论述作为发展与改革的两大保证需要正确处理的两大关系

第 11 条论述了国家安全保证需要正确处理国防建设和经济建设的关系。改革和发展都必须有国家安全作保障，只有加强国防建设，才能创造一个稳定的政治和社会环境，以及有利的国际环境。而国防建设的加强又必须以经济建设为依托，服从经济建设的大局，只有经济发展了，才能为国防现代化提供必要的物质技术基础。第 12 条论述了现代化建设的思想保证需要正确处理物质文明建设和精神文明建设的关系。我们的中心任务是经济建设，同时推动社会的全面进步。在建立社会主义市场经济的过程中，在国内一定范围内仍然存在阶级斗争的条件下，在世界范围内各种思想文化相互激荡的条件下，能否搞好社会主义精神文明建设，关系到我国社会主义事业的兴衰成败。改革开放以来，政治经济形势很好，精神文明建设也取得很大进展，但也存在些亟待解决的问题，如思想政治工作薄弱，拜金主义、享乐主义抬头，一些地方社会治安不好，一些腐败、丑恶现象滋长蔓延等。我们必须坚持两手抓、两手都要硬的方针，使物质文明建设与精神文明建设结合起来、协调地向前发展。这也是关系到社会主义现代化建设全局的一个重大问题。

从以上的概括我们可以看出，江泽民的讲话，把涉及我国现代化建设全局的重大关系做了全面、系统的阐述，其中以改革、发展、稳定的关系总揽全局，然后分别论述发展中的四大关系，改革中的五大关系，最后论述了作为改革和发展的保证的两大关系，涵盖了社会整体以及生产力、生产关系、上层建筑各个基本生活领域。其中最重要的是三大关系，即改革、发展、稳定的关系，速度和效益的关系，市场机制和国家宏观调控的关系。整个讲话层次分明，逻辑严谨，有很强的理论性和现实针对性，为我们运用唯物辩证法分析现实生活中的矛盾提供了一个范例。

三　全党都要重视研究带全局性的重大关系

江泽民说："随着实践的发展，认识会不断深化，还会出现新的矛盾和问题，各方面的关系也会发生变化，所采取的方针政策也必然会有所调整。希望全党同志特别是高级干部都来研究这些重大问题，解放思想、实事求是，加强调查研究，集中群众智慧，提高领导水平，找出解决办法，把我国现代化建设更好地推向前进。"①

首先，要集中精力。领导的主要精力应当放在研究事关全局的大事上，而不应当放在别的事情上。有些领导同志抓不住大局，主要是两个东西的干扰：一是形式主义的东西太多，各种不必要的应酬活动和实效甚微的"文山会海"把许多宝贵的时间占去了，无力去想一些大事，议一些大事；二是事务主义缠身，办事不分轻重缓急，来一件办一件，眉毛胡子一把抓，每天穷于应付，管了许多不该管、管不了、也管不好的事，结果也无力去研究一些事关全局的大事。所以，集中精力研究带全局性的重大关系，必须摆脱形式主义、事务主义的干扰，在思想作风和思想方法上来一个根本转变。

其次，要注重调查研究。哪些关系是重大关系，哪些关系是一般性的关系，这是客观存在的东西，不是主观认定的。只有注重调查研究，充分地占有丰富而真实的资料，才能作出符合实际的中肯分析和正确处理。调查研究必须深入，而不能走马观花；必须从实际出发，而不能带主观的框框；必须全面系统，而不能支离破碎；必须虚怀若谷，而不能自以为是。总之，必须是科学的调查研究。

再次，要开动脑筋、勤于思考。研究全局性的重大关系就是研究规律。列宁说，"规律就是关系"，就是"本质的关系或本质之间的关系"。局部的东西是可以感知的，而局部与局部、局部与全局之间的关系即规律则是既看不见也摸不着的，要用心思去想才能懂得。只有开动脑筋，勤于思考，才能从大量感

---

① 江泽民：《正确处理社会主义现代化建设中的若干重大关系》（1995 年 9 月 28 日），《江泽民文选》第 1 卷，人民出版社 2006 年版，第 474—475 页。

性经验中提炼出带规律性的东西来，才能搞清各种关系、尤其是各种重大关系的本质以及它们之间怎样相互依赖、相互贯通、相互制约，又怎样相互转化。这样，才能正确处理各种重大关系问题。

最后，要讲辩证法。坚持全面性，力戒片面性，在对立中把握统一、在统一中把握对立，不能只知其一，不知其二，更不能只讲其一，不讲其二。要掌握事物的"度"。"过犹不及"。力戒过"度"，力戒绝对化。发展要掌握好速度，改革要注意力度，稳定要保持一定的程度。作为发展中国家，我国经济的发展必须有一个较高的速度，否则不可能改变贫穷落后面貌。所以，速度低了不行。但是，速度过高也不行。不是速度越快越好，而是适度才好。所谓适度，就是要讲条件，讲质量，讲效益，在这些前提条件下的快速度，才是我们所要求的快速度。社会成员收入上的差距是难以避免的，而且在一定范围内也是合理的，有积极意义的。但是，也有一个度的问题，如果过度，过分悬殊，以致影响了多数人积极性的发挥，甚至导致影响社会的稳定，那就会造成严重的后果，不可等闲视之了。

第六章 "三个代表"是立党之本、执政之基、力量之源

　　重视党的建设，是我们党在革命、建设、改革各个时期的一条基本经验。什么时候党的建设搞得好，我们事业的发展就顺利；什么时候搞不好，我们的事业就遭受挫折。毛泽东说，党的建设是中国革命胜利的"三大法宝"之一。邓小平说，办好中国的事情关键在党，中国要出问题，还是出在共产党内部。在 21 世纪到来之际，面对世界的大变动和中国的新发展，面对党的建设的新情况和新问题，以江泽民为核心的党的第三代中央领导集体总结党的建设历史经验，借鉴世界上一些大党兴衰成败的经验教训，提出"三个代表"重要思想，即我们党必须始终代表中国先进生产力的发展要求，代表中国先进文化的前进方向，代表中国最广大人民的根本利益，创造性回答了在新的历史条件下，"建设什么样的党、怎样建设党"的问题，强调这是我们党的立党之本、执政之基、力量之源。党的十六大高度评价"三个代表"重要思想的历史地位和指导意义，把它同马列主义、毛泽东思想、邓小平理论一道确立为我们党必须长期坚持的指导思想，实现了党的指导思想的又一次与时俱进。这是一个重大的战略决

策，对于胜利推进中国特色社会主义伟大事业和党的建设新的伟大工程，具有重大而深远的意义。

一　"三个代表"重要思想是在科学判断党的历史方位的基础上提出来的

我们党历经革命、建设和改革，已经从领导人民为夺取全国政权而奋斗的党，成为领导人民掌握全国政权并长期执政的党；已经从受到外部封锁和实行计划经济条件下领导国家建设的党，成为对外开放和发展社会主义市场经济条件下领导国家建设的党。世纪之交，党所处的地位和环境、党所肩负的历史任务、党的自身状况，都发生了重大变化。

从世界的情况看。冷战结束后，国际局势发生了深刻变化。世界多极化和经济全球化在曲折中发展。和平与发展仍然是时代主题，但世界并不安宁，霸权主义和强权政治有增无已，恐怖主义危害上升，地区冲突和争端不断。科技进步日新月异，以信息技术为核心的新技术发展极大地改变了人们的生产、生活方式和国际经济、政治关系，以经济为基础、以科技为先导的综合国力竞争更为激烈。中国尽管取得了历史性的巨大进步，但还没有从根本上改变发展中国家的国际地位。西方敌对势力对中国进行西化分化的图谋始终没有改变，特别是东欧剧变、苏联解体后，将攻击的矛头主要对准中国。在这种情况下，中国同西方敌对势力渗透和反渗透、遏制和反遏制、分裂和反分裂、颠覆和反颠覆的斗争，将是长期的复杂的，有时还会是很激烈的。

从中国的国情看。我国处于并将长期处于社会主义初级阶段。改革开放以来，我国经济持续快速发展，综合国力显著增强，人民生活水平大幅度提高，已经胜利实现"三步走"战略的前两步目标，进入全面建设小康社会、加快推进社会主义现代化的新的发展阶段。但是，我们这时所达到的小康，还是低水平的、不全面的、发展很不平衡的小康。生产力、科技、教育还比较落后，距离实现现代化还有很长的路，仍然面临发达国家在经济科技等各方面占优势的压力。我们从容应对国内政治风波和国际上的东欧剧变、苏联解体，排除各种干扰，坚定不移走中国特色社会主义道路，巩固了安定团结的政治局面，但是，一些不稳定因素仍然存在，人民内部矛盾错综复杂，思想道德领域某些混乱状况亟待扭转，民主法治和精神文明建设任重而道远。社会主义市场经济体制的逐步建立，使我国经济社会生活出现了日益多样化的趋势，社会经济成分、组织形式、就业方式、利益关系和分配方式都日益多样化，产生了一系列新的矛盾和问题，迫切需要回答和解决。

从党内情况看。十一届三中全会以来，我们党重新确立"解放思想、实事求是"的思想路线，制定和贯彻执行"一个中心、两个基本点"的基本路线，坚定不移走中国特色社会主义道路，大大加强和改善了党的领导，推进了党的建设新的伟大工程。党员数量从1978年的3700万，增加到2002年的6600万。一大批年轻干部走上了各级领导岗位。党的阶级基础不断增强，党的群众基础不断扩大。同时，党的建设也出现了一些新情况和新问题。如江泽民所说："现在，党的建设同新形势新任务不相适应的地方还相当不少，党内在思想上、组织上、作风上存在的不符合甚至违背党的先进性和人民利益的问题也相当不少，在加强党的建设方面我们需要研究的新情况、解决的新问题也相当不少。"①

　　综上所述，世纪之交，党处于新的历史方位，面对国际国内新的历史条件和党的建设中许多新情况新问题。在这种情况下，怎样使我们党经得住长期执政的考验、改革开放的考验、市场经济的考验，始终保持党的先进性和纯洁性，始终走在时代前列，切实提高党的领导水平和执政水平，提高拒腐防变和抵御风险的能力，担负起领导我国社会主义现代化建设和实现中华民族伟大复兴的历史使命，是我们必须着力解决的重大历史课题。以江泽民为核心的党的第三代中央领导集体，遵照邓小平"要聚精会神地抓党的建设"的"政治交代"，对"建设什么样的党、怎样建设党"这个关系党和国家前途命运的重大历史课题，进行了深入系统的调查研究和思考，在集中全党智慧的基础上，逐步形成了"三个代表"重要思想。

　　2000 年 2 月 25 日，江泽民在广东考察工作时，第一次提出"三个代表"的要求。他说："总结我们党七十多年的历史，可以得出一个重要结论，这就是：我们党所以赢得人民的拥护，是因为我们党在革命、建设、改革的各个历史时期，总是代表着中国先进生产力的发展要求，代表着中国先进文化的前进方向，代表着中国最广大人民的根本利益，并通过制定正确的路线方针政策，为实现国家和人民的根本利益而不懈奋斗。"② 在世纪之交新的历史条件下，我们党如何更好地做到这"三个代表"，他认为是一个需要全党同志特别是党的高级干部深入思

---

　　① 江泽民：《始终做到"三个代表"是我党的立党之本、执政之基、力量之源》（2000 年 5 月 14 日），《江泽民文选》第 3 卷，人民出版社 2006 年版，第 15 页。

　　② 江泽民：《在新的历史条件下更好地做到"三个代表"》（2000 年 2 月 25 日），《江泽民文选》第 3 卷，人民出版社 2006 年版，第 2 页。

考的重大课题。

2000 年 5 月 14 日，江泽民在上海主持召开江苏、浙江、上海党建工作座谈会，鲜明地提出："始终做到'三个代表'，是我们党的立党之本、执政之基、力量之源。"① 要求按照"三个代表"的要求切实加强党的建设，落实到党的全部工作中去。

2001 年 7 月 1 日，江泽民在庆祝建党 80 周年大会上的讲话中，全面阐述了"三个代表"的科学内涵，系统回答了在新的历史条件下"建设什么样的党、怎样建设党"的问题，提出了按照"三个代表"要求加强和改进党的建设，始终保持党的先进性和纯洁性的任务，使"三个代表"成为中国共产党新世纪党的建设的基本纲领。

2002 年 11 月 8 日，江泽民在党的第十六次全国代表大会的报告中，进一步系统阐述了"三个代表"重要思想的时代背景、实践基础、历史地位、精神实质和指导意义，阐明了贯彻"三个代表"重要思想的根本要求，强调把"三个代表"重要思想贯彻到社会主义现代化建设的各个领域，体现在党的建设的各个方面。这次大会把"三个代表"重要思想同马列主义、毛泽东思想、邓小平理论一道确立为我们党的指导思想并写入党章。这是具有深远意义的重大战略决策。

二 "三个代表"重要思想的科学内涵

"三个代表"重要思想，是党的建设理论的新发展，为我们党正确认识自己、加强自己、提高自己提供了强大的思想武

---

① 江泽民：《始终做到"三个代表"是我们党的立党之本、执政之基、力量之源》（2000年5月14日），《江泽民文选》第 3 卷，人民出版社 2006 年版，第 15 页。

器，为推进党的建设新的伟大工程和中国特色社会主义伟大事业，进一步指明了方向。对于它的科学内涵我们必须全面深刻理解。

（一）关于始终代表先进生产力的发展要求

这是我们党始终走在时代前列、保持先进性的根本体现。江泽民说：“我们党要始终代表中国先进生产力的发展要求，就是党的理论、路线、纲领、方针、政策和各项工作，必须努力符合生产力发展的规律，体现不断推动社会生产力的解放和发展的要求，尤其要体现推动先进生产力发展的要求，通过发展生产力不断提高人民群众的生活水平。”[1]

生产力是最活跃最革命的因素，是社会发展最终的决定力量。列宁强调，生产力的发展“是社会进步的最高标准”[2]。毛泽东指出：“中国一切政党的政策及其实践在中国人民中所表现的作用的好坏、大小，归根到底，看它对于中国人民的生产力的发展是否有帮助及其帮助之大小，看它是束缚生产力的，还是解放生产力的。”[3] 我们党作为中国工人阶级先锋队，从建立时就是以中国先进生产力的代表而走上历史舞台的。过去我们搞革命，推翻“三座大山”，从根本上说就是为了解放被束缚了的生产力。中华人民共和国成立后，我们进行社会主义改造和社会主义建设，目的是继续解放和发展生产力。在改革开

---

① 江泽民：《在庆祝中国共产党成立八十周年大会上的讲话》（2001 年 7 月 1 日），《江泽民文选》第 3 卷，人民出版社 2006 年版，第 272—273 页。

② 列宁：《社会民主党在 1905—1907 年俄国第一次革命中的土地纲领》（1907 年 11—12 月），《列宁全集》第 16 卷，人民出版社 1988 年版，第 209 页。

③ 毛泽东：《论联合政府》（1945 年 4 月 24 日），《毛泽东选集》第 3 卷，人民出版社 1991 年版，第 1079 页。

放和社会主义现代化建设中，敏锐把握我国生产力的发展趋势和要求，不断促进生产力的发展，是我们党执政的第一要务。

这里应当注意"先进"二字。人类社会生产力的发展过程，是先进生产力不断取代落后生产力的过程，而且这个取代的速度越来越快。石器时代延续了数万年，铁器时代延续了两千年，18世纪蒸汽机发明以来以机器为代表的生产力时代延续了二百多年。第二次世界大战以来，人类社会又进入了以高科技为标志的生产力时代。社会主义社会是建立在社会化大生产的基础上的。这种社会化大生产，在马克思恩格斯时代，是以机器为代表的生产力；在列宁时代，列宁提出"社会主义 = 苏维埃政权 + 电气化"。今天，社会主义必须发展以信息化为主要标志的高科技生产力。

（二）关于始终代表先进文化的前进方向

这是我们党始终走在时代前列，保持先进性的思想文化表现。江泽民说："我们党要始终代表中国先进文化的前进方向，就是党的理论、路线、纲领、方针、政策和各项工作，必须努力体现发展面向现代化、面向世界、面向未来的，民族的科学的大众的社会主义文化的要求，促进全民族思想道德素质和科学文化素质的不断提高，为我国经济发展和社会进步提供精神动力和智力支持。"[①]

坚持什么样的文化方向，建设什么样的文化，是一个政党在思想上精神上的一面旗帜。我们党始终高举先进文化的旗帜，建设和弘扬反映革命、建设和改革要求的新文化，荡涤旧社会

---

① 江泽民：《在庆祝中国共产党成立八十周年大会上的讲话》（2001年7月1日），《江泽民文选》第3卷，人民出版社2006年版，第276页。

留下来的和国外渗透进来的腐朽落后的旧文化。在全党全国人民中，形成凝聚人心、统一意志的正确指导思想和共同理想，对于我们事业的发展有极为重要的意义。在发展社会主义市场经济、实行对外开放的新的历史条件下，我们对思想文化建设要更加重视，把它放在更加突出的地位，努力营造健康向上、丰富多彩，具有中国特色的社会主义先进文化。

发展社会主义先进文化的根本任务，是培养一代又一代有理想、有道德、有文化、有纪律的公民。坚持以科学的理论武装人，以正确的舆论引导人，以高尚的精神塑造人，以优秀的作品鼓舞人。坚持和巩固马克思主义的指导地位，帮助人们树立正确的世界观、人生观、价值观。坚持科教兴国战略，大力发展教育科学文化产业，坚持"二为"方向和"双百"方针，唱响社会主义主旋律。

发展社会主义先进文化，要坚持立与破相统一，继承与创新相结合。立先进文化，破落后和腐朽文化；继承历史上一切优秀文化，努力创造具有时代精神的新文化。

（三）关于始终代表中国最广大人民的根本利益

这是我们党始终走在时代前列、保持先进性的政治表现。江泽民说："我们党要始终代表中国最广大人民的根本利益，就是党的理论、路线、纲领、方针、政策和各项工作，必须坚持把人民的根本利益作为出发点和归宿，充分发挥人民群众的积极性、主动性、创造性，在社会不断发展进步的基础上，使人民群众不断获得切实的经济、政治、文化利益。"①

---

① 江泽民：《在庆祝中国共产党成立八十周年大会上的讲话》（2001 年 7 月 1 日），《江泽民文选》第 3 卷，人民出版社 2006 年版，第 279 页。

全心全意为人民服务，是我们党同一切剥削阶级政党的根本区别；始终保持党同人民群众的血肉联系，是我们党战胜各种困难和风险，不断取得事业成功的根本保证。马克思、恩格斯在《共产党宣言》中说："无产阶级的运动是绝大多数人的，为绝大多数人谋利益的独立的运动。"[①] 我们的一切活动都是为绝大多数人谋利益，这是我们党的根本宗旨，执政的根本理念，改革发展的根本目的，丢掉了这一点，就是丢掉了党的生命。20 世纪 80 年代以来，世界上一些执政几十年的大党老党丢失政权，根本原因就是因为他们失去了绝大多数人的拥护。据苏联《西伯利亚报》1990 年 6 月一份民意调查，问及苏共代表什么人利益时，回答代表苏共党员利益的占据被调查人数的 11%，回答代表党的机关工作人员利益的占 85%，回答代表人民利益的仅占 7%。失民心者失天下，这是一条铁律。

人民内部也有各种利益的差别和矛盾，我们应当统筹兼顾、全面安排、妥善处理，以调动各方面群众的积极性。但是，不论什么时候，最大多数人的利益是最要紧的和具有决定意义的。首先考虑并满足最广大人民群众的根本利益，始终关系党执政的全局，关系国家发展的全局，关系全国各族人民团结奋斗和社会稳定的全局，不可掉以轻心，这是一切战略谋划的根本原则。

人民利益高于一切。党除了人民利益之外，没有自己特殊的利益，党的一切工作必须以最广大人民的根本利益为最高标准。党的所有决策和工作，都必须符合群众的利益和需求。如果不符合就要切实加以改正；党的所有干部，都必须真正代表

[①]　马克思、恩格斯：《共产党宣言》，《马克思恩格斯选集》第 1 卷，人民出版社 2012 年版，第 411 页。

人民掌好权、用好权，绝不允许以权谋私，绝不允许形成既得利益集团；党的所有党员，都要首先支持和帮助群众致富，而不能只是考虑自己致富，更不能利用手中的权力谋取不正当利益；党员和党的干部都要关心群众疾苦，热心为群众办事，要特别关心那些工作和生活上暂时遇到困难的群众，对他们的事情要优先考虑，重点解决。只要这样做了，我们就能得到最广大人民的真正拥护，就能无往而不胜。

（四）"三个代表"是一个整体

三者相互联系，相互促进。发展先进生产力是发展先进文化，实现最广大人民根本利益的物质基础；发展先进文化，为发展先进生产力提供精神动力和智力支撑，是实现广大人民利益的一个重要方面；人民群众是发展生产力和先进文化的主体，也是实现自身利益的根本力量。不断发展先进生产力和先进文化，归根到底，是为了满足人民群众日益增长的物质、文化需要，不断实现最广大人民的根本利益。"三个代表"的要求，集中体现了唯物史观的三个基本观点，即生产力在社会发展中的决定作用，先进文化在社会发展中的导向作用，人民群众在社会发展中的主体作用，体现了经济、文化、政治的统一，是马克思主义世界观方法论在党的建设理论上的创造性运用和发展。

三　贯彻"三个代表"重要思想的根本要求

江泽民在党的十六大报告中指出："贯彻'三个代表'重要思想，关键在坚持与时俱进，核心在坚持党的先进性，本质在坚持执政为民。全党同志要牢牢把握这个根本要求，不断增强贯彻'三个代表'重要思想的自觉性和坚定性"，必须以最广大人民的根本利益为根本出发点和落脚点。①

（一）必须保持与时俱进的精神状态，不断开拓马克思主义理论发展的新境界

与时俱进是马克思主义的理论品质，是我们党保持先进性和创造活力的决定性因素。能否始终做到这一点，决定国家的前途命运。世界的大变动和中国的新发展，要求我们党不断地与时俱进。江泽民说："邓小平同志为我们指明了前进的方向，奠定了发展的基础，但是今后的路具体怎么走，要靠我们自己在邓小平理论指引下，在实践中不断探索，不断开拓，总结新的经验，形成新的认识。"② "坚持邓小平理论，在实践中继续丰富和创造性地发展这个理论，这是党中央领导集体和全党同志的庄严历史责任。"③ "三个代表"重要思想的提出，集中体现了我们党在理论上的又一次与时俱进，它创造性回答了在新的历史条件下"建设什么样的党、怎样建设党"的问题，进一步回答了"什么是社会主义、怎样建设社会主义"的问题。

实践基础上的理论创新是社会发展的变革和先导。通过理论创新推动制度创新、科技创新、文化创新和各方面创新，永不自满，永不懈怠，这是我们党长期坚持的治党治国之道。它要求我们在一切工作中自觉坚持解放思想、实事求是的思想路

① 江泽民：《全面建设小康社会，开创中国特色社会主义事业新局面》（2002年11月8日），《江泽民文选》第3卷，人民出版社2006年版，第537页。
② 江泽民：《深入学习邓小平理论》（1998年1月26日），《求是》1998年第4期。
③ 江泽民：《高举邓小平理论伟大旗帜，把建设有中国特色社会主义伟大事业全面推向二十一世纪》（1997年9月12日），《江泽民文选》第2卷，人民出版社2006年版，第48页。

线，自觉坚持实践是检验真理的唯一标准，"自觉地把思想认识从那些不合时宜的观念、做法和体制的束缚中解放出来，从对马克思主义的错误的和教条式的理解中解放出来，从主观主义和形而上学的桎梏中解放出来"①。要坚持马克思主义的基本原理，又要谱写新的理论篇章；要发扬革命传统，又要创造新的经验，善于在解放思想中统一思想，用发展着的马克思主义指导新的实践。

（二）必须把发展作为党执政兴国的第一要务，不断开创社会主义现代化建设新局面

中国共产党是中国工人阶级的先锋队，也是中国人民和中华民族的先锋队。而党的先进性是具体的、历史的。在当代中国，必须把党的先进性放到推动当代中国先进生产力和先进文化的发展中去考察，放到维护和实现最广大人民根本利益的奋斗中去考察，归根到底，要放到推动当代中国发展进步的实践中去考察。江泽民指出："我们党在中国这样一个经济文化落后的发展中大国领导人民进行现代化建设，能不能解决好发展问题，直接关系人心向背、事业兴衰。党要承担起推动中国社会进步的历史责任，必须始终紧紧抓住发展这个执政兴国的第一要务。"② 紧紧把握住这一点，就从根据上把握了人民的愿望，把握了社会主义现代化的本质，把握了当代中国发展进步的关键。

---

① 江泽民：《全面建设小康社会，开创中国特色社会主义事业新局面》（2002 年 11 月 8 日），《江泽民文选》第 3 卷，人民出版社 2006 年版，第 538 页。

② 江泽民：《全面建设小康社会，开创中国特色社会主义事业新局面》（2002 年 11 月 8 日），《江泽民文选》第 3 卷，人民出版社 2006 年版，第 538 页。

发展必须坚持以经济建设为中心，立足中国现实，顺应时代潮流，不断开拓促进先进生产力和先进文化发展的新途径。必须坚持深化改革，一切妨碍发展的思想观念都要坚决破除，一切束缚发展的做法和规定都要坚决改变，一切影响发展的体制弊端都要坚决革除。

（三）必须最广泛最充分地调动一切积极因素，不断为中华民族伟大复兴增添新力量

调动一切积极因素，是我们历来的方针。随着改革开放的深入和经济社会的发展，我国工人阶级队伍不断发展壮大，素质不断提高。包括知识分子在内的工人阶级，广大农民，始终是推动我国先进生产力发展和社会全面进步的根本力量。同时，在社会变革中出现了一些新的社会阶层，如民营科技企业的创业人员和技术人员、受聘于外资企业的管理技术人员、个体户、私营企业主、中介组织的从业人员、自由职业人员等。面对社会上对这些新社会阶层的种种议论，党的十六大报告做出明确的论断：他们"都是中国特色社会主义事业的建设者"，"对为祖国富强贡献力量的社会各阶层人们都要团结，对他们的创业精神都要鼓励，对他们的合法权益都要保护，对他们中的优秀分子都要表彰，努力形成全体人民各尽所能、各得其所而又和谐相处的局面"。

党的十六大报告强调："要切实尊重劳动、尊重知识、尊重人才、尊重创造"，"尊重和保护一切有益于人民和社会的劳动"，"不论是体力劳动还是脑力劳动，不论是简单劳动还是复杂劳动"，"一切为我国社会主义现代化建设作出贡献的劳动，都是光荣的，都应该得到承认和尊重"。又指出："一切合法的

劳动收入和合法的非劳动收入，都应该得到保护"，"不能简单地把有没有财产、有多少财产当作判断人们政治上先进和落后的标准，而主要应该看他们的思想政治状况和现实表现，看他们的财产是怎么得来的以及对财产怎么支配和使用，看他们以自己的劳动对中国特色社会主义事业所作的贡献"。① 要形成与社会主义初级阶段的基本经济制度相适应的思想观念和创业机制，营造鼓励人们干事业、支持人们干成事业的社会氛围，放手让一切劳动、知识、技术、管理和资本的活力竞相迸发，让一切创造社会财富的源泉充分涌流，以造福于人民。

（四）必须以改革的精神推进党的建设，不断为党的肌体注入新活力

全面建设小康社会，加快推进社会主义现代化，必须以"三个代表"重要思想为指导，加强和改进党的建设，进一步解决提高党的领导水平和执政水平、提高拒腐防变和抵御风险能力两大历史性课题，保证我们党始终成为中国工人阶级先锋队，同时是中国人民和中华民族的先锋队。

要切实加强党的思想理论建设。党在思想理论上的提高，是党和国家事业不断发展的思想保证。党员干部特别是高中级干部要带头学习和实践"三个代表"重要思想，"成为勤奋学习，善于思考的模范，解放思想、与时俱进的模范，勇于实践、锐意创新的模范"②。不断深化对共产党执政规律、社会主义建设规律和

---

① 江泽民：《全面建设小康社会，开创中国特色社会主义事业新局面》（2002 年 11 月 8 日），《十六大以来重要文献选编》上，人民出版社 2005 年版，第 12 页。

② 江泽民：《全面建设小康社会，开创中国特色社会主义事业新局面》（2002 年 11 月 8 日），《江泽民文选》第 3 卷，人民出版社 2006 年版，第 569 页。

人类社会发展规律的认识，不断丰富和发展马克思主义。

要切实加强党的执政能力建设，提高领导水平和执政水平。特别要重视提高五个方面的能力，即以宽广的眼界观察世界，正确把握时代发展要求，善于进行理论思维和战略思维，不断提高科学判断形势的能力；按客观规律和科学规律办事，及时研究解决改革发展中的新情况新问题，善于抓住机遇加快发展，不断提高驾驭市场经济的能力；正确认识和处理各种社会矛盾，善于协调不同利益关系和克服各种困难，不断提高应对复杂局面的能力；增强法制观念，把坚持党的领导、人民当家作主和依法治国统一起来，不断提高依法执政的能力；立足全党全国工作大局，坚定不移贯彻党的路线方针政策，善于结合实际创造性地开展工作，不断提高总揽全局的能力。

要切实加强和改进党的组织建设，提高党的战斗力。坚持和健全民主集中制，增强党的活力和团结统一。建设高素质领导干部队伍，形成朝气蓬勃、奋发有为的领导层。加强基层党建工作，增强党的阶级基础和扩大党的群众基础。

要切实加强和改进党的作风建设，深入开展反腐败斗争。作风建设的核心是保持党同人民群众的血肉联系。要着力解决党的思想作风、学风、工作作风、领导作风和干部生活作风方面存在的突出问题，特别是要防止和克服形式主义、官僚主义。要坚决反对腐败，这是一项重大政治任务，不解决这个问题，"党的执政地位就有丧失的危险，党就有可能走向自我毁灭"①。领导干部特别是高级干部，必须以身作则，正确行使手中的权力，始终做到清正廉洁，自觉地与各种腐败现象做坚决斗争。

---

① 江泽民：《全面建设小康社会，开创中国特色社会主义事业新局面》（2002 年 11 月 8 日），《江泽民文选》第 3 卷，人民出版社 2006 年版，第 573 页。

第七章 科学发展观是发展中国特色社会主义的重大战略思想

从党的十六大到党的十八大，以胡锦涛同志为总书记的党中央坚持以马克思列宁主义、毛泽东思想、邓小平理论、"三个代表"重要思想为指导，大力推进实践基础上的理论创新，围绕坚持和发展中国特色社会主义提出一系列紧密相连、相互贯通的新思想、新观点、新论断，形成和发展了科学发展观。

科学发展观是马克思主义同当代中国实际和时代特征相结合的产物，是马克思主义关于发展的世界观和方法论的集中体现，对新形势下实现什么样的发展、怎样发展等重大问题做出了科学回答，把我们党对中国特色社会主义规律的认识提高到新的水平，开辟了当代中国马克思主义发展新境界。科学发展观反映了我们党对发展问题的新认识，是发展中国特色社会主义必须坚持和贯彻的重大战略思想。

一 一个重大历史课题——"实现什么样的发展、怎样发展"

"一个国家坚持什么样的发展观，对这个国家发展会产生重大影响，不同的发展观往往会导致不同的发展结果。"① 科学发展观总结 20 多年来我国改革开放和现代化建设的成功经验，总结概括战胜非典疫情给我们的重要启示，吸取世界上其他国家在发展进程中的经验教训，反映新形势下我国发展的客观要求，继承和发展马克思主义关于发展的思想，揭示经济社会发展的客观规律，创造性地回答了在新的历史条件下"实现什么样的发展、怎样发展"的重大课题。

（一）一场突如其来瘟疫的重要启示

提出科学发展观的一个重要契机，是对于战胜非典疫情的经验和启示的概括与总结。2003 年，非典疫情在我国突然爆发。我们党着眼于人民身体健康和生命安全，着眼于改革发展稳定大局，高度重视非典防治，团结带领广大人民大力弘扬万众一心、众志成城、团结互助、和衷共济、迎难而上、敢于胜利的精神，充分运用科技力量，取得了抗击非典的巨大胜利。

非典疫情的发生，暴露了我国在经济社会发展方面存在的突出矛盾和问题。2003 年 7 月 28 日，胡锦涛在全国防治非典工作会议上的讲话中指出："人类总是在经历和战胜一次又一次的磨难中前进的。抗击非典的艰苦斗争，使我们党和我国人民又一次经受了战斗的洗礼和考验。一个聪明的民族，从灾难和错误中学到的东西会比平时多得多。"②

通过抗击非典斗争，我们更加深刻地认识到，我国公共卫

---

① 胡锦涛：《准确把握科学发展观的深刻内涵和基本要求》（2004 年 3 月 10 日），《胡锦涛文选》第 2 卷，人民出版社 2016 年版，第 166 页。

② 胡锦涛：《把促进经济社会协调发展摆到更加突出的位置》（2003 年 7 月 28 日），《胡锦涛文选》第 2 卷，人民出版社 2016 年版，第 65 页。

生事业发展滞后，公共卫生体系存在缺陷；突发事件应急机制不健全，处理和管理违纪能力不强；一些地方和部门缺乏应对突发事件的准备和能力，极少数党员干部作风不实，在紧急情况下工作不力、举措失当。我们要高度重视存在的问题，采取切实措施加以解决，真正使这次防治非典斗争成为我们改进工作、更好地推动事业发展的一个重要契机。

通过抗击非典斗争，我们更加深刻地认识到，促进经济社会全面协调发展，是建设中国特色社会主义的题中应有之义，也是全面建设小康社会的必然要求。我们讲发展是党执政兴国的第一要务，这里讲的发展绝不仅仅是指经济增长，而是指以经济建设为中心，在经济发展的基础上实现社会全面进步。我们的发展观是全面发展、协调发展、可持续发展的发展观，在经济发展基础上促进人的全面发展，促进人与自然和谐相处的发展观。因此，我们不仅要关注经济指标，而且要关注人文指标、资源指标和环境指标；不仅要增加促进经济增长的投入，而且要增加促进社会发展的投入，增加保护资源和环境的投入。

（二）新的发展阶段提出的重大历史课题

进入新世纪新阶段，我国发展呈现一系列新的阶段性特征：经济实力显著增强，但生产力总体水平还不高，自主创新能力还不强，长期形成的结构性矛盾和粗放型增长方式还没有根本改变；社会主义市场经济体制初步建立起来，同时影响发展的体制机制障碍依然存在，改革攻坚面临着深层次的矛盾和问题；人民生活总体上达到了小康水平，但收入分配差距拉大的趋势还没有根本扭转，统筹兼顾各方面利益的难度加大；协调发展取得了显著成绩，同时农业基础薄弱、农村发展滞后的局面还没有根本改变，缩小城乡、区域发展差距和促进经济社会协调发展的任务艰巨；社会主义民主政治不断发展、依法治国基本方略扎实贯彻，同时民主法制建设与扩大人民民主和经济社会发展的要求还不完全适应，政治体制改革需要继续深化；社会主义文化日益繁荣，同时人民精神文化需求更加旺盛，思想的独立性、选择性、多变性、差异性明显增强，对发展社会主义先进文化提出了更高的要求；社会活力显著增强，同时社会结构、社会组织形式、社会利益格局发生深刻变化，社会建设和管理面临着许多新的课题；对外开放日益扩大，同时面临的国际竞争日趋激烈，发达国家在经济科技上占优势的压力长期存在，可以预见和难以预见的风险增多，统筹国内发展和对外开放要求更高。以上种种矛盾现象，要求我们要更加重视发展的质量和效益，更加重视发展的全面和协调，更加重视发展的安全和可持续性，更加重视经济发展和社会发展的统一。一句话，我们的发展必须是更加科学的发展。

（三）马克思主义关于发展思想的继承和发展

科学发展观是对马克思主义关于发展思想的继承和发展。

恩格斯在《自然辩证法》中曾经告诫我们：人作为主体，可以通过人类活动使自然界为自己的目的服务，但是，"我们不要过分陶醉于我们人类对自然界的胜利。对于每一次这样的胜利，自然界都对我们进行报复。每一次胜利，起初确实取得了我们预期的结果，但是往后和再往后却发生完全不同的、出乎预料的影响，常常把最初的结果又消除了。""我们决不像征服者统治异族人那样支配自然界，决不像站在自然界之外的人似的去支配自然界——相反，我们连同我们的肉、血和头脑都是属于自然界和存在于自然界之中的；我们对自然界的整个支配作用，就在于我们比其他一切生物强，能够认识和正确运用自然规律。"[1] 他举例说："美索不达米亚、希腊、小亚细亚以及其他各地的居民，为了得到耕地，毁灭了森林，但是他们做梦也想不到，这些地方今天竟因此而成为不毛之地，因为他们使这些地方失去了森林，也就失去了水分的积聚中心和贮藏库。"[2] 这就告诉我们，自然界是人类的朋友，是人类社会存在和发展的前提条件和重要物质基础。我们在从自然界中索取物质生活资料的时候，必须尊重自然，善待自然，保护自然，遵循自然规律，合理调节人与自然界之间的物质变换。

毛泽东在《论十大关系》一文中深刻阐述了社会主义建设的辩证法。他关于要重视研究社会主义建设中事关全局的重大关系的方法论，关于处理各种重大关系要坚持"统筹兼顾"的方针，关于正确处理农轻重、沿海和内地、国家集体个人等之间关系的论述，都包含非常丰富的科学发展的思想，是中国共产党人科学发展观的重要思想理论源头。

改革开放以来，邓小平在强调以经济建设为中心的同时，指出："社会主义建设的任务是多方面的，各方面需要综合平衡，不能单打一。"他提出一系列"两手抓，两手都要硬"的方针，提出沿海和内地"两个大局"的战略方针，以及检验各项工作都要以人民是否满意为根本标准，等等，都体现了关于发展的科学思想，为科学发展观的形成提供了丰富的思想资料。

---

① 恩格斯：《自然辩证法》，《马克思恩格斯选集》第 3 卷，人民出版社 2012 年版，第 998 页。

② 恩格斯：《自然辩证法》，《马克思恩格斯选集》第 3 卷，人民出版社 2012 年版，第 998 页。

1995 年 9 月，江泽民在《正确处理社会主义现代化建设中的若干重大关系》的讲话中，系统阐述了经济发展中速度和效益的关系，经济建设与人口资源、环境之间的关系，第一、二、三产业的关系，东部地区和中西部地区的关系，等等。在科学发展的认识上又大大前进了一步。

以上重要思想，都是科学发展观的重要思想理论来源。

（四）国外发展经验和发展理论的吸收借鉴

科学发展观也是对国外发展经验与发展理论成果的汲取和借鉴。从 20 世纪 50 年代以来，国外发展理论与实践发生了一系列重大转变。

一是从经济增长转向综合发展。第二次世界大战结束后，发展经济的任务重新提上了日程，许多人认为，发展即增长，增长即发展，经济增长几乎成为衡量发展的唯一标准。这种情况促进了一些国家经济腾飞，同时也带来了经济结构失调、收入分配不公、资源过度消耗、环境严重污染、生态系统退化等严重问题。严峻的现实迫使人们反思片面追求经济增长的发展观，重新认识增长与发展的关系，形成了作为经济增长论之超越形态的综合发展观，确立起经济发展、政治民主、社会公正、文化变迁、环境优化、生态平衡等综合一体的发展指标体系。

二是从重物轻人转向以人为中心。重物轻人的发展观，重视物质资本、货币资本的作用，忽视人力资本的作用；将经济增长作为目的，而把人作为经济增长的手段。这种情况导致分配严重不公，社会两极分化加剧。作为这种发展观的反思，产生了以人为中心的发展观，认为人的现代化是发展的根本动力和最终目的，一切发展最终都是为了人。如果一个国家的人民未能在思想、心理、态度和行为方式上完成现代转变，再好的制度与体制，再先进的科学技术，也无法发挥其应有的效用，现代文明也无法在这个国家扎根。

三是从粗放增长转向可持续发展。片面追求经济增长的粗放发展，造成了严重的资源浪费、环境污染和生态退化，威胁着人类的生存和长远发展。20 世纪上半叶的"八大公害事件"，70 年代后的臭氧层损害、全球气候变暖、生物多样性锐减以及空气、水质、土壤污染，一系列严重的环境与生态灾害，迫使人们对于片面追求经济增长的发展观念与发展模式进行反思，产生了可持续发展思想。保护生态、适度消费、节约资源等观念应运而生。

科学发展观是对西方发展经验教训的批判借鉴，是对西方发展理论的科学扬弃，是符合人类社会发展趋势、顺应时代进步潮流的马克思主义发展观。

二　科学发展观是马克思主义关于发展的世界观和方法论的集中体现

胡锦涛指出："科学发展观，第一要义是发展，核心是以人为本，基本要求是全面协调可持续，根本方法是统筹兼顾。"[①]这一论述，深刻回答了"什么是发展、怎样发展"这一时代课题，集中体现了马克思主义世界观方法论，为解决当代中国发展问题提供了根本遵循。

---

① 胡锦涛：《高举中国特色社会主义伟大旗帜，为夺取全面建设小康社会新胜利而奋斗——在中国共产党第十七次全国代表大会上的报告》（2007 年 10 月 15 日），《胡锦涛文选》第 2 卷，人民出版社 2016 年版，第 623 页。

（一）第一要义是发展

发展是人类社会永恒的主题，马克思主义唯物史观揭示了人类社会发展的客观规律；发展也是当代世界的时代主题，世界各国普遍面临发展的任务。在当代中国，坚持和发展中国特色社会主义，实践的主题就是实现又好又快发展，把我国建设成为社会主义现代化国家。科学发展观强调"第一要义"是发展，体现了人类社会发展的客观规律，体现了当代世界发展历史的大趋势，体现了我们党为实现中华民族伟大复兴而奋斗的使命担当。所以，胡锦涛强调："科学发展观是用来指导发展的，不能离开发展这个主题，离开了发展这个主题就没有意义了。"①

（二）核心是以人为本

以人为本，回答了为谁发展和靠谁发展的问题，指明了发展的价值主体和实践主体，体现了唯物史观关于人民群众是历史主体的科学原理。

人民群众是发展的价值主体，即发展为了人民。胡锦涛指出："全心全意为人民服务是党的根本宗旨，党的一切奋斗和工作都是为了造福人民。要始终把实现好、维护好、发展好最广大人民的根本利益作为党和国家一切工作的出发点和落脚点"，"做到发展为了人民、发展依靠人民、发展成果由人民共

---

① 胡锦涛：《准确把握科学发展观的深刻内涵和基本要求》（2004 年 3 月 10 日），《胡锦涛文选》第 2 卷，人民出版社 2016 年版，第 167 页。

享。"① 要把人民的利益放在最高位置，切实满足人民物质文化生活的需要，切实保证人民群众的经济、政治、文化、社会权益。能否做到这一点，是检验发展有无成效以及成效之大小的最高标准。

人民群众是发展的实践主体，即发展依靠人民。社会主义事业是人民群众自己的事业，离开人民群众的奋斗，我们的事业就一事无成。人民群众是历史的创造者，一切物质财富和精神财富都是人民群众创造的。我们的力量在群众、智慧在群众，发展的思路要向人民群众请教，发展中的问题要靠人民群众解决，发展的任务要靠人民群众去奋斗，发展的成效要靠人民群众去评判。总之，我们要最大限度地把人民群众的积极性引导到科学发展上来。

马克思和恩格斯说："过去的一切运动都是少数人的、或者为少数人谋利益的运动。无产阶级的运动是绝大多数人的，为绝大多数人谋利益的独立的运动。"② 共同富裕是社会主义的本质。发展的成果必须由全国人民共享。关注全体人民的命运，实现全体人民的利益，保障全体人民的权益，促进社会公平正义，是马克思主义基本原则，也是科学发展观的基本原则。

（三）基本要求是全面协调可持续

发展是系统工程和持续工程。科学发展观作为人类社会发展规律和社会主义建设规律的正确反映，必然以实现经济社会

---

① 胡锦涛：《高举中国特色社会主义伟大旗帜，为夺取全面建设小康社会新胜利而奋斗——在中国共产党第十七次全国代表大会上的报告》（2007 年 10 月 15 日），《胡锦涛文选》第 2 卷，人民出版社 2016 年版，第 624 页。

② 马克思、恩格斯：《共产党宣言》，《马克思恩格斯选集》第 1 卷，人民出版社 2012 年版，第 411 页。

全面协调可持续发展为基本要求。

发展作为系统工程，它包括经济、政治、文化、社会、生态等各个方面，以及一二三产业、东中西部、城市乡村等各个部分。这些方面、部分之间既互相区别、又相互联系、互相转化，形成一个有机整体。全面性，就是要以经济建设为中心，推动社会全面进步，按照中国特色社会主义建设总体布局，推动物质文明、政治文明、精神文明、社会文明、生态文明等全面发展。协调性，就是要正确处理产业之间、区域之间、城乡之间等等的关系，使之结构优化，协调有序地向前发展。

发展作为持续工程，它包括发展的各个阶段。这些阶段之间也是既互相区别、又互相联系、互相转化的。可持续，就是要正确处理各阶段之间的关系，在实现今天发展的同时，为明天的发展准备必要条件，而不是使明天的发展丧失必要条件。立足当前，又放眼长远。不能急功近利，鼠目寸光，不能吃"祖宗饭"断"子孙路"。"要彻底改变以牺牲环境、破坏资源为代价的粗放型增长方式，不能以牺牲环境为代价去换取一时的经济增长，不能以眼前发展损害长远利益，不能用局部发展损害全局利益。"[1] 要节约资源、保护环境，努力建设资源节约型、环境友好型社会，同时使人口保持适度增长，推动我国经济的可持续发展。

（四）根本方法是统筹兼顾

统筹兼顾是我们历来的方针，也是治国理政的一条重要历史经验。

---

[1]　胡锦涛：《在中央人口资源环境工作座谈会上的讲话》（2004 年 3 月 10 日），《胡锦涛文选》第 2 卷，人民出版社 2016 年版，第 171 页。

统筹兼顾的实质是坚持唯物辩证法，用联系的、发展的、全面的观点观察发展，正确处理发展中的各种重大关系，以达到全面、协调、可持续发展的目的。胡锦涛说："要正确认识和妥善处理中国特色社会主义事业中的重大关系，统筹城乡发展、区域发展、经济社会发展、人与自然和谐发展、国内发展和对外开放，统筹中央和地方关系，统筹个人利益和集体利益、局部利益和整体利益、当前利益和长远利益，充分调动各方面积极性。统筹国内国际两个大局，树立世界眼光，加强战略思维，善于从国际形势发展变化中把握发展机遇、应对风险挑战，营造良好国际环境。"[①]

统筹兼顾的原则是一切着眼全局，把全局利益作为最高价值追求。有些事从局部看可行，从全局看不可行；有些事从局部看不可行，从全局看可行。归根到底，要照顾全局。指挥全局的人，最要紧的是把自己的注意力摆在照顾全局上面，加强对发展全局的谋划。不可头痛医头，脚痛医脚，陷入事务主义；不可一叶障目、不见泰山，因小而失大；不可急功近利、鼠目寸光，只顾当前，不顾长远。对各个局部亦不可平均对待。每一局部固然都有一定的地位和作用，但它们的地位和作用是不同的，有的是一般性的，有的是比较重要的，有的是最重要的，有决定意义的。因此，必须突出重点，抓住主要矛盾和中心任务、重大矛盾和战略布局、关键环节和工作的着力点，以重点带动一般，推动全盘。如胡锦涛所说："既要总揽全局、统筹规划，又要抓住牵动全局的主要工作、事关群众利益的突出问

---

① 胡锦涛：《高举中国特色社会主义伟大旗帜，为夺取全面建设小康社会新胜利而奋斗——在中国共产党第十七全国次代表大会上的报告》（2007 年 10 月 15 日），《胡锦涛文选》第 2 卷，人民出版社 2016 年版，第 624—625 页。

题，着力推进，重点突破。"①

三　把科学发展观贯穿于发展的全过程和各方面

科学发展观揭示了经济社会发展的客观规律，对社会主义现代化建设具有根本指导意义，必须把它贯穿于发展的全过程和各方面。

第一，树立和落实科学发展观，必须始终坚持以经济建设为中心，聚精会神搞建设，一心一意谋发展。发展首先是发展经济，不断解放和发展社会生产力。只有坚持以经济建设为中心，不断增强综合国力，才能为抓好发展这个党执政兴国的第一要务、为全面协调发展打下坚实的物质基础。只有坚持以经济建设为中心，不断增强综合国力，才能更好地解决前进道路上的矛盾和问题，胜利实现全面建设小康社会和社会主义现代化的宏伟目标。

第二，树立和落实科学发展观，必须在经济发展的基础上，推动社会全面进步和人的全面发展，促进社会主义物质文明、政治文明、精神文明协调发展。胡锦涛指出："经济发展、政治发展、文化发展和人的全面发展是相互联系、相互影响的，没有政治发展、文化发展和人的全面发展的不断推进，单纯追求经济发展，经济发展难以持续，最终也难以搞上去。"② 经济

---

① 胡锦涛：《高举中国特色社会主义伟大旗帜，为夺取全面建设小康社会新胜利而奋斗——在中国共产党第十七次全国代表大会上的报告》（2007 年 10 月 15 日），《胡锦涛文选》第 2 卷，人民出版社 2016 年版，第 625 页。

② 胡锦涛：《准确把握科学发展观的深刻内涵和基本要求》（2004 年 3 月 10 日），《胡锦涛文选》第 2 卷，人民出版社 2016 年版，第 168 页。

发展决定政治发展和文化发展，而政治发展和文化发展又反过来促进经济发展。忽视社会主义民主法制建设，忽视社会主义精神文明建设，忽视各项社会事业发展，经济建设难以搞上去，即使一时搞上去了也难以持续，最终必将付出沉重代价。

第三，树立和落实科学发展观，必须着力提高经济增长的质量和效益，努力实现数量与质量、速度与效益相统一，经济发展和人口、资源、环境相协调，增强发展的可持续性。经济发展需要数量的增长，但不能把经济发展简单地等同于数量的增长。胡锦涛指出："增长是发展的基础，没有经济数量增长，没有物质财富积累，就谈不上发展。但是，增长并不简单等同于发展，如果单纯扩大数量，单纯追求速度，而不重视质量和效益，不重视经济、政治、文化协调发展，不重视人与自然的和谐，就会出现增长失调、从而最终制约发展的局面。"① 要充分运用我国的体制资源、人力资源、自然资源、资本资源、技术资源以及国外资源等方面的有利条件和有利因素，推动经济和社会发展不断迈上新台阶。

第四，树立和落实科学发展观，必须坚持理论和实际相结合，因地制宜地把科学发展观的要求贯穿于发展的各方面和全过程。胡锦涛指出："科学发展观揭示的是发展的普遍规律，对全国都有重要指导意义，各地区各部门都要认真贯彻落实。同时，又要充分考虑地区、部门发展差异和不同情况，坚持一切从实际出发，根据实际条件和发展需要有重点有步骤采取措

---

① 胡锦涛：《树立和落实科学发展观》（2003 年 10 月 14 日），《胡锦涛文选》第 2 卷，人民出版社 2016 年版，第 105 页。

施，不能强求一律，搞齐步走、一刀切。"① 关键是要结合自己的实际情况，创造性落实科学发展观，注重解决自身发展中存在的突出矛盾和问题。

---

① 胡锦涛：《准确把握科学发展观的深刻内涵和基本要求》（2004 年 3 月 10 日），《胡锦涛文选》第 2 卷，人民出版社 2016 年版，第 169 页。

第八章　社会主义和谐社会战略构想

实现社会和谐，建设美好社会，是中国共产党人的不懈追求。党的十六大第一次提出了"社会和谐"概念，并把"社会和谐"作为全面建设小康社会目标的重要内容。党的十六届四中全会明确提出了构建社会主义和谐社会的重大战略任务。2005年2月，胡锦涛在省部级主要领导干部提高构建社会主义和谐社会能力专题研讨班上的讲话中，在全面总结中国共产党关于社会主义社会建设理论和实践成果的基础上，结合经济社会发展的新要求、新趋势、新特点，从中国特色社会主义事业总体布局和全面建设小康社会全局出发，系统地阐述了构建社会主义和谐社会的战略思想。

一　构建社会主义和谐社会是建设中国特色社会主义的重要战略任务

2003年初，突如其来的非典疫情以一种极端的方式暴露了我国发展中所积累的经济社会发展不够协调的问题。"通过抗击非典斗争，我们比过去更加深刻地认识到，我国经济发展和社会发展、城市发展和农村发展还不够协调；公共卫生事业发展滞后，公共卫生体系存在缺陷；突发事件应急机制不健全，处理和管理危机能力不强。"①从而为解决这一问题提供了启示和契机。2003年7月28日，胡锦涛在全国防治非典工作会议上指出："促进经济社会协调发展，是建设中国特色社会主义的必然要求，也是全面建设小康社会的必然要求。我们讲发展是党执政兴国的第一要务，这里的发展绝不只是指经济增长，而是要坚持以经济建设为中心，在经济发展的基础上实现社会全面发展。我们要更好坚持全面发展、协调发展、可持续发展的发展观，更加自觉地坚持推动社会主义物质文明、政治文明、精神文明协调发展，坚持在经济社会发展的基础上促进人的全面发展，坚持促进人与自然的和谐。"②2005年2月19日，胡锦涛在省部级主要领导干部提高构建社会主义和谐社会能力专题研讨班上，全面阐述了构建社会主义和谐社会的客观必要性及其战略地位。

"从国内看，构建社会主义和谐社会，是我们抓住和用好重要战略机遇期、实现全面建设小康社会宏伟目标的必然要求。"③21世纪的头二十年，对于我国来说，是一个必须紧紧抓住并用好的重要战略机遇期。这二十年的主要任务，就是集中力量，全面建设惠及十几亿人口的更高水平的小康社会。一些国家和地区的发展历程表明，在人均国内生产总值突破1000美

① 胡锦涛：《把促进经济社会协调发展摆到更加突出的位置》（2003年7月28日），《胡锦涛文选》第2卷，人民出版社2016年版，第65页。
② 胡锦涛：《把促进经济社会协调发展摆到更加突出的位置》（2003年7月28日），《胡锦涛文选》第2卷，人民出版社2016年版，第67页。
③ 胡锦涛：《构建社会主义和谐社会》（2005年2月19日），《胡锦涛文选》第2卷，人民出版社2016年版，第274页。

元之后，经济社会发展就进入了一个关键阶段。这个阶段既是"黄金发展期"，又是"矛盾凸显期"。举措得当，社会经济就会乘势而上、快速发展；举措失当，就会导致经济徘徊、滑坡，甚至引起社会动荡和冲突。随着我国社会主义市场经济不断发展，随着我国公有制为主体、多种所有制经济共同发展的基本经济制度和按劳分配为主体、多种分配方式并存的分配制度不断完善，随着我国工业化、城镇化和经济结构调整加速，随着我国社会组织形式、就业结构、社会结构的变革加快，我们正面临着并将长期面对一些亟待解决的突出矛盾和问题。比如，在经济飞速发展的同时，资源能源紧缺压力也在加大，对经济社会发展的瓶颈制约日益突出；城乡发展不平衡、地区发展不平衡、经济社会发展不平衡的矛盾比较突出，特别是社会建设与经济发展相比明显滞后；人民群众的物质文化需要不断提高并更趋多样化，社会利益关系更趋复杂，但受经济文化发展水平等多方面的限制，统筹兼顾各方面利益的难度加大，分配不公现象比较严重等。我们要抓住和用好重要战略机遇期、实现全面建设小康社会的宏伟目标，就必须正确应对这些矛盾和问题，花更大气力妥善协调各方面的利益关系，正确处理各种社会矛盾，大力促进社会和谐。

"从国际看，构建社会主义和谐社会，是我们把握复杂多变的国际形势、有力应对来自国际环境的各种挑战和风险的必然要求。"[1] 当今世界，和平、发展、合作成为时代潮流，世界多极化和经济全球化的趋势深入发展，科技进步日新月异。同时，国际环境复杂多变，综合国力竞争日趋激烈，影响和平与发展

---

① 胡锦涛：《构建社会主义和谐社会》（2005 年 2 月 19 日），《胡锦涛文选》第 2 卷，人民出版社 2016 年版，第 276 页。

的不稳定不确定因素增多，我们仍将长期面对发达国家在经济科技等方面占优势的压力，面临传统和非传统安全威胁。在这样复杂多变的国际形势下，我们要有力应对来自外部的各种挑战和风险，必须把国内的事情办好，始终保持国家统一、民族团结、社会稳定的局面。

"从我们党肩负的使命看，构建社会主义和谐社会，是巩固党执政的社会基础、实现党执政的历史任务的必然要求。"① 构建社会主义和谐社会，既是我们党坚持立党为公、执政为民的根本要求，也是我们党实现长期执政的重要条件。改革开放后，我国经济社会有了长足发展，人民生活水平整体上有了很大提高，但也出现了经济社会发展不平衡、区域发展不平衡和收入差距过大等问题。这些问题的存在，造成一些社会利益关系不够协调，并由此引发一些社会矛盾。我们要巩固党执政的社会基础、实现党执政的历史任务，就必须紧紧依靠人民群众，调动一切积极因素，为实现全面建设小康社会的宏伟目标而奋斗；必须正确认识和妥善处理人民内部矛盾和其他社会矛盾，协调好各方面的利益关系，不断在发展的基础上满足人民群众日益增长的物质文化需要，保证人民群众共享改革发展的成果；必须加强社会建设和管理，营造良好的人际环境，保持良好的社会秩序，维护社会稳定，保证广大人民群众安居乐业。

总之，"构建社会主义和谐社会，关系到最广大人民根本利益，关系到巩固党执政的社会基础、实现党执政的历史任务，关系到全面建设小康社会全局，关系到党的事业兴旺发达和国家长治久安。全党同志都要从这样的战略高度，深刻认识构建

---

① 胡锦涛：《构建社会主义和谐社会》（2005 年 2 月 19 日），《胡锦涛文选》第 2 卷，人民出版社 2016 年版，第 277 页。

社会主义和谐社会的重大意义"①。

构建社会主义和谐社会战略任务的提出，标志着中国特色社会主义事业的总体布局，更加明确地由社会主义经济建设、政治建设、文化建设三位一体发展为社会主义经济建设、政治建设、文化建设、社会建设四位一体，标志着我们党对中国特色社会主义认识的深化与发展。

二　贯彻落实科学发展观，推动社会和谐发展

胡锦涛根据新世纪新阶段我国经济社会发展的新要求和我国社会出现的新趋势新特点，科学揭示了社会主义和谐社会的基本内涵和根本特征。他指出："我们所要建设的社会主义和谐社会，应该是民主法治、公平正义、诚信友爱、充满活力、安定有序、人与自然和谐相处的社会"②，"是经济建设、政治建设、文化建设、社会建设协调发展的社会，是人与人、人与社会、人与自然整体和谐的社会"③。因此，在构建社会主义和谐社会过程中，"我们既要从'大社会'着眼，把和谐社会建设落实到包括经济建设、政治建设、文化建设、社会建设和党的建设等在内的党和国家全部工作之中；又要从'小社会'着手，以解决人民最关心最直接最现实的利益问题为重点，着力发展社会事业、促进社会公平正义、建设和谐文化、完善社会

①　胡锦涛：《构建社会主义和谐社会》（2005 年 2 月 19 日），《胡锦涛文选》第 2 卷，人民出版社 2016 年版，第 278 页。

②　胡锦涛：《构建社会主义和谐社会》（2005 年 2 月 19 日），《胡锦涛文选》第 2 卷，人民出版社 2016 年版，第 285 页。

③　胡锦涛：《社会和谐是中国特色社会主义的本质属性》（2006 年 10 月 11 日），《胡锦涛文选》第 2 卷，人民出版社 2016 年版，第 523 页。

管理、增强社会创造活力，走共同富裕道路，推动社会建设与经济建设、政治建设、文化建设协调发展"①。

（一）保持经济持续快速健康发展，夯实社会主义和谐社会的物质基础

"社会要和谐，首先要发展。社会和谐在很大程度上取决于社会生产力的发展水平，取决于发展的协调性。"② 社会和谐要以一定经济发展水平和物质财富为基础，贫穷的社会是难以实现社会和谐的。"保持经济持续快速协调健康发展，创造更丰富的社会物质财富，使国家整体实力不断增强，使人民群众生活水平不断提高，是构建社会主义和谐社会的物质基础。"③ 解决我国经济社会发展面临的许多矛盾和问题，包括构建社会主义和谐社会面临的许多矛盾和问题，关键还是要靠发展。只有实现又好又快的发展，我们才能更好地促进经济社会协调发展，才能形成更完善的分配关系和社会保障体系，才能创造更多就业机会，才能不断满足人民群众多方面的需求。

胡锦涛特别强调："在我们这样一个农民占多数人口的国家里，农民是否安居乐业，对于社会和谐具有举足轻重的作用。广大农民日子过好了、素质提高了，广大农村形成安定祥和的局面了，和谐社会建设基础就会更加牢固。"④ 因此，要坚持把

---

① 胡锦涛：《社会和谐是中国特色社会主义的本质属性》（2006年10月11日），《胡锦涛文选》第2卷，人民出版社2016年版，第523页。

② 《中共中央关于构建社会主义和谐社会若干重大问题的决定》（2006年10月11日），《十六大以来重要文献选编》（下），中央文献出版社2008年版，第652页。

③ 胡锦涛：《构建社会主义和谐社会》（2005年2月19日），《胡锦涛文选》第2卷，人民出版社2016年版，第287页。

④ 胡锦涛：《构建社会主义和谐社会》（2005年2月19日），《胡锦涛文选》第2卷，人民出版社2016年版，第287—288页。

解决好"三农"问题作为全党工作的重中之重,统筹城乡发展,充分发挥城市对农村的辐射和带动作用,充分发挥工业对农业的支持和反哺作用,促进城乡良性互动、共同发展。同时,也要落实区域发展总体战略,促进区域协调发展。

(二)　加强民主法治建设,为构建社会主义和谐社会提供政治保证

民主与法治既是和谐社会的基本特征,也是和谐社会的政治保证。要通过发展社会主义民主政治,巩固人民当家作主的政治地位,保证人民依法行使民主选举、民主决策、民主管理、民主监督等民主权利,使人民群众的积极性、主动性、创造性更好地发挥出来。要通过广泛发扬民主,拓宽反映社情民意的渠道,形成能够全面表达社会利益、有效平衡社会利益、科学调整社会利益的利益协调机制,确保人民群众的利益诉求能够得到及时表达和合理实现。

"构建社会主义和谐社会,必须健全社会主义法制,建设社会主义法治国家,充分发挥法治在促进、实现、保障社会和谐方面的重要作用。"[①] 要通过加强立法和法治建设,保证公民权利和自由,维护经济秩序、政治秩序、社会稳定、生态安全和社会公平正义,规范社会建设和管理,筑牢社会和谐的法治基础。

(三)　建设和谐文化,巩固社会和谐的思想道德基础

一个社会是否和谐,一个国家能否实现长治久安,很大程

---

① 胡锦涛:《构建社会主义和谐社会》(2005 年 2 月 19 日),《胡锦涛文选》第 2 卷,人民出版社 2016 年版,第 289 页。

度上取决于全体社会成员的思想道德素质。"要更好构建和谐社会，就必须在社会主义先进文化引领下，大力建设和谐文化，广泛动员人民群众投身和谐社会建设。和谐文化既是和谐社会的重要特征，也是实现社会和谐的精神动力。"[①] 要坚持马克思主义在意识形态领域的指导地位，切实加强社会主义先进文化建设，弘扬以爱国主义为核心的民族精神和以改革创新为核心的时代精神，弘扬集体主义、社会主义思想；倡导爱国守法、明礼诚信、团结友善、勤俭自强、敬业奉献的基本道德规范，培养良好的道德品质和文明风尚；大力倡导以文明礼貌、助人为乐、爱护公物、保护环境、遵纪守法为主要内容的社会公德，大力倡导以尊老爱幼、男女平等、夫妻和睦、勤俭持家、邻里团结为主要内容的家庭美德，提倡尊重人、理解人、关心人，热爱集体，热心公益，扶贫帮困，在全社会形成团结互助、平等友爱、共同前进的社会氛围和人际关系，为和谐社会构建奠定坚实思想道德基础。

（四）加强社会建设和管理，维护社会的公平与和谐

在不断为社会和谐创造雄厚物质基础的同时，必须更加注重解决发展不平衡问题，特别是经济建设与社会建设"一条腿长、一条腿短"的问题，更加注重发展社会事业，推动经济社会协调发展。要实施积极的就业政策，实现经济发展和扩大就业良性互动，建立和发展和谐劳动关系；坚持教育优先发展，促进教育公平，保障人民享有接受良好教育的机会，特别是要坚持公共教育资源向农村、中西部地区、贫困地区、边疆地区、

---

　　① 胡锦涛：《在社会主义先进文化引领下建设和谐文化》（2006 年 11 月 10 日），《胡锦涛文选》第 2 卷，人民出版社 2016 年版，第 539 页。

民族地区倾斜，逐步缩小城乡、区域教育发展差距，推动公共教育协调发展；加强医疗卫生服务，建设覆盖城乡居民的基本卫生保健制度，为群众提供安全、有效、方便、价廉的公共卫生和基本医疗服务，提高人民健康水平；完善收入分配制度，加强收入分配宏观调节，规范收入分配秩序，着力提高低收入者收入水平，逐步扩大中等收入者比重，有效调节过高收入，坚决取缔非法收入，促进共同富裕；完善社会保障制度，逐步建立社会保险、社会救助、社会福利、慈善事业相衔接的覆盖城乡居民的社会保障体系。

要进一步加强和完善社会管理，建立健全党委领导、政府负责、社会协同、公众参与的社会管理格局。各级政府要进一步完善社会管理和公共服务的职能，改善公共服务质量，提高依法管理社会的能力和水平，推动建立政府调控机制同社会协调机制互联、政府行政功能同社会自治功能互补、政府管理力量同社会调节力量互动的社会管理网络，形成对全社会进行有效覆盖和全面管理的体系；要充分发挥城乡基层自治组织协调利益、化解矛盾、排忧解难的作用，发挥社团、行业组织和社会中介组织提供服务、反映诉求、规范行为的作用。

（五）加强生态文明建设，促进人与自然的和谐

人与自然的和谐是社会和谐的重要方面，自然界是人类赖以生存和发展的基本条件。2004 年 3 月 10 日，胡锦涛在中央人口资源环境工作座谈会上指出："良好生态环境是社会生产力持续发展和人们生存质量不断提高的重要基础。"[①] 人与自然

---

① 胡锦涛：《建设自然就是造福人类》（2004 年 3 月 10 日），《胡锦涛文选》第 2 卷，人民出版社 2016 年版，第 171 页。

的和谐直接关系到人与人的和谐及人与社会的和谐。"人与自然的关系不和谐，往往会影响人与人的关系、人与社会的关系。如果生态环境受到严重破坏、人们的生产生活环境恶化，如果资源能源供应高度紧张、经济发展同资源能源矛盾尖锐，人与人的和谐、人与社会的和谐是难以实现的。"① 因此，他要求全党全社会必须树立以人为本的科学发展观，坚决禁止过度性放牧、掠夺性采矿、毁灭性砍伐等掠夺自然、破坏自然的做法，以解决危害群众健康和影响可持续发展的环境问题为重点，加快建设资源节约型、环境友好型社会；优化产业结构，发展循环经济，推广清洁生产，节约能源资源，依法淘汰落后工艺技术和生产能力，从源头上控制环境污染；实施重大生态建设和环境整治工程，切实为人民群众创造良好的生产生活环境，使我们的祖国天更蓝、地更绿、水更清、空气更洁净，人与自然的关系更和谐。

三　正确处理人民内部矛盾，实现全体社会成员和谐相处

构建社会主义和谐社会的过程，也是正确处理人民内部矛盾，不断消除不和谐因素、不断增加和谐因素的过程。我国处于并将长期处于社会主义初级阶段，由于经济体制深刻变革、社会结构深刻变动、利益格局深刻调整、思想观念深刻变化，由于发展不平衡、不协调、不可持续问题短期内难以根本解决，由于我国改革发展稳定中所面临矛盾和问题的规模和复杂性世

---

① 胡锦涛：《构建社会主义和谐社会》（2005 年 2 月 19 日），《胡锦涛文选》第 2 卷，人民出版社 2016 年版，第 295 页。

所罕见，人民内部各种具体利益矛盾难以避免地会经常地大量地表现出来。这是我国社会深刻变革中难以完全避免的现象。关键是我们要正视矛盾，找到化解矛盾的正确途径和有效方法，形成妥善处理矛盾的体制机制，最大限度增加和谐因素，最大限度减少不和谐因素，为推动科学发展、促进社会和谐，为实现全面建设小康社会奋斗目标、加快推进社会主义现代化创造良好社会环境。

（一）正确处理经济领域各方面利益关系

经济利益关系是各种关系的基础，处于基础和决定地位，是一切关系发展变化的根源。马克思认为："人们为之奋斗的一切，都同他们的利益有关。"[①] 列宁将物质利益形象地比喻为"人民生活中最敏感的神经"[②]。人类社会发展史上产生的各种社会矛盾，归根结底是利益的分配与冲突，社会主义社会也不例外。改革开放以来，经济社会发展取得了举世瞩目的成就，人民生活水平有了很大提高。但也必须看到，改革是对各种利益关系的深刻调整，改革的深入引起经济结构、城乡结构、产业结构和阶层结构的变化，这就必然会引起社会利益结构的变化，人民内部各种利益的矛盾也必然会表现出新的特点。

多种经济成分和经营形式的出现，引起分配方式的多样化，激发了各种利益主体的竞争和活力，一部分人和一部分地区通

---

① 马克思：《第六届莱茵省议会的辩论（第一篇论文）》（1842年2月），《马克思恩格斯全集》第1卷，人民出版社1995年版，第187页。

② 列宁：《第三届杜马》（1907年10月29日〔11月11日〕），《列宁全集》第16卷，人民出版社1988年版，第136页。

过诚实劳动和合法经营先富了起来，极大地推动了经济社会的发展。但是，在这个过程中，也出现了一些新的问题，如一些人通过非法途径和不正当手段，靠损害国家、集体和他人利益聚敛社会财富，成了暴发户，引起广大人民群众的不满；一些领域的改革不到位和发展不平衡，导致阶层间、行业间、地区间收入差距过大，有失公平公正，影响了部分群众的积极性；一些地方、行业、企业，由于产业结构调整和增长方式转轨，发展迟缓；企业陷入困境，群众生活受到影响，这些都影响社会的和谐和稳定。

党的十七大报告指出："社会利益格局发生深刻变化，社会建设和管理面临诸多新课题"[①]，要求党和政府必须"坚持把实现好、维护好、发展好最广大人民根本利益作为作决策、办事情、做工作的根本出发点和落脚点，坚持发展为了人民、发展依靠人民、发展成果由人民共享"[②]。在处理社会利益关系过程中，"要正确把握和妥善处理最广大人民根本利益、现阶段群众共同利益、不同群体特殊利益的关系"，"坚持代表最广大人民根本利益，正确反映各方面群众共同利益，统筹兼顾不同群体特殊利益，妥善调节好各方面利益关系，最广泛最充分调动一切积极因素，不断形成和壮大建设中国特色社会主义合力"[③]。在具体实施中，要逐步畅通各种利益主体表达利益需求的渠道和完善的沟通反馈渠道，引导群众以合法的、理性的方

---

① 胡锦涛：《高举中国特色社会主义伟大旗帜，为夺取全面建设小康社会新胜利而奋斗——在中国共产党第十七次全国代表大会上的报告》（2007年10月15日），《胡锦涛文选》第2卷，人民出版社2016年版，第623页。

② 胡锦涛：《关于政治领域和社会领域五个方面的重大关系》（2006年7月10日），《胡锦涛文选》第2卷，人民出版社2016年版，第482—483页。

③ 胡锦涛：《关于构建社会主义和谐社会的几个问题》（2006年2月24日—27日），《胡锦涛文选》第2卷，人民出版社2016年版，第426页。

式表达各自的利益诉求；要加强思想道德和法制建设，约束和规范人们的利益动机和利益行为，正确处理国家、集体、个人之间的利益关系；要建立健全利益调节机制，充分发挥市场在利益调节中的基础作用和政府在维护社会公平正义中的保证作用。胡锦涛指出：要"综合运用多种手段，依法逐步建立以权利公平、机会公平、规则公平、分配公平为主要内容的社会公平保障体系，使全体人民共享改革发展成果，使全体人民朝着共同富裕的方向稳步前进"。①

（二）正确处理思想领域的重大是非关系

改革开放以来，党的理论创新和理论武装工作取得历史性重大成就，极大地推进了马克思主义中国化、时代化、大众化。同时也应清醒地看到，国际国内意识形态领域的斗争还是相当复杂的。西方敌对势力亡我之心不死，他们在意识形态领域对我国的攻击一直没有停止。反映在国内，新自由主义、民主社会主义、历史虚无主义等各种社会思潮竞相登场。在这些重大是非面前，我们必须旗帜鲜明地反对一切错误思潮。

在社会主义市场经济条件下，人们的生活方式、行为方式和价值观念发生深刻变化。其中既有符合社会主义价值观念的积极因素，也存在拜金主义、享乐主义、极端个人主义等消极因素。这些都在一定程度上削弱了主流价值观的主导作用，使主流意识形态遭遇冲击和淡化。

2000年1月11日，胡锦涛在全国宣传部长会议上发出了

---

① 胡锦涛：《构建社会主义和谐社会》（2005年2月19日），《胡锦涛文选》第2卷，人民出版社2016年版，第291页。

"唱响主旋律，打好主动仗"的号召，明确提出："我们讲唱响主旋律，就是要高举马克思列宁主义、毛泽东思想、邓小平理论伟大旗帜，坚持用党的基本理论、基本路线、基本纲领宣传教育干部群众，用爱国主义、集体主义、社会主义、艰苦创业精神宣传教育干部群众，用一切有益于人们身心健康的精神产品占领思想文化阵地，大力弘扬社会正气和时代精神，以激励、调动、发挥人民群众建设有中国特色社会主义的积极性，不断推进改革开放和现代化建设各项事业。我们讲打好主动仗，就是要总结并运用好我们党领导意识形态工作的历史经验和新鲜经验，正确分析和认识社会主义初级阶段宣传思想领域的特点，遵循思想道德和文化建设的客观规律，坚持从实际出发，坚持重在建设，以积极进取、科学务实的态度，研究新情况，解决新问题。"① 这就明确了意识形态领域的重点工作和工作思路，并要求从抓好全党特别是领导干部的马克思主义理论学习；坚持正确舆论导向，进一步提高新闻宣传工作质量；切实加强思想政治工作；加强宣传文化阵地建设等几个方面唱好主旋律，打赢意识形态领域的这场硬仗。他强调，必须"加强社会主义思想道德建设，弘扬以爱国主义为核心的民族精神和以改革创新为核心的时代精神，形成符合传统美德和时代精神的道德规范和行为规范"②，培育有理想、有道德、有文化、有纪律的社会主义公民，大力弘扬爱国主义、集体主义、社会主义思想，大力弘

---

① 胡锦涛：《唱响主旋律，打好主动仗》（2000 年 1 月 11 日），《胡锦涛文选》第 1 卷，人民出版社 2016 年版，第 387 页。

② 胡锦涛：《在社会主义先进文化引领下建设和谐文化》（2006 年 11 月 10 日），《胡锦涛文选》第 2 卷，人民出版社 2016 年版，第 540 页。

扬社会主义荣辱观，加强社会主义核心价值体系建设，丰富人民精神世界，增强人民精神力量。

（三）正确处理政治领域和社会领域五个重大关系

2006 年 7 月 10 日，在全国统战工作会议上，胡锦涛着重论述了中国共产党与民主党派的关系，民族关系，信教群众与不信教群众、信仰不同宗教的群众的关系，阶层关系，海内外同胞关系。这五个方面的关系，是新时期人民内部矛盾在政治社会领域的突出表现。"正确认识和处理这五个方面的重大关系，保持和促进这五个方面重大关系和谐，事关中国特色社会主义事业全局，事关构建社会主义和谐社会进程，事关党和国家兴旺发达和长治久安。"[①]

正确处理中国共产党与民主党派的关系，保持和促进我国政党关系和谐。政党关系和谐，是发展社会主义民主政治、建设社会主义政治文明的重要内容，也是构建社会主义和谐社会的重要内容。处理好中国共产党与民主党派的关系，根本在于坚持走中国特色社会主义政治发展道路，关键在于坚持和完善中国共产党领导的多党合作和政治协商制度。

正确处理民族关系，促进各民族共同团结奋斗、共同繁荣发展。平等是社会主义民族关系的基石，团结是社会主义民族关系的主线，互助是社会主义民族关系的保障，和谐是社会主义民族关系的本质。正确认识和处理我国民族关系，最根本的就是要始终不渝地坚持民族平等，加强民族团结，推动民族互助，促进民族和谐。

---

① 胡锦涛：《关于政治领域和社会领域五个方面的重大关系》（2006 年 7 月 10 日），《胡锦涛文选》第 2 卷，人民出版社 2016 年版，第 471 页。

正确处理信教群众和不信教群众、信仰不同宗教群众的关系，引导宗教与社会主义社会相适应。强调以科学的历史的观点看待宗教，全面认识宗教产生和存在的深刻历史根源、社会根源、心理根源，全面认识宗教在社会主义社会将长期存在的客观现实，全面认识宗教问题同政治、经济、文化、民族等因素相交织的复杂状况，全面认识宗教对相当一部分群众有较大影响的社会现象，还要警惕境外敌对势力利用宗教对我国进行渗透的图谋，高度重视宗教问题和做好宗教工作。

正确处理社会各阶层的关系，推动和实现全社会和谐相处、共同发展。改革开放以来，我国社会阶层结构发生了深刻变化，包括知识分子在内的我国工人阶级队伍不断扩大、整体素质普遍提高，广大农民日益成为新型农民，同时出现了大量非公有制经济人士等新的社会阶层。包括知识分子在内的工人阶级、广大农民和其他各阶层劳动群众，始终是推动我国先进生产力发展和社会全面进步的根本力量，新的社会阶层人士作为中国特色社会主义事业的建设者，在推动经济社会发展、全面建设小康社会中也发挥着重要作用。"正确认识和处理新形势下我国社会各阶层关系，必须科学分析和准确把握我国社会阶层结构发生的深刻变化，在发挥我国工人、农民、知识分子、干部、军人推动社会发展的主体作用的同时，正确处理和协调非公有制经济人士等新的社会阶层的利益诉求，全面兼顾和实现社会各阶层群众利益，充分发挥社会各阶层在推动经济社会发展中的作用，努力使整个社会更加生机勃勃、更加和谐融洽。"[①]

---

① 胡锦涛：《关于政治领域和社会领域五个方面的重大关系》（2006 年 7 月 10 日），《胡锦涛文选》第 2 卷，人民出版社 2016 年版，第 481 页。

正确处理海内外同胞关系，在爱国主义旗帜下加强海内外中华儿女大团结。要坚持"一国两制""港人治港""澳人治澳"高度自治的方针，促进香港、澳门长期繁荣稳定，推动内地同香港、澳门和谐相处、共同发展。坚持"和平统一、一国两制"的基本方针和现阶段发展两岸关系、推进祖国和平统一进程的八项主张，是推进两岸关系和平发展，解决台湾问题，实现祖国完全统一的基本方针和纲领。要以凝聚侨心、汇集侨智、发挥侨力为目标，坚持把维护海外侨胞和归侨侨眷的根本利益作为侨务工作的出发点和落脚点，鼓励和支持海外侨胞关心和参与祖国现代化建设，发挥海外侨胞在祖国统一和国际合作以及世界和平中的重要作用。

（四）正确处理党群关系和干群关系

中国共产党是代表中国人民根本利益的政党，党的路线方针政策得到广大人民群众的拥护，绝大多数党员和干部同群众的关系是好的。但是，在改革开放和市场经济条件下，党群关系、干群关系也产生了一些新的问题和矛盾。2011年1月10日，胡锦涛在第十七届中央纪委第六次全会上指出："我们要清醒看到，当前在实际工作尤其是基层工作和干部队伍中仍然存在一些违背党的性质和宗旨、群众反映强烈的突出问题。主要表现在以下几个方面：一是群众观念淡薄，不尊重群众，不相信群众，想问题、干事情不把群众放在心里，居高临下，发号施令，态度生硬，方法简单。二是决策脱离实际，不顾群众意愿，不顾群众利益，乱铺摊子，乱上项目，搞劳民伤财的'形象工程'和沽名钓誉的'政绩工程'。三是作风不扎实，庸懒散问题突出，见困难就缩，见问题就推，见矛盾就躲，对群众提出的诉求敷衍了事，对群众反映的问题久拖不决甚至放任不管，以致酿成严重后果。四是违法违规问题严重，在土地征用、城镇拆迁、城市管理等过程中违规操作、粗暴执法，甚至滥用强制手段，导致群众生活无着，引发群体性事件和个人极端事件。五是以权谋私现象多发，乱收费、乱罚款、乱摊派，吃拿卡要，不给好处不办事；截留、挪用民生资金，与民争利。这些问题严重损害群众利益、严重影响党和政府形象，必须下大气力加以解决。"[①] 解决这些问题，需要全党共同努力。要加强党的思想政治建设，牢固树立和自觉实践以人为本、执政为民的理念，引导党员、干部牢固树立群众观点、坚持党的群众路线；着力建立健全体现以人为本、执政为民要求的决策机制，坚持把人民拥护不拥护、赞成不赞成、高兴不高兴、答应不答应作为制定政策的依据，坚持问政于民、问需于民、问计于民；着力按照法律法规和政策开展工作，不断提高依法办事、按政策办事水平；着力维护人民群众权益，切实健全党和政府主导的维护群众权益机制，健全群众利益协调机制、诉求表达机制、矛盾调处机制、权益保障机制；着力查处损害群众切身利益的案件；着力加强基层干部队伍作风建设，坚持以推动科学发展、促进社会和谐、服务人民群众为主题，深入一线，深入实际，开展创先争优活动，加强对基层干部的思想教育和作风整顿。同时，"要进一步完善处理人民内部矛盾的方式方法，完善信访工作责任制，建立健全社会矛盾纠纷调处机制，把人民调解、司法调解、行政调解结合起来，依法及时合理处理群众反映的问题。要深入细致做好思想政治工作，引导群众以理性合法的

---

① 胡锦涛：《以人为本，执政为民》（2011 年 1 月 10 日），《胡锦涛文选》第 3 卷，人民出版社 2016 年版，第 476—477 页。

形式表达利益要求、解决利益矛盾。要积极预防和妥善处置群体性事件，坚持依法办事、按照政策办事，既依法维护群众正当权益，又依法维护社会安定团结"①。

---

① 胡锦涛：《构建社会主义和谐社会》（2005 年 2 月 19 日），《胡锦涛文选》第 2 卷，人民出版社 2016 年版，第 295 页。

第三编　习近平的战略思维

导　　论

党的十八大以来，习近平总书记作为党中央和全党的核心，他的战略思维的主题，是创造性回答"新时代坚持和发展什么样的中国特色社会主义、怎样坚持和发展中国特色社会主义"这一重大历史课题。面对复杂多变的国际形势，面对我国经济发展新常态等一系列深刻变化，面对全面建成小康社会的艰巨任务和各种重大风险考验，以习近平同志为核心的党中央围绕坚持和发展中国特色社会主义这个主题主线和实现中华民族伟大复兴的战略目标，以巨大的政治勇气和责任担当，提出一系列新理念新思想新战略，统筹推进"五位一体"总体布局，协调推进"四个全面"战略布局，统筹国内国际两个大局，创立了习近平新时代中国特色社会主义思想。这是对马克思列宁主义、毛泽东思想、邓小平理论、"三个代表"重要思想、科学发展观的继承和发展，是马克思主义中国化的最新成果，是新时代中国共产党的思想旗帜，是国家政治生活和社会生活的根本指针，进一步完善、丰富了建设中国特色社会主义的总方略。

在当代中国发展进步的战略方向上，习近平强调，要一以贯之地坚持和发展中国特色社会主义。他指出，这是党的十一届三中全会以来党的全部理论与实践的主题。要紧紧抓住这个主题，坚定不移高举中国特色社会主义旗帜，不断增强道路自信、理论自信、制度自信、文化自信。既不走封闭僵化的老路，也不走改旗易帜的邪路。在举什么旗、走什么路的问题上，在当代中国发展方向问题上，"必须有很强的战略定力"，真正做到："千磨万击还坚劲，任尔东西南北风，"决不可在战略方向上犯颠覆性错误。

在当代中国发展进步的战略目标上，习近平强调，要不忘初心，牢记使命，矢志不移为实现中华民族伟大复兴而奋斗。党的十九大对我国所处历史方位做出科学判断，指出：经过长期努力，中国特色社会主义进入新时代，"我国社会主要矛盾已经转化为人民日益增长的美好生活需要和不平衡不充分的发展之间的矛盾"。据此做出决胜全面建成小康社会、开启全面建设社会主义现代化国家新征程的战略安排——到2035年基本实现社会主义现代化，到本世纪中叶把我国建成富强民主文明和谐美丽的社会主义现代化强国。为此必须准备进行具有许多新的历史特点的伟大斗争，必须大力推进党的建设新的伟大工程，必须不断推进中国特色社会主义伟大事业。

在当代中国发展进步的战略布局上，习近平强调，要协调推进"四个全面"的战略布局，即全面建成小康社会（全面建设社会主义现代化国家）、全面深化改革、全面依法治国、全面从严治党。"四个全面"体现了战略目标和战略举措的统一，战略全局与战略重点的统一。推进中国特色社会主义伟大事业，必须紧紧抓住全面建成小康社会、进而全面建成社会主义现代化强国这个战略目标不动摇，必须紧紧抓住全面深化改革、全面依法治国、全面从严治党三个战略举措不动摇。

在当代中国发展进步的各个领域，以习近平同志为核心的党中央都做出了重大战略部署。如：以新发展理念为引领的经济社会发展战略；以经济体制改革为重点的全面深化改革战略，以依宪治国为根本的全面依法治国方略；以建设世界一流军队为强军目标的国防和军队现代化战略；以国家利益为最高原则的总体国家安全战略；以及坚持和加强党的全面领导、推进全面从严治党的党建方略，等等。

在当代中国的对外关系上，形成了具有时代特点和中国特色的大国外交战略。强调保持战略定力，坚定不移走和平发展道路；以维护世界和平、促进共同发展为宗旨，推动构建人类命运共同体；以合作共赢为核心，推动建立新型国际关系。习近平强调，坚决维护国家主权、安全、发展利益，是中国外交工作的基本出发点和落脚点。在涉及国家核心利益上，我们是有底线的，"任何外国不要指望我们会拿自己的核心利益做交易，不要指望我们会吞下损害我国主权、安全、发展利益的苦果"。①

习近平十分重视战略思维理论和方法。他指出："战略思维能力，就是高瞻远瞩、统揽全局，善于把握事物发展总体趋势和方向的能力。"② 这种能力对于各级领导干部尤其重要。他说："把方向、抓大事、谋全局，是'一把手'的根本职责"，"各级党政'一把手'要站在战略高度，善于从政治上认识和判断形势，观察和处理问题"。他强调，各项工作都要"把围绕中心、服务大局作为基本职责，胸怀大局、

---

① 习近平：《在纪念毛泽东同志诞辰 120 周年座谈会上的讲话》（2013 年 12 月 26 日），人民出版社 2013 年版，第 23 页。

② 中共中央宣传部编：《习近平总书记系列重要讲话读本（2016 年版）》，人民出版社 2016 年版，第 286 页。

把握大势、着眼大事，抓准工作切入点和着力点，做到因势而谋、应势而动、顺势而为"①。他在浙江任省委书记时谈道："努力增强总揽全局的能力，放眼全局谋一域，把握形势谋大事，以'登东山而小鲁''登泰山而小天下'的气度和胸襟，始终把全局作为观察和处理问题的出发点和落脚点，以全局利益为最高价值追求，以世界眼光去认识政治形势，把握经济走势，了解文化态势；用战略思维去观察当今时代，洞悉当代中国，谋划当前浙江，切实把本地、本部门的工作放到国际国内大背景和全党全国全省的工作大局中去思考、去研究、去把握，不断提高领导工作的原则性、系统性、预见性和创造性。"② 他在纪念邓小平诞辰110周年座谈会上的讲话中，对于邓小平卓越的战略思维能力做了高度评价和深刻阐述，指出："战略思维，是邓小平同志一生最恢宏的革命气度，也永远是中国共产党人应该树立的思维方式。"③ 他要求，领导干部要学习邓小平"放眼世界，放眼未来，也放眼当前，放眼一切方面"的世界眼光和战略思维，学习邓小平"善于抓住关键、纲举目张的思想方法和工作方法"，"站在时代前沿观察思考问题，把党和人民事业放到历史长河和全球视野中来谋划，以小见大、见微知著，在解决突出问题中实现战略突破，在把握战略全局中推进各项工作"④。这既

---

① 习近平：《把宣传思想工作做得更好》（2013年8月19日），《习近平谈治国理政》第1卷，外文出版社2018年版，第153页。

② 习近平：《要有世界眼光和战略思维》（2003年11月6日），《之江新语》，浙江人民出版社2007年版，第20页。

③ 习近平：《努力开创中国特色社会主义事业更加广阔的前景》（2014年8月20日），《习近平谈治国理政》第2卷，外文出版社2017年版，第9页。

④ 习近平：《努力开创中国特色社会主义事业更加广阔的前景》（2014年8月20日），《习近平谈治国理政》第2卷，外文出版社2017年版，第10页。

是对邓小平战略思维能力的高度评价，从一定意义上说，也是对我们中国共产党人重视并善于进行战略思维优良传统的一种总结，是对广大领导干部不断提高战略思维能力的一种期望。

第一章 战略方向：一以贯之坚持和发展中国特色社会主义

　　旗帜就是方向。举什么旗，走什么路，关乎当代中国发展进步，关乎中华民族前途命运，是一个重大战略问题。改革开放以来，党和人民奋斗、创造、积累的根本成就，就是树起了一面引领中国发展进步的旗帜——中国特色社会主义伟大旗帜，走对了一条引领民族复兴之路——中国特色社会主义道路。这是当代中国发展进步的根本方向。在这个根本方向问题上，习近平强调，必须立场坚定，旗帜鲜明，不为任何风险所惧，不为任何干扰所惑，真正做到"千磨万击还坚韧，任尔东西南北风"，毫不动摇地坚持和发展中国特色社会主义。

一　把握主题主线，续写中国特色社会主义这篇大文章

　　党的十八大以来，以习近平同志为核心的党中央深刻把握改革开放以来党的全部理论和实践的主题，毫不动摇地坚持和发展中国特色社会主义，以新的理论成果和实践成果捍卫了当

代中国发展进步的根本方向。

（一）中国特色社会主义是改革开放以来党的全部理论和实践的主题

2017 年 7 月 26 日，习近平在省部级主要领导干部专题研讨班开班式上的讲话中指出："中国特色社会主义是改革开放以来党的全部理论和实践的主题。"[①]

人间正道是沧桑。中国特色社会主义不是凭空产生的，不是从天上掉下来的，而是中国共产党人和中国人民历尽千辛万苦、付出巨大代价取得的根本成就，是当代中国发展进步的根本方向。这条道路来之不易，它是在改革开放 40 多年的伟大实践中得来的，是在中华人民共和国成立 70 多年的持续探索中得来的，是在我们党领导人民进行伟大社会革命 100 年的实践中得来的，是在近代以来中华民族由衰到盛 180 多年的历史进程中得来的，是对中华文明 5000 多年的传承发展中得来的，是党和人民历经千辛万苦、付出各种代价取得的宝贵成果。

"走自己的路"，是中国共产党人总结历史经验得出的基本结论。在民主革命时期，毛泽东深刻总结中国革命"两次胜利、两次失败"的经验教训，强调必须把马克思列宁主义普遍真理同中国革命的具体实践结合起来，走出一条具有中国特色的民主革命道路，建立了新中国，进而开创出一条具有中国特色的社会主义改造道路，建立了社会主义基本制度，为实现我国的现代化奠定了制度基础，提供了政治保证。党

---

① 习近平：《高举中国特色社会主义伟大旗帜，为决胜全面小康社会实现中国梦而奋斗》（2017 年 7 月 26 日），《习近平谈治国理政》第 2 卷，外文出版社 2017 年版，第 59 页。

的十一届三中全会以来，以邓小平同志为主要代表的中国共产党人深刻总结我国社会主义胜利的历史经验和遭受挫折的历史教训，带领全党全国人民奋力开创了中国特色社会主义。1982 年 9 月 1 日，邓小平在党的十二大开幕词中指出："我们的现代化建设，必须从中国的实际出发。无论是革命还是建设，都要注意学习和借鉴外国经验。但是，照抄照搬别国经验、别国模式，从来不能得到成功。这方面我们有过不少教训。把马克思主义的普遍真理同我国的具体实际结合起来，走自己的道路，建设有中国特色的社会主义，这就是我们总结长期历史经验得出的基本结论。"① 自此以来，我们走的路就是中国特色社会主义道路，我们干的事业就是中国特色社会主义事业。

党的十二大以来，我们始终行走在"中国特色社会主义"道路上，中国特色社会主义是我们党一以贯之的主题主线。自从邓小平在党的十二大开幕词中提出"建设有中国特色的社会主义"这个崭新的科学命题以后，从党的十三大开始，一直到党的十九大，历次代表大会报告的主题词都有"中国特色社会主义"。这从大会报告的标题就可以看出来。党的十三大报告的题目是"沿着有中国特色的社会主义道路前进"；党的十四大报告的题目是"加快改革开放和现代化建设的步伐，夺取有中国特色社会主义事业的更大胜利"；党的十五大报告的题目是"高举邓小平理论伟大旗帜，把建设有中国特色社会主义事业全面推向二十一世纪"；党的十六大报告的题目是"全面建设小康社会，开创中国特色社会主义事业新局面"；党的十七

---

① 邓小平：《中国共产党第十二次全国代表大会开幕词》（1982 年 9 月 1 日），《邓小平文选》第 3 卷，人民出版社 1993 年版，第 2—3 页。

大报告的题目是"高举中国特色社会主义伟大旗帜，为夺取全面建设小康社会新胜利而奋斗"；党的十八大报告的题目是"坚定不移沿着中国特色社会主义道路前进，为全面建成小康社会而奋斗"；党的十九大报告的题目是"决胜全面建成小康社会，夺取新时代中国特色社会主义伟大胜利"。上述报告对中国特色社会主义的形成和发展、历史地位和指导意义，以及建设中国特色社会主义的决策部署，作了集中、全面的阐述，充分体现了"坚持和发展中国特色社会主义"这个当代中国发展进步的根本方向。

党的十八大以来，我们党领导人民续写了坚持和发展中国特色社会主义的新篇章。习近平指出："坚持和发展中国特色社会主义是一篇大文章，邓小平同志为它确定了基本思路和基本原则，以江泽民同志为核心的党的第三代中央领导集体、以胡锦涛同志为总书记的党中央在这篇大文章上都写下了精彩的篇章。现在，我们这一代共产党人的任务，就是继续把这篇大文章写下去。"[①] 以习近平同志为核心的党中央高举中国特色社会主义伟大旗帜，推动改革开放和社会主义现代化建设取得全方位、开创性的历史性成就，推动党和国家事业发生深层次、根本性的历史性变革，党和国家事业发展站到了新的历史起点上。

中国特色社会主义事业是我们党的大战略、大工程，经过半个多世纪的"赶考"，一代代人的接力奋斗，中国特色社会主义事业进入了新时代，我们比历史上任何时期都更接近、更有信心和能力实现中华民族伟大复兴的目标。进入新时代，

---

① 习近平：《毫不动摇坚持和发展中国特色社会主义》（2013年1月5日），《习近平谈治国理政》第1卷，外文出版社2018年版，第23页。

我们党的理论和实践的主题，仍然是坚持和发展中国特色社会主义；我们党的思想旗帜，仍然是高举中国特色社会主义伟大旗帜；我们党要实现新时代的历史使命，最根本的就是要高举中国特色社会主义伟大旗帜；我们党治国理政第一位的任务，仍然是紧紧围绕新时代坚持和发展中国特色社会主义这个主题，续写中国特色社会主义这篇大文章。沿着中国特色社会主义道路前进，拥有 14 亿中国人民聚合的磅礴之力，我们具有无比强大的前进定力，中华民族复兴之路一定会越走越宽广。

（二）中国特色社会主义是社会主义而不是其他什么主义

习近平指出："中国特色社会主义，是科学社会主义理论逻辑和中国社会发展历史逻辑的辩证统一。"[1] 中国特色社会主义既坚持了科学社会主义的基本原则，又根据时代条件赋予其鲜明的中国特色，是一百多年来科学社会主义理论与实践发展的结晶，是当代中国的科学社会主义，是科学社会主义的中国版、现代版。

中国特色社会主义之所以是社会主义而不是别的什么主义，就在于它始终坚持以科学社会主义的基本原则为根本遵循。习近平指出："中国特色社会主义是社会主义而不是其他什么主义，科学社会主义基本原则不能丢，丢了就不是社会主义。"[2] 中国特色社会主义在其发展的每一阶段，都始终坚

---

① 习近平：《毫不动摇坚持和发展中国特色社会主义》（2013 年 1 月 5 日），《习近平谈治国理政》第 1 卷，外文出版社 2018 年版，第 21 页。

② 习近平：《毫不动摇坚持和发展中国特色社会主义》（2013 年 1 月 5 日），《习近平谈治国理政》第 1 卷，外文出版社 2018 年版，第 22 页。

守马克思主义的世界观方法论，遵循科学社会主义的基本原则；始终选择站在人民的立场上，站在最大多数人的一边，致力于为人民谋幸福；始终遵循实事求是的思想路线，一切从实际出发；始终坚持与时俱进的理论品质，以新的理论形态丰富和发展马克思主义；始终坚守共产主义的价值理想，高扬共产主义的思想旗帜。科学社会主义的基本原则贯穿于党在新时代治国理政的全过程，贯穿于党的理论创新、实践创新、制度创新的各个方面，体现在党所制定的路线、方针、政策之中。因此，正如习近平所说，"在当代中国，坚持和发展中国特色社会主义，就是真正坚持社会主义"①。

中国特色社会主义之所以是当代中国的科学社会主义，是科学社会主义的中国形态，就在于其鲜明的实践特色、民族特色和时代特色。习近平指出："中国特色社会主义……是植根于中国大地、反映中国人民意愿、适应中国和时代发展进步要求的科学社会主义。"② 世界上没有放之四海而皆准的发展模式，科学社会主义也没有一成不变的实现形态，不能寄希望用一种模式来改造整个世界，也不能寄希望用一种方法来建成社会主义。每个民族都有权根据自己的国情，不断丰富科学社会主义的实践特色、民族特色、时代特色。中国特色社会主义，不是简单套用马克思主义经典作家设想的模板，不是从本本上照抄来的社会主义，而是从改革开放伟大实践中闯出来的社会主义，这是其实践特色。中国特色社会主义，不是其他国家社

---

① 习近平：《紧紧围绕坚持和发展中国特色社会主义学习宣传贯彻党的十八大精神》（2012 年 11 月 17 日），《习近平谈治国理政》第 1 卷，外文出版社 2018 年版，第 9 页。

② 习近平：《毫不动摇坚持和发展中国特色社会主义》（2013 年 1 月 5 日），《习近平谈治国理政》第 1 卷，外文出版社 2018 年版，第 21 页。

会主义实践的再版，不是从他国模式"克隆"出来的社会主义，而是立足于我国独特的文化传统、历史命运和现实国情的社会主义，这是其民族特色。中国特色社会主义，不是国外现代化发展的翻版，不是走封闭僵化老路或改旗易帜邪路的社会主义，而是顺应时代潮流、走在时代前列的社会主义，这是其时代特色。

中国特色社会主义是前无古人的伟大事业，经过几十年的摸索，我们对社会主义的认识，对中国特色社会主义规律的把握，达到了前所未有的新高度，这一点不容置疑。同时，我们也应当清醒地看到，中国社会主义还处于初级阶段，对许多重大问题的认识和处理还处在不断深化的过程当中，这一点也不容置疑。我们必须坚持与时俱进的科学态度，坚持实践是检验真理的唯一标准，坚持逢山开路、遇河架桥的开拓进取精神，在实践中不断推进理论创新、实践创新、制度创新，不断把中国特色社会主义推向前进。

（三）中国特色社会主义是实现社会主义现代化、创造人民美好生活的必由之路

改革开放以来，我们党团结带领全国各族人民坚定不移沿着中国特色社会主义道路前进，推动我国经济实力、科技实力、国防实力、综合国力进入世界前列，推动我国国际地位实现前所未有的提升，中国大踏步地赶上了时代，彻底摆脱了被开除球籍的危险，中华民族正以崭新姿态屹立于世界的东方。

从财富增长来说，中国在过去短短几十年里创造了人类社会发展史上惊天动地的发展奇迹，今天的中国前所未有地接近实现中华民族伟大复兴的目标。以美元来计算，2020 年中国

GDP 达到 14.7 万亿美元，稳居世界第二大经济体。中国拥有世界上最完整的工业产业链条，拥有世界上最强大的工业制造能力。2010 年，中国制造业产值超过美国，成为全球制造业第一大国，此前美国已经在这个"宝座"上稳坐了 114 年；2020 年，中国的制造业产值超过美国的两倍，超过美、日、德三国之和。据预测，中国将在 2030 年左右超过美国，成为世界上最大的经济体。改革开放以来，中国有 7 亿多人脱贫，约占整个世界脱贫人数的 80%。今天的中国已成为世界经济发展的重要动力，对世界经济增长的贡献常年保持在 30% 左右。辉煌的成绩单告诉我们，中国特色社会主义是实现社会主义现代化、创造人民美好生活的必由之路。

中国的成功本质上是中国特色社会主义的成功，是中国特色社会主义道路、理论体系、制度、文化的成功。中国以西方不认可的社会形态、发展道路、政党制度、文明价值观念，花费比西方少得多的时间，付出比西方小得多的代价，取得了比西方更大的成绩，中华民族迎来了从站起来到富起来、强起来的伟大飞跃，迎来了伟大复兴的光明前景。

中国特色社会主义的伟大实践，打破了西方政治制度和价值观"放之四海而皆准"的神话，打破了"除了资本主义别无选择"的神话，打破了"现代化＝西方化"的发展逻辑，宣告了"中国崩溃论"的崩溃和"历史终结论"的终结，"拓展了发展中国家走向现代化的途径，给世界上那些既希望加快发展又希望保持自身独立性的国家和民族提供了全新选择，为解决人类问题贡献了中国智慧和中国方案"。[①]

---

① 习近平：《决胜全面建成小康社会 夺取新时代中国特色社会主义伟大胜利——在中国共产党第十九次全国代表大会上的报告》（2017 年 10 月 18 日），人民出版社 2017 年版，第 10 页。

归根结底，中国的实践证明，中国特色社会主义制度是有优越性的，中国特色社会主义道路是符合国情的，中国特色社会主义理论体系是管用的，中国特色社会主义文化是先进的。中国特色社会主义是实现社会主义现代化的必由之路，是创造人民美好生活的必由之路，是实现中华民族伟大复兴的必由之路。

二　既不走封闭僵化老路，也不走改旗易帜邪路

一个国家实行什么样的主义，走什么样的道路，关键要看这个主义、这条道路能否解决这个国家面临的历史性课题；这个主义、这条道路是不是好，关键要看事实，要看中国人民的判断。习近平指出："历史和现实都告诉我们，只有社会主义才能救中国，只有中国特色社会主义才能发展中国，这是历史的结论、人民的选择。"① "全党要更加自觉地增强道路自信、理论自信、制度自信、文化自信，既不走封闭僵化的老路，也不走改旗易帜的邪路，保持政治定力，坚持实干兴邦，始终坚持和发展中国特色社会主义。"②

（一）只有社会主义才能救中国

中华民族有五千多年的文明史，创造了灿烂的中华文明，塑造了辉煌的古代中国。自秦汉以来，中华民族在世界上独领

---

① 习近平：《毫不动摇坚持和发展中国特色社会主义》（2013 年 1 月 5 日），《习近平谈治国理政》第 1 卷，外文出版社 2018 年版，第 22 页。
② 习近平：《决胜全面建成小康社会 夺取新时代中国特色社会主义伟大胜利——在中国共产党第十九次全国代表大会上的报告》（2017 年 10 月 18 日），人民出版社 2017 年版，第 17 页。

风骚逾千年，为人类做出了卓越贡献，成为世界上伟大的民族。

　　然而，近代以来，帝国主义的入侵使中国濒临亡国灭种的边缘，中国陷入了山河破碎、内忧外患的黑暗境地，中国人民坠入了战乱频仍、民不聊生的深重苦难之中。从 1840 年鸦片战争爆发、中国沦为半殖民地半封建社会，到 1919 年五四运动之前，无数仁人志士"以爱国相砥砺，以救亡为己任"，不屈不挠、前仆后继，为了挽救国家危亡、实现民族复兴、增进人民幸福，提出过各式各样的救国方案，但都以失败告终。

　　旧式农民起义搞过了——这就是 1851 年爆发的太平天国农民起义，持续 14 年之久，遍及 18 个省，建立了百万农民军，最后还是被镇压下去了。他们沉重地打击了封建王朝，但是最终战胜不了封建王朝。因为农民阶级不是先进生产力的代表，提不出代表先进生产力发展要求的制度和纲领，农民革命战胜不了封建王朝。

　　洋务运动搞过了——这就是从 19 世纪 60 年代到 90 年代，以曾国藩、李鸿章、左宗棠、张之洞等为代表的封建地主阶级内部的一些人，为了维护摇摇欲坠的封建王朝而兴办"洋务"的运动。洋务运动的指导思想是"中学为体、西学为用"，实质是封建地主阶级的"自救"运动，这就使得他们的各项"洋务"不可避免地带有强烈的封建性和买办性，从而在帝国主义进攻面前不堪一击，甲午海战中北洋水师全军覆没就是证明。封建主义抵御不了资本主义，兴办"洋务"复兴不了中国。

　　资产阶级改良主义搞过了——这就是 1898 年的戊戌变法。康有为六次上书光绪皇帝要求变法，提出"兴民权""开议院""君民共主"等政治主张。清政府以光绪皇帝的名义颁布设立新式机构、奖励工商、改革科举、开办新式学堂以及提倡"西学"等项法令100多道。但是，以慈禧太后为首的封建顽固派一朝政变，将光绪皇帝囚禁起来，慈禧再度"垂帘听政"，变法以"流产"告终，只存在3个多月，史称"百日维新"。资产阶级改良主义遭到了失败，维新变法救不了中国。

旧式资产阶级民主革命也搞过了——这就是孙中山领导的资产阶级民主革命。1911年10月10日爆发的辛亥革命推翻了清王朝的统治。1912年元旦，孙中山就职中华民国南京临时政府大总统，宣告延续2000多年的封建帝制历史的终结，中国历史揭开了新的一页。但是，由于中国民族资产阶级的软弱性，政权很快被封建军阀袁世凯所篡夺，袁世凯去世后中国陷入大大小小的军阀混战，帝国主义乘机加紧对中国进行侵略和掠夺，中华民族危机日深，中国还是没有出路，民族复兴依然看不到曙光。

总之，近代以来，中国共产党之外的各派政治势力轮番登台，都未能改变旧中国的社会性质和中国人民的悲惨命运，都没能担负起民族独立、人民解放的历史使命，中国依然处于乱世之中。

大浪淘沙，历史呼唤真正合格的使命担当者。在历史的反复比较中，在各种主义、各条道路的反复权衡中，在各派政治力量的反复较量中，在中国人民的反复选择中，在中国人民反抗封建统治和外来侵略的激烈斗争中，在马克思列宁主义同中国工人运动的结合过程中，1921年中国共产党应运而生。在中国共产党的领导下，中国人民赢得民族独立、人民解放的伟大斗争，走上了社会主义道路，实现了中国从几千年封建专制政治向人民民主的伟大飞跃。久经磨难的中华民族从此开启了重塑民族自信、走向民族复兴的伟大征程。

鸦片战争以来的历史证明，我们什么主义都尝试了，什么道路都走过了，社会主义是唯一行得通、走得好的道路。只有社会主义才能救中国，这是历史的结论，人民的选择。

（二）只有中国特色社会主义才能发展中国

中国的社会主义制度是建立在半殖民地半封建社会废墟的基础之上的。中华人民共和国成立之后很长一段时期内，我们党对于"什么是社会主义、怎样建设社会主义"这个基本问题并没有完全搞清楚，走了很多弯路，最后导致了"文化大革命"这样全局性错误。1976年，"文化大革命"结束，"中国向何处去"又成为摆在党和人民面前头等重要的问题。

以邓小平同志为核心的党的第二代中央领导集体总结党执政以来正反两方面的经验，紧紧抓住"什么是社会主义、怎样建设社会主义"这个基本问题，响亮提出"走自己的道路，建设有中国特色的社会主义"的伟大号召，领导我们党在新中国成立以来革命和建设实践的基础上，成功走出了一条中国特色社会主义新道路。经过改革开放40多年来的接力奋斗，中国大踏步赶上了时代。中华民族迎来了从站起来到富起来、强起来的伟大飞跃，迎来了伟大复兴的光明前景。

中国特色社会主义道路是一条与西方完全异质却更加成功的现代化之路。中国特色社会主义道路的巨大成功，不是共产党人的自我吹嘘，而是实践给出的答案。经过连续40多年的快速发展，中国今天已经成为全球经济的发动机和主引擎，而且中国在这么长的发展周期内没有经历过严重的经济危机和社会危机，这不能不说明我们的道路是成功的，不能不说明这条道路的载体和内核——理论、制度、文化是正确的。中国在西方的夹击中求生存，"千磨万击还坚劲，任尔东西南北风"，真可谓"风景这边独好"。"中国道路"的巨大成功足以撑起这个颠扑不破的历史结论：只有中国特色社会主义才能发展中国。我们在 2020 年全面建成了小康社会，靠的就是坚持和发展中国特色社会主义；我们要在 2035 年基本实现社会主义现代化，要靠坚持和发展中国特色社会主义；我们要在 2050 年建成社会主义现代化强国，实现中华民族伟大复兴的中国梦，还是要靠坚持和发展中国特色社会主义。

（三）走封闭僵化的老路、改旗易帜的邪路一定会葬送社会主义

发展社会主义，既不能走封闭僵化的老路，也不能走改旗易帜的邪路，这是总结中国现代史、世界社会主义运动史得出的基本结论。

一方面，中国社会主义建设的历史证明，固守苏联模式没有出路，封闭僵化的老路发展不了中国，发展不了社会主义。

中华人民共和国成立后，中国共产党领导人民开始了社会主义革命和建设的伟大实践。社会主义建设初期，如何建设社会主义对于中国共产党人是全新的课题，苏联模式是唯一可供参考借鉴的实践样板，以俄为师，走俄国人的路是当时中国领导人迫不得已的选择。但是，中国毕竟不是俄国，苏联模式不是为中国量身打造的，将其挪搬到中国，水土不服的症状很快表现出来，加之苏联模式本身弊病丛生。是继续以俄为师，还是独立探索适合中国国情的社会主义建设道路？我们党选择了后者，开始了"以苏为鉴"的实践探索。这一探索取得了巨大的成绩，但也出现了脱离实际的严重失误。特别是在"文革"时期，党对社会主义的认识严重偏离了科学社会主义的基本原则，实行以阶级斗争为纲

的错误路线，奉行无产阶级专政下继续革命的错误理论，致使中国社会主义事业陷入前所未有的困境，国民经济到了崩溃的边缘。实践告诉我们，走封闭僵化的老路发展不了中国，发展不了社会主义。

另一方面，20世纪末世界社会主义运动特别是东欧剧变、苏联解体的历史教训证明，处处与西方接轨不是社会主义的发展方向，走改旗易帜的邪路一定会葬送社会主义。

20世纪七八十年代，几乎所有社会主义国家都遭遇了前所未有的发展困境，何去何从，成为摆在各个国家共产党人前面的一个重大难题。中苏等国几乎同时开启了改革进程，但在举什么旗、走什么路的根本问题上，各国共产党的选择可谓大相径庭。孰是孰非，历史和实践已经给出了答案。

昔日可以和美国相抗衡的超级大国苏联，今日已灰飞烟灭，国家四分五裂，经济社会发展受到严重破坏。普京上台之初的俄罗斯是一个什么样子呢？普京有一个很坦率的说明："俄罗斯正处于其数百年来最困难的一个时期。大概这是俄罗斯近200—300年来首次真正面临沦为世界二流国家，抑或三流国家的危险。"美国经济学家在《俄罗斯改革的悲剧》一书中罗列了一系列数据：20世纪30年代美国大萧条期间苏联国内生产总值减少了30%，第二次世界大战期间苏联国内生产总值减少了24%，而俄罗斯自1992年到1998年期间国内生产总值下降了44%，其中工业生产下降了56%。1990年，俄罗斯的GDP相当于中国的130%，然而，时过境迁，2020年俄罗斯的GDP正好相当于中国的10%，已不及中国广东省。昔日的大国沦落至此，令人唏嘘不已。

造成东欧剧变、苏联解体这种悲剧，既有历史的原因，又有现实的原因，而其直接的现实的原因则是苏联领导人背叛了马克思列宁主义，背叛了社会主义道路。正如江泽民所说："东欧剧变、苏联解体，最深刻的教训是：放弃了社会主义道路，放弃了无产阶级专政，放弃了共产党的领导地位，放弃了马克思列宁主义，结果使得已经相当严重的经济、政治、社会、民族矛盾进一步激化，最终酿成了制度剧变、国家解体的历史悲剧。"[1]

苏联、东欧的前车之覆，就是中国的后车之鉴。中国绝不能走改旗易帜、"全盘西化"的邪路，经济上绝不能搞全面私有化，政治上绝不能搞资产阶级自由化，意识形态上绝不能搞指导思想多元化，这都是关乎中国命脉的根本性问题。习近平郑重告诫全党："中国是一个大国，决不能在根本性问题上出现颠覆性错误，一旦出现就无法挽回、无法弥补。"[2] 这是我们从国际比较中得出的一个极其重要的历史结论。

三　创造性回答"新时代坚持和发展什么样的中国特色社会主义、怎样坚持和发展中国特色社会主义"

正确认识我国社会发展的历史方位，准确把握我国社会主要矛盾的新变化，科学规划我国社会发展的战略步骤，确立引领民族复兴的行动指南，是坚持和发展中国特色社会主义至关

---

[1]　江泽民：《关于坚持四项基本原则》（2001 年 4 月 2 日），《江泽民文选》第 3 卷，人民出版社 2006 年版，第 230 页。

[2]　习近平：《深化改革开放，共创美好亚太》（2013 年 10 月 7 日），《习近平谈治国理政》第 1 卷，外文出版社 2018 年版，第 348 页。

重要的问题。

（一）中国特色社会主义发展方位的战略判断

"经过长期努力，中国特色社会主义进入了新时代，这是我国发展新的历史方位。"[①] 党的十九大做出的这一重大政治论断，是我们党坚持马克思主义的科学方法论，从党和国家事业发展大局出发，从历史和现实、理论和实践、国内和国际结合上思考得出的正确结论。

中国特色社会主义进入了新时代这一重大政治判断，是在准确把握我国发展方位的基础上做出的。中国特色社会主义进入了新时代，这是世情国情党情变化的必然结果，是我国社会主要矛盾运动的必然结果，也是党的十八大以来党和国家事业发生历史性变革的结果，是中国共产党人带领全国各族人民长期不懈奋斗的结果。党的十八大以来，面对世界经济复苏乏力、全球治理不畅、全球性问题加剧的外部环境，面对全球发展赤字、治理赤字、信任赤字、和平赤字累积的严峻局面，面对我国经济发展进入新常态等一系列深刻变化，面对党面临的"四大考验""四种危险"和管党治党"宽松软"等突出问题，以习近平同志为核心的党中央团结带领全党全国各族人民进行具有许多新的历史特点的伟大斗争，统筹推进"五位一体"总体布局，协调推进"四个全面"战略布局，推动改革开放和社会主义现代化建设取得全方位的、开创性的历史性成就，推动党和国家事业发生深层次的、根本性的历史性变革。党的十八大以来，我们解决了许多长期想解决而没有解决的难题，办成了

---

① 习近平：《决胜全面建成小康社会 夺取新时代中国特色社会主义伟大胜利——在中国共产党第十九次全国代表大会上的报告》（2017年10月18日），人民出版社2017年版，第10页。

许多过去想办而没有办成的大事，我国经济实力、科技实力、国防实力、综合国力、国际影响力和人民获得感显著提升，党的面貌、国家的面貌、人民的面貌、军队的面貌、中华民族的面貌发生了深刻的变化，党和国家事业发展站到了新的历史起点上，中国特色社会主义进入了新时代。

中国特色社会主义进入新时代的鲜明标志是我国社会主要矛盾的转化。习近平在党的十九大报告中指出，"我国社会主要矛盾已经转化为人民日益增长的美好生活需要和不平衡不充分的发展之间的矛盾"①。这是关于我国社会主要矛盾的重大政治判断，也是中国特色社会主义进入新时代的鲜明标志。

1956年，党的八大第一次明确提出并阐释了我国社会的主要矛盾："社会主义制度在我国已经基本上建立起来……国内主要矛盾已经不再是工人阶级和资产阶级的矛盾，而是人民对于经济文化迅速发展的需要同当前经济文化不能满足人民需要的状况之间的矛盾。"② 遗憾的是，这个正确思想没有坚持下来，从1957年下半年以后，党和国家的工作布局逐渐偏离了社会主要矛盾的正确判断，犯了阶级斗争扩大化的错误，最终导致了"文化大革命"长达十年之久"左"的错误。党的十一届三中全会实现了党和国家事业发展的重大历史转折，反映在对社会主要矛盾的认识上，就是再次回到了党的八大对社会主要矛盾的判断上来。1979年3月，邓小平在中央召开的理论务虚会上明确指出："我们的生产力发展水平很低，远远不能满足

---

① 习近平：《决胜全面建成小康社会　夺取新时代中国特色社会主义伟大胜利——在中国共产党第十九次全国代表大会上的报告》（2017年10月18日），人民出版社2017年版，第11页。

② 《中国共产党中央委员会关于建国以来党的若干历史问题的决议》，人民出版社1981年版，第15页。

人民和国家的需要，这就是我们目前时期的主要矛盾，解决这个主要矛盾就是我们的中心任务。"① 这个判断是实现党和国家工作中心转移、实行改革开放重大决策的基本依据。

1981 年，党的十一届六中全会对我国社会主要矛盾做出了明确界定："社会主义改造基本完成以后，我国所要解决的主要矛盾，是人民日益增长的物质文化需要同落后的社会生产之间的矛盾。"② 从那以后一直到党的十八大，我们党始终坚持这一判断，并且从这一判断出发来决定党和国家的路线、方针、政策。

社会主要矛盾是发展的、变化的。经过长期努力，中国特色社会主义进入了新时代，我国社会主要矛盾已经发生重要转变。党的十九大报告关于社会主要矛盾的表述是准确的，反映了当前我国社会发展的基本事实。今天，我们应当准确把握矛盾变化的内涵。一般说来，社会基本矛盾决定社会性质，社会主要矛盾决定发展阶段；基本矛盾变了，社会性质也就变了；主要矛盾变了，社会阶段也就变了。现在，社会主义初级阶段的基本国情没有变，那社会主要矛盾是在何种程度上发生了变化呢？我们以为，今天的主要矛盾和原来的主要矛盾，本质上都是"发展不够"带来的矛盾。"发展不够"在不同的时代有不同的表现。之前，"发展不够"表现为"落后的社会生产"；进入新时代，"发展不够"表现为"发展不平衡不充分"，两者内在是统一的。因此，这两种主要矛

---

① 邓小平：《坚持四项基本原则》（1979 年 3 月 30 日），《邓小平文选》第 2 卷，人民出版社 1994 年版，第 182 页。

② 《中国共产党中央委员会关于建国以来党的若干历史问题的决议》，人民出版社 1981 年版，第 54 页。

盾的概括绝不是对立的，今天的主要矛盾不是对过去主要矛盾的否定和彻底颠覆，不是根本性质的变化，而是阶段性的变化，是量的累积，是部分质变，是原来主要矛盾的升级版，是过去主要矛盾的新的呈现形式。因此，这种"变"并没有超越社会主义初级阶段的"度"，因而也没有改变社会主义初级阶段的基本国情。

我国社会主要矛盾的变化，表现在两个方面：

第一，在需求方面，"物质文化需要"升级为"美好生活需要"。今天，人们生活需要的内涵大大扩展，需要的层次大大提升。不仅对物质文化生活提出更高要求，而且从人的全面发展和社会全面进步的角度提出更多要求——期待社会提供更好的教育、更稳定的工作、更满意的收入、更可靠的社会保障、更高水平的医疗卫生服务、更舒适的居住条件、更优美的环境、更丰富的精神文化生活，期待社会更好地满足人们在民主、法治、公平、正义、安全、环境等方面的美好生活需要，期待社会更好地满足人们的参与感、公平感、安全感、幸福感、获得感、尊严感等"软性需要"，期待整个国家的物质文明、政治文明、精神文明、社会文明、生态文明平衡发展、共同进步，满足人们在各个方面的需要。

第二，在供给方面，"落后的社会生产"转变为"不平衡不充分的发展"。经过长期努力，我国社会生产力水平总体上显著提高，社会生产能力在很多方面进入世界前列，但是发展不平衡不充分的问题日益突出，这已经成为满足人民日益增长的美好生活需要的主要制约因素。具体来说，发展不平衡不充分大致表现在以下方面：国家经济总量大了，但人均还非常小；国家体量上去了，但发展质量和效益还亟待提升；

中低端制造业很强大，但高端制造还很欠缺；中国制造响彻世界，但中国智造还不响亮，核心技术和卡脖子的短板还很突出；国家总体发展进步，但各个领域各个行业发展还很不平衡；国民收入大幅提高，但贫富差距依然过大；区域发展不平衡，东部地区已经跨入发达国家门槛，但西部农村和边远地区更像第三世界；供需结构不平衡，产能过剩与有效供给不足同时并存；等等。

我国社会主要矛盾的变化是关系全局的历史性变化，对党和国家工作提出了许多新要求。我们党领导革命、建设、改革的历史经验表明，科学认识和把握我国社会主要矛盾及其变化，是我们党制定正确的路线方针政策的根本依据和理论前提，事关党和国家事业发展的成败兴衰。党的十九大关于社会主要矛盾的判断反映了我国发展的实际状况，揭示了制约我国发展的症结所在，指明了解决当代中国发展问题的根本着力点。社会主要矛盾的变化，意味着发展的内涵和重点、理念和方式、环境和条件、水平和要求与过去有很大不同，这就要求党的工作思路、方针政策主动体现这一变化、顺应这一变化，针对发展不平衡不充分问题提出新的思路、新的战略、新的举措，努力实现更高质量、更有效率、更加公平、更可持续的发展。我们要在继续推动发展的基础上，着力解决好发展不平衡不充分问题，大力提升发展质量和效益，在满足人们物质文化生活需要的同时，更好满足人们在民主、法治、公平、正义、安全、环境等方面日益增长的美好生活需要。

今天，重新认识我国社会主要矛盾，必须把握一个"没有改变"和两个"没有变"的基本事实，这就是：我国社会主要矛盾的变化，"没有改变我们对我国社会主义所处历史阶段的判断，我国仍处于并将长期处于社会主义初级阶段的基本国情没有变，我国是世界最大发展中国家的国际地位没有变"①。我们要牢牢把握社会主义初级阶段这个基本国情，而不能有任何怀疑；牢牢立足社会主义初级阶段这个最大实际，而不能超越发展阶段；牢牢坚持党的基本路线这条生命线、幸福线，而不能有丝毫偏离；牢牢扭住经济建设这个中心任务，而不能有丝毫动摇。

（二）新时代坚持和发展中国特色社会主义的行动指南

党的十八大以来，以习近平同志为核心的党中央围绕新时代坚持和发展什么样的中国特色社会主义、怎样坚持和发展中国特色社会主义这个重大时代课题，进行艰辛理论探索，取得重大理论创新成果，创立了习近平新时代中国特色社会主义思想，为新时代坚持和发展中国特色社会主义、实现中华民族伟大复兴提供了行动指南。

习近平新时代中国特色社会主义思想，是对马克思列宁主义、毛泽东思想、邓小平理论、"三个代表"重要思想、科学发展观的继承和发展，是马克思主义中国化的最新成果，是党和人民实践经验和集体智慧的结晶，是中国特色社会主义理论体系的重要组成部分，是全党全国人民为实现中华民族伟大复兴而奋斗的行动指南，必须长期坚持并不断发展。

习近平新时代中国特色社会主义思想最重要、最核心的内容是"八个明确"。即明确坚持和发展中国特色社会主义，总任务是实现社会主义现代化和中华民族伟大复兴，在全面建成

---

① 习近平：《决胜全面建成小康社会 夺取新时代中国特色社会主义伟大胜利——在中国共产党第十九次全国代表大会上的报告》（2017 年 10 月 18 日），人民出版社 2017 年版，第 12 页。

小康社会的基础上，分两步走在本世纪中叶建成富强民主文明和谐美丽的社会主义现代化强国；明确新时代我国社会主要矛盾是人民日益增长的美好生活需要和不平衡不充分的发展之间的矛盾，必须坚持以人民为中心的发展思想，不断促进人的全面发展、全体人民共同富裕；明确中国特色社会主义事业总体布局是"五位一体"、战略布局是"四个全面"，强调坚定道路自信、理论自信、制度自信、文化自信；明确全面深化改革总目标是完善和发展中国特色社会主义制度、推进国家治理体系和治理能力现代化；明确全面推进依法治国总目标是建设中国特色社会主义法治体系、建设社会主义法治国家；明确党在新时代的强军目标是建设一支听党指挥、能打胜仗、作风优良的人民军队，把人民军队建设成为世界一流军队；明确中国特色大国外交要推动构建新型国际关系，推动构建人类命运共同体；明确中国特色社会主义最本质的特征是中国共产党领导，中国特色社会主义制度的最大优势是中国共产党领导，党是最高政治领导力量，提出新时代党的建设总要求，突出政治建设在党的建设中的重要地位。这"八个明确"，高度凝练、提纲挈领地概括了习近平新时代中国特色社会主义思想的核心要义，明确了新时代坚持和发展中国特色社会主义的总目标、总任务、总体布局、战略布局和发展方向、发展方式、发展动力、战略步骤、外部条件、政治保证等基本问题，构成了系统完备、逻辑严密、内在统一的科学体系。

围绕贯彻落实习近平新时代中国特色社会主义思想，党的十九大报告提出了新时代坚持和发展中国特色社会主义的基本方略，并概括为"十四个坚持"。即坚持党对一切工作的领导，坚持以人民为中心，坚持全面深化改革，坚持新发展理念，坚持人民当家作主，坚持全面依法治国，坚持社会主义核心价值体系，坚持在发展中保障和改善民生，坚持人与自然和谐共生，坚持总体国家安全观，坚持党对人民军队的绝对领导，坚持"一国两制"和推进祖国统一，坚持推动构建人类命运共同体，坚持全面从严治党。

"八个明确""十四个坚持"是一个有机整体。"八个明确"的主体内容，实际上解决的是新时代坚持和发展什么样的中国特色社会主义的问题，侧重从理论上回答新时代中国特色社会主义"是什么"的问题；"十四个坚持"的基本方略，实际上讲的是新时代怎样坚持和发展中国特色社会主义的问题，侧重从实践上回答中国特色社会主义"怎么办"的问题。"八个明确"是指导思想层面的表述，讲的是"道"，是理论理性；"十四个坚持"是行动纲领层面的表述，讲的是"术"，是实践理性。

习近平新时代中国特色社会主义思想是一个系统完整的科学理论体系，在这个体系中包含有许多新理念新思想新战略，为发展当代中国马克思主义、21世纪马克思主义做出了原创性、时代性贡献。比如，关于新的历史方位、主要矛盾的论述，是对社会主义初级阶段理论的丰富和发展；关于协调推进"四个全面"战略布局的论述，明确了新时代治国理政的总方略，是对党的基本纲领的丰富和发展；关于"使市场在资源配置中起决定性作用和更好发挥政府作用"的命题，是对社会主义市场经济理论的丰富和发展；关于"新发展理念""以人民为中心的发展思想""经济新常态""供给侧结构性改革""构建新发展格局"和"现代化经济体系"的理论，是对中国特色社会主义政治经济学的丰富和发展；关于"总体国家安全观"的论述，是对马克思主义安全观的丰富和发展；关于构建"人类命运共同体"的论述，深化了对马克思主义世界历史理论的认识；关于"全面从严治党""党是最高政治领导力量""坚持和加强党的全面领导""把党的政治建设摆在首位"的论述，深化了对共产党执政规律的认识；关于"一带一路"倡议、新型全球化方案的论述，关于全球治理观、共同价值观、正确义利观、新安全观、新型国际关系、新型大国关系的论述，深化了对人类社会发展规律的认识，等等，开辟了马克思主义在中国发展的新境界。

党的十九大将习近平新时代中国特色社会主义思想写进党章，作为民族复兴的行动指南，作为治国理政的根本遵循，是时代的选择，人民的选择，全党的选择，标志着我们党的指导思想又一次实现了与时俱进，标志着新时代坚持和发展中国特色社会主义有了根本遵循。

第二章　战略目标：实现中华民族伟大复兴的中国梦

　　党的十八大以来，习近平提出实现中华民族伟大复兴的中国梦，进一步指明了全国各族人民团结奋斗的共同战略目标。这充分体现了中国共产党的历史担当和使命追求，为决胜全面建成小康社会、开启全面建设社会主义现代化国家新征程提供了强大精神动力和战略指引。

一　实现中华民族伟大复兴是近代以来中华民族最伟大的梦想

　　实现中华民族伟大复兴中国梦，具有厚重的历史感和鲜明的时代特色。党的十八大闭幕不久，习近平率中央政治局常委和中央书记处同志到国家博物馆参观《复兴之路》展览时，第一次鲜明提出实现中华民族伟大复兴中国梦的战略目标。他指出："实现中华民族伟大复兴，就是中华民族近代以来最伟大的梦想。"①

---

　　① 习近平：《实现中华民族伟大复兴是中华民族近代以来最伟大的梦想》（2012 年 11 月 29 日），《习近平谈治国理政》第 1 卷，外文出版社 2018 年版，第 36 页。

（一）实现中华民族伟大复兴是近代以来无数仁人志士孜孜以求的梦想

"只有创造过辉煌的民族，才懂得复兴的意义；只有历经过苦难的民族，才对复兴有深切的渴望。"[1]

中华民族的昨天，可以说是"雄关漫道真如铁"，苦难辉煌铸就了中华民族复兴之路，实现中国梦是一个凤凰涅槃、浴火重生的过程。中国是世界上文明发展最早的国家之一，也是世界上少有的历史文化从未间断、一直延续至今的国家。具有悠久历史、广袤疆域、众多人口的中国，为人类文明进步做出了巨大贡献。在过去的数千年中，中国素以国力强盛、气象宏伟屹立于世，处于世界舞台的中心。国家政治之大一统，经济社会文化之繁荣，令世人瞩目。"过去的 2000 年里，有 1800 年中国在世界国内生产总值中所占的比例都要超过任何一个欧洲国家。直至 1820 年，中国在世界国内生产总值的比例仍大于30％，超过了西欧、东欧和美国国内生产总值的总和。"[2] 伴随工业革命迅速兴起并产生全球重大影响的西方文明，也在相当程度上汲取了中华文明的优秀成果。从明中叶后，由于无视世界大势，故步自封，未能因应变局，中国渐失生机，走向衰落。近代以来，中国社会战火频仍、兵燹不断，内部战乱和外敌入侵交替，中华民族进入了动荡屈辱的历史时期，面临三千年未有之变局。她的独立与完整，光辉与自信遭受了空前的打击和破坏，一度陷入亡国灭种的危险。自那时起，实现中华民族伟大复兴，再创中华民族新的辉煌，成为中华民族最伟大的梦想。

---

[1] 中共中央宣传部编：《习近平新时代中国特色社会主义思想三十讲》，学习出版社 2018 年版，第 32 页。

[2] ［美］亨利·基辛格：《论中国》，中信出版社 2012 年版，第 8 页。

　　实现中华民族伟大复兴，是无数仁人志士孜孜以求的梦想。张之洞等人梦想"中体西用"，康有为等人梦想变法维新，孙中山等人梦想民主共和，张謇等人梦想实业救国，但"多少年来多少人做过这种梦，但是一概幻灭了"①。整个民族处于困苦迷茫之中，"向何处去"的问题横亘在人们的面前。直到中国共产党成立后，中国人民谋求民族独立、人民解放和国家富强、人民幸福的斗争才有了主心骨，民族复兴的梦想逐步成为现实。

（二）实现中华民族伟大复兴是新时代中国共产党的历史使命

　　中国梦具有继承性、创新性、连续性，是对我们党提出的一系列主要任务和奋斗目标的统摄和提升，是激励中华儿女团结奋进、开辟未来的一面精神旗帜。中国共产党人的初心和使命，就是为中国人民谋幸福，为中华民族谋复兴。实现中国梦既与中华民族的不懈追求相承接，又与当今中国发展大势相契合，充分体现了我们党不忘初心、接续奋斗的历史担当和使命追求。

　　中国共产党从诞生之日起，就同中华民族的复兴、中国人民的命运、中国的发展进步紧密联系在一起。中国共产党领导人民进行革命、建设、改革，根本目的就是要让国家强盛起来，民族振兴起来，人民富裕起来。

　　中国共产党是实现中国梦的引领者。一百年来，我们党团结带领人民在实现中华民族伟大复兴的道路上阔步前行，不断取得革命、建设、改革的伟大胜利，把一个贫穷落后的旧中国

---

　　① 毛泽东：《论联合政府》（1945 年 4 月 24 日），《毛泽东选集》第 3 卷，人民出版社1991 年版，第 1080 页。

变成了日益走向繁荣富强文明的新中国。在党的领导下，新民主主义革命取得胜利，建立了新中国，中国人民"站起来了"，彻底洗刷了屈辱，为实现中国梦扫清了根本障碍；确立了社会主义基本制度，为当代中国一切发展进步奠定了根本政治前提和制度基础，中华民族伟大复兴成功迈出重要一步。改革开放新时期，我们党带领人民找到实现民族复兴的正确道路，成功开创、胜利推进了中国特色社会主义伟大事业，中国人民"富起来了"，逐渐赶上了时代，中华民族伟大复兴展现出光辉的前景。党的十八大以来，改革开放和社会主义现代化建设取得了全方位、开创性的历史性成就，党和国家事业发生了深层次、根本性的历史性变革，中国特色社会主义进入了新时代，迈上了"强起来"的历史新征程。我们比历史上任何时期都更接近实现中华民族伟大复兴的目标，比历史上任何时期都更有信心、更有能力实现这个目标。当今世界，有能力重新成为世界强国的古老文明国家，只有中国。在实现中华民族伟大复兴的历史征程中，中国将再度影响世界，为人类文明进步做出更大的贡献。

高度的使命自觉是共产党人的政治品格和精神特质，也是习近平新时代中国特色社会主义思想的鲜明特征。党的十八大后，习近平正式提出实现中华民族伟大复兴中国梦，彰显了对民族前途命运始终不渝的历史担当与使命追求。

习近平在参观《复兴之路》展览，在第十二届全国人民代表大会第一次会议上，在同全国劳动模范代表座谈时，在会见各界优秀青年代表时，在会见第七届世界华侨华人社团联谊大会代表时，贯通历史和现实，站在时代潮头，就实现中国梦的历史使命做了系统阐述。党的十九大闭幕一周后，习近平又带领中央政治局常委赴上海瞻仰中共一大会址、赴浙江嘉兴瞻仰南湖红船，强调"这是我们党梦想起航的地方"。这既是回望初心，又是庄严承诺，更是昭告未来。

（三）什么是中国梦，怎样实现中国梦

中国梦是习近平新时代中国特色社会主义思想中具有引领性、标识性的核心概念。

中国梦，把国家的追求、民族的向往、人民的期盼融为一体。习近平指出，这个梦想"凝聚了几代中国人的夙愿，体现了中华民族和中国人民的整体利益，是每一个中华儿女的共同期盼"[1]。实现中国梦，意味着我国经济实力、综合国力和国家影响力将大大提升；中华民族将以更加昂扬向上、生气勃勃、文明开放的姿态屹立于世界民族之林，为人类做出更大的贡献；中国人民将过上更加幸福、安康、美满的新生活。因此，中国梦是国家的梦、民族的梦，也是每一个中国人的梦。中国人民的伟大梦想同我们党的社会主义理想是完全一致的。

实现中国梦必须走中国道路，弘扬中国精神，凝聚中国力量。这为我们实现中国梦指明了方向。中国道路，就是"中国特色社会主义道路"。只有这条路才能发展中国、富强中国，而其他的道路，无论是封闭僵化的老路还是改旗易帜的邪路，都是绝路、死路。[2] 中国精神，就是"以爱国主义为核心的民族精神，以改革创新为核心的时代精神"[3]。这是兴国强国凝心

---

① 习近平：《实现中华民族伟大复兴是中华民族近代以来最伟大的梦想》（2012 年 11 月 29 日），《习近平谈治国理政》第 1 卷，外文出版社 2018 年版，第 36 页。

② 杨春贵：《习近平治国理政的战略思维》，《哲学研究》2016 年第 6 期。

③ 习近平：《在第十二届全国人民代表大会第一次会议上的讲话》（2013 年 3 月 17 日），《习近平谈治国理政》第 1 卷，外文出版社 2018 年版，第 40 页。

聚力之魂，也是兴业创业智慧之源，实现中国梦必须有强大精神力量的支撑。"中国力量"就是"中国各民族大团结的力量"。中国梦归根到底是人民的梦，我们必须紧紧依靠最广大的工人、农民、知识分子，必须巩固和发展最广泛的爱国统一战线，必须依靠包括港澳同胞和海外华侨华人在内的全体中华儿女，为实现中华民族伟大复兴中国梦而共同奋斗。这"三个必须"是实现中国梦的根本保证。

幸福不会从天而降，梦想不会自动成真。习近平指出："我们国家的发展前景十分光明，但道路不可能一帆风顺，蓝图不可能一蹴而就，梦想不可能一夜成真。人间万事出艰辛。越是美好的未来，越需要我们付出艰辛努力。"[①] 实现民族复兴的伟大梦想，必须弘扬实干精神，永远保持奋斗姿态，时刻谨记空谈误国、实干兴邦的朴实道理。14 亿多中国人民团结起来，一定能汇聚起实现中华民族伟大复兴的磅礴力量。

二　决胜全面建成小康社会，开启全面建设社会主义现代化国家新征程

制定科学的发展战略并坚决贯彻执行，是中国的制度优势，也是党治国理政的重要经验。世界上没有一个国家的执政党能像中国共产党那样把国家发展战略讲得清清楚楚，并坚决贯彻下去。改革开放以来，我们党从中国国情出发，把长远战略目标与阶段性发展结合起来，为实现全面建成小康社会和中华民族伟大复兴做出一系列既相互联系又层层递进的战略安排，并

---

① 习近平：《实干才能梦想成真》（2013 年 4 月 28 日），《习近平谈治国理政》第 1 卷，外文出版社 2018 年版，第 48 页。

提出时间表和路线图，在推进实现中国梦的道路上接续奋斗，取得了一个又一个彪炳史册的巨大成就。

（一）社会主义建设的长期性与阶段性

社会主义建设是长期性和阶段性的统一。在不同历史时期，我们党总是紧跟时代步伐、把握现实要求，根据人民意愿和事业发展需要，提出富有感召力的奋斗目标，团结带领人民为之不懈奋斗。

中华人民共和国成立以后，以毛泽东为代表的中国共产党人开始探索中国现代化发展道路，在发展战略上提出许多富有创见性的构想。在 20 世纪 50 年代就提出了现代化发展目标，并且设想到 20 世纪末基本实现现代化。但由于建设经验的不足，在取得巨大成就的同时，也遭遇了挫折。

改革开放以来，我们党立足社会主义初级阶段基本国情，充分认识社会主义现代化建设任务的艰巨性和挑战性，赋予了现代化新的内涵，形成并制定了符合实际的分阶段发展战略。邓小平坚持我们党"四个现代化"的战略构想，用"小康"来诠释中国式现代化，并结合百年奋斗目标的设定，对我国社会主义现代化建设做出战略安排，提出"三步走"战略设计。1997 年党的十五大对"三步走"战略的第三步，也就是 21 世纪前 50 年的战略安排进行了细化，提出了"新三步走"战略。

改革开放伟大实践中，随着一系列重大发展战略的成功实施，我国面貌发生了历史性变化，经济实力、综合国力大大增强，人民生活显著改善，成功实现从低收入国家向中高收入国家的跨越，国际地位显著提高，大踏步地赶上了时代。

（二）中国特色社会主义进入新时代与决胜全面建成小康社会

党的十八大以来，以习近平同志为核心的党中央接过历史的接力棒，以巨大的政治勇气和强烈的责任担当，提出一系列新理念新思想新战略，出台一系列重大方针政策，推出一系列重大举措，推进一系列重大工作，积极推进社会主义经济建设、政治建设、文化建设、社会建设、生态文明建设，带领全国各族人民朝着实现"两个一百年"奋斗目标、实现中华民族伟大复兴的中国梦奋勇前进，取得了举世瞩目的巨大成就，中国特色社会主义进入了新时代。

中国特色社会主义进入新时代，是一项关系全局的战略判断。这一论断，清晰地指出了党和国家事业所处的时代坐标，为明确下一阶段的历史任务、坚持和发展中国特色社会主义，开启全面建设社会主义现代化国家新征程指明了方向。

全面建成小康社会，是我们党向人民、向历史做出的庄严承诺，承载着中国人民自古以来对美好生活的向往，凝聚着几代中国共产党人带领人民奋力拼搏的心血。2015年党的十八届五中全会，审议通过《中共中央关于制定国民经济和社会发展第十三个五年规划的建议》。全会明确提出，"十三五"时期是全面建成小康社会的决胜阶段。全会还对全面建成小康社会提出了新的目标要求。即经济保持中高速增长；人民生活水平和质量普遍提高；国民素质和社会文明程度显著提高；生态环境质量总体改善；各方面制度更加成熟定型。这些新的目标要求，是在以往目标要求基础上的进一步充实完善和调整深化，目标体系更加全面完整，目标要求更加明确具体和可操作，是对全面建成小康社会奋斗目标持续深入认识的结果。

"十三五"时期与实现全面建成小康社会奋斗目标的时间节点高度契合。完成"十三五"时期各项任务，对夺取全面建成小康社会决胜阶段的伟大胜利，实现第一个百年奋斗目标具有决定意义。"十三五"时期，尽管国际国内环境发生了深刻复杂变化，但我国发展重要战略机遇期的重大判断没有改变。从国际看，世界政治经济形势总体上有利于维护世界和平与发展大局，世界经济在深度调整中曲折复苏，全球治理体系深刻变革，国际力量对比趋向平衡，我国发展具有相对稳定的外部环境。从国内看，我国物质基础雄厚、人力资本丰富、市场空间广阔、发展潜力巨大，经济长期向好基本面没有改变。经济发展进入新常态，在增长速度不可避免换挡的同时，经济发展方式加快转变，经济结构不断优化，发展动力持续转换，改革开放释放出新的发展活力，良好发展态势可以保持。"十三五"时期，是全面建成小康社会的决胜期，也是最后冲刺期。在党中央的周密布置下，全国按照全面建成小康社会各项要求，抓重点、补短板、强弱项，特别是坚决打好防范化解重大风险、精准脱贫、污染防治的攻坚战，坚定不移深化供给侧结构性改革，推动经济社会持续健康发展；统筹推进经济建设、政治建设、文化建设、社会建设、生态文明建设，坚定实施科教兴国战略、人才强国战略、创新驱动发展战略、乡村振兴战略、区域协调发展战略、可持续发展战略、军民融合发展战略，使全面建成小康社会得到人民认可、经得起历史检验。

2020 年底，全面建成小康社会的目标顺利完成。全面建成小康社会是党和国家事业发展的一个阶段性目标，是中国社会主义现代化进程中一个重要里程碑，是实现中国梦的重要基础。这一目标的实现，无论在中华民族的发展史上，还是在世界发展史上、在社会主义发展史上，都具有极为重大的意义。14 亿多中国人过上比较殷实富足的生活，这将是中国历史上开天辟地般的伟大跨越；世界上五分之一的人口过上中等偏上的生活，在世界上堪称史无前例的伟大创举。全面建成小康社会是社会主义理论和实践的伟大胜利，标志着我们向着实现中国梦迈出了至关重要的一步。

党的十九届五中全会提出："全面建成小康社会、实现第一个百年奋斗目标之后，我们要乘势而上开启全面建设社会主义现代化国家新征程、向第二个百年奋斗目标进军，这标志着我国进入了一个新发展阶段。"[①] 这是党中央对我国发展方位做出的最新战略判断。新发展阶段是社会主义初级阶段中的一个阶段，同时是其中经过几十年积累、站到了新的起点上的一个阶段。新发展阶段是我们党带领人民迎来从站起来、富起来到强起来历史性跨越的新阶段。经过新中国成立以来特别是改革开放 40 多年的不懈奋斗，我们已经拥有开启新征程、实现新的更高目标的雄厚物质基础。新中国成立不久，我们党就提出建设社会主义现代化国家的目标，未来 30 年将是我们完成这个历史宏愿的新发展阶段。

（三）新时代中国特色社会主义发展的战略安排

形势决定任务，新时代要有新的奋斗目标和战略安排。党的十九大报告提出，坚持和发展中国特色社会主义，总任务是实现社会主义现代化和中华民族伟大复兴，在全面建成小康社

---

① 《习近平在省部级主要领导干部学习贯彻党的十九届五中全会精神专题研讨班开班式上发表重要讲话强调——深入学习坚决贯彻党的十九届五中全会精神 确保全面建设社会主义现代化国家开好局》，《人民日报》2021 年 1 月 12 日第 1 版。

会的基础上，分两步走在本世纪中叶建成富强民主文明和谐美丽的社会主义现代化强国。党的十九大报告还明确，2020 年全面建成小康社会后，我们将开启全面建设社会主义现代化国家新征程。这是我们党对社会主义现代化目标的全面认识和实践经验的总结，是在深入研究、反复论证基础上做出的重大判断和抉择，体现了以习近平同志为核心的党中央的战略视野、高远眼光和科学谋划。

党的十九大对全面建设社会主义现代化国家的时间表和路线图进行了新的安排和细化，做出两个阶段的部署。

第一个阶段，从 2020 年到 2035 年，在全面建成小康社会的基础上，再奋斗 15 年，基本实现社会主义现代化。到那时，我国经济实力、科技实力将大幅跃升，跻身创新型国家前列；人民平等参与、平等发展权利得到充分保障，法治国家、法治政府、法治社会基本建成，各方面制度更加完善，国家治理体系和治理能力现代化基本实现；社会文明程度达到新的高度，国家文化软实力显著增强，中华文化影响更加广泛深入；人民生活更为宽裕，中等收入群体比例明显提高，城乡区域发展差距和居民生活水平差距显著缩小，基本公共服务均等化基本实现，全体人民共同富裕迈出坚实步伐；现代社会治理格局基本形成，社会充满活力又和谐有序；生态环境根本好转，美丽中国目标基本实现。

第二个阶段，从 2035 年到本世纪中叶，在基本实现现代化的基础上，再奋斗 15 年，把我国建成富强民主文明和谐美丽的社会主义现代化强国。到那时，我国物质文明、政治文明、精神文明、社会文明、生态文明将全面提升，实现国家治理体系和治理能力现代化，成为综合国力和国际影响力领先的国家，全体人民共同富裕基本实现，我国人民将享有更加幸福安康的生活，中华民族将以更加昂扬的姿态屹立于世界民族之林。

从全面建成小康社会到基本实现现代化，再到全面建成社会主义现代化强国，是新时代中国特色社会主义发展的战略安排。这几个战略目标既相互区别，又相互联系、相互衔接，一步一个台阶、一步一步提升，向世人清晰地勾画了实现民族复兴的路线图和时间表。这是鼓舞人心的战略部署，也是催人奋进的宏伟蓝图。这也意味着，我们党原来提出的"三步走"战略的第三步即基本实现现代化，将提前 15 年实现。这一战略安排，是在综合分析国际国内形势和我国发展条件之后做出的重大决策，具有坚实的实践基础。改革开放以来，我国经济持续较快发展，以目前的良好基础和发展势头，到 2035 年基本实现社会主义现代化是有把握的。对 2050 年的目标，考虑到距离时间较长、不确定因素比较多，因此目标描绘更具展望性，更宏观一些。

2021 年是中国共产党的百年诞辰，是"十四五"的开局之年，我国进入新发展阶段。这是在全面建成小康社会、实现第一个百年奋斗目标之后，全面建设社会主义现代化国家、向第二个百年奋斗目标进军的发展阶段，是全面开启建设现代化国家新征程的发展阶段。

新时代中国特色社会主义发展的战略安排，对动员全党全国各族人民万众一心实现中华民族伟大复兴的中国梦具有重大意义，是引领中华民族实现民族伟大复兴中国梦的时间表、路线图和任务书，是我们开拓事业、规划发展、深化改革的重要遵循。"到那时，我国作为具有 5000 多年文明历史的古国，将焕发出前所未有的生机活力，实现国家治理体系和治理能力现代化，成为综合国力和国际影响力领先的国家，对构建人类命运共同体、推动世界和平与发展将作出更大贡献，中华民族将以更加昂扬的姿态屹立于世界民族之林，实现中华民族伟大复兴的中国梦。"①

三　实现伟大梦想必须进行伟大斗争，建设伟大工程，推进伟大事业

实现中国梦是一项光荣而艰巨的事业，有很长的路要走。习近平指出："行百里者半九十。中华民族伟大复兴，绝不是轻轻松松、敲锣打鼓就能实现的。全党必须准备付出更为艰巨、更为艰苦的努力。"②

（一）实现伟大梦想，必须进行伟大斗争

社会是在矛盾中前进的，有矛盾就会有斗争。党的十八大报告提出，"发展中国特色社会主义是一项长期的艰巨的历史任务，必须准备进行具有许多新的历史特点的伟大斗争"。③ 实现伟大梦想，从来就不是一路坦途，一帆风顺的。在参观一大会址时，习近平强调，"其作始也简，其将毕也必巨"。在实现伟大梦想的新征程上，我们必将面对许多重大挑战、重大风险、重大阻力、重大矛盾，任何贪图享受、消极懈怠、回避矛盾的

---

①　张高丽：《开启全面建设社会主义现代化国家新征程》，《党的十九大报告辅导读本》，人民出版社 2017 年版，第 29 页。

②　习近平：《决胜全面建成小康社会　夺取新时代中国特色社会主义伟大胜利——在中国共产党第十九次全国代表大会上的报告》（2017 年 10 月 18 日），人民出版社 2017 年版，第 15 页。

③　胡锦涛：《坚定不移沿着中国特色社会主义道路前进　为全面建成小康社会而奋斗》（2012 年 11 月 8 日），《胡锦涛文选》第 3 卷，人民出版社 2016 年版，第 622 页。

思想和行为都是错误的。

当前，世界正经历百年未有之大变局，如果应对不好，或者发生系统性风险，甚至犯颠覆性错误，就会延误乃至中断实现民族伟大复兴中国梦的历史进程。必须准备进行具有许多新的历史特点的伟大斗争，这是在全面审视和分析国内国际两个大局发展大势基础上做出的重大政治判断。从国际看，我国发展出现更多挑战和压力，世界面临的不稳定性不确定性突出，世界范围内反全球化、民粹主义、排外主义、贸易和投资的保护主义抬头，可以预见和难以预见的外部风险明显增多。综合国力竞争空前激烈，中美战略博弈空前激烈，不同制度文明的竞争更加凸显，西方世界把我国发展壮大视为对其价值观和制度模式的挑战，对我意识形态压力和攻击有增无减。从国内看，我国正处在向第二个百年奋斗目标迈进的新发展阶段，面临诸多矛盾叠加、各种风险隐患交织的挑战，社会矛盾复杂程度加深，改革凸显新高度新难度。人民日益增长的美好生活需要和不平衡不充分的发展之间的矛盾更加凸显，促进经济平稳健康发展、保持社会和谐稳定的任务艰巨。思想文化领域更加活跃，各种社会思潮蜂出并作，一些错误思想暗流涌动，不时掀起波澜。全面从严治党向纵深推进，加强党的建设任重道远。

这是一场只能赢、不能输的斗争。为山九仞，功亏一篑，将留下历史之憾。面对新形势新挑战，要发扬斗争精神，既要敢于斗争，又要善于斗争。要树立强烈的进取意识、深厚的忧患意识，更加自觉地防范各种风险，坚决战胜一切困难和挑战。

（二）实现伟大梦想，必须建设伟大工程

中国共产党领导是中国特色社会主义最本质特征，是中国

特色社会主义制度的最大优势。办好中国的事情，关键在党。
"天下将兴，其积必有源"。党兴则国强，党衰则国弱。历史已
经证明并将继续证明，没有中国共产党的领导，民族复兴必然
是空想。伟大斗争、伟大工程、伟大事业、伟大梦想，紧密联
系、相互贯通、相互作用，其中起决定性作用的是党的建设新
的伟大工程。党的建设是引领伟大斗争、伟大事业，最终实现
伟大梦想的根本保证。

　　2016 年 2 月，在中央政治局常委会审议"两学一做"学习
教育方案时，习近平强调，"我们党要搞好自身建设，真正成
为世界上最强大的一个政党"。这是中国共产党人的理想所寄，
使命所使，事业所需。党的十八大以来，我们党一方面全面加
强党中央的集中统一领导，突出政治建设在党的建设中的重要
地位，不断建立完善加强和改进党的领导的制度和体制机制，
进一步提升党的执政能力和水平。另一方面，勇于面对重大风
险考验和党内存在的突出问题，发扬自我革命精神，以顽强意
志品质正风肃纪、反腐惩恶，扎实推进全面从严治党，党内政
治生活气象更新，党内政治生态明显好转，党的创造力、凝聚
力、战斗力显著增强，党的团结统一更加巩固，党群关系明显
改善，党在革命性锻造中更加坚强，焕发出新的强大生机活力，
为党和国家事业发展提供了坚强政治保证。

　　党的十九大对新时代党的建设提出了总要求："坚持和加强
党的全面领导，坚持党要管党、全面从严治党，以加强党的长
期执政能力建设、先进性和纯洁性建设为主线，以党的政治建
设为统领，以坚定理想信念宗旨为根基，以调动全党积极性、
主动性、创造性为着力点，全面推进党的政治建设、思想建设、
组织建设、作风建设、纪律建设，把制度建设贯穿其中，深入

推进反腐败斗争，不断提高党的建设质量，把党建设成为始终走在时代前列、人民衷心拥护、勇于自我革命、经得起各种风浪考验、朝气蓬勃的马克思主义执政党。"① 坚持和加强党的全面领导，在党的建设总要求中是第一位的。党政军民学、东西南北中，党是领导一切的。党是最高的政治领导力量，各个领域、各个方面都必须坚定自觉坚持党的领导。坚持和完善党的领导，是党和国家的根本所在、命脉所在。习近平在党的十九大报告中，把"坚持党对一切工作的领导"作为新时代坚持和发展中国特色社会主义基本方略中的第一条。在推进党和国家事业发展中，这一条必须始终牢记，不能有丝毫的偏离。

习近平指出："勇于自我革命，从严管党治党，是我们党最鲜明的品格。"② 全党要清醒地认识到，我们党面临的执政环境是复杂的，影响党的先进性、弱化党的纯洁性的因素也是复杂的，党内存在的思想不纯、组织不纯、作风不纯等突出问题尚未得到根本解决，一些老问题反弹回潮的可能依然存在，还出现了一些新情况新问题，全面从严治党依然任重道远。要深刻认识党面临的执政考验、改革开放考验、市场经济考验、外部环境考验的长期性和复杂性，深刻认识党面临的精神懈怠危险、能力不足危险、脱离群众危险、消极腐败危险的尖锐性和严峻性，更加自觉地坚定党性原则，勇于直面问题，敢于刮骨疗毒，不断增强党的政治领导力、思想引领力、群众组织力、社会号

---

① 习近平：《决胜全面建成小康社会　夺取新时代中国特色社会主义伟大胜利——在中国共产党第十九次全国代表大会上的报告》（2017 年 10 月 18 日），人民出版社 2017 年版，第 61—62 页。

② 习近平：《决胜全面建成小康社会　夺取新时代中国特色社会主义伟大胜利——在中国共产党第十九次全国代表大会上的报告》（2017 年 10 月 18 日），人民出版社 2017 年版，第 26 页。

召力，确保我们党永葆旺盛生命力和强大战斗力。

（三）实现伟大梦想，必须推进伟大事业

实现中国梦必须高举中国特色社会主义伟大旗帜，不断开辟中国特色社会主义发展新境界。战略路径是实现战略目标的基本保障。习近平指出："中国特色社会主义，是科学社会主义理论逻辑和中国社会发展历史逻辑的辩证统一，是根植于中国大地、反映中国人民意愿、适应中国和时代发展进步要求的科学社会主义，是全面建成小康社会、加快推进社会主义现代化、实现中华民族伟大复兴的必由之路。"[1] 找到一条正确的道路并不容易。习近平强调："只有回看走过的路、比较别人的路、远眺前行的路，弄清楚我们从哪儿来、往哪儿去，很多问题才能看得深、把得准。"[2] 治国犹如栽树，本根不摇则枝叶茂荣。在发展道路这个根本问题上，要始终保持清醒坚定，保持强大的战略定力、战略自信和战略耐力，不为任何风险所惧，不为任何干扰所惑，既不走封闭僵化的老路，也不走改旗易帜的邪路，毫不动摇地把中国特色社会主义伟大事业推向前进。

推进伟大事业必须立足社会主义初级阶段基本国情，毫不动摇地坚持"一个中心、两个基本点"，既坚决抵制抛弃社会主义的各种错误主张，又自觉纠正超越阶段的错误观念和政策措施，坚定不移地推进社会主义各项事业发展。

伟大的事业需要伟大的精神来成就。实现中国梦就是要弘

---

[1]　习近平：《毫不动摇坚持和发展中国特色社会主义》（2013年1月5日），《习近平谈治国理政》第1卷，外文出版社2018年版，第21页。

[2]　《习近平在学习贯彻党的十九大精神研讨班开班式上发表重要讲话强调　以时不我待只争朝夕的精神投入工作　开创新时代中国特色社会主义事业新局面》，《人民日报》2018年1月6日第1版。

扬伟大的民族精神和时代精神，不断振奋全民族的精气神，不断增强团结一心的精神纽带、自强不息的精神动力，永远朝气蓬勃迈向未来。当前，民族复兴的蓝图已经绘就、胜利前进的号角已经吹响。空谈误国，实干兴邦。越是美好的未来，越需要我们付出艰辛努力。要始终保持永不懈怠的精神状态和一往无前的奋斗姿态，把远大目标、奋斗纲领同脚踏实地、埋头苦干紧密结合起来，做好当前的每一项工作，脚踏实地推进我们的事业。任务一经确定，就要一步一个脚印、稳扎稳打向前走，一张蓝图绘到底。不动摇、不折腾，积小胜为大胜，用实实在在的行动把理想一步步变为现实。

中华民族的明天，可以说是"长风破浪会有时"。推进新时代中国特色社会主义伟大事业，就是要抓住历史机遇，挺立时代潮头。习近平强调，思想有多远，目光就有多远，脚步就能延伸多远。在重大历史节点，更需要以自觉认识机遇，以自为把握机遇。习近平纵观过去、当下与未来的历史演进，通览国家、政党、民族的沉浮兴衰，做出"我国正处于一个大有可为的历史机遇期"的重大战略判断。这个机遇是中华民族强起来、实现伟大复兴的机遇，是中国特色社会主义道路理论制度文化更加成熟、更具引领力感召力的机遇，是中国人民创造美好生活、走向共同富裕的机遇，是中国共产党从建党百年迈向执政百年，进而铸就千秋伟业的机遇。面对一个空前激荡的时代，风云际会中孕育无数可能与希望。要密切关注时代发展大势和变化，准确判断重要历史机遇期的内涵和条件，统筹好国内国际两个大局，在时代前进潮流中把握机遇，抢占先机，赢得主动。扎实推进中国特色社会主义伟大事业，健步走向中华民族伟大复兴。

第三章 战略布局：协调推进"四个全面"战略布局

党的十八大以来，以习近平同志为核心的党中央从坚持和发展中国特色社会主义全局出发，提出并形成了全面建成小康社会（全面建设社会主义现代化国家）、全面深化改革、全面依法治国、全面从严治党的战略布局，确立了新形势下党和国家工作的战略目标和战略举措，为实现"两个一百年"奋斗目标、实现中华民族伟大复兴的中国梦提供了理论指导和实践指南。

一 "四个全面"战略布局的形成

党的十八大以来，以习近平同志为核心的党中央科学总结我们党治国理政的实践经验，针对新时代我国发展改革和党的建设的实际，提出并推进了"四个全面"战略布局。这一布局的提出和形成，经历了四个阶段。

2002年，党的十六大报告提出了"一个全面"，即"全面建设惠及十几亿人口的更高水平的小康社会"①。2007年，党的

---

① 江泽民：《全面建设小康社会 开创中国特色社会主义事业新局面》（2002年11月8日），《江泽民文选》第3卷，人民出版社2006年版，第543页。

十七大报告明确提出"全面建设小康社会"的奋斗目标。

2012 年，党的十八大提出了全面建成小康社会和全面深化改革开放的目标，从而把"一个全面"扩展为"两个全面"。此后，2013 年召开的党的十八届三中全会《关于全面深化改革若干重大问题的决定》将"全面深化改革开放"简化为"全面深化改革"。

2014 年，党的十八届四中全会审议通过了《关于全面推进依法治国若干重大问题的决定》。《决定》提出："全面建成小康社会、实现中华民族伟大复兴的中国梦，全面深化改革、完善和发展中国特色社会主义制度，提高党的执政能力和执政水平，必须全面推进依法治国"①，这样，就把"两个全面"进一步扩展为"三个全面"。

党的十八届四中全会闭幕后不久，2014 年 12 月 14 日，习近平在江苏考察调研时提出："要全面贯彻党的十八大和十八届三中、四中全会精神，落实中央经济工作会议精神，主动把握和积极适应经济发展新常态，协调推进全面建成小康社会、全面深化改革、全面推进依法治国、全面从严治党，推动改革开放和社会主义现代化建设迈上新台阶。"② 至此，"三个全面"首次扩展为"四个全面"。

2020 年 10 月，党的十九届五中全会提出，"十三五"规划目标任务即将完成，全面建成小康社会胜利在望。"十四五"时期是全面建成小康社会之后，乘势而上开启全面建设社会主

---

① 《中共中央关于全面推进依法治国若干重大问题的决定》（2014 年 10 月 23 日中国共产党第十八届中央委员会第四次全体会议通过），人民出版社 2014 年版，第 2 页。

② 习近平：《协调推进"四个全面"战略布局》（2014 年 12 月 13 日—2016 年 1 月 29 日），《习近平治国理政》第 2 卷，外文出版社 2017 年版，第 22 页。

义现代化国家新征程的第一个五年。至此，新的"四个全面"正式出台。

"四个全面"的定位也有个发展过程。最初，"四个全面"是作为全面完成党的十八大任务、要求以及当前党和国家事业发展中必须解决好的主要矛盾而提出来的。2015年2月初，习近平在省部级主要领导干部学习贯彻党的十八届四中全会精神全面推进依法治国专题研讨班开班式上，首次把这"四个全面"定位于党中央的战略布局。

"四个全面"战略布局的提出，有其深刻的时代背景。马克思指出，"理论在一个国家实现的程度，总是取决于理论满足这个国家的需要的程度"①。"四个全面"战略布局是我们党站在新的历史起点上，总结我国发展实践，适应新的发展要求，坚持和发展中国特色社会主义新探索新实践的重要成果。"四个全面"战略布局是从我国发展现实需要中得出来的，是从人民群众的热切期待中得出来的，也是为推动解决我们面临的突出矛盾和问题提出来的。

第一，"四个全面"战略布局适应了我国发展的现实需要。当今世界正处在一个加快演变的历史性进程之中，和平与发展仍然是时代主题，同时全球治理体系深刻变革，不同制度模式、发展道路深层较量和博弈，能否在世界大变动中把握机遇、在国际大棋局中赢得主动，需要胸怀全局、统筹谋划的战略思维。当时中国正处于全面建成小康社会的决胜阶段，中华民族正处于走向伟大复兴的关键时期，我国发展所处的重要战略机遇期没有改变，仍然具有许多有利的发展条件。同时面临着诸多矛盾叠加、

---

① 马克思：《〈黑格尔法哲学批判〉导言》（1843年），《马克思恩格斯文集》第1卷，人民出版社2009年版，第12页。

风险隐患增多的严峻挑战，改革发展稳定任务之重前所未有，矛盾风险挑战之多前所未有，对党治国理政的考验之大前所未有。正如党的十九大报告所指出的："当前，国内外形势正在发生深刻复杂变化，我国发展仍处于重要战略机遇期，前景十分光明，挑战也十分严峻。"① 如何更好把握发展机遇、赢得新的发展优势、战胜各种风险挑战，迫切需要我们党从战略层面提出治国理政的总布局。"四个全面"战略布局，正是党中央适应我国发展新要求，站在时代最前沿进行的战略谋划和战略部署。

第二，"四个全面"战略布局顺应了人民群众的愿望期盼。随着我国不断发展，人民群众对美好生活的向往不断提升。正如党的十九大报告所指出的，中国特色社会主义进入新时代，我国社会主要矛盾已经转化为人民日益增长的美好生活需要和不平衡不充分的发展之间的矛盾。我国稳定解决了十几亿人的温饱问题，已经全面建成小康社会，人民美好生活需要日益广泛，不仅对物质文化生活提出了更高要求，而且在民主、法治、公平、正义、安全、环境等方面的要求日益增长。这就要求我们在着力解决好发展不平衡不充分问题的基础上推出更多民生工程、实施更多惠民举措，解决好人民群众最关心最直接最现实的利益问题，在幼有所育、学有所教、劳有所得、病有所医、老有所养、住有所居、弱有所扶等方面补足民生短板，更好满足人民日益增长的美好生活需要。如何把人民的期待变成我们的行动，把人民的希望变成生活的现实，让改革发展成果更多惠及全体人民，需要我们党进一步强化宗旨意识，进一步深化战略考量。正是基于这样的战略视野，党的十八大以来，习近

① 习近平：《决胜全面建成小康社会 夺取新时代中国特色社会主义伟大胜利——在中国共产党第十九次全国代表大会上的报告》（2017 年 10 月 18 日），人民出版社 2017 年版，第 2 页。

平强调"中国梦归根到底是人民的梦"①；全面建成小康社会，强调"小康不小康，关键看老乡"②；全面深化改革，强调"把改革方案的含金量充分展示出来，让人民群众有更多获得感"③；全面依法治国，强调"努力让人民群众在每一个司法案件中都能感受到公平正义"④；全面从严治党，强调"保持党同人民群众的血肉联系是一个永恒课题"⑤。党的十九大报告描绘的宏伟蓝图，其核心宗旨在于以人民为中心的发展思想，让改革发展成果更多更公平地惠及全体人民。"四个全面"战略布局，顺应了人民群众过上更好生活的新期待，体现了全国各族人民的共同愿望和根本利益，把握了改革发展的大趋势。

第三，"四个全面"战略布局体现了鲜明的问题导向、强烈的问题意识。中国特色社会主义进入新时代，老的问题解决了，新的问题又会出现，实践永无止境，问题也会层出不穷，抓住问题、分析问题、解决问题，是党中央治国理政的问题逻辑。例如，发展不平衡不充分的一些突出问题尚未解决，发展质量和效益还不高，创新能力不够强，实体经济水平有待提高，生态环境保护任重道远；民生领域还有不少短板，城乡区域发展和收入分配差距依然较大，群众在就业、教育、医疗、居住、养老等方面面临不少难题；社会文明水平尚需提高；社

---

①　习近平：《在第十二届全国人民代表大会第一次会议上的讲话》（2013 年 3 月 17 日），《习近平谈治国理政》第 1 卷，外文出版社 2018 年版，第 40 页。

②　习近平：《协调推进"四个全面"战略布局》（2014 年 12 月 13 日—2016 年 1 月 29 日），《习近平谈治国理政》第 2 卷，外文出版社 2017 年版，第 23 页。

③　习近平：《让人民群众有更多获得感》（2015 年 2 月 27 日—2016 年 12 月 5 日），《习近平谈治国理政》第 2 卷，外文出版社 2017 年版，第 102 页。

④　习近平：《在首都各界纪念现行宪法公布施行 30 周年大会上的讲话》（2012 年 12 月 4 日），《习近平谈治国理政》第 2 卷，外文出版社 2017 年版，第 141 页。

⑤　习近平：《在党的群众路线教育实践活动工作会议上的讲话》（2013 年 6 月 18 日），《十八大以来重要文献选编》，中央文献出版社 2014 年版，第 318 页。

会矛盾和问题交织叠加，全面依法治国任务依然繁重，国家治理体系和治理能力有待加强；意识形态领域斗争依然复杂，国家安全面临新情况；一些改革部署和重大政策措施需要进一步落实；党的建设方面还存在不少薄弱环节。这些问题，必须着力加以解决。"四个全面"战略布局，是我们党直面问题的必然选择。

"四个全面"战略布局，是我们党推进理论创新和实践创新的重大成果，集中体现了当代中国共产党人的全局视野和战略眼光，蕴含着对世界发展大势的科学判断，对中国发展方略的深邃思考，对人民根本利益的深切关怀，标志着我们党对共产党执政规律、社会主义建设规律和人类社会发展规律的认识提升到了一个新的境界。

二　"四个全面"战略布局是战略目标和战略举措的统一

"四个全面"战略布局是一个有机整体。在"四个全面"中，全面建成小康社会（全面建设社会主义现代化国家）是战略目标，全面深化改革、全面依法治国、全面从严治党是战略举措。习近平强调，三大战略举措，一个都不能缺。"不全面深化改革，发展就缺少动力，社会就没有活力。不全面依法治国，国家生活和社会生活就不能有序运行，就难以实现社会和谐稳定。不全面从严治党，党就做不到'打铁必须自身硬'，也就难以发挥好领导核心作用。"[1] 推进中国特色社会主义伟大事业，一定要

---

① 习近平：《协调推进"四个全面"战略布局》（2014 年 12 月 13 日—2016 年 1 月 29 日），《习近平谈治国理政》第 2 卷，外文出版社 2017 年版，第 23—24 页。

紧紧扭住全面建成小康社会（全面建设社会主义现代化国家）这个战略目标不动摇，紧紧扭住全面深化改革、全面依法治国、全面从严治党三个战略举措不放松，努力做到"四个全面"相辅相成、相互促进、相得益彰。

（一）全面建成小康社会（全面建设社会主义现代化国家）作为重大战略目标，在"四个全面"战略布局中居于引领地位

全面建成小康社会，是我们党确定的第一个百年奋斗目标，也是实现中华民族伟大复兴的阶段性目标和关键一步。全面建成小康社会的科学内涵有五个方面：一是指覆盖人群之全面，即"要在本世纪头二十年，集中力量，全面建设惠及十几亿人口的更高水平的小康社会"①；二是指覆盖领域之全面，也就是"六个更加"，即"使经济更加发展、民主更加健全、科教更加进步、文化更加繁荣、社会更加和谐、人民生活更加殷实"；三是指实现国民经济发展之全面，即推动实现我国国民经济全面发展，以利于缓解一系列重大矛盾；四是指我们党在新世纪之初要推动建设的三大文明协调发展之全面，即要推动实现社会主义物质文明、精神文明、政治文明协调发展；五是指人的发展之全面，就是要在社会生产力不断发展基础上，逐步实现人的全面发展，即更加关注并努力满足中国十几亿人的多方面发展需要。

党的十九大报告中进一步对决胜全面建成小康社会提出了新要求，"要按照十六大、十七大、十八大提出的全面建成小康社会各项要求，紧扣我国社会主要矛盾变化，统筹推进经济

---

① 江泽民：《全面建设小康社会，开创中国特色社会主义事业新局面》，《江泽民文选》第3卷，人民出版社2006年版，第543页。

建设、政治建设、文化建设、社会建设、生态文明建设，坚定实施科教兴国战略、人才强国战略、创新驱动发展战略、乡村振兴战略、区域协调发展战略、可持续发展战略、军民融合发展战略，突出抓重点、补短板、强弱项，特别是要坚决打好防范化解重大风险、精准脱贫、污染防治的攻坚战，使全面建成小康社会得到人民认可、经得起历史检验"[①]。全面建成小康社会目标顺利实现，将为实现第二个百年奋斗目标、实现中华民族伟大复兴的中国梦奠定更加坚实的基础。

全面建设社会主义现代化国家，是我们党确立的第二个百年奋斗目标，是实现中华民族伟大复兴的决定性一步。全面建设社会主义现代化国家包括两层意思，一是基本实现社会主义现代化，这是 2035 年的阶段性目标；二是建成富强民主文明和谐美丽的社会主义现代化强国，这是 2050 年的最终目标。到那时，历经百年屈辱的中华民族将再次走进世界舞台中央，全面实现中华民族伟大复兴的中国梦。

（二）全面深化改革、全面依法治国、全面从严治党作为三大战略举措，为如期全面建成小康社会（全面建设社会主义现代化国家）提供重要保障

在"四个全面"战略布局中，全面深化改革，着眼解决我们面临的深层次矛盾和体制机制弊端，是增强中国特色社会主义生机活力、推动事业发展的强大动力。全面依法治国，着眼促进国家生活和社会生活的法治化制度化规范化，是实现党和

---

① 习近平：《决胜全面建成小康社会 夺取新时代中国特色社会主义伟大胜利——在中国共产党第十九次全国代表大会上的报告》（2017 年 10 月 18 日），人民出版社 2017 年版，第 27—28 页。

国家长治久安的重要保障。全面深化改革和全面依法治国为全面建成小康社会（全面建设社会主义现代化国家）提供动力源泉和法治保障。全面从严治党，着眼保持党的先进性和纯洁性，锻造中国特色社会主义事业坚强领导核心，是我们党提高执政能力、完成执政使命的迫切要求，为全面建成小康社会（全面建设社会主义现代化国家）、全面深化改革、全面依法治国提供根本政治保证。

全面深化改革在"四个全面"战略布局中是一个动力系统。党的十八届三中全会通过的《中共中央关于全面深化改革若干重大问题的决定》，提出了到2020年全面深化改革的时间表、路线图，描绘了全面深化改革的新蓝图、新愿景、新目标。今天，尽管2020年已经过去，但全面深化改革的使命并没有终结。全面深化改革，致力于扫除制约生产力和社会发展的制度藩篱，为中华民族伟大复兴提供强大的动力。全面深化改革就是要着力解决影响全面建设社会主义现代化国家、影响实现中华民族伟大复兴中国梦的各种突出矛盾和问题，着力破除一切妨碍科学发展的思想观念和体制机制弊端，切实构建系统完备、科学规范、运行有效的制度体系，使各方面制度更加成熟更加定型。全面深化改革意义重大，事关新中国成立一百周年时建成富强民主文明和谐美丽的社会主义现代化强国目标的实现，也事关中华民族伟大复兴中国梦的实现。

全面依法治国在"四个全面"战略布局中是一个保障系统。全面依法治国确保改革和发展在法治的轨道内运行，避免犯颠覆性的错误，从而为实现"两个一百年"奋斗目标和中华民族复兴的中国梦提供基本的法治保障。法治和人治问题是人类政治文明史上的一个基本问题，也是各国在实现现代化过程中必须面对和解决的一个重大问题。综观世界近现代史，凡是顺利实现现代化的国家，没有一个不是较好解决了法治和人治问题的。相反，一些国家虽然也一度实现快速发展，但并没有顺利迈进现代化的门槛，而是陷入这样或那样的"陷阱"，出现经济社会发展停滞甚至倒退的局面，这种情况很大程度上与法治不彰有关。我国是一个有14亿多人口的大国，地域辽阔，民族众多，国情复杂。我们党在这样一个大国执政，要保证国家统一、法制统一、政令统一、市场统一，要实现经济发展、政治清明、文化昌盛、社会公正、生态良好，都需要秉持法律这个准绳、用好法治这个方式。全面依法治国是着眼于实现中华民族伟大复兴中国梦、实现党和国家长治久安的长远考虑，是一件为长远发展谋、为子孙万代计的大事，是党中央治国理政的重要方略。

全面从严治党在"四个全面"战略布局中是一个组织保证系统。"打铁必须自身硬。"坚持全面从严治党，切实解决自身存在的突出问题，使我们党始终成为中国特色社会主义事业的坚强领导核心，为中华民族伟大复兴的中国梦提供坚强的组织保证。办好中国的事情，关键在党。我们党的形象和威望、党的创造力凝聚力战斗力不仅直接关系党的命运，而且直接关系国家的命运、人民的命运、民族的命运。历史使命越光荣，奋斗目标越宏伟，执政环境越复杂，我们就越要增强忧患意识，越要全面从严治党。全面从严治党，不仅对全面建成小康社会（全面建设社会主义现代化国家）、全面深化改革、全面依法治国起着政治保证、组织保证的重要作用，而且是引领民族复兴的关键所在。

三　"四个全面"战略布局是战略全局与战略重点的统一

中国特色社会主义伟大事业工程巨大、错综复杂、千头万绪。如何透过扑朔迷离的表象深刻认识中国特色社会主义事业全局，这关系到"伟大事业"能否顺利推进。当前中国正处于建设社会主义现代化国家新征程的开局之年，改革发展稳定任务更加艰巨，党和国家面临的风险考验更加严峻。如何进一步深化改革、更好把握发展机遇、保持社会安定团结，迫切需要我们党从战略层面提出治国理政的大韬略。"四个全面"战略布局立足治国理政全局，抓住改革发展稳定关键，统领中国发展总纲，确立了新形势下党和国家各项工作的战略方向、重点领域、主攻目标，对新时代如何坚持和发展中国特色社会主义事业做出的顶层设计、整体谋划。

（一）"四个全面"：当前党和国家工作的战略重点

"四个全面"战略布局不是从天上掉下来的，也不是头脑中编排出来的，而是从我国发展现实需要中得出来的，是从人民群众的热切期待中得出来的，是从我们面临的突出矛盾和问题中得出来的。"四个全面"战略布局对标的是当前党和国家工作面临的主要矛盾，揭示的是当前党中央治国理政的战略重点，谋划的是当前党和国家工作的主攻目标。

当前，党和国家工作涉及面非常宽，涵盖中国特色社会主义事业"五位一体"总体布局，包括经济建设、政治建设、文化建设、社会建设、生态文明建设五大领域。这五大建设领域，任何一个领域的工作都不能忽视，但也不能不顾轻重缓急，眉毛胡子一把抓，需要有所侧重，抓主要矛盾，抓战略重点，抓关键环节，以点带面，盘活全局。今天，这个"战略重点"就是"四个全面"。习近平指出："全面建成小康社会、全面深化改革、全面依法治国、全面从严治党，这'四个全面'是当前党和国家事业发展中必须解决好的主要矛盾。"[①]"四个全面"战略布局，涉及小康、改革、党建、法治四个关键环节，旨在解决四大重点任务，带动整个面上的工作，带动"五位一体"总体布局。"四个全面"的提出，使当前和今后一个时期，党和国家各项工作关键环节、重点领域、主攻方向更加清晰，内在逻辑更加严密，治国理政总体框架更加完整，更加成熟。

（二）"四个全面"每个"全面"都是全局

"四个全面"战略布局坚持全面、联系的观点，着眼于战略全局对中国特色社会主义伟大事业进行总体谋划和顶层设计。中国特色社会主义事业是全面发展、全面进步的事业。党中央对每一个"全面"的谋划都是从全局高度着眼的，都是从大局角度来谋划的，不是碎片化的设计，不是零敲碎打。其中，对小康社会的要求是"全面建成"（对社会主义现代化国家的要求是"全面建设"），对改革的要求是"全面深化"，对法治的要求是"全面推进"，对治党的要求是"全面从严"，并把四个方面科学联系起来，从整体上强调"四个全面"。这深刻体现了把握中国特色社会主义事业全局的要求，彰显了全局思维、

---

① 习近平：《协调推进"四个全面"战略布局》（2014 年 12 月 13 日—2016 年 1 月 29 日），《习近平谈治国理政》第 2 卷，外文出版社 2017 年版，第 22 页。

战略思维。

小康"全面建成"。党的十八大以来，以习近平同志为核心的党中央提出了全面建成小康社会的目标，规划和设计了未来美好生活的宏伟蓝图。全面建成小康社会新的目标要求与中国特色社会主义事业总体布局相一致，包括经济实现高质量发展，创新驱动成效显著，发展协调性明显增强，人民生活水平和质量普遍提高，国民素质和社会文明程度显著提高，生态环境质量总体改善，各方面制度更加成熟更加定型，体现了目标导向与问题导向相统一，体现了战略性与操作性相统一，体现了全局与重点相统一。这些新的目标要求，覆盖的领域更加全面，是"五位一体"全面进步的小康；覆盖的人口更加全面，是惠及全体人民的小康；覆盖的区域更加全面，是城乡区域共同发展的小康。

现代化"全面建设"。2020年，完成全面小康的目标之后，下一步我们的目标就是全面建设社会主义现代化国家。我们要建设的现代化不是资本主义现代化的翻版，而是具有自身特色的现代版。我们要实现的现代化，是经济政治文化社会生态"五位一体"全面发展的现代化，是物质文明、政治文明、精神文明、社会文明、生态文明全面提升的现代化，是富强民主文明和谐美丽目标全面实现的现代化，是包含国家治理体系和治理能力在内的全方位现代化，是以人的现代化为本质和核心的高标准现代化，是摆脱生态异化、实现人与自然和谐共生的现代化，是摆脱两极分化、实现全体人民共同富裕的现代化，是摆脱国强必霸逻辑、走和平发展道路的现代化。

改革"全面深化"。首先，改革总目标全面深化。在此之前，我们党也提出过一些着眼于具体领域的改革目标。比如，党的十四大提出，我国经济体制改革的目标是建立社会主义市场经济体制。党的十八届三中全会提出，全面深化改革的总目标是"完善和发展中国特色社会主义制度，推进国家治理体系和治理能力现代化"，并在这个总目标统领下，明确了经济体制、政治体制、文化体制、社会体制、生态文明体制和党的建设制度深化改革的分目标。这是改革进程本身向前拓展提出的客观要求，同时也体现了我们党对改革目标认识的深化。其次，改革覆盖领域全面拓展。2014 年 2 月，习近平指出："全面深化改革，全面者，就是要统筹推进各领域改革。"[1] 党的十八届三中全会《决定》提出的全面深化改革，覆盖了"5 + 2"的广泛领域，即覆盖经济、政治、文化、社会、生态文明五位一体的改革，加上党的领导体制改革，以及国防和军队改革。全面深化改革覆盖如此广泛的领域，这在改革开放历史新时期我们党的历次有关改革的全会《决定》中还是第一次。

法治"全面推进"。其一，全面依法治国总目标全面深化。这个总目标就是建设中国特色社会主义法治体系，建设社会主义法治国家。在中国共产党领导下，坚持中国特色社会主义制度，贯彻中国特色社会主义法治理论，形成完备的法律规范体系、高效的法治实施体系、严密的法治监督体系、有力的法治保障体系和完善的党内法规体系，这既明确了全面依法治国的性质和方向，又突出了全面依法治国的工作重点和总抓手，对全面依法治国具有纲举目张的意义。其二，全面依法治国的工作布局全面拓宽。这就是坚持依法治国、依法执政、依法行政

---

① 习近平：《在省部级主要领导干部学习贯彻十八届三中全会精神全面深化改革专题研讨班上的讲话》（2014 年 2 月 17 日），《习近平关于协调推进"四个全面"战略布局论述摘编》，中央文献出版社 2015 年版，第 79 页。

共同推进，坚持法治国家、法治政府、法治社会一体建设，实现科学立法、严格执法、公正司法、全民守法，促进国家治理体系和治理能力现代化。其三，全面依法治国的重大任务体系化、系统化。这就是完善以宪法为核心的中国特色社会主义法律体系，加强宪法实施；深入推进依法行政，加快建设法治政府；保证公正司法，提高司法公信力；增强全民法治观念，推进法治社会建设；加强法治工作队伍建设；加强和改进党对全面推进依法治国的领导。其四，强调宪法的根基作用，发挥立法的引领和推动作用。要求坚持依法治国首先要坚持依宪治国，坚持依法执政首先要坚持依宪执政；健全宪法实施和监督制度，完善全国人大及其常委会宪法监督制度，健全宪法解释程序机制。强调良法是善治的前提，要把公正、公平、公开原则贯穿立法全过程，完善立法体制机制，增强法律法规的及时性、系统性、针对性、有效性。其五，全面加强和改进党对法治工作的领导，把党的领导贯彻到全面推进依法治国全过程，健全党领导依法治国的制度和工作机制。同时提出依法治国首先要依规治党，既要求党依据宪法法律治国理政，也要求党加强党内法规制度建设，完善党内法规制定体制机制，形成配套完备的党内法规制度体系，运用党内法规把党要管党、从严治党落到实处，促进党员、干部带头遵守国家法律法规。其六，清理法治障碍全面推进。坚定不移推进法治领域改革，坚决破除束缚全面推进依法治国的体制机制障碍。党的十八届四中全会研究部署的法治领域改革共提出了 190 项重要举措，涉及改革发展稳定、内政外交国防、治党治国治军各领域。

治党"全面从严"。一是治党领域全覆盖。全面推进党的政治建设、思想建设、组织建设、作风建设、纪律建设，把制度建设贯穿其中，深入推进反腐败斗争，形成了新时代党的建设总体布局。其中，政治建设是党的根本性建设，在党的建设总体布局中居于统领地位。二是治党主体全覆盖。就是要强化党的建设包括党风廉政建设的主体责任，党委（党组）书记作为第一责任人，既要挂帅，又要出征，对重要工作亲自部署、重大问题亲自过问、重要环节亲自协调、重要案件亲自督办，以上率下，层层传导压力，逐级落实责任。三是治党力度全面加强。做到作风建设永远在路上，纠正"四风"没有休止符，坚持查处腐败问题零容忍的态度不变、猛药去疴的决心不减、刮骨疗毒的勇气不懈、严厉惩处的尺度不松，让那些想搞腐败的人断了念头、搞了腐败的人付出代价。

（三）"四个全面"的每个"全面"各有重点

"四个全面"战略布局体现了全面和重点的统一，而每一个"全面"又各有重点。推进"四个全面"战略布局，既要注重总体谋划，又要牵住"牛鼻子"。正如习近平所说："在任何工作中，我们既要讲两点论，又要讲重点论，没有主次，不加区别，眉毛胡子一把抓，是做不好工作的。"[1]

全面建设小康社会，我们强调全面小康是"五位一体"全面进步的小康，但又强调坚持以经济建设为中心，经济持续健康发展始终是整个目标体系中起决定性作用的重点目标；我们强调全面小康是惠及全体人民的小康，全面建成小康社会，一个都不能少，共同富裕路上，一个都不能掉队，但又强调"小康不小康，关键看老乡"，坚决打好精准脱贫攻坚战；我们强

---

① 习近平：《协调推进"四个全面"战略布局》（2014年12月13日—2016年1月29日），《习近平谈治国理政》第2卷，外文出版社2017年版，第23页。

调全面小康是城乡区域共同发展的小康，又强调没有农村的全面小康和欠发达地区的全面小康，就没有全国的全面小康。

全面深化改革，我们既要做好面上的顶层设计，又强调要突出抓好重要领域和关键环节的改革；既要抓好经济、政治、文化、社会、生态文明等各方面体制的改革，又要突出经济体制改革这一重点，发挥经济体制改革对其他各领域改革的牵引作用；既要发挥好政府作用，又要发挥市场在资源配置中的"决定性"作用。

全面依法治国，我们强调党的领导是中国特色社会主义最本质的特征，是社会主义法治的最根本的保证，必须把党的领导贯彻到依法治国的全过程和各个方面；我们强调既要对全面推进依法治国做出系统部署，又强调以中国特色社会主义法治体系为总目标和总抓手。在推进法治建设中，我们突出强调党员领导干部这一"关键少数"的引领和导向作用。

全面从严治党，我们既对治党提出系列要求，又把党风廉政建设作为突破口，着力解决人民群众反映强烈的"四风"问题，着力解决不敢腐、不能腐、不想腐的问题；我们强调既要全面推进新时代党的建设总体布局，又强调政治建设是党的根本性建设，在党的建设总体布局中居于统领地位，要把党的政治建设摆在首位，发挥政治建设的统领作用。

总之，"四个全面"战略布局，创造性地把全面建成小康社会（全面建设社会主义现代化国家）这一奋斗目标、全面深化改革这一发展动力、全面依法治国这一重要保障、全面从严治党这一根本保证有机联系、科学统筹起来，为坚持和发展中国特色社会主义注入新的时代内涵、提出新的更高要求，贯穿着马克思主义的世界观和方法论。党的十八大以来，在以习近平同志为核心的党中央坚强领导下，协调推进"四个全面"战略布局取得重要进展。全面建成小康社会圆满完成，全面深化改革扎实深入推进，全面依法治国展现新局面，全面从严治党取得显著成效。当前，我国已进入全面建设社会主义现代化国家的新发展阶段，处于实现中华民族伟大复兴的关键时期，各领域各方面工作都要自觉遵循和着力服务"四个全面"战略布局，为协调推进这一战略布局凝神聚力、攻坚克难。

第四章　经济社会发展战略

　　党的十八大以来，以习近平同志为核心的党中央顺应时代和实践发展的新要求，坚持"五位一体"总体布局，创造性地提出创新、协调、绿色、开放、共享的发展理念，率领全国人民全面建成小康社会、开启全面建设社会主义现代化强国的新征程。党的十九大综合分析国际国内形势和我国发展条件，对实现"两个一百年"奋斗目标做出了"两个阶段"的战略安排和关于经济社会发展的一系列战略部署。我们要以习近平新时代中国特色社会主义思想为指导，深入贯彻党的十九大精神，奋力谱写社会主义现代化新征程的崭新篇章。

一　坚持"五位一体"总体布局

　　党的十九大明确以"五位一体"总体布局推进中国特色社会主义事业，从经济建设、政治建设、文化建设、社会建设、生态文明建设五个方面，制定了新时代统筹推进"五位一体"总体布局的战略目标，是新时代推进中国特色社会主义事业的路线图，是更好推动人的全面发展、社会全面进步的任务书。

(一)"五位一体"总体布局的形成过程

中国共产党人对中国特色社会主义事业总体布局的探索和认识,伴随着中国特色社会主义实践发展,经历了一个不断深入、逐步完善的过程。

1980年12月,邓小平提出的"两个文明"建设,即"我们要建设的社会主义国家,不但要有高度的物质文明,而且要有高度的精神文明"①。

1997年9月,江泽民在党的十五大报告中指出,"建设有中国特色社会主义的经济、政治、文化的基本目标和基本政策,有机统一,不可分割,构成党在社会主义初级阶段的基本纲领"②。2002年11月,党的十六大报告分三个部分论述了经济建设和经济体制改革、政治建设和政治体制改革、文化建设和文化体制改革。2004年9月,党的十六届四中全会通过《中共中央关于加强党的执政能力建设的决定》,明确提出"把推进经济建设同推进政治建设、文化建设统一起来"③,"三位一体"的思想更加明确。

2005年2月19日,胡锦涛在省部级主要领导干部专题研讨班上的讲话中指出,"随着我国经济社会不断发展,中国特色社会主义事业总体布局更加明确地由社会主义经济建设、政治建设、文化建设三位一体发展为社会主义经济建设、政治建设、

---

① 邓小平:《贯彻调整方针,保证安定团结》(1980年12月25日),《邓小平文选》第2卷,人民出版社1994年版,第367页。

② 江泽民:《高举邓小平理论伟大旗帜,把建设有中国特色社会主义事业全面推向二十一世纪——在中国共产党第十五次全国代表大会上的报告》(1997年9月12日),《江泽民文选》第2卷,人民出版社2006年版,第18页。

③ 《中共中央关于加强党的执政能力建设的决定》,《十六大以来重要文献选编》(中),中央文献出版社2006年版,第277页。

文化建设、社会建设四位一体"①。在这个讲话中，"中国特色社会主义事业总体布局""三位一体""四位一体"的概念同时首次出现。中国特色社会主义事业总体布局从"三位一体"发展为"四位一体"。

2007 年 10 月，党的十七大报告强调，"按照中国特色社会主义事业总体布局，全面推进经济建设、政治建设、文化建设、社会建设"②，同时，把建设生态文明作为实现全面建设小康社会奋斗目标的新要求之一提了出来。2008 年 10 月，党的十七届三中全会又进一步把生态文明建设提升到与经济、政治、文化和社会建设同等的战略高度，强调"全面推进社会主义经济建设、政治建设、文化建设、社会建设以及生态文明建设"③，"五位一体"总体布局呼之欲出。

2012 年 11 月，党的十八大报告正式提出"五位一体"总体布局，强调"建设中国特色社会主义，总依据是社会主义初级阶段，总布局是五位一体，总任务是实现社会主义现代化和中华民族伟大复兴"④。2017 年 10 月，习近平在党的十九大报告中指出："要按照十六大、十七大、十八大提出的全面建成小康社会各项要求，紧扣我国社会主要矛盾变化，统筹推进经济建设、政治建设、文化建设、社会建设、生态文

---

①　胡锦涛：《构建社会主义和谐社会》（2005 年 2 月 19 日），《胡锦涛文选》第 2 卷，人民出版社 2016 年版，第 274 页。

②　胡锦涛：《高举中国特色社会主义伟大旗帜，为夺取全面建设小康社会新胜利而奋斗》（2007 年 10 月 15 日），《胡锦涛文选》第 2 卷，人民出版社 2016 年版，第 624 页。

③　胡锦涛：《在中共十七届三中全会上的工作报告》（2008 年 10 月 9 日），《十七大以来重要文献选编》（上），中央文献出版社 2009 年版，第 645 页。

④　胡锦涛：《坚定不移沿着中国特色社会主义道路前进　为全面建成小康社会而奋斗》（2012 年 11 月 8 日），《胡锦涛文选》第 3 卷，人民出版社 2016 年版，第 622 页。

明建设。"① 党的十八大以来，习近平多次强调要统筹推进"五位一体"总体布局、协调推进"四个全面"战略布局。

"五位一体"总体布局的形成，彰显了马克思主义与时俱进的理论品质，开辟了马克思主义中国化的新境界，标志着中国共产党对社会主义建设规律的认识达到了新水平。

（二）"五位一体"总体布局的深刻内涵

"五位一体"总体布局是经济建设、政治建设、文化建设、社会建设、生态文明建设之间相互作用构成的整体结构。其中，经济建设是中心，政治建设是保障，文化建设是灵魂，社会建设是条件，生态文明建设是基础，统一于中国特色社会主义事业建设全过程。

经济建设是中心。以经济建设为中心是我们党在社会主义初级阶段基本路线的基石，是发展中国特色社会主义全部事业的重点。经济建设搞不好，其他四个方面建设便失去了根基。习近平指出："以经济建设为中心是兴国之要，发展仍是解决我国所有问题的关键。只有推动经济持续健康发展，才能筑牢国家繁荣富强、人民幸福安康、社会和谐稳定的物质基础。"② "发展是基础，经济不发展，一切都无从谈起。……实现全面建成小康社会奋斗目标，仍然要把发展作为第一要务，努力使发展达到一个新水平。"③ 加强经济建设，必须坚持发展是硬道

---

① 习近平：《决胜全面建成小康社会　夺取新时代中国特色社会主义伟大胜利——在中国共产党第十九次全国代表大会上的报告》（2017 年 10 月 18 日），人民出版社 2017 年版，第 27 页。

② 习近平：《在中共十八届二中全会第一次全体会议上的讲话》（2013 年 2 月 26 日），《习近平关于协调推进"四个全面"战略布局论述摘编》，中央文献出版社 2015 年版，第26页。

③ 习近平：《下大气力破解制约如期全面建成小康社会的重点难点问题》（2015 年 10 月 29 日），《习近平谈治国理政》第 2 卷，外文出版社 2017 年版，第 75 页。

理的战略思想，发展必须是科学发展，经济增长必须是实实在在的没有水分的增长。坚持以提高发展质量和效益为中心，以供给侧结构性改革为主线，加快引领经济发展新常态的体制机制和发展方式，加大结构性改革力度，实现更高质量、更有效率、更加公平、更可持续的发展。

政治建设是保障。政治是经济的集中体现，经济建设、文化建设、社会建设、生态文明建设都需要政治建设提供坚强保障。习近平指出："我们要坚定不移走中国特色社会主义政治发展道路，继续推进社会主义民主政治建设、发展社会主义政治文明。"① "坚持中国特色社会主义政治发展道路，关键是要坚持党的领导、人民当家作主、依法治国有机统一，以保证人民当家作主为根本，以增强党和国家活力、调动人民积极性为目标，扩大社会主义民主，发展社会主义政治文明。"② 加强政治建设，就要坚持中国共产党在中国特色社会主义事业中的领导核心地位，适应扩大人民民主、促进经济社会发展的新要求，积极稳妥推进政治体制改革，发展更加广泛、更加充分、更加健全的人民民主，建设社会主义法治国家，不断推进社会主义政治制度自我完善和发展，使我国社会主义民主政治展现出更加旺盛的生命力。

文化建设是灵魂。文化是一个国家、一个民族的灵魂。一个国家、一个民族的强盛，总是以文化兴盛为前提的。文化建设为经济建设、政治建设、社会建设和生态文明建设提供精神

---

① 习近平：《坚定对中国特色社会主义政治制度的自信》（2014 年 9 月 5 日），《习近平谈治国理政》第 2 卷，外文出版社 2017 年版，第 285 页。
② 习近平：《在首都各界纪念现行宪法公布施行三十周年大会上的讲话》（2012 年 12 月 4 日），《习近平谈治国理政》第 1 卷，外文出版社 2018 年版，第 139 页。

支撑，文化建设搞不好，其他四个方面建设很难富有成效地展开。习近平指出："中国特色社会主义是物质文明和精神文明全面发展的社会主义。一个没有精神力量的民族难以自立自强，一项没有文化支撑的事业难以持续长久。"①加强文化建设，必须走中国特色社会主义文化发展道路，增强全民族文化创造活力，建设社会主义文化强国。坚持以社会主义核心价值观为引领，加强思想道德建设，丰富文化产品和服务，发挥文化引领风尚、教育人民、服务社会、推动发展的作用。

社会建设是条件。社会建设是社会和谐稳定的重要保证，为经济建设、政治建设、文化建设和生态文明建设创造有利的社会条件，社会建设搞不好，其他四个方面建设同样不能协调健康发展。习近平指出："我们的人民热爱生活，期盼有更好的教育、更稳定的工作、更满意的收入、更可靠的社会保障、更高水平的医疗卫生服务、更舒适的居住条件、更优美的环境……人民对美好生活的向往，就是我们的奋斗目标。"②"全面深化改革必须以促进社会公平正义、增进人民福祉为出发点和落脚点。"③加强社会建设，必须以保障和改善民生为重点，加快推进社会体制改革，创新社会治理模式，努力提高公共服务能力和水平，让人民的生活更加美好。

生态文明建设是基础。生态环境是人类生存和发展的根基，对经济建设、政治建设、文化建设和社会建设都具有广泛而深刻

---

① 习近平：《在实现中国梦的生动实践中放飞青春梦想》（2013年5月4日），《习近平谈治国理政》第1卷，外文出版社2018年版，第52页。
② 习近平：《人民对美好生活的向往，就是我们的奋斗目标》（2012年11月15日），《习近平谈治国理政》第1卷，外文出版社2018年版，第4页。
③ 习近平：《切实把思想统一到党的十八届三中全会精神上来》（2013年11月12日），《习近平谈治国理政》第1卷，外文出版社2018年版，第96页。

的影响。习近平指出："对人的生存来说，金山银山固然重要，但绿水青山是人民幸福生活的重要内容，是金钱不能代替的。"[①]"生态环境保护是功在当代、利在千秋的事业。""牢固树立保护生态环境就是保护生产力、改善生态环境就是发展生产力的理念。"[②] 加强生态文明建设，必须树立绿水青山就是金山银山的强烈意识，把生态文明建设放在突出位置，把生态文明的理念、原则、目标融入经济社会发展各方面，贯彻落实到各级各类规划和各项工作中，努力迈向社会主义生态文明新时代。

"五位一体"总体布局蕴含着富强民主文明和谐美丽的总目标，反映了国家治理体系和治理能力现代化的内在要求，体现了广大人民群众的根本利益和共同愿望，为推进中国特色社会主义伟大事业提供了科学指南。

（三）统筹推进"五位一体"总体布局

"五位一体"总体布局虽涉及不同领域，有各自特殊的内容和规律，但它们之间是有机统一、不可分割、相辅相成、相互促进的辩证统一关系。坚持五位一体统筹推进、协调发展，才能把我国建设成为富强、民主、文明和谐美丽的社会主义现代化强国。

统筹推进"五位一体"总体布局，必须坚持和加强党的全面领导。党政军民学，东西南北中，党是领导一切的。"万山磅礴必有主峰，龙衮九章但挚一领。""中国共产党是执政党，

---

①　习近平：《在海南考察工作结束时的讲话》（2013 年 4 月 10 日），《习近平关于全面建成小康社会论述摘编》，中央文献出版社 2016 年版，第 163 页。

②　习近平：《努力走向社会主义生态文明新时代》（2013 年 5 月 24 日），《习近平谈治国理政》第 1 卷，外文出版社 2018 年版，第 208—209 页。

· 392 ·

党的领导是做好党和国家各项工作的根本保证。"① 统筹推进
"五位一体"总体布局，关键是统筹，而这个"统筹者"，只能
靠执政的中国共产党，靠党把方向、谋大局、定政策，靠党运
筹帷幄、总揽全局、协调各方，这是历史的选择、人民的选择，
是党和国家的根本所在、命脉所系，绝对不能有丝毫动摇。

统筹推进"五位一体"总体布局，必须坚持不懈地抓落
实。习近平强调："空谈误国，实干兴邦。""如果不沉下心来
抓落实，再好的目标，再好的蓝图，也只是镜中花、水中
月。"② 只有贯彻新发展理念，建设现代化经济体系，才能推动
经济持续健康发展；只有健全人民当家作主制度体系，发展社
会主义民主政治，才能体现人民意志、保障人民权益、激发人
民创造活力；只有坚定文化自信，推动社会主义文化繁荣兴盛，
才能激发全民族文化创新创造活力；只有提高保障和改善民生
水平，加强和创新社会治理，才能持续提升人民群众获得感、
幸福感、安全感；只有加快生态文明体制改革，建设美丽中国，
才能形成人与自然和谐发展现代化建设新格局。

二　贯彻新发展理念

发展是一个不断变化的过程，发展环境、发展条件不会一
成不变，发展理念自然也不会一成不变。新发展理念是针对我

---

① 《习近平在省部级主要领导干部学习贯彻党的十八届四中全会精神全面推进依法治国专题研讨班开班式上发表重要讲话》（2015年2月2日），《习近平关于"不忘初心、牢记使命"论述摘编》，党建读物出版社、中央文献出版社2019年版，第100页。

② 《习近平对全国党委秘书长会议作出重要批示　强调狠抓中央决策部署的贯彻落实　确保中央政令畅通、决策落地生根》，《人民日报》2014年10月12日第1版。

国经济发展进入新常态、世界经济复苏低迷形势提出的治本之策，是针对我国发展面临的突出问题和挑战提出来的战略指引。

经过改革开放 40 多年的发展，中国已经成为全球第二大经济体，但发展不平衡不充分的问题尚未解决，发展质量和效益还不高，创新能力不够强，实体经济水平有待提高，生态环境保护任重道远，民生领域还有不少短板，城乡区域发展和收入分配差距依然较大，群众在就业、教育、医疗、居住、养老等方面面临不少难题。这些问题，必须下大力气予以解决，而解决这些问题倒逼着发展理念与方式的深刻转变。

2015 年 3 月，习近平在同出席博鳌亚洲论坛 2015 年年会的中外企业家代表座谈时指出："中国经济发展已经进入新常态，向形态更高级、分工更复杂、结构更合理阶段演化，这也是我们做好经济工作的出发点。"① 2015 年 10 月，习近平在党的十八届五中全会上指出："发展理念是发展行动的先导……发展理念搞对了，目标任务就好定了，政策举措也就跟着好定了。……这五大发展理念，是'十三五'乃至更长时期我国发展思路、发展方向、发展着力点的集中体现，也是改革开放三十多年来我国发展经验的集中体现，反映出我们党对我国发展规律的新认识。"② 2017 年 10 月，习近平在党的十九大报告中进一步指出："发展是解决我国一切问题的基础和关键……必须坚定不移贯彻创新、协调、绿色、开放、共享的发展理

---

① 《习近平同出席博鳌亚洲论坛年会的中外企业家代表座谈》（2015 年 3 月 29 日），《人民日报》2015 年 3 月 30 日第 1 版。

② 习近平：《关于〈中共中央关于制定国民经济和社会发展第十三个五年规划的建议〉的说明》（2015 年 10 月 26 日），《十八大以来重要文献选编》（中），中央文献出版社 2016 年版，第 774—775 页。

念。"[①] 新发展理念科学总结了我国改革开放和现代化建设的新
鲜经验，吸取了世界上其他国家发展中的经验教训，揭示了经
济社会发展的客观规律，是马克思主义政治经济学基本原理在
当今时代的科学运用和生动发展，极大地丰富了马克思主义的
发展观。新发展理念符合我国国情，顺应时代要求，对破解发
展难题、增强发展动力、厚植发展优势具有重大指导意义。

（一）贯彻创新发展理念，发挥创新引领发展的第一动力作用，推动经济高质量发展

创新，是引领经济社会发展的第一动力。发展动力决定发
展速度、效能、可持续性，对我国这么大体量的经济体来讲，
如果动力问题解决不好，要实现经济高质量发展是难以做到的。
目前，我国创新能力不强，科技发展水平总体不高，科技对经
济社会发展的支撑能力不足。要破解我国经济的"阿喀琉斯之
踵"，关键在于创新发展，增强发展动力的核心在创新，抓住
了创新，就抓住了牵动经济社会发展全局的"牛鼻子"。习近
平关于创新发展的论述层层深入，"以提高发展质量和效益为
中心""必须把创新摆在国家发展全局的核心位置""我国经济
已由较长时期的两位数增长进入个位数增长阶段。在这个阶段，
要突破自身发展瓶颈、解决深层次矛盾和问题，根本出路在于
创新"[②]"发挥科技创新在全面创新中的引领作用"。"中心"
"核心""根本""引领"，紧密衔接、环环相扣，构成了创新

---

① 习近平：《决胜全面建成小康社会　夺取新时代中国特色社会主义伟大胜利——在中国共
产党第十九次全国代表大会上的报告》（2017 年 10 月 18 日），人民出版社 2017 年版，第 21 页。
② 《习近平在参加上海代表团审议时强调　坚定不移深化改革开放　加大创新驱动发展力
度》（2013 年 3 月 5 日），《人民日报》2013 年 3 月 6 日第 1 版。

发展战略的科学体系。

贯彻创新发展理念，必须建设创新型国家，把重要领域的科技创新摆在突出位置，建立以企业为主体、市场为导向、产学研深度融合的技术创新体系，改革人才培养、引进、使用等机制，广聚天下英才而用之，跑出中国创新"加速度"。党的十八大以来，创新引领发展成果丰硕。全社会研发投入年均增长 11%，规模跃居世界第二位，科技进步贡献率由 52.2% 提高到 57.5%；载人航天、深海探测、量子通信等重大创新成果不断涌现，高铁网络、电子商务、移动支付、共享经济等引领世界潮流；"互联网＋"广泛融入各行各业；大众创业、万众创新蓬勃发展，日均新设企业由 5000 多户增加到 16000 多户；等等。快速崛起的新动能，正在重塑经济增长格局、深刻改变生产生活方式，成为中国创新发展的新标志。

（二）贯彻协调发展理念，注重发展的整体效能，不断增强国家发展的协调性整体性

协调，是经济社会持续健康发展的内在要求。我国发展不协调是一个长期存在的问题，突出表现在区域、城乡、经济和社会、物质文明和精神文明、经济建设和国防建设等关系上。在经济发展水平落后的情况下，一段时间的主要任务是要跑得快，但跑过一定路程后，就要注意调整关系，注重发展的整体效能，否则"木桶"效应就会愈加显现，一系列社会矛盾会不断加深。协调发展理念是统筹兼顾这个中国共产党人科学方法论的生动体现，与"弹钢琴""十大关系""两手抓、两手硬""十二大关系"等既一脉相承又与时俱进。

党的十八大以来，以习近平同志为核心的党中央总结我国

建设社会主义的实践经验，牢牢把握中国特色社会主义事业总体布局，理顺发展中的重大关系，着力推动区域协调发展、城乡协调发展、物质文明精神文明协调发展和经济建设国防建设融合发展，开创了相互促进、协同推进的良好发展局面。比如，强调要建立更加有效的区域协调发展新机制，推动东、中、西、东北地区"四大板块"协调发展，即"强化举措推进西部大开发形成新格局，深化改革加快东北等老工业基地振兴，发挥优势推动中部地区崛起，创新引领率先实现东部地区优化发展"①，重点推进"一带一路"建设、京津冀协同发展、长江经济带发展三大战略，并设立雄安新区；实施乡村振兴战略，把解决好"三农"问题作为工作重中之重，推动"三农"工作理论创新、实践创新、制度创新；支持老少边穷地区加快发展，强调"把贫困人口脱贫作为全面建成小康社会的底线任务和标志性指标""区域发展必须围绕精准扶贫发力""加大各方帮扶力度"，② 采取一系列举措，推动贫困地区脱贫攻坚，支持革命老区开发建设，促进民族地区健康发展，推进边疆地区开发开放。

（三）贯彻绿色发展理念，坚持绿水青山就是金山银山，坚定走生产发展、生活富裕、生态良好的文明发展道路

绿色，是实现中华民族永续发展的必要条件。党的十九大报告指出，人与自然是生命共同体，人类必须尊重自然、顺应

---

① 习近平：《决胜全面建成小康社会　夺取新时代中国特色社会主义伟大胜利——在中国共产党第十九次全国代表大会上的报告》（2017 年 10 月 18 日），人民出版社 2017 年版，第 33 页。

② 习近平：《在深度贫困地区脱贫攻坚座谈会上的讲话》（2017 年 6 月 23 日），人民出版社 2017 年版，第 4—5、14—15 页。

自然、保护自然。随着我国社会生产力水平明显提高和人民生活显著改善，人民群众的需要呈现多样化多层次多方面的特点，期盼享有更优美的环境、更清新的空气、更洁净的水源等，但改革开放以来，我国资源约束趋紧、环境污染严重、生态系统退化的问题十分严峻，生态环境一直是国家发展的短板，人民生活的痛点。习近平指出："环境就是民生，青山就是美丽，蓝天也是幸福……像保护眼睛一样保护生态环境，像对待生命一样对待生态环境。"① "良好生态环境是最公平的公共产品，是最普惠的民生福祉。"②

党的十八大以来，以习近平同志为核心的党中央以前所未有的决心和勇气向污染宣战，以前所未有的改革力度和政策密度推动绿色转型，开展了一系列根本性、开创性、战略性的工作。一方面，加大生态保护力度。发布实施大气、水、土壤污染防治三大行动计划，开展中央环保督察，坚决打好生态环境保护攻坚战，加大生态系统保护修复力度，增加优质生态产品供给，强化湿地保护和恢复，加强地质灾害防治，让良好生态环境成为提升人民群众获得感、幸福感的增长点。另一方面，加强生态文明制度建设。"史上最严"的新环保法锻造打击环境违法犯罪的"铁拳"，《生态文明体制改革总体方案》为生态文明建设确立了"四梁八柱"，《生态文明建设目标评价考核办法》将生态文明指标纳入党政领导干部评价考核体系……一系列顶层设计为中华民族永续发展打下了制度根基，我国生态文

---

① 习近平：《深入理解新发展理念》（2016 年 1 月 18 日），《习近平谈治国理政》第 2 卷，外文出版社 2017 年版，第 209 页。

② 习近平：《在中共十八届三中全会第一次全体会议上的讲话》（2013 年 11 月 9 日），《习近平关于全面深化改革论述摘编》，中央文献出版社 2014 年版，第 107 页。

明建设进入力度最大、措施最实、效果最好的新时期。此外，我国还积极参与全球环境治理，引导应对气候变化国际合作，成为全球生态文明建设的重要参与者、贡献者、引领者。

（四）贯彻开放发展理念，发展更高层次的开放型经济，构建更加广泛的利益共同体

开放，是世界共同繁荣发展的必然选择。坚持开放发展，才能赢得经济发展的主动、赢得国际竞争的主动，才能深度融入世界经济体系、促进各国共同繁荣发展。我国对外开放水平总体上还不够高，用好国际国内两个市场、两种资源的能力还不够强，应对国际经贸摩擦、争取国际经济话语权的能力还比较弱，运用国际经贸规则的本领也不够强，需要加快弥补。顺应我国经济深度融入世界经济的趋势，奉行互利共赢的开放战略，不断创造更全面、更深入、更多元的对外开放格局，是一项战略选择。2013 年 4 月 8 日，习近平在同出席博鳌亚洲论坛年会的中外企业家代表座谈时强调，"中国将在更大范围、更宽领域、更深层次上提高开放型经济水平"①。2015 年 10 月 29 日，他在党的十八届五中全会第二次全体会议上的讲话中指出："现在的问题不是要不要对外开放，而是如何提高对外开放的质量和发展的内外联动性。"② 2016 年 9 月 3 日，他在二十国集团工商峰会开幕式上的主旨演讲中指出："中国对外开放，不是要一家唱独角戏，而是要欢迎各方共同参与；不是要谋求势

---

① 习近平：《提高开放型经济水平》（2013 年 4 月 8 日），《习近平谈治国理政》第 1 卷，外文出版社 2018 年版，第 114 页。

② 习近平：《以新的发展理念引领发展》（2015 年 10 月 29 日），《习近平谈治国理政》第 2 卷，外文出版社 2017 年版，第 199 页。

力范围，而是要支持各国共同发展；不是要营造自己的后花园，而是要建设各国共享的百花园。"① 2017 年 10 月，他在党的十九大报告中强调： "中国开放的大门不会关闭，只会越开越大。"

党的十八大以来，以习近平同志为核心的党中央以"一带一路"建设为重点，推进同有关国家和地区多领域互利共赢的务实合作；大幅度放宽市场准入，扩大服务业对外开放；赋予自由贸易试验区更大改革自主权，推动建设中国特色自由贸易港；深化内地和港澳、大陆和台湾地区合作发展，支持沿海地区全面参与全球经济合作和竞争；积极参与全球经济治理，承担国际责任和义务等，不断开创了对外开放新局面，完善了对外开放战略布局，形成了对外开放新体制，壮大了我国经济实力和综合国力。

（五）贯彻共享发展理念，提高群众的获得感，朝着共同富裕方向稳步前进

共享，是全面建成小康社会的必然结果。"天地之大，黎元为本。"改革发展成功与否，最终的判断标准是人民是不是共同享受到了改革发展成果。习近平强调："国家建设是全体人民共同的事业，国家发展过程也是全体人民共享成果的过程。"② "中国执政者的首要使命就是集中力量提高人民生活水

---

① 习近平：《在庆祝中国共产党成立九十五周年大会上的讲话》（2016 年 7 月 1 日），《十八大以来重要文献选编》，中央文献出版社 2018 年版，第 354 页。

② 习近平：《在庆祝"五一"国际劳动节暨表彰全国劳动模范和先进工作者大会上的讲话》（2015 年 4 月 28 日），人民出版社 2015 年版，第 7 页。

平，逐步实现共同富裕。"① 这便是人民至上、共建共享的科学发展理念。把共享作为发展的出发点和落脚点，是中国特色社会主义的本质要求，体现了我们党全心全意为人民服务的根本宗旨。我们党作为马克思主义执政党，执政是为了实现好、维护好、发展好最广大人民的根本利益，而不是为了一部分人、少数人的利益。党领导的社会主义事业，就是要在解放生产力、发展生产力的基础上使全体人民最终实现共同富裕。当然，随着我国经济发展的"蛋糕"不断做大，分配不公、收入差距、城乡区域公共服务水平差距等问题日益凸显出来，在共享改革发展成果上，无论是实际情况还是制度设计，都还有需要完善的地方。2016 年 7 月 1 日，习近平在庆祝中国共产党成立 95 周年大会的重要讲话中强调："我们要顺应人民群众对美好生活的向往，坚持以人民为中心的发展思想，以保障和改善民生为重点，发展各项社会事业，加大收入分配调节力度，打赢脱贫攻坚战，保证人民平等参与、平等发展权利，使改革发展成果更多更公平惠及全体人民，朝着实现全体人民共同富裕的目标稳步迈进。"②

党的十八大以来，以习近平同志为核心的党中央坚持发展为了人民、发展依靠人民、发展成果由人民共享，增加公共服务供给，从解决人民最关心最直接最现实的利益问题入手，提高公共服务共建能力和共享水平，加大对革命老区、民族地区、边疆地区、贫困地区的转移支付；坚持和完善社会主义基本分

---

① 习近平：《中国梦必须同人民对美好生活的向往结合起来才能取得成功》（2015 年 9 月 22 日），《习近平谈治国理政》第 2 卷，外文出版社 2017 年版，第 30 页。
② 习近平：《不忘初心，继续前进》（2016 年 7 月 1 日），《习近平谈治国理政》第 2 卷，外文出版社 2017 年版，第 40 页。

配制度，调整国民收入分配格局，增加城乡居民收入，缩小收入差距；实施脱贫攻坚工程，坚持精准扶贫、精准脱贫，因人因地施策，向贫困发起总攻；把加强和优化公共服务作为促进社会公平正义、促进共同富裕的重要抓手，深化教育、就业、社会保障、医疗卫生等领域改革，推动实现基本公共服务均等化；等等，取得显著成效。总之，共享发展是全民共享、全面共享、共建共享、渐进共享，与生产关系的性质、所有制性质、基本经济制度本质上是一致的，表现为一种内生性关系，共享发展所涉及的不仅仅是再分配问题，而是整个生产与分配两个领域，而且生产领域是共享发展推进的起点和基础，只有坚持共享发展，我们的国家才会安定、民族才会团结、人民才会幸福。

创新、协调、绿色、开放、共享的发展理念，主题主旨相通、内在联系紧密、目标指向一致，构成一个系统化的逻辑体系。创新发展是经济结构实现战略性调整的关键驱动因素，是实现"五位一体"总体布局下全面发展的根本支撑和重要动力，注重的是更高质量、更高效益；协调发展是经济社会健康发展的重要保证，是提升发展整体效能推进事业全面进步的有力保障，注重的是更加均衡、更加全面；绿色发展是实现生产发展、生活富裕、生态良好的文明发展道路的历史选择，是通往人与自然和谐共生的必由之路，注重的是更加环保、更加和谐；开放发展是中国基于改革开放成功经验的历史总结，也是拓展经济发展空间、提升开放性经济发展水平的必然要求，注重的是更加优化、更加融入；共享发展是我们党努力奋斗的核心要义、立场情怀，是评判奋斗目标实现与否的第一标尺，注重的是更加公平、更加正义。坚持新发展理念，大力提升发展质量和效益，更好满足人民在经济、政治、文化、社会、生态等方面日益增长的美好生活需要，让全体人民共享新时代改革发展成果，为如期实现"两个一百年"奋斗目标、全面建成社会主义现代化强国布阵筑基，开启新时代中国特色社会主义更为广阔的发展前景。

三　经济社会发展重大战略部署

党的十九大报告按照中国特色社会主义事业"五位一体"总体布局和新发展理念，对经济建设、政治建设、文化建设、社会建设、生态文明建设进行了全面部署，为谱写社会主义现代化新篇章进一步指明了方向，提供了基本遵循。

（一）贯彻新发展理念，建设现代化经济体系

中国特色社会主义迈入新时代，这是中国发展新的历史方位。"我国经济已由高速增长阶段转向高质量发展阶段，正处在转变发展方式、优化经济结构、转换增长动力的攻关期，建设现代化经济体系是跨越关口的迫切要求和我国发展的战略目标。"① 党的十九大报告站在新的历史起点上，高瞻远瞩、审时度势，对现代化经济体系做出了全面部署，这是实现新征程新目标的必由之路，是应对我国社会主要矛盾新变化的迫切需要，是适应经济发展新特征新要求的主动选择。

深化供给侧结构性改革。这是建设现代化经济体系的主线。

---

① 习近平：《决胜全面建成小康社会　夺取新时代中国特色社会主义伟大胜利——在中国共产党第十九次全国代表大会上的报告》（2017 年 10 月 18 日），人民出版社 2017 年版，第 30 页。

"必须把发展经济的着力点放在实体经济上，把提高供给体系质量作为主攻方向，显著增强我国经济质量优势。"[1] 加快建设制造强国，发展先进制造业、现代服务业，推动互联网、大数据、人工智能和实体经济深度融合，推动传统产业优化升级，促进我国产业迈向全球价值链中高端；加强水利、铁路、公路、水运、航空、管道、电网、信息、物流等基础设施网络建设；坚持去产能、去库存、去杠杆、降成本、补短板，优化存量资源配置，扩大优质增量供给，实现供需动态平衡；激发和保护企业家精神，鼓励更多社会主体投身创新创业；培育新动能、新业态、新模式，促进新的经济增长极；建设知识型、技能型、创新型劳动者大军，营造劳动光荣的社会风尚。

建设创新型国家。这是建设现代化经济体系的战略支撑。加强国家创新体系建设，建立以企业为主体、市场为导向、产学研深度融合的技术创新体系，加强对中小企业创新的支持，促进科技成果的转化；瞄准世界科技前沿，强化基础研究和应用基础研究，拓展实施国家重大科技项目，努力实现重大技术突破和颠覆性创新；积极倡导创新文化，强化知识产权创造、保护、运用，培养造就一大批具有国际水平的战略科技人才和高水平创新团队。

实施乡村振兴战略。这是建设现代化经济体系的重要基础。"农业农村农民问题是关系国计民生的根本性问题，必须始终

---

① 习近平：《决胜全面建成小康社会 夺取新时代中国特色社会主义伟大胜利——在中国共产党第十九次全国代表大会上的报告》（2017年10月18日），人民出版社2017年版，第30页。

把解决好'三农'问题作为全党工作重中之重。"① 坚持农业农村优先发展，按照产业兴旺、生态宜居、乡风文明、治理有效、生活富裕的总要求，建立健全城乡融合发展体制机制和政策体系。巩固和完善农村基本经营制度，深化农村土地制度改革，完善承包地"三权"分置制度。保持土地承包关系稳定并长期不变，第二轮土地承包到期后再延长 30 年；深化农村集体产权制度改革，保障农民财产权益，壮大集体经济；加快推进农业农村现代化，确保国家粮食安全；构建现代农业产业体系，发展多种形式适度规模经营，培育新型农业经营主体，健全农业社会化服务体系，实现小农户和现代农业发展有机衔接；促进农村一二三产业融合发展，健全自治、法治、德治相结合的乡村治理体系。

实施区域协调发展战略。这是建设现代化经济体系的内在要求。建立更加有效的区域协调发展新机制，优化区域发展格局，逐步缩小地区差别；深入推进西部大开发、东北等老工业基地振兴、中部地区崛起、东部地区优化发展；以城市群为主体构建大中小城市和小城镇协调发展的城镇格局，加快农业转移人口市民化；以疏解北京非首都功能为"牛鼻子"推动京津冀协同发展，以共抓大保护、不搞大开发为导向推动长江经济带发展；大力度支持老少边穷地区加快发展，支持资源型地区经济转型发展，加快建设海洋强国。

加快完善社会主义市场经济体制。这是建设现代化经济体系的制胜法宝。"经济体制改革必须以完善产权制度和要素市

---

① 习近平：《决胜全面建成小康社会　夺取新时代中国特色社会主义伟大胜利——在中国共产党第十九次全国代表大会上的报告》（2017 年 10 月 18 日），人民出版社 2017 年版，第 32 页。

场化配置为重点，实现产权有效激励、要素自由流动、价格反应灵活、竞争公平有序、企业优胜劣汰。"① 要完善国有资产管理体制，促进国有资产保值增值；深化国有企业改革，发展混合所有制经济，培育具有全球竞争力的世界一流企业，支持民营企业发展，激发各类市场主体活力；努力改进营商环境，全面实施市场准入负面清单制度，清理废除妨碍统一市场和公平竞争的各种规定和做法，全面落实产权保护制度；创新和完善宏观调控，深化金融体制和投融资体制改革，加快要素价格市场化改革，积极推进市场监管体制，完善促进消费的体制机制，加快建立现代财政制度。

推动形成全面开放新格局。这是建设现代化经济体系的必要条件。以"一带一路"建设为重点，坚持引进来和走出去并重，遵循共商共建共享原则，形成陆海内外联动、东西双向互济的开放格局，引领更高水平的对外开放；加强创新能力开放合作，推进贸易强国建设，扩大服务业对外开放，保护外商投资合法权益，促进国际产能合作，加快培育国际经济合作和竞争新优势。

构建新发展格局，是与时俱进提升我国经济发展水平的战略抉择，也是塑造我国国际经济合作和竞争新优势的战略抉择。改革开放以来特别是加入世贸组织后，我国加入国际大循环，市场和资源"两头在外"，形成"世界工厂"发展模式，对我国快速提升经济实力、改善人民生活发挥了重要作用。近几年，随着全球政治经济环境变化，逆全球化趋势加剧，有的国家大

---

① 习近平：《决胜全面建成小康社会　夺取新时代中国特色社会主义伟大胜利——在中国共产党第十九次全国代表大会上的报告》（2017 年 10 月 18 日），人民出版社 2017 年版，第 33 页。

搞单边主义、保护主义，传统国际循环明显弱化。在这种情况下，必须把发展立足点放在国内，更多依靠国内市场实现经济发展。我国有 14 亿多人口，人均国内生产总值已经突破 1 万美元，是全球最大和最有潜力的消费市场，具有巨大增长空间，把发展立足点放在国内具有天然优势。构建新发展格局，要坚持扩大内需这个战略基点，使生产、分配、流通、消费更多依托国内市场，形成国民经济良性循环。要坚持供给侧结构性改革的战略方向，提升供给体系对国内需求的适配性，打通经济循环堵点，提升产业链、供应链的完整性，使国内市场成为最终需求的主要来源，形成需求牵引供给、供给创造需求的更高水平动态平衡。

（二）健全人民当家作主制度体系，发展社会主义民主政治

中国特色社会主义政治发展道路，是近代以来中国人民长期奋斗的历史逻辑、理论逻辑、实践逻辑的必然结果，是坚持党的本质属性、实践党的根本宗旨的必然要求。习近平指出："要长期坚持、不断发展我国社会主义民主政治，积极稳妥推进政治体制改革，推进社会主义民主政治制度化、规范化、程序化，保证人民依法通过各种途径和形式管理国家事务，管理经济文化事业，管理社会事务，巩固和发展生动活泼、安定团结的政治局面。"[①]

坚持党的领导、人民当家作主、依法治国有机统一。"党的领导是人民当家作主和依法治国的根本保证，人民当家作主是社会主义民主政治的本质特征，依法治国是党领导人民治理国

[①]　习近平：《决胜全面建成小康社会　夺取新时代中国特色社会主义伟大胜利——在中国共产党第十九次全国代表大会上的报告》（2017 年 10 月 18 日），人民出版社 2017 年版，第 36 页。

家的基本方式，三者统一于我国社会主义民主政治伟大实践。"① 在我国政治生活中，党是最高政治领导力量，要加强党的集中统一领导，改进党的领导方式和执政方式，扩大人民有序政治参与，维护国家法制统一、尊严和权威。要巩固基层政权，完善基层民主制度，保障人民知情权、参与权、表达权、监督权。"各级领导干部要增强民主意识，发扬民主作风，接受人民监督，当好人民公仆。"②

加强人民当家作主制度保障。"人民代表大会制度是坚持党的领导、人民当家作主、依法治国有机统一的根本政治制度安排。"③ 坚持和完善人民代表大会制度这一根本政治制度，支持和保证人民通过人民代表大会行使国家权力，发挥人大及其常委会在立法工作中的主导作用，更好发挥人大代表作用，使各级人大及其常委会成为同人民群众保持密切联系的代表机关。

发挥社会主义协商民主重要作用。"有事好商量，众人的事情由众人商量，是人民民主的真谛。"④ 推动协商民主广泛、多层、制度化发展，统筹推进政党协商、人大协商、政府协商、政协协商、人民团体协商、基层协商以及社会组织协商；加强协商民主制度建设，保证人民在日常政治生活中有广泛持续深

---

① 习近平：《决胜全面建成小康社会　夺取新时代中国特色社会主义伟大胜利——在中国共产党第十九次全国代表大会上的报告》（2017 年 10 月 18 日），人民出版社 2017 年版，第 36 页。

② 习近平：《决胜全面建成小康社会　夺取新时代中国特色社会主义伟大胜利——在中国共产党第十九次全国代表大会上的报告》（2017 年 10 月 18 日），人民出版社 2017 年版，第 37 页。

③ 习近平：《决胜全面建成小康社会　夺取新时代中国特色社会主义伟大胜利——在中国共产党第十九次全国代表大会上的报告》（2017 年 10 月 18 日），人民出版社 2017 年版，第 37 页。

④ 习近平：《决胜全面建成小康社会　夺取新时代中国特色社会主义伟大胜利——在中国共产党第十九次全国代表大会上的报告》（2017 年 10 月 18 日），人民出版社 2017 年版，第 37—38 页。

第四章 经济社会发展战略

入参与的权利；加强人民政协民主监督，重点监督党和国家重大方针政策和重要决策部署的贯彻落实。

深化依法治国实践。法律是治国之重器，法治是国家治理体系和治理能力的重要依托。成立中央全面依法治国委员会，加强对法治中国建设的统一领导；推进合宪性审查工作，维护宪法权威；推进科学立法、民主立法、依法立法，以良法促进发展、保障善治；建设法治政府，推进依法行政，严格规范公正文明执法；深化司法体制综合配套改革，全面落实司法责任制；加大全民普法力度，建设社会主义法治文化。"任何组织和个人都不得有超越宪法法律的特权，绝不允许以言代法、以权压法、逐利违法、徇私枉法。"①

深化机构和行政体制改革。深化党和国家机构改革，统筹考虑各类机构设置，推进国家治理体系和治理能力现代化；统筹使用各类编制资源，形成科学合理的管理体制，完善国家机构组织法；转变政府职能，深化简政放权，创新监管方式，增强政府公信力和执行力，建设人民满意的服务型政府；深化事业单位改革，强化公益属性，推进政事分开、事企分开、管办分离。

巩固和发展爱国统一战线。"高举爱国主义、社会主义旗帜，牢牢把握大团结大联合的主题，坚持一致性和多样性统一，找到最大公约数，画出最大同心圆。"② 坚持长期共存、互相监督、肝胆相照、荣辱与共，支持民主党派按照中国特色社会主

---

① 习近平：《决胜全面建成小康社会 夺取新时代中国特色社会主义伟大胜利——在中国共产党第十九次全国代表大会上的报告》（2017年10月18日），人民出版社2017年版，第39页。
② 习近平：《决胜全面建成小康社会 夺取新时代中国特色社会主义伟大胜利——在中国共产党第十九次全国代表大会上的报告》（2017年10月18日），人民出版社2017年版，第39—40页。

义参政党要求更好履行职能；深化民族团结进步教育，铸牢中华民族共同体意识，加强各民族交往交流交融；积极引导宗教与社会主义社会相适应，加强党外知识分子工作，做好新的社会阶层人士工作，构建亲清新型政商关系，广泛团结联系海外侨胞和归侨侨眷。

（三）坚定文化自信，推动社会主义文化繁荣兴盛

习近平指出："文化兴国运兴，文化强民族强。没有高度的文化自信，没有文化的繁荣兴盛，就没有中华民族伟大复兴。"[①]"文化自信，是更基础、更广泛、更深厚的自信，是更基本、更深沉、更持久的力量。"[②] 发展中国特色社会主义文化，就是以马克思主义为指导，坚守中华文化立场，立足当代中国实际，结合当今时代条件，发展面向现代化、面向世界、面向未来的，民族的科学的大众的社会主义文化，推动社会主义精神文明和物质文明协调发展。

牢牢掌握意识形态工作领导权。"意识形态决定文化前进方向和发展道路。"[③] 推进马克思主义中国化时代化大众化，建设具有强大凝聚力和引领力的社会主义意识形态；加强理论武装，推动习近平新时代中国特色社会主义思想深入人心；加快构建中国特色哲学社会科学，加强中国特色新型智库建

---

① 习近平：《决胜全面建成小康社会　夺取新时代中国特色社会主义伟大胜利——在中国共产党第十九次全国代表大会上的报告》（2017 年 10 月 18 日），人民出版社 2017 年版，第 40—41 页。

② 习近平：《要有高度的文化自信》（2016 年 11 月 30 日），《习近平谈治国理政》第 2 卷，外文出版社 2017 年版，第 349 页。

③ 习近平：《决胜全面建成小康社会　夺取新时代中国特色社会主义伟大胜利——在中国共产党第十九次全国代表大会上的报告》（2017 年 10 月 18 日），人民出版社 2017 年版，第 41 页。

设，加强互联网内容建设，营造清朗的网络空间；落实意识形态工作责任制，加强阵地建设和管理，区分好政治原则问题、思想认识问题、学术观点问题，旗帜鲜明反对和抵制各种错误观点。

培育和践行社会主义核心价值观。"社会主义核心价值观是当代中国精神的集中体现，凝结着全体人民共同的价值追求。"① 发挥社会主义核心价值观对国民教育、精神文明创建、精神文化产品创作生产传播的引领作用，把社会主义核心价值观融入社会发展各方面，转化为人们的情感认同和行为习惯；深入挖掘中华优秀传统文化蕴含的思想观念、人文精神、道德规范，结合时代要求继承创新，让中华文化展现出永久魅力和时代风采。

加强思想道德建设。"人民有信仰，国家有力量，民族有希望。"② 广泛开展理想信念教育，深化中国特色社会主义和中国梦宣传教育，加强爱国主义、集体主义、社会主义教育；深入实施公民道德建设工程，推进社会公德、职业道德、家庭美德、个人品德建设；加强和改进思想政治工作，深化群众性精神文明创建活动；弘扬科学精神，普及科学知识，推进诚信建设和志愿服务制度化。

繁荣发展社会主义文艺。"社会主义文艺是人民的文艺，必须坚持以人民为中心的创作导向，在深入生活、扎根人民中进

---

① 习近平：《决胜全面建成小康社会　夺取新时代中国特色社会主义伟大胜利——在中国共产党第十九次全国代表大会上的报告》（2017 年 10 月 18 日），人民出版社 2017 年版，第 42 页。

② 习近平：《决胜全面建成小康社会　夺取新时代中国特色社会主义伟大胜利——在中国共产党第十九次全国代表大会上的报告》（2017 年 10 月 18 日），人民出版社 2017 年版，第 42 页。

行无愧于时代的文艺创造。"① 坚持以人民为中心的创作导向，繁荣文艺创作；加强文艺队伍建设，造就一大批德艺双馨名家大师，培育一大批高水平的创作人才。

推动文化事业和文化产业发展。"满足人民过上美好生活的新期待，必须提供丰富的精神食粮。"② 深化文化体制改革，完善文化管理体制和公共文化服务体系，加强文物保护利用和文化遗产保护传承，健全现代文化产业体系和市场体系；广泛开展全民健身活动，加快推进体育强国建设；加强中外人文交流，推进国际传播能力建设，讲好中国故事，提高国家文化软实力。

（四）提高保障和改善民生水平，加强和创新社会治理

习近平强调："为什么人的问题，是检验一个政党、一个政权性质的试金石。带领人民创造美好生活，是我们党始终不渝的奋斗目标。"③ 保障和改善民生，加强和创新社会治理，要始终把人民利益摆在至高无上的地位，抓住人民最关心最直接最现实的利益问题，完善公共服务体系，保障群众基本生活，不断满足人民日益增长的美好生活需要。

优先发展教育事业。"建设教育强国是中华民族伟大复兴

---

① 习近平：《决胜全面建成小康社会　夺取新时代中国特色社会主义伟大胜利——在中国共产党第十九次全国代表大会上的报告》（2017 年 10 月 18 日），人民出版社 2017 年版，第 43 页。

② 习近平：《决胜全面建成小康社会　夺取新时代中国特色社会主义伟大胜利——在中国共产党第十九次全国代表大会上的报告》（2017 年 10 月 18 日），人民出版社 2017 年版，第 43—44 页。

③ 习近平：《决胜全面建成小康社会　夺取新时代中国特色社会主义伟大胜利——在中国共产党第十九次全国代表大会上的报告》（2017 年 10 月 18 日），人民出版社 2017 年版，第 44—45 页。

的基础工程，必须把教育事业放在优先位置。"① 全面贯彻党的教育方针，落实立德树人根本任务，发展素质教育，推进教育公平，培养德智体美劳全面发展的社会主义建设者和接班人；推动城乡义务教育一体化发展，完善职业教育和培训体系，深化产教融合、校企合作；加快一流大学和一流学科建设，实现高等教育内涵式发展；加强师德师风建设，培养高素质教师队伍；办好继续教育，建设学习型社会，大力提高国民素质。

提高就业质量和人民收入水平。"就业是最大的民生。要坚持就业优先战略和积极就业政策，实现更高质量和更充分就业。"② 大规模开展职业技能培训，提供全方位公共就业服务，破除妨碍劳动力、人才社会性流动的体制机制弊端，使人人都有通过辛勤劳动实现自身发展的机会；构建和谐劳动关系，坚持按劳分配原则，完善按要素分配的体制机制，促进收入分配更合理、更有序；鼓励勤劳守法致富，扩大中等收入群体，增加低收入者收入，调节过高收入，取缔非法收入；拓宽居民劳动收入和财产性收入渠道，履行好政府再分配调节职能，逐步缩小收入分配差距。

加强社会保障体系建设。按照兜底线、织密网、建机制的要求，全面建成覆盖全民、城乡统筹、权责清晰、保障适度、可持续的多层次社会保障体系；完善城镇职工基本养老保险和城乡居民基本养老保险制度，统一城乡居民基本医疗保险

---

① 习近平：《决胜全面建成小康社会　夺取新时代中国特色社会主义伟大胜利——在中国共产党第十九次全国代表大会上的报告》（2017 年 10 月 18 日），人民出版社 2017 年版，第 45 页。

② 习近平：《决胜全面建成小康社会　夺取新时代中国特色社会主义伟大胜利——在中国共产党第十九次全国代表大会上的报告》（2017 年 10 月 18 日），人民出版社 2017 年版，第 46 页。

制度和大病保险制度，失业、工伤保险制度以及社会救助、社会福利、慈善事业、优抚安置等制度；建立全国统一的社会保险公共服务平台，统筹城乡社会救助体系，保障妇女儿童合法权益，健全农村留守儿童和妇女、老年人关爱服务体系，发展残疾人事业，加快住房制度改革，让全体人民住有所居。

坚决打赢脱贫攻坚战。坚持精准扶贫、精准脱贫，强化党政一把手负总责的责任制；坚持大扶贫格局，注重扶贫同扶志、扶智相结合，深入实施东西部扶贫协作，重点攻克深度贫困地区脱贫任务，确保到 2020 年我国现行标准下农村贫困人口实现脱贫，贫困县全部摘帽，解决区域性整体贫困，做到脱真贫、真脱贫。目前，这一任务已经圆满收官。

实施健康中国战略。"人民健康是民族昌盛和国家富强的重要标志。"① 完善国民健康政策，为人民群众提供全方位全周期健康服务；深化医药卫生体制改革，健全现代医院管理制度，加强基层医疗卫生服务体系和全科医生队伍建设，健全药品供应保障制度；坚持预防为主，倡导健康文明的生活方式，预防控制重大疾病；实施食品安全战略，传承发展中医药事业，支持社会办医，发展健康产业，加快老龄事业和产业发展。

打造共建共治共享的社会治理格局。加强社会治理制度建设，完善党委领导、政府负责、社会协同、公众参与、法治保障的社会治理体制，提高社会治理社会化、法治化、智能化、专业化水平；加强预防和化解社会矛盾机制建设，正确处理人

---

① 习近平：《决胜全面建成小康社会　夺取新时代中国特色社会主义伟大胜利——在中国共产党第十九次全国代表大会上的报告》（2017 年 10 月 18 日），人民出版社 2017 年版，第 48 页。

民内部矛盾；树立安全发展理念，健全公共安全体系，完善安全生产责任制；加快社会治安防控体系建设，保护人民人身权、财产权、人格权；加强社会心理服务体系建设，培育自尊自信、理性平和、积极向上的社会心态；加强社区治理体系建设，推动社会治理重心向基层下移，发挥社会组织作用，实现政府治理和社会调节、居民自治良性互动。

有效维护国家安全。"国家安全是安邦定国的重要基石。"① 完善国家安全战略和国家安全政策，坚决维护国家政治安全，统筹推进各项安全工作；健全国家安全体系，加强国家安全法治保障，提高防范和抵御安全风险能力；严密防范和坚决打击各种渗透颠覆破坏活动、暴力恐怖活动、民族分裂活动、宗教极端活动；加强国家安全教育，推动全社会形成维护国家安全的强大合力。

（五）加快生态文明体制改革，建设美丽中国

绿水青山就是金山银山。建设生态文明是关系人民福祉、关乎民族未来的千年大计，是实现中华民族伟大复兴的重要战略任务。习近平强调："我们要建设的现代化是人与自然和谐共生的现代化，既要创造更多物质财富和精神财富以满足人民日益增长的美好生活需要，也要提供更多优质生态产品以满足人民日益增长的优美生态环境需要。"②

---

① 习近平：《决胜全面建成小康社会 夺取新时代中国特色社会主义伟大胜利——在中国共产党第十九次全国代表大会上的报告》（2017 年 10 月 18 日），人民出版社 2017 年版，第49 页。

② 习近平：《决胜全面建成小康社会 夺取新时代中国特色社会主义伟大胜利——在中国共产党第十九次全国代表大会上的报告》（2017 年 10 月 18 日），人民出版社 2017 年版，第50 页。

2015 年 9 月 11 日，中央政治局审议通过《生态文明体制改革总体方案》，着力构建由自然资源资产产权制度、国土空间开发保护制度、空间规划体系、资源总量管理和全面节约制度、资源有偿使用和生态补偿制度、环境治理体系、环境治理和生态保护市场体系、生态文明绩效评价考核和责任追究制度等八项制度构成的生态文明制度体系，使生态文明建设进入了法治化、制度化轨道。

推进绿色发展。建立绿色生产和消费的法律制度和政策导向，建立健全绿色低碳循环发展的经济体系；构建市场导向的绿色技术创新体系，发展绿色金融，壮大节能环保产业、清洁生产产业、清洁能源产业；推进能源生产和消费革命，稳步推进碳达峰和碳中和，构建清洁低碳、安全高效的能源体系；推进资源全面节约和循环利用，倡导简约适度、绿色低碳的生活方式。

着力解决突出环境问题。坚持全民共治、源头防治，打赢蓝天保卫战；加快水污染防治，强化土壤污染管控和修复，加强农业面源污染防治，加强固体废弃物和垃圾处置；提高污染排放标准，强化排污者责任；构建政府为主导、企业为主体、社会组织和公众共同参与的环境治理体系；积极参与全球环境治理，落实减排承诺。

加大生态系统保护力度。实施重要生态系统保护和修复重大工程，优化生态安全屏障体系，构建生态廊道和生物多样性保护网络，提升生态系统质量和稳定性；完成生态保护红线、永久基本农田、城镇开发边界三条控制线划定工作；开展国土绿化行动，完善天然林保护制度，健全耕地草原森林河流湖泊休养生息制度，建立市场化、多元化生态补偿机制。

改革生态环境监管体制。设立国有自然资源资产管理和自然生态监管机构，完善生态环境管理制度；构建国土空间开发保护制度，完善主体功能区配套政策，建立以国家公园为主体的自然保护地体系；坚决制止和惩处破坏生态环境行为。

第五章　全面深化改革战略

　　改革开放是我们党在社会主义建设新时期带领人民进行的新的伟大革命，是党和人民事业大踏步赶上时代的重要法宝，是决定当代中国命运的关键一招。党的十八大以来，以习近平同志为核心的党中央高举改革旗帜，做出全面深化改革的重大战略部署，系统谋划全面深化改革的科学路径和有效方法，为全面深化改革提供了科学指导和行动指南。

一　保持战略定力，将改革进行到底

　　改革开放是一场深刻革命，必须保持战略定力，坚定不移将改革进行到底。

（一）改革是实现中华民族伟大复兴的关键一招

　　改革开放是当代中国最鲜明的特色，是党和人民事业大踏步赶上时代的重要法宝。党的十八大以后，习近平担任总书记后第一次出京考察工作的地点就是我国改革开放的前沿重镇——深圳。他在考察工作时的讲话中指出："改革开放是当代中国发展进步的活力之源，是我们党和人民大踏步赶上时代前进步伐的重要法宝，是坚持和发展中国特色社会主义的必由之路。"① 习近平在主持十八届中央政治局第二次集体学习时再次强调："改革开放是决定当代中国命运的关键一招，也是决定实现'两个一百年'奋斗目标、实现中华民族伟大复兴的关键一招。"② 改革开放是当代中国的强国之路、富民之路、复兴之路，我们有一千个理由继续高举改革旗帜，没有一个理由放弃改革，我们要沿着这条道路坚定不移走下去。

我国过去 40 多年的快速发展靠的是改革开放，我国未来发展也必须坚定不移依靠改革开放。改革开放是我们党的历史上一次伟大觉醒，正是这个伟大觉醒孕育了新时期从理论到实践的伟大创造，中华民族迎来了伟大复兴的光明前景。习近平指出："中国发展的实践证明，当年邓小平同志指导我们党作出改革开放的决策是英明的、正确的，邓小平同志不愧为中国改革开放的总设计师，不愧为中国特色社会主义道路的开创者。"③ 党的十一届三中全会以来，"我们用改革的办法解决了党和国家事业发展中的一系列问题。同时，在认识世界和改造世界的过程中，旧的问题解决了，新的问题又会产生，制度总是需要不断完善，因而改革既不可能一蹴而就、也不可能一劳永逸"。④ 中国特色社会主义在改革开放中产生，也必将在改革开放中发展壮大；中华民族在改革开放中实现了从站起来到富起来的伟大飞跃，也必将在改

---

① 习近平：《在广东考察工作时的讲话》（2012 年 12 月 7 日至 11 日），《习近平关于全面深化改革论述摘编》，中央文献出版社 2014 年版，第 3 页。

② 习近平：《在广东考察工作时的讲话》（2012 年 12 月 7 日至 11 日），《习近平关于全面深化改革论述摘编》，中央文献出版社 2014 年版，第 3 页。

③ 习近平：《在广东考察工作时的讲话》（2012 年 12 月 7 日至 11 日），《习近平关于全面深化改革论述摘编》，中央文献出版社 2014 年版，第 2 页。

④ 习近平：《关于〈中共中央关于全面深化改革若干重大问题的决定〉的说明》（2013 年 11 月 9 日），《习近平关于全面深化改革论述摘编》，中央文献出版社 2014 年版，第 8 页。

革开放中完成从富起来到强起来的伟大飞跃。

当前，国内外环境都在发生极为广泛而深刻的变化，我国发展面临一系列突出矛盾和挑战，前进道路上还有不少困难和问题。比如：发展不平衡不充分的一些突出问题尚未解决，发展质量和效益还不高，创新能力不够强，实体经济水平有待提高，生态环境保护任重道远；民生领域还有不少短板，城乡区域发展和收入分配差距依然较大，群众在就业、教育、医疗、居住、养老等方面面临不少难题；社会文明水平尚需提高；社会矛盾和问题交织叠加，全面依法治国任务依然繁重，国家治理体系和治理能力有待加强；意识形态领域斗争依然复杂，国家安全面临新情况；一些改革部署和重大政策措施需要进一步落实；党的建设方面还存在不少薄弱环节，等等。解决这些问题，关键在于深化改革。我们必须通过全面深化改革，着力解决我国发展面临的一系列突出矛盾和问题，不断推进中国特色社会主义制度自我完善和发展。

（二）改革开放是有方向、有立场、有原则的

改革实质是社会主义制度的自我完善和发展。习近平指出："我们的改革开放是有方向、有立场、有原则的。我们当然要高举改革旗帜，但我们的改革是在中国特色社会主义道路上不断前进的改革，既不走封闭僵化的老路，也不走改旗易帜的邪路。"[①] 中国是一个大国，在涉及道路、理论、制度、文化等根本性问题上，在涉及改革方向等大是大非面前，不讲模棱两可的话，不做遮遮掩掩的事，决不能犯颠覆性错误。

---

① 习近平：《在广东考察工作时的讲话》（2012 年 12 月 7 日至 11 日），《习近平关于全面深化改革论述摘编》，中央文献出版社 2014 年版，第 14 页。

　　回溯整个中国近代史，就会懂得，不搞社会主义，只有死路一条；总结中国社会主义建设时期的经验教训，就会懂得，不实行改革开放，也是死路一条；回首苏联和东欧社会主义国家的发展史，就会懂得，不坚持社会主义方向的改革开放，还是死路一条。早在 1989 年，邓小平就深刻指出："整个帝国主义西方世界企图使社会主义各国都放弃社会主义道路，最终纳入国际垄断资本的统治，纳入资本主义的轨道。现在我们要顶住这股逆流，旗帜要鲜明。因为如果我们不坚持社会主义，最终发展起来也不过成为一个附庸国，而且就连想要发展起来也不容易。"[①] 历史证明，邓小平当初的判断是非常准确的。习近平在主持十八届中央政治局第二次集体学习时指出："改革开放是一场深刻革命，必须坚持正确方向，沿着正确道路推进。在方向问题上，我们头脑必须十分清醒，不断推动社会主义制度自我完善和发展，坚定不移走中国特色社会主义道路。"[②] 习近平还指出，当前，"我们所进行的一切完善和改进，都是在既定方向上的继续前进，而不是改变方向，更不是要丢掉我们党、国家、人民安身立命的根本"[③]。几十年来，西方大国从未遗忘中国，和平演变战略，遏制中国战略，价值观外交战略，重返亚太战略，印太战略，颜色革命战略，以及拜登政府新近出台的《战略竞争法案》，一个个都剑指中国，其根本原因就在于一个社会主义中国的崛起

---

　　① 邓小平：《第三代领导集体的当务之急》（1989 年 6 月 16 日），《邓小平文选》第 3 卷，人民出版社 1993 年版，第 311 页。

　　② 习近平：《改革开放只有进行时没有完成时》（2012 年 12 月 31 日），《习近平谈治国理政》第 1 卷，外文出版社 2018 年版，第 67 页。

　　③ 习近平：《弘扬伟大长征精神，走好今天的长征路》（2016 年 10 月 21 日），《习近平谈治国理政》第 2 卷，外文出版社 2017 年版，第 52 页。

是西方无法接受的，当中国以西方不认可的政治制度、发展模式和价值观念走向成功，当中国的成功直接宣告了西方中心论的破产、历史终结论的终结，这更是西方不能容忍的。因此，越是在民族复兴的关键时刻，越是要保持头脑清醒，坚守原则立场，保持战略定力。无论怎么改革、怎么开放，中国特色社会主义的方向不能变。

（三）坚定不移将改革进行到底

改革开放是当代中国发展进步的强大动力，是大势所趋、人心所向、命运所系。改革开放的伟大实践证明，只有改革开放才能发展中国、发展社会主义、发展马克思主义。习近平指出："实践发展永无止境，解放思想永无止境，改革开放也永无止境，停顿和倒退没有出路，改革开放只有进行时、没有完成时。"[①] 没有改革开放，就没有中国的今天；离开改革开放，就没有中国的明天。回顾 40 多年改革开放史，我们靠什么来激发全体人民的创造精神和创造活力？靠什么来实现我国经济社会快速发展？靠什么来摆脱被开除球籍的尴尬处境？靠什么一步步走近世界舞台中央？靠什么在全球两种制度、两个主义、两条道路的竞争中赢得比较优势？靠什么来撑起民族自信、国家自信和政党自信？靠什么在意识形态的较量中赢得精神上的主动？靠的就是改革开放。当前，改革开放到了一个新的重要关头。我们在改革开放上决不能有丝毫动摇，改革开放的旗帜必须继续高高举起，中国特色社会主义道路的正确方向必须牢牢坚守。

[①] 习近平：《关于〈中共中央关于全面深化改革若干重大问题的决定〉的说明》（2013 年 11 月 9 日），《习近平谈治国理政》第 1 卷，外文出版社 2018 年版，第 71 页。

面对未来，我们要基本实现社会主义现代化，建成富强民主文明和谐美丽的社会主义现代化强国，实现中华民族伟大复兴的中国梦，除了深化改革开放，别无他途；我们"要破解发展面临的各种难题，化解来自各方面的风险和挑战，更好发挥中国特色社会主义制度优势，推动经济社会持续健康发展，除了深化改革开放，别无他途"；① 我们要坚定地走向世界舞台中央，为解决人类面临的共同难题提供中国方案，为捍卫世界和平与发展的主题贡献中国力量，为优化全球治理体系、重建公正合理的国际新秩序贡献中国主张，为重塑国际交往理性和世界精神提供中国价值，除了深化改革开放，别无他途。

二　全面深化改革的总目标

党的十八届三中全会提出："全面深化改革的总目标是完善和发展中国特色社会主义制度，推进国家治理体系和治理能力现代化。"② 这里包含两句话，它们构成一个有机整体。

（一）全面深化改革的根本方向

全面深化改革总目标所讲的两句话，"前一句规定了根本方向，我们的方向就是中国特色社会主义道路，而不是其他什么道路。后一句规定了在根本方向指引下完善和发展中国特色社

---

① 习近平：《关于〈中共中央关于全面深化改革若干重大问题的决定〉的说明》（2013 年 11 月 9 日），《习近平谈治国理政》第 1 卷，外文出版社 2018 年版，第 86 页。
② 《中共中央关于全面深化改革若干重大问题的决定》，《十八大以来重要文献选编》（上），中央文献出版社 2014 年版，第 512 页。

会主义制度的鲜明指向。两句话都讲，才是完整的"。[①] 这两句话是一个统一的整体，不能只讲一句话，更不能割裂开来、对立起来。任何时候，中国的改革都是行走在社会主义方向和道路上的改革，推进国家治理体系和治理能力现代化，绝不是西方化、资本主义化！

全面深化改革是在既定方向上的继续前进，而不是改航转向。这个方向就是完善和发展中国特色社会主义制度。现在，一些敌对势力和别有用心的人在那里摇旗呐喊、制造舆论、混淆视听，把改革定义为往西方政治制度的方向上改，否则就是不改革。他们是醉翁之意不在酒。对此要洞若观火，保持政治坚定性，明确政治定位。我们坚持全面深化改革，是为了推动党和人民事业更好发展，而不是为了迎合某些人的"掌声"，不能把西方的理论、观点生搬硬套在自己身上。

（二）推进国家治理体系和治理能力现代化

推进国家治理体系和治理能力现代化，是完善和发展中国特色社会主义制度的必然要求。国家治理体系和治理能力是一个国家制度和制度执行能力的集中体现。国家治理体系是在党领导下管理国家的制度体系，包括经济、政治、文化、社会、生态文明和党的建设等各领域体制机制、法律法规安排，也就是一整套紧密相连、相互协调的国家制度；国家治理能力则是运用国家制度管理社会各方面事务的能力，包括改革发展稳定、内政外交国防、治党治国治军等各个方面。国家治理体系和治理能力是一个有机整体，相辅相成，有了好的国家治理体系才

---

① 习近平：《坚定对中国特色社会主义政治制度的自信》（2014 年 9 月 5 日），《习近平谈治国理政》第 2 卷，外文出版社 2017 年版，第 289 页。

能提高治理能力，提高国家治理能力才能充分发挥国家治理体系的效能。

怎样治理社会主义社会这样全新的社会，马克思主义经典作家在理论上的探索和准备是不够的，在以往社会主义国家的实践探索也是不完全成功的。马克思、恩格斯没有遇到全面治理一个社会主义国家的实践，他们关于未来社会的原理很多是预测性的；列宁在俄国十月革命后不久就过世了，没来得及深入探索这个问题；苏联在这个问题上进行了探索，取得了一些实践经验，但也犯下了严重错误，没有解决这个问题。我们党在全国执政以后，不断探索这个问题，虽然也发生了严重曲折，但在国家治理体系和治理能力上积累了丰富经验、取得了重大成果，改革开放以来的进展尤为显著。我国政治稳定、经济发展、社会和谐、民族团结，同世界上一些地区和国家不断出现乱局形成了鲜明对照。这说明，我们的国家治理体系和治理能力总体上是好的，是适应我国国情和发展要求的。

同时，我们也要看到，相比我国经济社会发展要求，相比人民群众期待，相比当今世界日趋激烈的国际竞争，相比实现国家长治久安，我们在国家治理体系和治理能力方面还有许多不足，有许多亟待改进的地方。正如习近平所说："真正实现社会和谐稳定、国家长治久安，还是要靠制度，靠我们在国家治理上的高超能力，靠高素质干部队伍。我们要更好发挥中国特色社会主义制度的优越性，必须从各个领域推进国家治理体系和治理能力现代化。"[1]

推进国家治理体系和治理能力现代化，就是要适应时代变

---

① 习近平：《切实把思想统一到党的十八届三中全会精神上来》，《习近平关于全面深化改革论述摘编》，中央文献出版社 2014 年版，第 24 页。

化，既改革不适应实践发展要求的体制机制、法律法规，又不断构建新的体制机制、法律法规，使各方面制度更加科学、更加完善，实现党、国家、社会各项事务治理制度化、规范化、程序化。要更加注重治理能力建设，增强按制度办事、依法办事意识，善于运用制度和法律治理国家，把各方面制度优势转化为管理国家的效能，提高党科学执政、民主执政、依法执政水平。

（三）实现改革总目标的时间节点和战略安排

推动制度成熟定型是党的一项重要任务。今天，中国特色社会主义进入新时代，"我们的主要历史任务是完善和发展中国特色社会主义制度，为党和国家事业发展、为人民幸福安康、为社会和谐稳定、为国家长治久安提供一整套更完备、更稳定、更管用的制度体系"①，推动中国特色社会主义制度更加成熟、更加定型。党的十八届三中全会明确提出推进国家治理体系和治理能力现代化的改革目标，这体现了完善和发展中国特色社会主义制度的必然要求，是实现社会主义现代化的应有之义。

党的十九大报告对新时代中国特色社会主义发展做出了"两步走"的战略安排，这一战略安排包括了国家治理体系和治理能力的明确要求。其中，第一个阶段，从 2020 年到 2035 年，法治国家、法治政府、法治社会基本建成，各方面制度比较完善，国家治理体系和治理能力现代化基本实现，现代社会治理格局基本形成；第二个阶段，从 2035 年到本世纪中叶，实

---

① 习近平：《在省部级主要领导干部学习贯彻十八届三中全会精神全面深化改革专题研讨班上的讲话》（2014 年 2 月 17 日），《习近平关于全面深化改革论述摘编》，中央文献出版社 2014 年版，第 27 页。

现国家治理体系和治理能力现代化。① 这是我们党为不断提高运用中国特色社会主义制度有效治理国家的能力做出的重要战略安排，进一步明确了实现改革总目标的时间节点和方法路径。

　　当然，完善和发展中国特色社会主义制度，推进国家治理体系和治理能力现代化，这是一项宏伟的战略工程。推进这项工程，零敲碎打调整不行，碎片化修补不行，朝秦暮楚不行，急于求成不行，必须是全面的、系统的改革和改进，是各领域改革和改进的联动和集成；必须咬定青山不放松，一鼓作气干到底；必须加强顶层设计，增强改革的系统性、整体性、协同性，力求在国家治理体系和治理能力现代化上形成总体效应、取得总体效果。

三　加强顶层设计，增强改革的系统性、整体性、协同性

　　社会是一个复杂大系统，顶层和基层，构成社会大系统的两个方面。全面深化改革，一方连接顶层，一方对接基层。顶层设计是从高端规划全面深化改革的时间表、路线图，是战略层面的设计。顶层设计，旨在增强改革的系统性、整体性、协同性，推动改革向纵深发展。

（一）顶层设计是谋划改革的重要方法

　　全面深化改革是一项复杂的系统工程，需要加强顶层设计

---

　　① 参见习近平《决胜全面建成小康社会　夺取新时代中国特色社会主义伟大胜利——在中国共产党第十九次全国代表大会上的报告》（2017 年 10 月 18 日），人民出版社 2017 年版，第 28—29 页。

和整体谋划，加强各项改革关联性、系统性、可行性研究。"所谓顶层设计，就是要对经济体制、政治体制、文化体制、社会体制、生态体制作出统筹设计。"① 顶层设计重点在于谋划全面深化改革的总体思路、总体原则，制定一揽子改革方案，明确改革的时间表、路线图。

顶层设计胆子要大、步子要稳。习近平强调，"设计改革措施胆子要大、步子要稳"②。"中国改革经过 30 多年，已进入深水区……这就要求我们胆子要大、步子要稳。胆子要大，就是改革再难也要向前推进，敢于担当，敢于啃硬骨头，敢于涉险滩。步子要稳，就是方向一定要准，行驶一定要稳，尤其是不能犯颠覆性错误。"③ 坚持蹄疾步稳谋划改革，战略上要敢于进取，战术上则要稳扎稳打。步子稳不是保守，只要经过了充分论证和评估，只要是符合实际、必须做的，该干的还是要大胆干。同时也要看到，胆子大不是蛮干，顶层设计必须稳妥审慎，三思而后行。对于一些攻坚难度大的改革，不要幻想设计出一招制胜、立竿见影的顶层方案，需要久久为功、步步为营，持续探索、持续发力方能见效。

顶层设计要避免头痛医头、脚痛医脚的"碎片化"倾向，避免单枪匹马、单打独斗"一枝秀"。党的十八届三中全会对全面深化改革做出了总部署，设计勾画了全面建成小康社会深化各方面改革的时间表、路线图；党的十八届五中全会以及党

---

① 习近平：《在广东考察工作时的讲话》（2012 年 12 月 7 日至 11 日），《习近平关于全面深化改革论述摘编》，中央文献出版社 2014 年版，第 32 页。

② 习近平：《关于〈中共中央关于全面深化改革若干重大问题的决定〉的说明》（2013 年 11 月 9 日），《习近平谈治国理政》第 1 卷，外文出版社 2018 年版，第 74—75 页。

③ 习近平：《改革再难也要向前推进》（2014 年 2 月 7 日），《习近平谈治国理政》第 1 卷，外文出版社 2018 年版，第 101 页。

的十九大进一步完善和细化了改革的顶层设计方案，规划了全面深化改革的宏伟蓝图，这些改革设计都是从整体上进行谋划的。

（二）增强改革的系统性、整体性、协同性

今天，我国改革已由阶段性的局部改革转向整体性的全面改革，改革的涉及面之广、变革之深、难度之大，都前所未有，必须"更加注重改革的系统性、整体性、协同性"。①

在广度上，改革的涉及面大大拓展，必须增强改革的系统性、整体性、协同性。今天的改革是包括经济、政治、文化、社会、生态"五位一体"，以及党的建设、国防和军队在内的全面改革，各个子系统之间相互依存、相互作用。习近平指出，我们"不是推进一个领域改革，也不是推进几个领域改革，而是推进所有领域改革"②。改革的高度关联性决定了改革必须系统联动、整体配合、协同一致。重大改革都是牵一发而动全身的，更需要全面考量、协同推进。不能畸轻畸重，也不能单兵突进，"要解决我们面临的突出矛盾和问题，仅仅依靠单个领域、单个层次的改革难以奏效，必须加强顶层设计、整体谋划，增强各项改革的关联性、系统性、协同性。"③ "只有既解决好生产关系中不适应的问题，又解决好上层建筑中不适应的问题，

---

① 习近平：《改革开放只有进行时没有完成时》（2012 年 12 月 31 日），《习近平谈治国理政》第 1 卷，外文出版社 2018 年版，第 68 页。
② 习近平：《切实把思想统一到党的十八届三中全会精神上来》（2013 年 11 月 12 日），《习近平谈治国理政》第 1 卷，外文出版社 2018 年版，第 90 页。
③ 习近平：《在十八届中央政治局第十一次集体学习时的讲话》（2013 年 12 月 3 日），《习近平关于协调推进"四个全面"战略布局论述摘编》，中央文献出版社 2015 年版，第 76 页。

这样才能产生综合效应。"① "在推动改革过程中，要注重厘清重大改革的逻辑关系，推动有条件的地方和领域实现改革举措系统集成，在国有企业改革、科技体制改革、农村土地制度改革、生态文明体制改革、国家监察体制改革、司法体制改革、党的建设制度改革、构建开放型经济新体制等方面集中攻坚，打出一系列改革'组合拳'，一大批重要改革压茬推进，做到前呼后应、相互配合、形成整体，提高改革整体效益。"② 党的十八大以来，以习近平同志为核心的党中央以极大的决心和力度推进全面深化改革，做出一系列重大战略部署，全面深化改革向各个领域、各个方面扎实推进。

在深度上，改革已经进入攻坚期和深水区，必须增强改革的系统性、整体性、协同性。今天的改革由目标到结果都大大深入了，必须统筹谋划和整体推进。习近平指出："过去，我们也提出过改革目标，但大多是从具体领域提的。"③ 党的十八届三中全会提出全面深化改革的总目标是"完善和发展中国特色社会主义制度，推进国家治理体系和治理能力现代化"④ 则是整体性的战略目标。在这一总目标的统领下，我们进一步明确了经济、政治、文化、社会、生态文明体制和党的建设体制、国防和军队体制的改革分目标。总分结合目标的确定，这既是

---

① 习近平：《在十八届中央政治局第十一次集体学习时的讲话》（2013 年 12 月 3 日），《习近平关于协调推进"四个全面"战略布局论述摘编》，中央文献出版社 2015 年版，第 76 页。

② 中共中央宣传部编：《习近平新时代中国特色社会主义思想三十讲》，学习出版社 2018 年版，第 101 页。

③ 习近平：《在省部级主要领导干部学习贯彻十八届三中全会精神全面深化改革专题研讨班上的讲话》（2014 年 2 月 17 日），《习近平关于全面深化改革论述摘编》，中央文献出版社 2014 年版，第 26 页。

④ 习近平：《切实把思想统一到党的十八届三中全会精神上来》（2013 年 11 月 12 日），《习近平谈治国理政》第 1 卷，外文出版社 2018 年版，第 90 页。

改革进程本身向纵深拓展深化的客观要求，也体现了我们党对改革认识的深化和系统化。习近平指出，改革越是深化，越要注意协同，既抓改革方案协同，也抓改革落实协同，更抓改革效果协同，促进各项改革举措在政策取向上相互配合、在实施过程中相互促进、在改革成效上相得益彰。

在难度上，全面深化改革的复杂程度、敏感程度、艰巨程度一点都不亚于 40 多年前，必须增强改革的系统性、整体性、协同性。习近平在索契接受俄罗斯记者专访时指出："中国改革经过 30 多年……可以说，容易的、皆大欢喜的改革已经完成了，好吃的肉都吃掉了，剩下的都是难啃的硬骨头。"[①] 进入攻坚期和深水区，改革是突破利益固化藩篱的深层次改革，是触动利益和灵魂的高难度改革，是根治顽瘴痼疾和体制机制弊端的深层次变革，只有权衡各方，系统谋划，协同推进，才能避免出现较大震动，确保改革成功。

（三）坚持整体推进和重点突破相结合

注重改革的系统性、整体性、协同性，不是不要重点，不是眉毛胡子一把抓，必须坚持整体推进和重点突破相结合。深水区的改革，单兵突进不行，齐头并进也不行；畸轻畸重不行，同步推进也不行；一哄而上不行，无序改革也不行。坚持整体推进，就要"加强不同时期、不同方面改革配套和衔接，注重改革措施整体效果，防止畸重畸轻、单兵突进、顾此失彼"[②]。

---

① 习近平：《改革再难也要向前推进》（2014 年 2 月 7 日），《习近平谈治国理政》第 1 卷，外文出版社 2018 年版，第 101 页。

② 习近平：《在中共十八届三中全会第二次全体会议上的讲话》（2013 年 11 月 12 日），《习近平关于协调推进"四个全面"战略布局论述摘编》，中央文献出版社 2015 年版，第 72 页。

但同时要突出重点，"整体推进不是平均用力、齐头并进，而是要注重抓主要矛盾和矛盾的主要方面，注重抓重要领域和关键环节"① 来推进各项改革。

全面深化改革，如果没有面上的推进，难免顾此失彼；如果没有点上的突破，难免杂乱无章。任何时候，改革既要抓住关键性的局部，也要兼顾事物的整体，从"牵一发而动全身"的重点领域入手，从"落一子而活全局"的关键环节着力，以点带面，激活全盘改革，这就是点面结合的改革辩证法。今天，经济体制改革的龙头地位仍然没有变，因为"制约科学发展的体制机制障碍不少集中在经济领域，经济体制改革任务远远没有完成，经济体制改革的潜力还没有充分释放出来。坚持以经济建设为中心不动摇，就必须坚持以经济体制改革为重点不动摇"②。只有牵住经济体制改革这个"牛鼻子"，才能带动全盘改革，实现改革的初衷，完成改革的目标。当然，我们强调经济体制改革的"龙头"地位，并不是要拖延政治体制改革的步伐，也不是要否定政治体制改革的紧迫性和必要性。

四 坚持正确的改革方法论

习近平在十八届中央政治局第二次集体学习时指出："改革

---

① 习近平：《在中共十八届三中全会第二次全体会议上的讲话》（2013 年 11 月 12 日），《习近平关于协调推进"四个全面"战略布局论述摘编》，中央文献出版社 2015 年版，第 72 页。

② 习近平：《切实把思想统一到党的十八届三中全会精神上来》（2013 年 11 月 12 日），《习近平谈治国理政》第 1 卷，外文出版社 2018 年版，第 93—94 页。

开放是前无古人的崭新事业，必须坚持正确的方法论。"① 改革的任务越是繁重，改革的头绪越是繁多，越是需要坚持正确的改革方法论。党的十八大以来，以习近平同志为核心的党中央立足改革全局，深入把握改革规律和特点，系统谋划全面深化改革的科学路径和有效方法，形成了系统的改革方法论，为全面深化改革提供了科学指导和行动指南。

（一）以人民为中心

人民立场是中国共产党的根本政治立场，也是改革的根本价值取向。

改革为了人民。全面深化改革的各个阶段、全部过程，都必须体现人民立场、践行人民立场。改革的直接目的是为了解放生产力、发展生产力，根本目的则是为了促进人的全面发展，因此，必须从人民群众的根本利益出发谋划改革、推进改革，"使改革发展成果更多更公平惠及全体人民"②，让改革发展的过程成为为民造福的过程，成为创造人民美好生活的过程。

改革依靠人民。人民群众是历史的创造者，是改革的力量源泉。习近平指出："改革开放之所以得到广大人民群众衷心拥护和积极参与，最根本的原因在于我们一开始就使改革开放事业深深扎根于人民群众之中。"③ 没有人民支持和参与，任何改革都不可能取得成功。改革开放在认识和实践上的每一次突

---

①　习近平：《改革开放只有进行时没有完成时》（2012 年 12 月 31 日），《习近平谈治国理政》第 1 卷，外文出版社 2018 年版，第 67 页。

②　习近平：《改革开放只有进行时没有完成时》（2012 年 12 月 31 日），《习近平谈治国理政》第 1 卷，外文出版社 2018 年版，第 68 页。

③　习近平：《切实把思想统一到党的十八届三中全会精神上来》（2013 年 11 月 12 日），《习近平谈治国理政》第 1 卷，外文出版社 2018 年版，第 97 页。

破和发展，改革开放中每一个新生事物的产生和成长，改革开放每一个方面经验的创造和积累，无不来自亿万人民的实践和智慧。

改革成效由人民评判。人是衡量改革发展的最终尺度，是评判改革成效的最终标准。改革方向对不对，改革措施准不准，改革成效好不好，人民群众最有发言权。党在领导改革的全过程中，要将群众放在最高位置，坚持问政于民、问需于民、问计于民，"切实做到人民有所呼、改革有所应"，"做到老百姓关心什么、期盼什么，改革就要抓住什么、推进什么，通过改革给人民群众带来更多获得感"①。党要不断提高领导、谋划、推动、落实改革的能力和水平，改革发展稳定任务越繁重，我们越要保持党同人民群众的血肉联系，善于通过提出和贯彻正确的路线方针政策带领人民前进，善于从人民的实践创造和发展要求中完善政策主张，使改革方案的含金量充分释放出来，不断为全面深化改革夯实群众基础。

（二）以问题为导向

问题是时代的声音，是全面深化改革的逻辑起点。习近平指出，"改革是由问题倒逼而产生"②。全面深化改革战略正是在分析问题、解决问题的过程中形成的。

其一，问题无所不在。问题即矛盾，躲不过绕不开。不存在无矛盾的社会，不存在无问题的国家。习近平指出："每个

---

① 习近平：《让人民群众有更多获得感》（2015 年 2 月 27 日—2016 年 12 月 5 日），《习近平谈治国理政》第 2 卷，外文出版社 2017 年版，第 103 页。

② 习近平：《关于〈中共中央关于全面深化改革若干重大问题的决定〉的说明》（2013 年 11 月 9 日），《习近平谈治国理政》第 1 卷，外文出版社 2018 年版，第 74 页。

时代总有属于它自己的问题，只要科学地认识、准确地把握、正确地解决这些问题，就能够把我们的社会不断推向前进。"①面对各式各样的问题，我们要坚持具体问题具体分析，善于从个性问题中寻找共性问题，善于从杂乱的问题中把握要害问题，善于从问题的趋向中洞悉问题的转变。面对杂乱无章的问题，我们要坚持科学分析，不要把全局性问题当作一般问题来对待，不要把细枝末节的问题当作要害问题来筹划，也不要把个别性问题作为普遍性问题来处理。面对纷繁复杂的问题，要善于透过现象看本质、撇开枝节抓根本，善于从繁杂问题中把握事物的规律性，从常态问题中捕捉事物的变异性，从苗头问题中发现事物的倾向性，从平和问题中洞察事物的风险性，从偶然问题中揭示事物的必然性。面对轻重缓急的问题，要善于抓住事关全局、事关长远、事关人们根本利益的重要问题，牵住改革的牛鼻子。

其二，问题倒逼改革。问题是改革的导向，改革源于问题，改革的目的是解决问题。没有问题，就没有改革；哪里有问题，哪里就需要改革，就在哪里谋划改革；哪里的问题牵动全局，哪个环节哪个领域问题突出，哪里就是改革的重点，就对准哪里重点改革。习近平指出："要有强烈的问题意识，以重大问题为导向，抓住关键问题进一步研究思考，着力推动解决我国发展面临的一系列突出矛盾和问题。我们中国共产党人干革命、搞建设、抓改革，从来都是为了解决中国的现实问题。可以说，

---

① 习近平：《问题就是时代的口号》（2006 年 11 月 14 日），《之江新语》，浙江人民出版社 2007 年版，第 235 页。

改革是由问题倒逼而产生，又在不断解决问题中得以深化。"①历史不会终结，问题也不会终结，旧的问题解决了，新的问题又会产生，社会发展没有止境，改革也不可能一劳永逸，这是历史发展的逻辑，也是改革推进的逻辑。

其三，问题的性质决定改革的方法。改革就如同"治病开方"，"问症确诊"是前提。改革方法是否科学，改革措施是否管用，取决于是否抓住了问题的要害，是否找到了问题的症结所在，是否对症开方。比如，当我们"诊断"出中国的问题涉及经济体制、政治体制、文化体制、社会体制、生态文明体制、党的建设体制、国防和军事体制等各个方面时，习近平开出了全面深化改革的"方子"："全面深化改革是关系党和国家事业发展全局的重大战略部署，不是某个领域某个方面的单项改革"；当我们进一步"诊断"出中国的问题主要还是经济问题，是经济体制领域的问题时，习近平总书记开出了这样的"方子"：全面深化改革，必须"发挥经济体制改革牵引作用，推动生产关系同生产力、上层建筑同经济基础相适应，推动经济社会持续健康发展"；②当我们进一步"诊断"经济体制问题主要是如何处理好政府和市场的关系问题，习近平则开出了这样的"方子"："经济体制改革的核心问题仍然是处理好政府和市场关系"，"使市场在资源配置中起决定性作用和更好发挥政府作用"③。可见，习近平提出的这些改革方法，都是源于对中国

① 习近平：《关于〈中共中央关于全面深化改革若干重大问题的决定〉的说明》（2013年11月9日），《习近平谈治国理政》第1卷，外文出版社2018年版，第74页。

② 《中共中央关于全面深化改革若干重大问题的决定》（2013年11月12日），《十八大以来重要文献选编》（上），中央文献出版社2014年版，第513页。

③ 习近平：《切实把思想统一到党的十八届三中全会精神上来》（2013年11月12日），《习近平谈治国理政》第1卷，外文出版社2018年版，第95—97页。

问题的精准把握。

（三）鼓励基层创新

基层创新是改革落地的重要方法。基层作为改革落地的关键一环，习近平在主持中央全面深化改革领导小组第十七次会议时强调："中央通过的改革方案落地生根，必须鼓励和允许不同地方进行差别化探索。全面深化改革任务越重，越要重视基层探索实践。要把鼓励基层改革创新、大胆探索作为抓改革落地的重要方法，坚持问题导向，着力解决好改革方案同实际相结合的问题、利益调整中的阻力问题、推动改革落实的责任担当问题，把改革落准落细落实，使改革更加精准地对接发展所需、基层所盼、民心所向，更好造福群众。"① 顶层设计固然重要，基层创新也不可轻视。基层改革的原则和目标必须对准顶层设计，在"顶层设计"的指引下进行，否则就会碎片化；但具体实施要考虑到地域差异、文化差异，因地制宜，因时制宜，不宜搞一刀切。习近平强调，基层改革要"聚焦具体问题、细化措施、细分责任、细排时间，把握好政策界限范围、尺度、节奏"②。

基层创新的重要特征是"摸着石头过河"。"摸着石头过河就是摸规律，从实践中获得真知。"③ 全面深化改革是一个过

---

① 《习近平主持召开中央全面深化改革领导小组第十七次会议强调　鼓励基层改革创新大胆探索　推动改革落地生根造福群众》（2015 年 10 月 13 日），《人民日报》2015 年 10 月 14 日第 1 版。

② 《习近平主持召开中央全面深化改革领导小组第十七次会议强调　鼓励基层改革创新大胆探索　推动改革落地生根造福群众》（2015 年 10 月 13 日），《人民日报》2015 年 10 月 14 日第 1 版。

③ 习近平：《改革开放只有进行时没有完成时》（2012 年 12 月 31 日），《习近平谈治国理政》第 1 卷，外文出版社 2018 年版，第 68 页。

程，对改革必然性的发现也是一个过程，我们对改革的认识推进到哪里，改革实践就推进到哪里。任何时候，我们都不可能穷尽对改革的认识，改革的必然王国都会存在，改革的未知领域都会存在，都需要摸索着前进。改革风险越大，不可控因素越多，"摸着石头过河"越是不能掉以轻心。因此，从哲学的高度来看，"摸着石头过河"过去有用，今天有用，将来也有用。

基层创新的基本要求是尊重群众首创精神。改革开放是亿万人民自己的事业，必须尊重人民群众的实践创造，在民主集中的基础上有序推进。习近平指出："改革开放在认识和实践上的每一次突破和发展，改革开放中每一个新生事物的产生和发展，改革开放每一个方面经验的创造和积累，无不来自亿万人民的实践和智慧。"[1] 改革发展稳定任务越繁重，我们越要加强和改善党的领导，越要保持党同人民群众的血肉联系，越要善于从人民群众的实践创造和发展要求中汲取经验智慧、完善政策主张，使改革的方案设计和政策举措更接地气、更符合群众期待，使改革发展成果更多更公平惠及全体人民。

（四）要讲"两点论"

全面深化改革是一项系统工程，涉及方方面面，需要处理好政府与市场、中央与地方、改革与法治、改革发展稳定等若干重大关系，要讲两点论，照辩证法办事。

市场作用与政府作用。全面深化改革，核心问题是处理好政府与市场的关系。这里要讲两句话：一句话是"使市场在资

---

① 习近平：《改革开放只有进行时没有完成时》（2012 年 12 月 31 日），《习近平谈治国理政》第 1 卷，外文出版社 2018 年版，第 68 页。

源配置中起决定性作用", 另一句话是"更好地发挥政府的作用"。习近平在主持十八届中央政治局第十五次集体学习时指出: 在市场作用和政府作用的问题上, 要讲辩证法、两点论, "看不见的手"和"看得见的手"都要用好, 努力形成市场作用和政府作用有机统一、相互补充、相互协调、相互促进的格局, 推动经济社会持续健康发展。市场不是万能的, 市场也会失灵。因此, 习近平强调, "市场在资源配置中起决定性作用, 并不是起全部作用"①。同样, 政府也不是万能的, 政府也可能失误。因此, 习近平指出: "更好发挥政府作用, 不是要更多发挥政府作用, 而是要在保证市场发挥决定性作用的前提下, 管好那些市场管不了或管不好的事情。"② 市场作用和政府作用不是相互对立的, "既不能用市场在资源配置中的决定性作用取代甚至否定政府作用, 也不能用更好发挥政府作用取代甚至否定使市场在资源配置中起决定性作用"③。

中央与地方。中央和地方都是改革的责任主体、实施主体, 是推进改革的重要力量。全面深化改革, 要发挥中央和地方两个积极性。"该中央统一部署的不要抢跑", 该地方主动担当的不要推诿, 地方要"认真执行中央要求, 不要事情还没弄明白就盲目推进"④。习近平在重庆考察工作时也强调: "地方抓改革、推改革, 一方面要落实好党中央部署的改革任务, 一方面

① 习近平:《关于〈中共中央关于全面深化改革若干重大问题的决定〉的说明》(2013 年 11 月 9 日),《习近平谈治国理政》第 1 卷, 外文出版社 2018 年版, 第 77 页。
② 中共中央宣传部编:《习近平总书记系列重要讲话读本》, 人民出版社 2016 年版, 第 150 页。
③ 习近平:《"看不见的手"和"看得见的手"都要用好》(2014 年 5 月 26 日),《习近平谈治国理政》第 1 卷, 外文出版社 2018 年版, 第 117 页。
④ 《习近平在山东考察时强调　认真贯彻党的十八届三中全会精神　汇聚起全面深化改革的强大正能量》,《人民日报》2013 年 11 月 29 日第 1 版。

要搞好探索创新。"① 地方要吃透中央精神，吃透中央制定的重
点改革方案，在坚持全国一盘棋的前提下，充分发挥地方的积
极性、主动性、创造性，结合地方实际确定改革重点、路径、
次序、方法，使地方改革精准对接中央要求、发展所需、基层
所盼、民心所向。同时，中央也要吃透国情，吃透地方实际，
出台的总体性改革方案接地气，能解渴，能落地，在坚持全国
一盘棋的情况下，释放给地方尽可能大的施展空间。

　　改革与法治。"改革和法治如鸟之两翼、车之两轮。"② 改
革和法治，要一体考虑，一体推进，不可偏废。全面深化改革
必须尊重宪法法律权威，在宪法法律范围内活动，任何组织和
个人都不得有超越宪法法律的特权，任何重大改革都必须于法
有据，"在法治下推进改革、在改革中完善法治"③。习近平指
出，全面深化改革要"处理好改革与相关法律立改废的关
系"④，"改革要于法有据，但也不能因为现行法律规定就不敢
越雷池一步，那是无法推进改革的，正所谓'苟利于民不必法
古，苟周于事不必循旧'。需要推进的改革，将来可以先修改
法律规定再推进"⑤。

　　改革发展稳定。改革是经济和社会发展的强大动力，是社
会主义制度的自我完善和发展。发展是硬道理，是党治国理政

---

　　① 习近平：《使改革落地生根》（2016 年 1 月 4—6 日），《习近平谈治国理政》第 2 卷，
外文出版社 2017 年版，第 108 页。
　　② 习近平：《不忘初心，继续前行》（2016 年 7 月 1 日），《习近平谈治国理政》第 2 卷，
外文出版社 2017 年版，第 39 页。
　　③ 习近平：《让人民群众有更多获得感》（2015 年 2 月 27 日—2016 年 12 月 5 日），《习近
平谈治国理政》第 2 卷，外文出版社 2017 年版，第 102 页。
　　④ 习近平：《真刀真枪推进改革》（2014 年 8 月 18 日），《习近平谈治国理政》第 2 卷，
外文出版社 2017 年版，第 97 页。
　　⑤ 习近平：《加快建设社会主义法治国家》（2014 年 10 月 23 日），《习近平谈治国理政》
第 2 卷，外文出版社 2017 年版，第 124 页。

的第一要务，是解决中国所有问题的关键。稳定是硬任务，是改革和发展的前提。改革发展稳定，三者应当保持合理张力，实现动态平衡。习近平在主持十八届中央政治局第二次集体学习时指出："稳定是改革发展的前提，必须坚持改革发展稳定的统一。只有社会稳定，改革发展才能不断推进；只有改革发展不断推进，社会稳定才能具有坚实基础。要坚持把改革的力度、发展的速度和社会可承受的程度统一起来，把改善人民生活作为正确处理改革发展稳定关系的结合点。"① 改革、发展、稳定的关系是动态的，不能因为改革中潜藏着风险，就质疑改革；不能因为发展不平衡不充分，就否定发展；也不能因为稳定总是相对的，就无视稳定的极端重要性。

（五）重在抓落实

全面深化改革，关键在落实。顶层设计当然重要，但如何将纸上的蓝图、文件中的设想写到大地上，落到工作中，打通"最后一公里"，其实同样重要。习近平指出："制定出一个好文件，只是万里长征走完了第一步，关键还在于落实文件。"② 全面深化改革，"一分部署，九分落实""空谈误国，实干兴邦"，这是对马克思主义实践品格的最好阐释。中央有关部门，地方各级党委政府，各级领导干部，作为改革的责任主体，要以钉钉子精神抓好改革落实，既当拥护改革、支持改革、推进改革的改革促进派，又当干在实处、走在前列、干出成效的改

---

① 习近平：《改革开放只有进行时没有完成时》（2012 年 12 月 31 日），《习近平谈治国理政》第 1 卷，外文出版社 2018 年版，第 68 页。

② 习近平：《不断提高运用中国特色社会主义制度有效治理国家的能力》（2014 年 2 月 17 日），《习近平谈治国理政》第 1 卷，外文出版社 2018 年版，第 106 页。

革实干家，共同做好全面深化改革这篇大文章。

改革争在朝夕，落实难在方寸。今天，全面深化改革的时间表、路线图已经出来，能否确保改革方案落地落实，能否确保党中央确定的改革方向不偏离、党中央明确的改革任务不落空，能否确保改革精准对接发展所需、基层所盼、民心所向，关乎改革成败，关乎政道人心，关乎国家长治久安。如果不沉下心来抓落实，再好的目标、再美的蓝图，也只是镜中花、水中月。习近平要求，全党必须聚焦聚神聚力抓改革落实，抓铁有痕、踏石留印，盯住抓、反复抓，直至抓出成效。

抓落实要讲究章法，注重节奏。习近平强调："要有序推进改革，该中央统一部署的不要抢跑，该尽早推进的不要拖宕，该试点的不要仓促推开，该深入研究后再推进的不要急于求成，该得到法律授权的不要超前推进。"① 全面深化改革要掌握好节奏，对条件已经成熟、各方面要求强烈的改革，要下定决心加快推进；对各方面认识还不一致，但又必须突破的改革，要处理好各方面利益关系，尽可能寻求最大公约数、凝聚改革共识；对实践发展有要求但操作上一时还不那么有把握的改革，可以先行试点，取得经验后再推开。改革任务越是纷繁复杂、千头万绪，越是要注重优先顺序、方法步骤。如果没有先后，不顾缓急，眉毛胡子一把抓，核桃栗子一齐数，改革就会乱了节奏、丢了章法、失了方寸。中国的改革已经到了一个新的重要关头，必须统筹考虑、协同推进，根据实际情况做出有序安排和部署。

---

① 《习近平在山东考察时强调　认真贯彻党的十八届三中全会精神　汇聚起全面深化改革的强大正能量》，《人民日报》2013 年 11 月 29 日第 1 版。

第六章　全面依法治国方略

　　全面依法治国是关系党执政兴国、人民幸福安康、国家长治久安的重大战略问题，是推进国家治理体系和治理能力现代化的重要保障。党的十八大以来，以习近平同志为核心的党中央对为什么要全面依法治国、如何全面依法治国做了系统全面的深刻阐述，形成了习近平法治思想，明确了全面推进依法治国的指导思想、总目标和基本原则，回答了全面依法治国的一系列重大理论和实践问题，开创了中国特色社会主义法治新时代。

一　从战略高度将依法治国确定为党领导人民治理国家的基本方略

　　坚持依法治国，是中国共产党在深刻总结我国社会主义法治建设成功经验和深刻教训基础上做出的重大战略抉择。中华人民共和国成立初期，中国共产党在废除旧法统的同时，积极运用新民主主义革命时期根据地法制建设的成功经验，抓紧建设社会主义法治，初步奠定了社会主义法治基础。后来由于党在指导思想上发生"左"的错误，逐渐对法治不那么重视了，特别是"文化大革命"使社会主义法治遭到严重破坏。党的十一届三中全会后，邓小平在深刻总结党的历史经验教训基础上指出：没有民主，就没有社会主义现代化。"为了保障人民民主，必须加强法制。必须使民主制度化、法律化"，"做到有法可依，有法必依，执法必严，违法必究"。① 他认为，要避免"文化大革命"的历史悲剧重演，就必须"建立社会主义的民主制度和社会主义法制。只有这样，才能解决问题"②。

1997年，党的十五大正式提出依法治国，建设社会主义法治国家的基本治国方略。大会报告明确指出："依法治国，就是广大人民群众在党的领导下，依照宪法和法律规定，通过各种途径和形式管理国家事务，管理经济文化事业，管理社会事务，保证国家各项工作都依法进行，逐步实现社会主义民主的制度化、法律化，使这种制度和法律不因领导人的改变而改变，不因领导人看法和注意力的改变而改变。"③ 1999年，九届全国人大二次会议把依法治国、建设社会主义法治国家作为一条原则写入宪法。

党的十八大以来，以习近平同志为核心的党中央从新时代坚持和发展中国特色社会主义的战略全局出发，提出全面依法治国的战略任务，并把它作为"四个全面"战略布局的重要组成部分。习近平指出："治理一个国家、一个社会，关键是要

---

　① 邓小平：《解放思想，实事求是，团结一致向前看》（1978年12月13日），《邓小平文选》第2卷，人民出版社1994年版，第146—147页。

　② 邓小平：《答意大利记者奥琳埃娜·法拉奇问》（1980年8月21、23日），《邓小平文选》第2卷，人民出版社1994年版，第348页。

　③ 江泽民：《高举邓小平理论伟大旗帜，把建设有中国特色社会主义事业全面推向二十一世纪》（1997年9月12日），《江泽民文选》第2卷，人民出版社2006年版，第28—29页。

立规矩、讲规矩、守规矩。"① 法律是治国理政最大最重要的规矩。法治兴则国家兴，法治衰则国家乱。什么时候重视法治、法治昌明，什么时候就国泰民安；什么时候忽视法治、法治松弛，什么时候就国乱民怨。"推进国家治理体系和治理能力现代化，必须坚持依法治国，为党和国家事业发展提供根本性、全局性、长期性的制度保障。"② "依法治国是坚持和发展中国特色社会主义的本质要求和重要保障，是实现国家治理体系和治理能力现代化的必然要求。我们要实现经济发展、政治清明、文化昌盛、社会公正、生态良好，必须更好发挥法治引领和规范作用。"③ 他特别强调："全面推进依法治国，是解决党和国家事业发展面临的一系列重大问题，解放和增强社会活力、促进社会公平正义、维护社会和谐稳定、确保党和国家长治久安的根本要求。要推动我国经济社会持续健康发展，不断开拓中国特色社会主义事业更加广阔的发展前景，就必须全面推进社会主义法治国家建设，从法治上为解决这些问题提供制度化方案。"④

习近平还从"四个全面"战略布局的高度说明全面依法治国的重大意义。他说：全面建成小康社会是我们的战略目标，全面深化改革、全面依法治国、全面从严治党是三大战略举措。

① 习近平：《在中共十八届四中全会第二次全体会议上的讲话》（2014年10月23日），《习近平关于全面依法治国论述摘编》，中央文献出版社2015年版，第12页。

② 习近平：《在中共十八届四中全会第二次全体会议上的讲话》（2014年10月23日），《习近平关于全面依法治国论述摘编》，中央文献出版社2015年版，第12页。

③ 习近平：《在中共十八届四中全会第一次全体会议上关于中央政治局工作的报告》（2014年10月20日），《习近平关于全面依法治国论述摘编》，中央文献出版社2015年版，第4—5页。

④ 习近平：《关于〈中共中央关于全面推进依法治国若干重大问题的决定〉的说明》（2014年10月20日），《习近平关于全面依法治国论述摘编》，中央文献出版社2015年版，第6页。

"没有全面依法治国，我们就治不好国、理不好政，我们的战略布局就会落空。要把全面依法治国放在'四个全面'的战略布局中来把握，深刻认识全面依法治国同其他三个'全面'的关系，努力做到'四个全面'相辅相成、相互促进、相得益彰。"①

习近平不但指出了全面依法治国的重要性，而且阐述了全面依法治国与党的领导和人民当家作主的一致性。在我国，法是党的主张和人民意愿的统一体现，党领导人民制定宪法法律，党领导人民实施宪法法律，党自身必须在宪法法律范围内活动。党的领导是中国特色社会主义法治之魂，是我国法治同西方资本主义国家法治最大的区别。"坚持党的领导，是社会主义法治的根本要求，是党和国家的根本所在、命脉所在，是全国各族人民的利益所系、幸福所系，是全面推进依法治国的题中应有之义；党的领导和社会主义法治是一致的，社会主义法治必须坚持党的领导，党的领导必须依靠社会主义法治。"② "坚持党的领导，就是要支持人民当家作主，实施好依法治国这个党领导人民治理国家的基本方略。"③ 党的领导是人民当家作主和依法治国的根本保证，人民当家作主是社会主义民主政治的本质特征，依法治国是党领导人民治理国家的基本方式，三者统一于我国社会主义民主政治伟

---

① 习近平：《在省部级主要领导干部学习贯彻党的十八届四中全会精神全面推进依法治国专题研讨班上的讲话》（2015 年 2 月 2 日），《习近平关于全面依法治国论述摘编》，中央文献出版社 2015 年版，第 15 页。

② 习近平：《关于〈中共中央关于全面推进依法治国若干重大问题的决定〉的说明》（2014 年 10 月 20 日），《十八大以来重要文献选编》（中），中央文献出版社 2016 年版，第 146 页。

③ 习近平：《促进社会公平正义，保障人民安居乐业》（2014 年 1 月 7 日），《习近平谈治国理政》第 1 卷，外文出版社 2018 年版，第 147 页。

大实践。只有在党的领导下依法治国、厉行法治，人民当家作主才能充分实现，国家和社会生活法治化才能有序推进。必须把党的领导贯彻到依法治国的全过程和各方面，体现在党领导立法、保证执法、支持司法、带头守法上。把坚持党的领导、人民当家作主、依法治国有机统一起来是我国社会主义法治建设的一条基本经验。

习近平认为："能不能做到依法治国，关键在于党能不能坚持依法执政，各级政府能不能依法行政。"① 必须把党和国家工作纳入法治化轨道，坚持在法治轨道上统筹社会力量、平衡社会利益、调节社会关系、规范社会行为，依靠法治解决各种社会矛盾和问题，确保我国社会在深刻变革中既生机勃勃又井然有序。党的各级领导机关必须增强依法执政意识，坚持以法治的理念、法治的体制、法治的程序开展工作，改进党的领导方式和执政方式，推进依法执政制度化、规范化、程序化。各级政府必须依法全面履行职能，坚持法定职责必须为、法无授权不可为，健全依法决策机制，完善执法程序，严格执法责任，做到严格规范公正文明执法。

习近平还指出，各级领导干部在推进依法治国方面肩负着重要责任。因为他们是中国共产党依法执政、政府依法行政的中坚力量，党领导立法、保证执法、支持司法、带头守法，主要是通过他们的具体行动和工作来体现、来实现的，他们的法治思维和依法办事能力如何，直接决定着中国共产党依法执政理念的落实程度，直接影响到各级行政机关依法行政的效果。所以，"全面依法治国，必须抓住领导干部这个'关

---

① 习近平：《加快建设社会主义法治国家》（2014 年 10 月 23 日），《习近平关于全面依法治国论述摘编》，中央文献出版社 2015 年版，第 61 页。

键少数'"①，着力增强各级领导干部的法治意识，提高他们的依法办事能力，充分发挥他们在全面依法治国中的重要作用。

二 新时代全面推进依法治国的总目标

党的十八届四中全会通过的《中共中央关于全面推进依法治国若干重大问题的决定》，把建设中国特色社会主义法治体系，建设社会主义法治国家确定为全面推进依法治国的总目标。这个总目标既明确了全面依法治国的性质和方向，又突出了深化依法治国实践的工作重点和总抓手，对全面推进依法治国具有纲举目张的意义。全面推进依法治国，充分表明我国法治建设将更加注重全局性、整体性和系统性，更加注重立法与法律实施的协调与契合。因此，依法治国的"全面推进"，不仅体现为中国特色社会主义法治体系五个方面的具体内容，也体现为依法治国、依法执政、依法行政共同推进，法治国家、法治政府、法治社会一体建设，还体现为实现科学立法、严格执法、公正司法、全民守法的四大任务。

（一）建设中国特色社会主义法治体系

习近平指出，"全面推进依法治国涉及很多方面，在实际工作中必须有一个总揽全局、牵引各方的总抓手，这个总抓手就是建设中国特色社会主义法治体系。依法治国各项工作都要围

---

① 习近平：《在省部级主要领导干部学习贯彻党的十八届四中全会精神全面推进依法治国专题研讨班上的讲话》（2015年2月2日），《习近平关于全面依法治国论述摘编》，中央文献出版社2015年版，第118页。

绕这个总抓手来谋划、来推进"①。中国特色社会主义法治体系是一个内容丰富的系统整体，包括五个方面的具体内容：一是完备的法律规范体系；二是高效的法治实施体系；三是严密的法治监督体系；四是有力的法治保障体系；五是完善的党内法规体系。其中，完备的法律规范体系是依法治国的起点，高效的法治实施体系、严密的法治监督体系、有力的法治保障体系、完善的党内法规体系是依法治国的重要保障。

　　法律的生命在于实施。法治的目标与价值最终需要严格执法、公正司法和全民守法来实现。经过改革开放 40 多年的发展，我国已经拥有了规模宏大、形式完备的法律规范体系，但实践中仍然存在着大量徇私枉法、有法不依、违法不究的现象。故此，党的十八大以来，习近平多次强调宪法与法律实施问题，指出法律的生命力在于实施。制定出一个好文件，只是万里长征走完了第一步，关键还在于落实文件。所以，党的十八届四中全会在确定全面推进依法治国的总目标时，将高效的法治实施体系纳入中国特色社会主义法治体系的范畴。

　　法治监督体系和保障体系也是中国特色法治体系的重要内容。法治监督体系的重心是加强对公权力的制约和监督。要通过加强党内监督、人大监督、民主监督、行政监督、司法监督、审计监督、社会监督、舆论监督制度建设，努力形成科学有效的权力运行制约和监督体系，增强监督合力和实效。法治保障体系主要包括四大方面：一是法治人才队伍建设；二是建立和完善法律纠纷、争议化解机制；三是增强全民法治观念，建设

---

　　① 习近平：《关于〈中共中央关于全面推进依法治国若干重大问题的决定〉的说明》（2014 年 10 月 20 日），《习近平关于全面依法治国论述摘编》，中央文献出版社 2015 年版，第 25 页。

社会主义法治文化；四是切实加强党对依法治国的领导，这是社会主义法治的最根本保证。

在中国共产党领导之下全面推进依法治国，就意味着依法治国首先要从严治党。从严治党的能力、水平与成效在某种程度上制约着整个依法治国的历史进程。依法执政，既要求党依据宪法法律治国理政，也要求党依据党内法规管党治党。为此，党的十八届四中全会将"形成完善的党内法规体系"确定为全面推进依法治国总目标的重要内容，强调"党内法规既是管党治党的重要依据，也是建设社会主义法治国家的有力保障"①。全面推进依法治国，必须努力形成国家法律法规和党内法规制度相辅相成、相互促进、相互保障的格局。

（二）依法治国依法执政依法行政共同推进、法治国家法治政府法治社会一体建设

2012 年 12 月，习近平在首都各界纪念现行宪法公布施行三十周年大会上首次提出，坚持依法治国、依法执政、依法行政共同推进，坚持法治国家、法治政府、法治社会一体建设。依法治国、依法执政、依法行政是一个有机联系的整体，三者具有内涵的统一性、目标的一致性、作用的相关性，必须彼此协调、共同推进、形成合力。为维护法治实践过程的整体性、统一性与协调性，依法治国必须着眼全局、全面部署，努力确保依法执政、依法行政与之齐头并进。

依法治国是国家各个领域的治理、各个层面的事务的处理，要有法可依、有法必依、执法必严、违法必究。依法执政具体

---

① 《中共中央关于全面推进依法治国若干重大问题的决定》（2014 年 10 月 23 日），人民出版社 2014 年版，第 35 页。

体现在党领导立法、保证执法、支持司法、带头守法上。党既要发挥总揽全局、协调各方的领导核心作用，又要支持人民代表大会、人民政府、人民法院、人民检察院依照宪法法律独立负责、协调一致地开展工作。依法行政是对各级政府而言，要依法处理各项具体的政务、事务。各级政府必须依法全面履行职能，坚持法定职责必须为、法无授权不可为，健全依法决策机制，完善执法程序，严格执法责任，做到严格规范公正文明执法。

　　法治国家、法治政府、法治社会，三者相互联系、内在统一，是法治建设的三个方面，缺少任何一个方面，全面推进依法治国的总目标就无法实现。在全面推进依法治国进程中，必须将法治国家、法治政府、法治社会建设同步规划、一体建设。其中，法治政府是关键、法治社会是基础。没有法治社会的建成，法治政府、法治国家都根本不可能建立。

（三）全面实现科学立法、严格执法、公正司法、全民守法

　　改革开放以来，法治工作的思路经历了一个从"立法先行"到"全面推进"的渐进过程。2011 年 3 月，十一届全国人大四次会议宣布中国特色社会主义法律体系已经形成。在当前所谓"后法律体系时代"，法治工作的重点应当转向保证法律的实施，真正落实"有法必依、执法必严、违法必究"。在全面依法治国的整体布局之下，立法与执法、司法和守法的全面推进、协同发展，成为深化依法治国实践的必然要求。当前全面推进依法治国的重点任务涵盖了科学立法、严格执法、公正司法、全民守法的各个方面。

　　第一，推进科学立法、民主立法、依法立法。法律是治国

之重器，良法是善治之前提。只有推进科学立法、民主立法、依法立法，才能实现公正立法、高质立法，才能实现以良法促进发展、保障善治。科学立法的核心在于尊重和体现客观规律，民主立法的核心在于为了人民、依靠人民，依法立法的核心在于保证立法行为规范化以及法律体系的内部统一。

第二，深化依法治国实践，关键是建设法治政府、推进依法行政、严格规范公正文明执法。各级行政机关必须依法履行职责，坚持法定职责必须为、法无授权不可为。加快建设职能科学、权责法定、执法严明、公正公开、廉洁高效、守法诚信的法治政府。建立行政机关内部重大决策合法性审查机制、推进行政执法体制改革，全面落实行政执法责任制。

第三，深化司法体制改革，全面落实司法责任制，努力让人民群众在每一个司法案件当中感受到公平正义。司法是维护社会公平正义的最后一道防线。如果司法公正受到普遍质疑，社会的和谐稳定就难以保障。习近平指出："老百姓无处伸冤，民间就会骚乱"，"如果不努力让人民群众在每一个司法案件中都感受到公平正义，人民群众就不会相信政法机关，从而也不会相信党和政府。"① 为此，应以公正司法为目标来改进当前各项司法工作，重点解决影响司法公正和制约司法能力的司法体制不完善、司法职权配置和权力运行机制不科学、人权司法保障制度不健全等深层次问题。

第四，加大全民普法力度，提高全民族法治素养。这是深化依法治国实践的一项长期基础性工作。增强全民法制观念，要求各级党委和政府加强对普法工作的领导。实行国家机关

---

① 习近平：《严格执法，公正司法》（2014年1月7日），《习近平关于全面依法治国论述摘编》，中央文献出版社2015年版，第71页。

"谁执法谁普法"的普法责任制，建立法官、检察官、行政执法人员、律师等以案释法制度。加强新媒体、新技术在普法中的运用，提高普法实效。

三　把依宪治国摆在依法治国的首要位置

党的十八届四中全会决定指出："宪法是党和人民意志的集中体现，是通过科学民主程序形成的根本法。"宪法是国家根本大法，确立并维持国家的政治秩序，体现人民当家作主的地位，规定了国家根本政治制度、基本治国方略和国家机构的组成，规定了公民基本权利与义务，是国家根本大法和治国理政的总章程。

法治首先是宪法之治。依法治国，首先是依宪治国。依法执政，关键是依宪执政。习近平在首都各界纪念现行宪法公布施行三十周年大会上的讲话指出："依法执政，关键是依宪执政。"在庆祝全国人民代表大会成立六十周年大会上又指出："宪法是国家的根本法，坚持依法治国首先要坚持依宪治国，坚持依法执政首先要坚持依宪执政。"[①] 宪法位于法律体系的顶端，依法治国是依照以宪法为核心的各种法律规范所组成的完整法律体系治理国家。依宪治国体现了依法治国的核心内容，因为宪法确认和体现了国家政治生活中最重要的内容。依宪治国也是依法治国的法律基础，因为宪法具有最高的法律效力，所有法律都不得同宪法相抵触，否则无效。

依法执政的内涵主要包括：党要领导和推进依法治国，即

---

① 习近平：《在庆祝全国人民代表大会成立六十周年大会上的讲话》（2014 年 9 月 5 日），《习近平关于全面依法治国论述摘编》，中央文献出版社 2015 年版，第 22 页。

依法执政要体现在党对依法治国推进的领导上；党要按照宪法法律治国理政，即党自身必须在宪法和法律范围内活动，真正做到党领导立法、保证执法、维护司法、带头守法，依照宪法法律的要求运用领导权力。要善于使党的主张通过法定程序成为国家意志，善于使党组织推荐的人选通过法定程序成为国家政权机关的领导人员，善于通过国家政权机关实施党对国家和社会的领导。

宪法的生命在于实施，宪法的权威也在于实施。全面贯彻实施宪法是建设社会主义法治国家的首要任务和基础性工作。在首都各界纪念现行宪法公布施行三十周年大会上，习近平指出，要通过完备的法律推动宪法实施，保证宪法确立的制度和原则得到落实。加强宪法实施，是中国共产党依宪治国、依宪执政的必然要求。中国共产党提出依宪治国、依宪执政，就是将集中体现党和人民意志的宪法运用于治国理政之中。习近平指出："保证宪法实施，就是保证人民根本利益的实现。只要我们切实尊重和有效实施宪法，人民当家作主就有保证，党和国家事业就能顺利发展。"① 习近平在党的十八届四中全会所作的说明中强调，要完善全国人大及其常委会宪法监督制度，健全宪法解释程序机制，并加强备案审查制度和能力建设，依法撤销和纠正违宪违法的规范性文件。

宪法应体现国家改革发展的重大理论成果和实践成果。我国宪法是社会发展与时代精神的产物。十三届全国人大一次会议通过现行宪法第 5 个修正案，将习近平新时代中国特色社会主义思想写入国家根本大法，将国家主席任期制、国家监察、宪法宣

---

① 习近平：《在首都各界纪念现行宪法公布施行 30 周年大会上的讲话》，《十八大以来重要文献选编》（上），中央文献出版社 2014 年版，第 87 页。

誓、地方立法等重大制度改革的成果入宪，将"五位一体"总体布局、"新发展理念""构建人类命运共同体""社会主义核心价值观"等内容入宪。这次修宪是党中央从新时代中国特色社会主义建设全局做出的重大决策，是坚持全面依法治国、深入推进国家治理体系与治理能力现代化的必然要求。

提升全民宪法意识，推行宪法宣誓制度。努力提高全体人民特别是各级领导干部和国家机关工作人员的宪法意识和法制观念，在全社会营造遵守宪法、敬畏宪法的氛围，有利于提升公民的宪法意识，让人民有序表达自己的合法权益，实现人民当家作主。通过宪法宣誓制度，让凡经全国人民代表大会及其常委会选举或者决定任命的国家工作人员正式就职时公开向宪法宣誓，从而增强领导干部履职过程中的宪法意识，革新领导干部的思想观念，强调保障公民基本权利的重要性，让领导干部深刻认识到保障公民基本权利是一切工作的目标以及衡量工作效果的重要依据。

第七章　国防和军队现代化战略

　　党的十八大以来，习近平作为党中央的核心、全党的核心和军队统帅，在带领全党全军全国各族人民统揽和推进"四个伟大"的历史进程中，对国防和军队建设全局性、长远性、根本性的重大理论与实践问题，进行系统全面的战略思考、战略谋划、战略决策和战略部署，提出一系列新思想新观点新论断新要求，形成了习近平强军思想。这一重要思想是习近平新时代中国特色社会主义思想的重要组成部分，贯穿着把方向、抓大事、谋全局的恢宏战略思维，体现了高瞻远瞩、洞察风云的战略眼光，放眼世界、把握大势的战略视野，形成了以战略判断、战略目标、战略布局、战略保障为逻辑结构的战略思维体系，为新时代强军兴军提供了科学指南和思想武器。

一　准确判断战略形势，为筹划国防和
军队现代化提供基本依据

　　科学分析和准确判断形势，善于把握事物发展总体趋势和方向，是我党执政兴军的前提，是制定军队建设大政方针的依据。习近平指出，筹划和推进国防和军队建设首先要观大势、

观全局，看清楚世界发展态势，正确认识国防和军队建设的历史方位，深刻把握国防和军队建设的阶段性特点。[①] 党的十八大以来，习近平运用战略思维，深刻分析、科学研判时代主题，深入把握国际战略格局、国家安全形势、国防和军队建设发展变化的特点规律，对国防和军队建设面临的战略形势进行深刻洞察和准确判断，为筹划国防和军队建设提供了基本依据。

（一）准确判断国际战略形势

当今世界正发生百年未有之大变局，国际战略格局、全球治理体系、地缘政治格局、综合国力竞争发生重大变化。这是习近平对当今世界时与势的重大判断，为新形势下科学把握国防和军队建设历史方位提供了世界坐标。

在国际战略形势上，习近平强调当前国际形势保持总体和平、缓和、稳定的基本态势，世界多极化和经济全球化深入发展的大趋势没有变，国际力量对比有利于保持世界形势总体稳定的大环境没有变。同时，国际形势正处在新的转折点上，各种战略力量加快分化组合，国际体系进入加速演变和深度调整时期，世界正面临前所未有的大变局，霸权主义、强权政治和新干涉主义有所抬头，世界范围内领土主权争端、大国地缘竞争、军事安全较量、民族宗教矛盾等更加凸显，保护主义、民粹主义、狭隘民族主义升温，地区热点此起彼伏，传统安全威胁与非传统安全威胁相互交织，导致局部动荡频繁发生，和平发展道路坎坷不平。世界急剧变化增大了我国安全的不稳定性和不确定性，我国安全和发展的国际环境更加复杂。这些重要

---

① 中央军委政治工作部编印：《习主席国防和军队建设重要论述读本》（三），解放军出版社 2016 年版，第 162 页。

判断为国防和军队建设制定科学的战略目标提供了决策依据和理论支撑。

在世界新军事革命发展上，习近平强调："在这个前所未有的大变局中，军事领域发展变化广泛而深刻，是世界大发展、大变革、大调整的重要内容之一。"[1] 这轮军事领域的发展变化，以信息化为核心，以军事战略、军事技术、作战思想、组织体制、军事管理创新为基本内容，以重塑军事体系为主要目标，正在推动新军事革命深入发展，其速度之快、范围之广、程度之深、影响之大，为第二次世界大战结束以来所罕见。主要国家都在加快推进军队改革，谋求军事优势地位的国际竞争加剧。在这场世界新军事革命的浪潮中，谁思想保守、故步自封，谁就会错失宝贵机遇，陷于战略被动。正是基于对当今世界时代主题和时代特征的深刻洞察和分析，党的十八大以来，我们党着眼时代大趋势、世界大变革，加快推进国防和军队建设和改革，不断缩小与发达国家军队的差距，为新形势下实现强军目标奠定坚实基础。

（二）准确判断国家安全形势

党的十八大以来，习近平多次指出，我国正处于由大向强发展的关键阶段，面临"三个前所未有"：我们前所未有地靠近世界舞台中心，前所未有地接近实现中华民族伟大复兴的目标，前所未有地具有实现这个目标的能力和信心。我国周边安全风险呈累积态势，特别是海上安全威胁日益突出，家门口生乱生战可能性增大。这是习近平对当代中国安全环境的一个重

---

① 中国人民解放军总政治部编印：《习近平国防和军队建设重要论述选编（二）》，解放军出版社 2015 年版，第 69 页。

要判断。同时，他还多次从中国与世界互动关系、中国地缘环境、海上方向威胁等方面深入分析了我国面临的安全形势。

在国家安全形势上，习近平强调，随着我国进一步发展壮大，我国日益增强的综合国力正在转化为国际政治、经济、安全等领域的话语权和影响力。我国同国际社会的互联互动变得空前紧密，世界对我国的依靠、对我国的影响不断加深，我国对世界的依靠、对国际事务的参与也在不断加深，国家安全和发展越来越受到外部因素的影响，其中不少问题对我国的影响更为直接。同时，一些西方国家的焦虑感不断上升。他们不愿意看到中国共产党领导的社会主义中国发展壮大，阻滞我国发展的图谋一刻也没有停止，千方百计对我国发展进行牵制和遏制。习近平多次提醒全党全军，我们同西方敌对势力之间的渗透与反渗透、破坏与反破坏、颠覆与反颠覆的斗争是长期的、复杂的、尖锐的。

在我国地缘环境上，习近平强调，我国周边存在多重不稳定因素，面对着多方向的安全压力。一些国家安全战略和军事战略外向性和进攻性明显增强，视我国为主要战略对手，在我国周边四处煽风点火，频频对我国核心利益发起挑战，地区军事安全因素趋于突出，给我国周边安全稳定带来不利影响，我们家门口生乱生战的可能性增大。

在我国海上安全环境上，习近平强调，我国海上安全环境更趋复杂，对我国安全战略全局的影响比较大。我国安全威胁主要来自海上，军事斗争焦点也在海上，一些国家不断在岛屿归属和海域划界问题上挑起事端。随着"一带一路"建设深入实施，走出去的深度、广度、节奏前所未有，维护国家安全和发展利益的压力日益增大。

　　这些重要分析判断是新时期我们党调整和充实军事战略方针，确定国防和军队建设战略目标，推进国防和军队现代化的客观基点和立论依据。正是由于这些正确判断，党的十八大以来，面对错综复杂的国家安全威胁和挑战，我们坚决维护了国家主权和领土完整，在重要方向的军事斗争取得突破，做到了既慎重稳妥，又敢于亮剑。

（三）准确判断国防和军队建设历史方位

　　基于当今世界、当代中国的时与势，对我军自身发展历史方位做出科学判断，是谋划和推进国防和军队现代化的重要前提。习近平指出，国防和军队建设，必须放在实现中华民族伟大复兴这个大目标下来认识和推进，服从服务于这个国家和民族最高利益。经过几代人不懈努力，我国国防实力上了一个大台阶，我军已发展成为诸军兵种合成、具有一定现代化水平并加快向信息化迈进的强大军队。但习近平也多次警示全军官兵，我军现代化水平与国家安全需求相比差距还很大，与世界先进军事水平相比差距还很大，我军打信息化战争能力不够、各级指挥信息化战争能力不够的问题比较突出。他强调国防和军队建设站在新的历史起点上，面临着难得的发展机遇，同时国际国内安全形势十分复杂，军事斗争准备任务十分繁重，军队建设内外环境变化很大，风险和挑战明显增多，我们必须进一步增强忧患意识、危机意识和使命意识。习近平十分重视国防和军队改革问题，他在广泛深入调研基础上指出，国防和军队改革进入了攻坚期和深水区，要解决的大都是长期积累的体制性障碍、结构性矛盾、政策性问题，推进起来确实不易。改革涉及国防和军队深层次利益关系和体制结构，深刻性、复杂性前所未有，难度也前所未有。这是习近平以强烈问题意识对我军自身建设进行深入分析后做出的科学判断，是对新形势下国防和军队建设客观基点的准确把握。

党的十八大以来，习近平对国防和军队建设高度重视，亲抓实抓、强力推动，推出一系列重大举措、推进一系列重大工作，推动我军由内而外实现政治生态重塑、组织形态重塑、力量体系重塑、作风形象重塑，人民军队在中国特色强军之路上迈出了坚定步伐。当前，国防和军队建设站在新的历史起点上，面临难得的发展机遇，同时国际国内安全形势十分复杂，军事斗争准备任务十分繁重，风险和挑战明显增多。要在新的历史起点上加快国防和军队现代化，就要深刻理解把握习近平对国防和军队建设面临形势任务做出的一系列重大判断，深刻把握从时代主题到时代特征、从安全局势到关联要素、从整体分析到主要矛盾的内在逻辑，进一步认清国防和军队建设面临的"时"与"势"，不断增强忧患意识、危机意识和使命意识，以坚定的政治定力贯彻落实好强军兴军各项战略部署，开创国防和军队建设新局面。

二 创立新时代强军思想，为推进国防和 军队现代化提供战略指导

目标，是战略筹划的中心环节，是全局之纲、全局之魂。战略的核心问题，是达到一定的战略目的。习近平指出："建设强大的人民军队是我们党的不懈追求。在各个历史时期，我们党都根据形势任务的变化，及时提出明确的目标要求，引领

我军建设不断向前发展。"① 党的十八大以来，习近平着眼实现中国梦、强军梦，围绕国防和军队建设做出一系列重要论述，为新时代的强军事业提供了科学理论指引，确立了宏伟奋斗目标，规划了周密强军布局，使国防和军队建设迎来了强军兴军新时代。

（一）立起强军目标这个国防和军队现代化的统揽

战略目标既是制定战略的出发点，也是战略实施的归宿点，是整个战略的基本指向。习近平对如何确立新形势下引领国防和军队建设发展的目标要求，进行了科学筹划、深入思考。党和国家的战略目标，是引领和指导各领域工作的根本方向，也是规划国防和军队建设的政策依据。习近平紧紧围绕党和国家的战略目标思考国防和军队建设，提出了强军目标的重要思想。习近平指出，我们党和国家的战略目标，就是实现"两个一百年"奋斗目标、实现中华民族伟大复兴的中国梦；中国梦是强国梦，对军队来说就是强军梦；强军梦的本质属性，就是建设一支听党指挥、能打胜仗、作风优良的人民军队这一党在新形势下的强军目标。听党指挥是灵魂，决定军队建设的政治方向；能打胜仗是核心，反映军队的根本职能和军队建设的根本指向；作风优良是保证，关系军队的性质、宗旨、本色。

习近平提出的强军目标思想，深刻回答了在意识形态斗争尖锐、战争形态深刻演变、社会环境日趋复杂和部队长期不打仗、官兵结构成分发生深刻变化的新形势下，我军如何围绕党

---

① 中国人民解放军总政治部编印：《习近平关于党在新形势下的强军目标重要论述摘编》，解放军出版社 2014 年版，第 7 页。

和国家战略目标履行职能使命、不辜负党和人民重托的重大历史性课题，抓住了建军治军的要害，拎起了国防和军队建设的总纲，明确了加强军队建设的聚焦点和着力点，确立了强军之路的前进方向。强军目标是习近平强军思想的鲜明主题，我们学习贯彻习近平强军思想就要牢牢把握和聚焦这一目标，切实铸牢听党指挥这个强军之魂，扭住能打仗打胜仗这个强军之要，夯实依法治军从严治军这个强军之基，牢牢把握建设强国军队、一流军队的战略指向。

（二）牢固确立习近平强军思想的指导地位

紧跟军事实践发展推进军事理论创新，以创新的军事理论指导军事实践，是我们党领导军事工作的宝贵经验。党的十八大以来，习近平立足国家安全和发展全局，围绕强军兴军做出一系列重要论述，提出一系列重大战略思想、重大理论观点，推进一系列重大工作，深刻阐明国防和军队建设带根本性方向性全局性的重大问题，形成了一个严整科学的理论体系。习近平关于国防和军队建设的重要论述，是习近平新时代中国特色社会主义思想的"军事篇"，是党的军事指导理论最新成果，为党在新形势下强军兴军明确了总方略，为加快推进国防和军队现代化提供了行动纲领。党的十九大精辟概括习近平领航强军兴军的伟大成就和理论创造，鲜明提出习近平强军思想，为实现党在新时代的强军目标、把人民军队全面建成世界一流军队提供了根本引领和科学指南。

习近平强军思想深刻回答了新时代"人民军队听谁指挥、怎样铸牢军魂""为什么强军、怎样强军""打什么仗、怎样打胜仗"等基本问题，丰富发展了我们党建军治军思想和方针原则，指引了人民军队的强军新征程。党的十八大以来，国防和军队建设之所以取得历史性变革和历史性成就，根本就在于有习近平强军思想的科学指引。习近平强军思想传承了毛泽东、邓小平等老一辈革命家强国兴军的战略思想精髓，凝结着习近平建军治军的创新创造，引领着新时代的强军实践不断迈出新步伐。新时代要开拓国防和军队建设的新征程，沿着中国特色强军之路坚定前行，就要坚持高举习近平强军思想这面旗帜不动摇，牢固确立习近平强军思想在国防和军队建设中的指导地位。

（三）用建设世界一流军队的追求牵引国防和军队现代化

加快把人民军队建设成为世界一流军队，是习近平在庆祝建军 90 周年大会重要讲话中对军队建设提出的奋斗目标。在党的十九大报告中，习近平进一步强调："党在新时代的强军目标是建设一支听党指挥、能打胜仗、作风优良的人民军队，把人民军队建设成为世界一流军队。"① 建设世界一流军队，是对强军目标内涵的新拓展，进一步明确了全面实现国防和军队现代化的目标引领，必将全面引领、提升国防和军队现代化，加快构建能够打赢信息化战争、有效履行使命任务的中国特色现代军事力量体系，激励全军官兵在强军之路上阔步前进。

在党的十九大报告中，习近平对国防和军队现代化做出新的战略安排，他强调："适应世界新军事革命发展趋势和国家

① 习近平：《决胜全面建成小康社会 夺取新时代中国特色社会主义伟大胜利——在中国共产党第十九次全国代表大会上的报告》（2017 年 10 月 18 日），人民出版社 2017 年版，第 19 页。

安全需求，提高建设质量和效益，确保到二〇二〇年基本实现机械化，信息化建设取得重大进展，战略能力有大的提升。同国家现代化进程相一致，全面推进军事理论现代化、军队组织形态现代化、军事人员现代化、武器装备现代化，力争到二〇三五年基本实现国防和军队现代化，到本世纪中叶把人民军队全面建成世界一流军队。"① 到二〇三五年基本实现国防和军队现代化，这意味着将原来的"三步走"发展战略第三步目标实现时间提前了 15 年。到本世纪中叶把人民军队全面建成世界一流军队，体现了同国家现代化进程相一致，体现了中国特色社会主义进入新时代对强军的战略要求，彰显了我们党加快强军步伐的决心气魄。强调全面推进军事理论现代化、军队组织形态现代化、军事人员现代化、武器装备现代化，就是要以先进军事理论引领军事实践，以先进组织形态解放和发展战斗力、解放和增强军队活力，以高素质人才方阵托举强军事业，以先进武器装备体系提供强大物质技术支撑，这就明确了国防和军队现代化的主要标志和实现路径。

同时，习近平还强调要坚持总体国家安全观，人民军队要坚决维护中国共产党领导和我国社会主义制度，维护国家主权、安全、发展利益，维护地区和世界和平，这就进一步明确了国防和军队建设在全面建设社会主义现代化强国中的地位作用，拓展和规定了我军新时代的使命任务，为更好发挥军事力量在维护新时代国家安全中的重要作用提供了方向引领。

---

① 习近平：《决胜全面建成小康社会　夺取新时代中国特色社会主义伟大胜利——在中国共产党第十九次全国代表大会上的报告》（2017 年 10 月 18 日），人民出版社 2017 年版，第 53 页。

（四）与时俱进创新军事战略指导

战略是指导战争全局的总纲。科学的战略指导，是坚持正确战略原则，达成战略目标的重要条件。党的十八大以来，习近平着眼国家发展战略和安全战略新要求，与时俱进创新军事战略指导，领导制定新形势下军事战略方针，确立了统揽军事力量建设和运用的总纲。

领导制定新形势下军事战略方针。军事战略方针是党的军事政策的集中体现，从来是为实现党和国家战略目标服务的。战略上判断得精准，战略上谋划得科学，战略上赢得主动，党和人民事业就大有希望。面对时代发展和国际战略格局深刻演变，习近平提出要与时俱进创新军事战略指导，强调深入贯彻新形势下军事战略方针，坚持积极防御战略思想，提高基于网络信息体系的联合作战能力、全域作战能力，有效塑造态势、管控危机、遏制战争、打赢战争，立起了统揽军事力量建设和运用的总纲。习近平关于新形势下军事战略方针的主要思想包括：要有效履行新的历史时期军队使命任务，为全面建设社会主义现代化国家实现中华民族伟大复兴提供坚强保障；毫不动摇坚持积极防御战略思想，同时不断丰富和发展这一思想的内涵；将军事斗争准备基点放在打赢信息化局部战争上，加强现代战争作战指导，创新基本作战思想，优化军事战略布局，等等。这些重要思想进一步丰富发展了积极防御战略方针的时代内涵，确立起新形势下统揽军事力量建设和运用的总纲。贯彻落实新形势下军事战略方针，要有很强的战略意识，深入研究重大战略问题，不断拓宽战略视野、更新战略思维、增强战略素养，提高战略筹划和指导能力。特别是要深刻领悟积极防御战略方针新的时代内涵，切实用以统揽军队建设、改革和军事斗争准备，使军事战略更好地服务于党和国家战略目标。

　　明确军队建设发展战略指导。搞好国防和军队建设，首先要做好顶层设计。习近平紧密结合国防和军队建设面临的形势任务和工作实际强调，在军队建设发展战略指导上，要更加注重聚焦实战，强化作战需求牵引，确保部队建设发展经得起实战检验；更加注重创新驱动，把创新摆在军队建设发展全局的核心位置，下大气力抓理论创新、科技创新、科学管理、人才集聚、实践创新；更加注重体系建设，牢固确立信息主导、体系建设的思想，全面提高基于网络信息体系的联合作战能力；更加注重集约高效，健全以精准为导向的管理体系，提高国防和军队发展精准度；更加注重军民融合，做到应融则融、能融尽融，加快把军队建设融入经济社会发展体系，等等。习近平在党的十九大报告中把"坚持党对人民军队的绝对领导"作为坚持和发展中国特色主义的基本方略之一，同时明确指出要"更加注重聚焦实战，更加注重创新驱动，更加注重体系建设，更加注重集约高效，更加注重军民融合"①。这"五个更加注重"是习近平新时代中国特色社会主义思想在军事指导中的具体运用，是新发展理念在军事领域的贯彻和展开。"五个更加注重"科学把握了现代军队建设的普遍规律和我军转型跨越的特殊要求，为实现国防和军队建设更高质量、更高效益更可持续发展立起了工作指针，具有长远指导意义。

---

　　① 习近平：《决胜全面建成小康社会　夺取新时代中国特色社会主义伟大胜利——在中国共产党第十九次全国代表大会上的报告》（2017年10月18日），人民出版社2017年版，第24—25页。

习近平创新军事战略指导还体现在指导军事活动多个方面，比如，他强调要从政治高度思考战略问题，高度关注科学技术对战争的影响，高度关注太空、网络等新型安全领域，努力克服自身短板，做到超前谋划、主动作为；强调要把现代战争规律和制胜机理搞清楚，要着眼于拓展我们的优势和长处，力求"致人而不致于人"；强调要牢固确立战斗力这个唯一的、根本的标准，强调"全部心思向打仗聚焦、一切工作向打仗用劲"。同时，习近平善于运用军事辩证法分析复杂事物，对富国与强军、战争与和平、政治与军事、政略与战略、机遇与挑战、备战与止战、威慑与实战等进行辩证分析，为我们正确认识、科学把握军事战略重大问题，提供了科学思想方法和有力理论武器。

三　制定和实施强军战略布局

战略布局是对战略指导的运用，对战略目标的运筹，决定了战略实施的最终效果。习近平在领导国防和军队建设的实践中，总结运用国防和军队建设基本经验，紧密结合发展变化了的军事实践，紧紧围绕强军兴军这个中心命题，提出了政治建军、改革强军、科技强军、依法治军的强军举措和布局，丰富发展了党的强军思想，确立了新时代强军的战略方向、重点领域、主攻目标，为在新的历史起点上加快推进国防和军队现代化提供了战略抓手。

（一）坚持政治建军

政治建军是我军的看家本领，是我军的最大特色、最大优势，是我军同一切其他性质军队的最大区别，也是我军保持人民军队性质、宗旨、本色的重要保障。习近平把政治建设作为立军之本，亲自决策，在古田召开全军政治工作会议，深刻阐明新的历史条件下党从思想上政治上建设军队的重大问题，明确提出"紧紧围绕实现中华民族伟大复兴的中国梦，为实现党在新形势下的强军目标提供坚强政治保证"这个军队政治工作的时代主题，确立了党在强国强军进程中政治建军大方略。

习近平的政治建军思想主要包括：政治建军是立军之本，实行革命的政治工作，保证了我军始终是党的绝对领导下的革命军队，为我军战胜强大敌人和艰难险阻提供了不竭动力，使我军始终保持了人民军队的本色和作风；必须坚持党对军队绝对领导，坚持党的领导的唯一性、彻底性和无条件性，全面深入贯彻军委主席负责制，坚持党委统一的集体领导下的首长分工负责制，强化政治意识、大局意识、核心意识、看齐意识，突出对高级干部教育管理监督，打赢意识形态领域斗争；要持之以恒抓好政治工作方面突出问题的整顿，着力整顿思想、整顿用人、整顿组织、整顿纪律，把军队干部队伍搞纯洁，把政治空气搞纯净，把我军光荣传统和优良作风恢复好、保持好、发扬好，永葆老红军政治本色；加强和改进新形势下我军政治工作，最紧要的是把理想信念、党性原则、战斗力标准、政治工作威信四个带根本性的东西立起来，等等。

习近平关于政治建军的重要论述为发挥我军政治工作生命线作用明确了努力方向。政治建军是我军从胜利走向胜利的根本法宝，在建设世界一流军队的征程中，更要依靠政治建军，确保我军在任何时候任何情况下都以党的旗帜为旗帜、以党的方向为方向、以党的意志为意志，把全军广大官兵凝聚在党的旗帜下，统一思想，坚定信心，为理想信念不懈奋斗。

（二）坚持改革强军

习近平指出："深化国防和军队改革是实现中国梦、强军梦的时代要求，是强军兴军的必由之路，也是决定军队未来的关键一招。"① 深化国防和军队改革是为了设计和塑造军队未来，着眼的是今后二十年、三十年国防和军队发展，谋的是民族复兴伟业，布的是富国强军大局，立的是安全与发展之基。

习近平的改革强军思想主要有：应对当今世界前所未有之大变局、有效维护国家安全，坚持和发展中国特色社会主义、协调推进"四个全面"战略布局，贯彻落实强军目标和军事战略方针、履行好军队使命任务，都必须以更大的智慧和勇气深化国防和军队改革；必须着力解决制约国防和军队建设的体制性障碍、结构性矛盾、政策性问题，建设强大的现代化陆军、海军、空军、火箭军、战略支援部队、联勤保障部队和武装警察部队，建设绝对忠诚、善谋打仗、指挥高效、敢打必胜的联合作战指挥机构，加快构建中国特色现代军事力量体系，完善和发展中国特色社会主义军事制度；要坚持用强军目标审视改革、以强军目标引领改革、围绕强军目标推进改革，通过改革把强军兴军的重大战略谋划和战略设计落实好，为贯彻强军目标提供强大动力和体制保障，等等。

---

① 习近平：《全面实施改革强军战略》（2015 年 11 月 24 日），《习近平谈治国理政》第 2 卷，外文出版社 2017 年版，第 406 页。

习近平还明确提出深化国防和军队改革的战略举措，即"六个着眼"战略举措：着眼于贯彻新形势下政治建军的要求，推进领导掌握部队和高效指挥部队有机统一，形成军委管总、战区主战、军种主建的格局；着眼于深入推进依法治军、从严治军，抓住治权这个关键，构建严密的权力运行制约和监督体系；着眼于打造精锐作战力量，优化规模结构和部队编制，推动我军由数量规模型向质量效能型转变；着眼于抢占未来军事竞争战略制高点，充分发挥创新驱动发展作用，培育战斗力新的增长点；着眼于开发管理用好军事人力资源，推动人才发展体制改革和政策创新，形成人才辈出、人尽其才的生动局面；着眼于贯彻军民融合发展战略，推进跨军地重大改革任务，推动经济建设和国防建设融合发展。

习近平关于改革强军的一系列重要论述，明确了深化国防和军队改革的重大意义、指导原则、目标任务、实践要求，揭示了新形势下我国强国强军深层规律，是谋划推进国防和军队改革的总遵循，吹响了统一思想、凝聚意志、改革强军的集结号，为我们推进改革提供了强大思想武器和行动指南。习近平以恢宏战略视野，紧紧围绕强国强军运筹全局，亲自领导推动军队改革勇开新局，为我们立起了强军兴军新的时代标杆。党的十八届三中全会对深化国防和军队改革做出战略部署，习近平在中央军委改革工作会议、中央军委军队规模结构和力量编成改革工作会议上发出全面实施改革强军战略的伟大号召。全军贯彻党中央、中央军委和习近平主席决策指示，全面推进国防和军队改革，建立军委管总、战区主战、军种主建新格局，实现了人民军队组织架构和力量体系革命性重塑，中国特色强军之路迈出关键性步伐，人民军队体制一新、结构一新、格局一新、面貌一新，国防和军队改革取得了历史性突破。

（三）坚持科技强军

科学技术是军事发展中最活跃、最具革命性的因素。习近平把国防科技作为事关国家前途命运、事关民族复兴前程的关键枢纽来抓。实践也生动证明，真正的核心关键技术是花钱买不来的，靠进口武器是靠不住的，走引进仿制的路子是走不远的。

习近平关于科技强军思想主要有：科技创新是核心驱动，必须坚持自主创新的战略基点，提高科技创新对军队建设和战斗力的贡献率，建设创新型人民军队。要在激烈的国际军事竞争中掌握主动，必须牢牢扭住国防科技自主创新这个战略基点，大力推进科技进步和创新，大幅提高国防科技自主创新能力；要在国家战略布局中搞好顶层设计和战略谋划，坚持实战牵引、体系论证，运用先进理念、方法、手段，提高战略谋划水平；国防科技和武器装备领域是军民融合发展的主要战场，坚持把国防科技和武器装备建设的薄弱环节作为推进自主创新的主攻方向，下好先手棋，打好主动仗，努力在前瞻性、战略性领域占有一席之地；要推动军地合力培育军事人才，提高官兵科技素养，结合新的形势任务开展科技练兵；要推动体制机制和政策制度改革，坚决"拆壁垒、破坚冰、去门槛"，构建系统完备的科技军民融合政策制度体系；要坚持为部队建设和军事斗争准备服务，紧贴实践、服务部队，使科技创新同部队建设发展"接好轨、对好焦"，把创新成果转化为实实在在的战斗力。

科技强军，就是要坚持自主创新的战略基点，瞄准世界军事科技前沿，加强前瞻谋划设计，加快战略性、前沿性、颠覆性技术发展，不断提高科技创新对人民军队建设和战斗力发展的贡献率。世界一流军队，必须是现代化、信息化军队，科技兴军则是建设现代化、信息化军队的必由之路。近代以来我国逐渐由领先变为落后，一个重要原因就是我们错失了多次科技和产业革命带来的巨大发展机遇。当前，新一轮产业和科技革命蓄势待发，世界新军事革命加速发展，一些主要国家在科技创新上动作很大，企图形成新的压倒性技术优势。我军在高新技术方面同世界军事强国相比仍有较大差距，科技储备远远不够。习近平关于科技强军的重要论述，为我军奋起直追、后来居上，下好科技创新这步先手棋，加紧攻克核心关键技术等方面的老大难问题，争取实现弯道超车，实现由跟跑并跑向并跑领跑转变，具有十分重大的现实指导意义和长远历史意义。

（四）坚持人才强军

人才强则事业强，人才兴则事业兴。习近平强调，实现强军目标，必须要有一大批高素质、敢担当的建军治军骨干。要把干部队伍建设作为关系军队建设全局、关系未来战争胜负的大事来抓，坚持正确选人用人导向，实现人才强军战略，努力推动人才队伍建设整体水平有一个大的跃升。这抓住了建设军治军的决定性因素，科学回答了新时代"培养什么样的军事人才、怎样培养军事人才"的根本问题。

习近平关于人才强军的思想十分丰富，主要包括：强调把人才强军作为战略任务来抓，按照能打仗、打胜仗要求人力实施人才战略工程，切实在人才培养上投入更大精力，为完成军事斗争任务提供坚强人才保证。强调领导干部必须敢于担当、能够担当，各级干部要着力提高政治素养、理论素养、战略素养、军事素养和科技素养；军队高级干部，不仅要有政治头脑、军事头脑，还要有科技头脑。强调坚持正确选人用人导向，建立科学的选人用人机制，解决"怎样是好干部、怎样成长为好干部、怎样把好干部用起来"的问题。强调建立健全干部考核评价体系，增强选人用人的科学性、准确性、公信度，把那些想打仗、谋打仗、能打仗的干部用起来。强调把优秀干部用起来、用当其时、用当其位，确保军队各级领导班子始终充满活力、后继有人。强调多领域多层次多岗位锻炼干部，把干部放到领导部队建设和军事斗争准备中练本领、长才干，坚持把基层一线作为培养锻炼干部的基础阵地。强调深入推进干部政策制度调度调整改革，增强干部政策制度改革的系统性，提高干部队伍建设规范化、法制化水平。强调充分认识端正选人用人风气的艰巨性、长期性，匡正选人用人风气。强调要全面贯彻党的教育方针，深入研究现代化军事教育特点规律，强化军队院校教育主渠道作用，部队训练实践锤炼平台作用、军事职业教育拓展支撑作用，完善三位一体新型军事人才培养体系。院校教育必须与时俱进，坚持面向战场、面向部队，围绕实践搞教学、着眼打赢育人才。

强军兴军，要在得人。实现建军百年奋斗目标，建设世界一流军队，必须大力锻造新型军事人才方阵。要统筹推进识才、聚才、育才、用才等方面创新，重点抓好联合作战指挥、新型作战力量、科技创新、战略管理等方面人才建设，推动军事人员能力素质全面升级、结构布局整体优化，营造有利于人才辈出、人尽其才的良好生态，培育军队职业比较优势，最大限度聚集人才和智力资源，为强军事业提供坚强人才支撑。

（五）坚持依法治军

坚持从严治军是我军的光荣传统和不断取胜的重要法宝。我们党在领导革命、建设和改革的各个历史时期，始终高度重视用严格的法规、严明的纪律建军治军，积累和创造了许多宝贵经验。军队越是现代化，越是信息化，越是要法治化。党的十八大以来，习近平鲜明提出依法治军、从严治军是强军之基，是我们党建军治军的基本方略的思想。他在主持"党的十八届四中全会决定"起草时，明确要求把依法治军、从严治军问题单列一块写进去，纳入依法治国总体布局。

习近平关于依法治军思想主要包括：依法治军是强军之基，深入推进依法治军、从严治军，必须紧紧围绕党在新形势下的强军目标，着眼全面加强革命化现代化正规化建设，坚持党对军队绝对领导，坚持战斗力标准，坚持官兵主体地位，坚持依法和从严相统一，坚持法治建设和思想政治建设相结合；全面从严治军，推动治军方式根本性转变，提高国防和军队建设法治化水平；要创新发展依法治军理论和实践，构建完善的中国特色军事法治体系，形成系统完备、严密高效的军事法规制度体系、军事法治实施体系、军事法治监督体系、军事法治保障体系，提高国防和军队建设法治化水平；要深入推进依法治军、从严治军，努力实现"三个根本性转变"，即从单纯依靠行政命令的做法向依法行政的根本性转变，从单纯靠习惯和经验开展工作的方式向依靠法规和制度开展工作的根本性转变，从突击式、运动式抓工作的方式向按条令条例办事的根本性转变；

必须强化全军法治信仰和法治思维，构建中国特色军事法治体系，按照法治要求转变治军方式，着力增强军事法规制度执行力，让铁规生威、铁纪发力。

只有依法治军，才能夯实世界一流军队的根基。深入推进依法治军、从严治军，是我军治军方式的一场深刻变革。建设世界一流军队，就要适应我军现代化战略转型对变革治军方式的内在要求，牢牢把握新形势下深入推进依法治军、全面从严治军的重要着力点，加快实现治军方式根本性转变，提高军队建设法治化水平，把依法治军、全面从严治军方针贯彻落实到部队建设的全过程各方面，为推进强军事业提供重要引领和保障。

四　大力实施军民融合发展战略

怎样在国家总体战略中兼顾发展和安全，这是社会主义现代化建设必须正确认识和处理的重大课题，是强军战略不能回避的重大现实问题。习近平在治国理政的实践中，正确把握和处理富国与强军的关系，提出实施军民融合发展战略，并把军民融合发展作为一项国家战略，这是我们党长期探索经济建设与国防建设协调发展规律的重大成果，是从国家安全和发展战略全局做出的重大战略决策。

（一）把军民融合发展战略作为一项国家战略

富国才能强兵，强兵才能卫国。经济建设是国防建设的基本依托，只有国家经济实力增强了，国防建设才能有更大发展。国防建设是我国现代化建设的战略任务，只有把国防建设搞上去，经济建设才能有更加坚强的安全保障，同时国防建设对经济社会发展也有重要拉动作用。

习近平把军民融合发展作为一项国家战略加以推进，强调军民融合是国家战略，既是兴国之举又是强军之策。要求形成军民融合深度发展格局，构建一体化的国家战略体系和能力。强调统筹经济建设和国防建设，在国家层面建立统一领导、军地协调、需求对接、资源共享机制，形成全要素多领域高效益的军民融合深度发展格局。这就明确了把强军兴军融入强国兴邦的基本方略和现实路径，进一步明确了实现发展和安全兼顾、富国和强军统一的重要方略，把富国与强军有机结合起来，体现了依靠人民建设国防、打赢战争的崭新要求。

随着新一轮科技革命、产业革命和军事革命蓬勃发展，信息网络、人才技术、基础设施等领域军地通用性更强、融合度更高，建设信息化军队、打赢信息化战争，更离不开国家和社会力量支撑。只有深入贯彻军民融合发展这个大方略，深刻把握和做好军民深度融合这篇大文章，厚植国防和军队建设的社会土壤，才能不断获得更加深厚的战争伟力。

（二）在更广范围、更高层次、更深程度上推进军民融合

习近平强调，军民融合发展"要加快形成全要素、多领域、高效益的军民融合发展格局，丰富融合形式，拓展融合范围，提升融合层次"[①]。长期以来，我们在军民融合发展上积极探索实践，取得了丰硕成果。同时也要看到，我国军民融合发展刚进入由初步融合向深度融合的过渡阶段，还存在一些突出问题，比如思想观念还跟不上，顶层统筹统管体制缺乏，政策法规和

[①]　中央军委政治工作部编印：《习近平国防和军队建设重要论述选编（三）》，解放军出版社 2016 年版，第 15 页。

运行机制滞后，工作执行力度不够等。

党的十八届三中全会，对军民融合发展做出全面部署。习近平在党的十九大报告中进一步强调："坚持富国和强军相统一，强化统一领导、顶层设计、改革创新和重大项目落实，深化国防科技工业改革，形成军民融合深度发展格局，构建一体化的国家战略体系和能力。"① 这就为新形势下形成军民融合深度发展格局，解决现实问题，拿出思路举措，丰富融合形式，拓展融合范围，提升融合层次，提出了更高要求，明确了努力方向。只有认真贯彻习近平军民融合发展思想，切实在国家层面加强统筹协调，发挥军事需求主导作用，更好更快地把国防和军队建设融入国家经济社会发展体系，才能不断提高军民融合的质量和效益。

（三）统筹军地力量推动军民融合发展战略落实

推动军民深度融合发展，是一个重大的战略工程，是一项长期的艰巨任务。习近平强调，军地双方都要深化认识，更新思想观念，打破利益壁垒，做到应融则融、能融尽融。因此，必须以强烈的责任担当，凝聚国家意志，举全国之力，军地同心一起推动落实。

习近平强调，要强化大局意识，军地双方要树立一盘棋思想，站在党和国家事业发展全局的高度思考问题、推动工作，坚决防止"大利大干、小利小干、无利不干""愿意融别人、不愿意被别人融""共享别人的资源可以、分享自己的资源不

---

① 习近平：《决胜全面建成小康社会　夺取新时代中国特色社会主义伟大胜利——在中国共产党第十九次全国代表大会上的报告》（2017年10月18日），人民出版社2017年版，第54页。

行""我的地盘我做主"、挤压排斥竞争对手等不良问题和倾向。要强化改革创新，在国家层面建立推动军民融合发展的统一领导、军地协调、需求对接、资源共享机制，着力解决制约军民融合发展的体制性障碍、结构性矛盾、政策性问题。要强化战略规划，坚持体系论证，坚持科学统筹，坚持运用先进理念、方法、手段，把规划论证搞扎实，使国家预算安排和军队各部门重大项目规划紧密衔接。要强化法治保障，善于运用法治思维和法治方式推动军民融合发展，充分发挥法律法规的规范、引导、保障作用，提高军民融合发展法治化水平等。这些重要思想，是对富国和强军的整体布局和具体谋划，为推进经济建设和国防建设协调发展、平衡发展、兼容发展开拓了广阔前景，为新形势下实现富国与强军相统一指明了前进方向。

第八章　总体国家安全战略

党的十八大以来，习近平站在国家发展和民族复兴的新起点上，着眼更好地统筹国内国际两个大局、安全与发展两件大事，更好地应对国家安全面临的新问题新挑战，为坚持和发展中国特色社会主义，为实现"两个一百年"奋斗目标和中华民族伟大复兴中国梦营造良好的国家安全环境，为实现国家长治久安和民族兴旺繁盛提供坚强有力的安全保障，提出总体国家安全观，开辟中国特色国家安全道路。这是对国家安全理论和实践的重大创新，是新形势下维护和塑造中国特色大国安全的强大思想武器和行动指南，是习近平新时代中国特色社会主义思想的重要组成部分。

一　科学判断国家安全战略形势

国家安全是国家生存发展的前提、人民幸福安康的基础、中国特色社会主义事业的重要保障。总体国家安全观是针对中国特色社会主义新时代所面临的空前错综复杂的安全形势提出来的。

新中国成立以来，维护国家安全就是党治国安邦的一件大事。维护国家安全，对内是巩固新生的人民政权，推进社会主义建设；对外是捍卫主权独立和领土完整，反对殖民主义、霸权主义和强权政治，维护国际战略平衡与世界和平稳定。改革开放以来，中国对内始终高度重视正确处理改革发展稳定的关系，始终把维护国家安全和社会安定作为党和国家的一项基础性工作。这使得中国社会保持大局稳定，为改革开放和社会主义现代化建设营造了良好环境。对外，中国认为和平与发展是时代主题，高举和平发展合作旗帜，坚定不移地走和平发展道路，积极维护和延长战略机遇期。这使得中国国际环境持续改善，为改革开放和经济建设提供了有利的外部条件。然而，随着中国改革开放40多年的快速发展和世界进入大发展大变革大调整时期，中国内外形势发生极为广泛而深刻的变化，发展仍然处于重要战略机遇期，前景十分光明，挑战也十分严峻，国家安全形势面临一系列前所未有的新特点、新问题、新挑战。

从国内发展看，中国改革开放和社会主义现代化建设取得历史性成就，"我们党团结带领全国各族人民不懈奋斗，推动我国经济实力、科技实力、国防实力、综合国力进入世界前列，推动我国国际地位实现前所未有的提升，党的面貌、国家的面貌、人民的面貌、军队的面貌、中华民族的面貌发生了前所未有的变化"[①]。中国特色社会主义进入了新时代，中华民族迎来了从站起来、富起来到强起来的伟大飞跃，比历史上任何时期都更接近、更有信心和能力实现中华民族伟大复兴的目标。但与此同时，中国前进道路上面临的困难和风

---

① 习近平：《决胜全面建成小康社会　夺取新时代中国特色社会主义伟大胜利——在中国共产党第十九次全国代表大会上的报告》（2017年10月18日），人民出版社2017年版，第10页。

险也不少。国内外环境发生了深刻变化，面对的矛盾和问题发生了深刻变化，发展阶段和发展任务发生了深刻变化，工作对象和工作条件发生了深刻变化，对中国共产党长期执政能力和领导水平的要求也发生了深刻变化。形势环境变化之快、改革发展稳定任务之重、矛盾风险挑战之多都前所未有。各种矛盾和挑战、困难和问题多发叠加、交织共振，风险越来越高，掌控和处理难度越来越大。行百里者半九十。中华民族伟大复兴绝不是轻轻松松、敲锣打鼓就能实现的。新冠肺炎疫情是新中国成立以来我国面临的传播速度最快、感染范围最广、防控难度最大的一次重大突发公共卫生事件。对我们来说，这是一次危机，也是一次大考。当前和今后一个时期，我国面临各种风险挑战前所未有。

从世界演进看，大发展大变革大调整持续深化，全方位综合国力竞争日趋激烈，国际形势正处在新的转折点上，各种战略力量加快分化组合，国际体系进入了加速演变和深刻调整的时期。国际格局发展演变的复杂性、世界经济调整的曲折性、国际矛盾和斗争的尖锐性、国际秩序之争的长期性、周边环境的不确定性都更加凸显。加上新技术革命和新军事革命深入发展，其速度之快、范围之广、程度之深、影响之大，为第二次世界大战结束以来所罕见，并与世界政治经济等领域发展变化相互呼应、相互作用，产生广泛影响。这些因素导致安全问题的内涵既远远超越了冷战时期对峙平衡的安全，也超越了传统意义上的政治军事安全，还超越了一国一域的安全，变得愈加复杂。像新冠肺炎全球大流行这样的突发事件不会是最后一次，全球气候变化、恐怖主义、数字治理等各种传统安全与非传统安全问题将不断带来新的考验。

在中华民族伟大复兴战略全局和世界百年未有之大变局的交织作用下，中国国家安全处于全面拓展期和深刻变化期，国家安全内涵和外延比历史上任何时候都要丰富，时空领域比历史上任何时候都要宽广，内外因素比历史上任何时候都要复杂，各种威胁和挑战的联动效应比历史上任何时候都要突出。随着中国特色社会主义伟大事业不断推进，具有许多新的历史特点的伟大斗争不断展开，各种可以预见和难以预见的风险因素还将明显增多。随着中国持续发展壮大，与美、日等大国的战略矛盾持续凸显尖锐，与周边乃至全球的互动不断拓宽加深频密，面临的维护国家主权、安全、发展利益的压力将持续增大，完全实现国家统一的需求将不断上升。越是在接近实现民族伟大复兴的关键历史时刻，越是需要把增强忧患意识、做到居安思危作为治党治国治军始终坚持的一个重大原则，越是需要把保障国家安全这个安邦定国的基础作为头等大事抓实抓牢抓好，越是需要提出国家安全的新理念，越是需要校准全面辩证分析国家安全的新视角，越是需要谋划推进国家安全工作的新思路，越是需要确定维护国家主权、安全和发展利益的新途径。如果安全保障跟不上，中华民族伟大复兴的道路就会加倍曲折和坎坷，甚至可能半途夭折。

因此，习近平在 2017 年 12 月 25 日至 26 日召开的中共中央政治局民主生活会上再次强调指出，中国共产党是"生于忧患、成长于忧患、壮大于忧患的政党。正是一代代中国共产党人心存忧患、肩扛重担，才团结带领中国人民不断从胜利走向新的胜利"①。因此，中国共产党必须时刻准备进行具有许多新

---

① 《中共中央政治局召开民主生活会　中共中央总书记习近平主持会议并发表重要讲话》，《人民日报》2017 年 12 月 27 日第 1 版。

的历史特点的伟大斗争，充分认识斗争的长期性、复杂性、艰巨性，发扬斗争精神，提高斗争本领，尽职尽责、勇于担责，着力破解突出矛盾和问题，有效防范化解各种风险；必须深刻认识国家安全内涵外延、时空领域、内外因素的复杂变化，时刻准备付出更为艰巨、更为艰苦的努力，有效应对重大挑战、克服重大阻力、解决重大矛盾；必须增强战略定力，坚持底线思维，凡事从坏处准备，努力争取最好的结果，做到有备无患、遇事不慌，牢牢把握主动权。唯有这样，才能为在本世纪中叶把我国建成富强民主文明和谐美丽的社会主义现代化强国营造有利的安全环境，提供强有力的安全保障。

二 创造性提出总体国家安全观

习近平准确把握国家安全形势发展的新特点新目标新任务，创造性地提出总体国家安全观，为开启中国特色国家安全道路、开创国家安全工作新境界提供了根本遵循。

总体国家安全观是从长远角度对"两个一百年"奋斗目标框架下国家安全状态以及如何实现国家长治久安的全面系统看法，是从战略高度对影响国家安全的各种因素和维护国家安全的各种战略政策举措的整体连贯把握。2014 年 4 月 15 日，习近平在中央国家安全委员会第一次会议上指出："必须坚持总体国家安全观，以人民安全为宗旨，以政治安全为根本，以经济安全为基础，以军事、文化、社会安全为保障，以促进国际安全为依托，走出一条中国特色国家安全道路。"① 党的十九大

---

① 《习近平主持召开中央国家安全委员会第一次会议强调 坚持总体国家安全观 走中国特色国家安全道路》，《人民日报》2014 年 4 月 16 日第 1 版。

报告把坚持总体国家安全观作为新时代坚持和发展中国特色社会主义的十四条基本方略之一，确立了总体国家安全观作为走中国特色国家安全道路的指导思想地位。

"贯彻落实总体国家安全观，必须既重视外部安全，又重视内部安全，对内求发展、求变革、求稳定、建设平安中国，对外求和平、求合作、求共赢、建设和谐世界；既重视国土安全，又重视国民安全，坚持以民为本、以人为本，坚持国家安全一切为了人民、一切依靠人民，真正夯实国家安全的群众基础；既重视传统安全，又重视非传统安全，构建集政治安全、国土安全、军事安全、经济安全、文化安全、社会安全、科技安全、信息安全、生态安全、资源安全、核安全等于一体的国家安全体系；既重视发展问题，又重视安全问题，发展是安全的基础，安全是发展的条件，富国才能强兵，兵强才能卫国；既重视自身安全，又重视共同安全，打造命运共同体，推动各方朝着互利互惠、共同安全的目标相向而行。"① 这就超越了以往国家安全思想和实践，打破了以往有关国家安全理念与实践在国际国内、不同领域、不同方面之间的相互区隔和各自局限，改变就事论事、头痛医头、脚痛医脚、各自为阵、彼此羁绊、存盲留白的局面，实现了全面系统的顶层设计。

按照这个顶层设计，国家安全思想和实践体现了大安全理念，实现了统筹兼顾。一方面，既统筹国内国际两个大局，统筹改革发展稳定、治党治国治军、内政外交国防等各个方面；又兼顾人民、政治、国土、军事、经济、金融、文化、社会、科技、信息、生态、资源、核等诸多领域的国家安全，强调人

---

① 习近平：《坚持总体国家安全观，走中国特色国家安全道路》（2014 年 4 月 15 日），《习近平谈治国理政》第 1 卷，外文出版社 2018 年版，第 201 页。

民安全、政治安全、国家利益至上之间的内在统一性。另一方面，把作为宗旨的人民安全，作为根本的政治安全，作为基础的经济安全，作为保障的军事、科技、文化、社会安全，作为依托的国际安全，放到一个完整系统里来思考、谋划、构建，使国家安全的每个要素、每个方面、每个领域都各有侧重，同时又都必然、必须与其他要素、其他方面、其他领域彼此联动、相互影响。特别是 2020 年 10 月召开的党的十九届五中全会通过《中共中央关于制定国民经济和社会发展第十四个五年规划和二〇三五年远景目标的建议》（以下简称《建议》），首次把统筹发展和安全纳入"十四五"时期我国经济社会发展的指导思想，并列专章做出战略部署。这个《建议》要求，坚持统筹发展和安全，发展是安全的保障、安全是发展的前提，把安全同经济社会发展一起谋划、一起部署；既要在发展中更多考虑安全因素，通过发展提升国家安全实力，善于运用发展成果来夯实国家安全的基础；又要深入推进国家安全思路、体制、手段创新，全面提高国家安全工作能力和水平，善于营造有利于经济社会发展的安全环境，使发展和安全相辅相成、实现高质量发展与高水平安全的良性互动和动态平衡，统一于中国特色社会主义的伟大事业之中。

同时，总体安全观强调用辩证思维和协调思想来看待和维护国家安全，既着眼于实现"两个一百年"奋斗目标，又着眼于国家的长治久安和中华民族的永续昌盛；既看到机遇、强调增强战略定力、强调维护和延长我国发展的重要战略机遇期，又居安思危、强调增强忧患意识、重视把握重要战略机遇期内涵和条件的新变化；既重视长期存在的政治、经济、社会、文化、军事等领域的安全，又重视新兴凸显的信息、生态、资源、海洋、外空、网络、核等领域的安全；既强调顺应世界潮流、充分利用国际大势有利因素、积极防范外部风险侵害冲击，又坚定地从中国国情出发、把各种国家安全理论和实践中国化、走中国特色国家安全道路；既注重处理眼前问题、驾驭现实风险，又注重防范潜在挑战、实现长治久安，还注重把国家发展与国家安全、国家安全与社会稳定、内部安全与外部安全、国土安全与国民安全、传统安全与非传统安全、本国安全与别国安全、安全体制机制与安全意识能力等联系起来，实现统分结合、点面结合、一般与重点结合、平衡兼顾、贯通驾驭各种复杂因素；既重维护又重塑造、既讲原则性又讲策略性、既讲需求又讲能力，而且还强调与时俱进，根据国家安全形势的变化，针对国家安全面临的新问题和新挑战及时调整应对思路和策略手段。由此，总体国家安全观体现了鲜明的系统性、全面性、可持续性，更具有突出的科学性和创新性，对走中国特色国家安全道路、为实现中华民族伟大复兴提供强有力安全保障具有突出的针对意义和重要的指导意义。

三　创建国家安全体系主体框架

根据总体国家安全观的顶层设计，中国国家安全体系的主体框架由准则、宗旨、根本、基础、保障、依托这六个维度构成，准则是国家利益至上，宗旨是人民安全，根本是政治安全，基础是经济安全，保障是军事安全、文化安全、社会安全，依托是促进国际安全。

（一）以国家利益至上为准则

国家利益是主权国家在国际社会中生存需求和发展需求的总和。中国的国家利益分为核心利益、重大利益、一般利益三个层次。国家安全就是国家政权、主权、统一和领土完整、人民福祉、经济社会可持续发展和国家其他重大利益相对处于没有危险和不受内外威胁的状态，以及保障持续安全状态的能力。维护国家安全主要是维护国家利益，尤其是核心利益。国家核心利益是主权国家不能被侵犯的红线，关系国家存亡、政权巩固和强国进程。这既是国家安全工作的职责所在，更是国家安全工作的最高目标。坚持国家利益至上，对内就是要坚持国家利益高于地方利益，站在全局高度，统筹协调国内整体利益的有序发展；坚持整体利益高于局部利益，反映不同群体需求的局部利益服从体现绝大多数人民需求的国家全局性长远性利益。对外，坚持国家利益至上就是要坚决维护国家主权、安全、发展利益。习近平在多个重要场合反复强调，"中国不觊觎他国权益，不嫉妒他国发展，但决不放弃我们的正当权益。中国人民不信邪也不怕邪，不惹事也不怕事，任何外国不要指望我们会拿自己的核心利益做交易，不要指望我们会吞下损害我国主权、安全、发展利益的苦果"[①]；"不回避矛盾和问题，国家主权和领土完整问题不容妥协，必须针锋相对，寸土必争；在一穷二白的时候敢于维护国家利益，不向外来压力弯腰、低头，

---

① 习近平：《不忘初心　继续前进》（2016 年 7 月 1 日），《习近平谈治国理政》第 2 卷，外文出版社 2017 年版，第 42 页。

现在发展强大了，更不会屈从于任何外来压力"①；"中国反对各种形式的霸权主义和强权政治，不干涉别国内政，永远不称霸，永远不搞扩张"②。这些重要论述和郑重宣示，掷地有声，体现了以习近平同志为核心的党中央勇于决断、敢于担当的战略胆识和坚强信念，向全世界清晰表达了涉及我国核心利益的红线，亮明了维护中国国家安全的底线。

（二）以人民安全为宗旨

国泰民安是人民群众最基本、最普遍的愿望。随着我国经济社会发展和对外开放不断扩大，人民对国家安全的期待变得越来越高。包括希望国家更加强大，更有力地维护国家统一和民族团结；希望党和政府更加主动作为，更有效地保护人民的生命和财产安全；希望环境污染和产品安全等突出问题更快更好地得到解决，人民生存发展的基本条件得到更好的保障。作为对这些期待的回应，总体国家安全观强调以人民安全为宗旨，把人民安全作为国家安全最核心的部分，其他方面和领域的安全都要统一于人民安全。这是习近平新时代中国特色社会主义思想坚持以人民为中心的丰富内涵在国家安全领域的集中体现，蕴含中国传统文化中的民本主义思想，彰显深厚的人民情怀，符合中国人民民主专政的国体、人民代表大会制度的政体的内在要求，充分体现了中国共产党作为工人阶级、中国人民和中华民族先锋队的性质，继承和发扬了中国共产党全心全意为人

---

① 《总体国家安全观干部读本》编委会编著：《总体国家安全观干部读本》，人民出版社2016年版，第55页。

② 习近平：《走和平发展道路是中国人民对实现自身发展目标的自信和自觉》（2014年3月28日），《习近平谈治国理政》，外文出版社2014年版，第267页。

民服务的立党宗旨和优良传统。以人民安全为宗旨，就要坚持人民主体地位、立党为公、执政为民，坚持国家安全一切为了人民、一切依靠人民，始终把人民安全放在最高位置。归根到底，就是增强使命感和责任感，在党的领导和中国特色社会主义制度下，更好地满足人民日益增长的美好生活需要、推动人的全面发展和社会全面进步，为全体人民安居乐业提供更好的安全保障，更加自觉地维护人民利益，坚决反对一切损害人民利益的行为，不断提高人民的归属感、安全感、获得感、幸福感。这就要求把党的群众路线贯彻到维护国家安全的全部活动之中，把坚持群众路线作为国家安全工作的根本路线，联系群众、服务群众，想群众之所想、急群众之所急；把维护人民安全作为国家安全的根本追求和搞好各项安全工作的出发点和落脚点，切实解决好人民最关心最直接最现实的安全问题。

（三）以政治安全为根本

政治安全攸关党和国家的生死存亡，攸关中国特色社会主义发展全局，攸关党和国家的长治久安。要维护经济、社会、文化、军事等其他领域的安全，最终都需要以政治安全为前提条件。政治安全的核心是巩固政权安全和制度安全，最根本的是维护中国共产党的领导、维护中国特色社会主义制度、维护马克思主义在意识形态领域的指导地位、维护以习近平同志为核心的党中央权威和集中统一领导。以政治安全为根本，就是要站在党和国家事业发展全局的战略高度，站在夺取新时代中国特色社会主义伟大胜利的战略高度，深刻认识维护政治安全的至关重要性，更加自觉地坚持党的领导这个中国特色社会主义最本质特征和中国特色社会主义制度最大优势不动摇，更加自觉地增强中国特色社会道路自信、理论自信、制度自信、文化自信，既不走封闭僵化的老路，也不走改旗易帜的邪路，保持政治定力，始终坚持和发展中国特色社会主义。党的十九大党章强调，全党要坚定维护党中央权威和集中统一领导。这为维护政治安全提供了重要的思想保障和组织保障。全党要深刻领会习近平新时代中国特色社会主义思想的精神实质和丰富内涵，把认识聚焦到习近平总书记是全党拥护、人民爱戴、当之无愧的党的领袖上，在各项工作中全面准确贯彻落实；要牢牢掌握意识形态工作领导权，坚决反对一切削弱、歪曲、否定党的领导和我国社会主义制度的言行。坚决防范"颜色革命"，挫败国内外敌对势力"和平演变"的图谋。

（四）以经济安全为基础

这就要求坚持社会主义基本经济制度不动摇，不断完善社会主义市场经济体制；要以经济建设为中心，坚持发展是硬道理，把发展作为最大的安全，不断提高国家的经济整体实力、竞争力和抵御内外各种冲击与威胁的能力；特别要注重金融安全、能源资源安全、粮食安全、科技安全、重大基础设施网络安全、生态安全、产品安全等，强化风险防控，确保经济持续健康稳定发展，筑牢国家繁荣富强、人民幸福安康、社会和谐稳定的物质基础。当前和今后很长一个时期，维护经济安全，要处理好发展与安全、预防为主与底线思维、维护国内发展安全与国际合作竞争博弈的关系；要主动适应经济发展新常态，切实把经济工作的着力点放到转方式调结构上来，推进新型工业化、信息化、城镇化、农业现代化同步发展，着力推动传统产业向中高端迈进，积极发现培育新增长点；要突出创新驱动，大幅提升科技进步对经济增长的贡献率，争取早日进入创新型国家行列；坚持互利共赢的开放战略，积极实施新一轮高水平对外开放，扎实推进"一带一路"建设，进一步提高优化经济发展空间格局，增强国际经济竞争力，切实提高保护海外利益安全的能力、水平和力度。这不仅涉及经济的各个方面，也与其他领域的国家安全相互交织影响。

（五）以军事安全、科技安全、文化安全、社会安全为保障

这就要求重视军事、文化、社会等领域出现的大量新情况新问题，遵循不同领域的特点规律，建立完善强基固本、化险为夷的各项对策措施，为维护国家安全提供强有力保障。军事安全直接事关国家生死存亡和长治久安。维护好军事安全，就要坚持走中国特色强军之路，全面推进国防和军队现代化，更好地坚持党对军队绝对领导、坚持人民军队根本宗旨，使军队真正担当起党和人民赋予的历史重任。

维护科技安全，要坚持创新在我国现代化建设全局中的核心地位，把科技自立自强作为国家发展的战略支撑，面向世界科技前沿、面向经济主战场、面向国家重大需求，面向人民生命健康，深入实施科教兴国战略、人才强国战略、创新驱动发展战略，完善国家创新体系，加快建设科技强国。

文化安全事关全局、利在长远。维护文化安全要坚定文化自信，推动社会主义文化繁荣兴盛，坚持内外统筹、攻防兼备的原则。对内，要坚持中国特色社会主义先进文化前进方向和发展道路，培育和践行社会主义核心价值观，巩固马克思主义在意识形态领域的指导地位，巩固全党全国各族人民团结奋斗的共同思想基础，形成维护文化安全的精神支柱，防范和抵御

不良文化的影响，构筑维护文化安全的阵地防线。对外，要掌握文化交流交融交锋主动权，营造有利于维护文化安全的国际环境；要争取世界各国对中国梦的理解和支持，提升中国文化软实力，注重塑造中国的国家形象。

社会安全事关人民安居乐业、社会安定有序、国家长治久安。维护社会安全要提高保障和改善民生水平，加快形成科学有效的社会治理体制机制，改进社会治理方式，提高社会治理水平，健全公共安全体系，加强网络空间治理和网络秩序维护，激发社会组织活力，确保社会安定有序；要坚定不移走中国特色解决民族问题的正确道路，旗帜鲜明地反对各种错误思想观念，增强各族干部群众识别大是大非、抵御国内外敌对势力思想渗透的能力；要坚持党的宗教工作基本方针，全面贯彻党的宗教信仰自由政策，依法管理宗教事务，坚持独立自主自办原则，积极引导宗教与社会主义社会相适应，坚决抵御境外利用宗教进行渗透，防范宗教极端思想侵害。

（六）以促进国际安全为依托

这就要求始终不渝坚持走和平发展道路，在注重维护本国安全利益的同时，推动建设持久和平、共同繁荣的和谐世界。要超越"你输我赢、你兴我衰"的"零和"思维，高举合作、创新、法治、共赢的旗帜，积极倡导共同、综合、合作、可持续的安全观，既重视自身安全，又重视共同安全，通过促进国际安全来增强自身安全，打造命运共同体，推动各方朝着互利互惠、共同安全的目标相向而行；反对为一己之私挑起事端、激化矛盾，反对以邻为壑、损人利己，努力营造和谐稳定的国际和地区安全环境，搭建国际和地区安全合作新架构，走共商、共建、共享、共赢的安全之路。要坚持共同安全，切实加强地区安全领域合作，推动和平解决国际争端，推进国际安全领域的合作，实现普遍安全、平等安全、包容安全。要积极参与地区和全球治理，提高我国参与全球治理的能力，尤其是增强规则制定能力、议程设置能力、舆论宣传能力、统筹协调能力，继续向国际社会阐释我国关于推动全球治理体系变革的理念，不断寻求最大公约数、扩大合作面，共同推动全球治理体系变革，为世界和平与发展做出应有贡献。

这六个方面共同撑起了中国国家安全体系的整体架构，决定了中国特色国家安全道路的基本取向。

四　维护国家安全的紧迫任务

在确立总体国家安全观作为指导思想的地位，指明走中国特色国家安全道路的方向，并构建国家安全体系六位一体架构之后，总体国家安全观还从领域划分的角度，按照中国国家安全所涵盖的领域，指出了政治、国土、军事、经济、金融、文化、社会、科技、信息、生态、资源、核等十二个重点领域的安全任务。这些重点领域安全任务的选择和界定是开放动态的，安全所涉及的领域可以随着中国国家安全形势的变化以及国家安全内涵和外延的扩展而调整，不同领域安全的重要性和紧迫性也会随着中国国家安全形势和维护安全的能力变化而变化。

在2020年12月11日中共中央政治局第二十六次集体学习时，习近平进一步就贯彻总体国家安全观提出10点要求，即坚持党对国家安全工作的绝对领导，坚持中国特色国家安全道路，坚持以人民安全为宗旨，坚持统筹发展和安全，坚持把政治安全放在首要位置，坚持统筹推进各领域安全，坚持把防范化解国家安全风险摆在突出位置，坚持推进国际共同安全，坚持推进国家安全体系和能力现代化，坚持加强国家安全干部队伍建设。

全面评估中国国家安全面临的形势，当前及今后一个时期，贯彻落实总体国家安全观、走好中国特色国家安全道路，有五个方面的任务显得更为紧迫，亟须扎实应对。

（一）维护网络和信息安全

网络和信息安全涉及国家和社会多个方面，对很多领域都可谓牵一发而动全身，具有全面性、综合性、系统性、战略性，已成为中国面临的最复杂、最现实、最严峻的安全挑战之一。从世界范围看，信息技术革命日新月异，深刻影响国际政治、经济、军事等。网络安全威胁和风险日益突出，并日益向政治、经济、文化、社会、生态、国防等领域传导渗透。特别是国家关键信息基础设施面临较大风险隐患，网络安全防控能力薄弱，难以有效应对国家级、有组织的高强度网络攻击。世界主要大国纷纷强化各自的网络和信息安全战略，特别是美国利用其在网络和信息领域的超强优势，加紧进行网络战准备和谋求构建于己有利的国际网络秩序等，激起和牵引国际新一轮网络和信息战略竞争。从中国情况看，一方面已发展成为网络大国，网民数量居世界第一，传播快、影响大、覆盖广、社会动员能力强的微客和微信等社交网络以及即时通信工具用户快速增长；另一方面，信息技术的自主创新相对落后，互联网发展瓶颈突出，区域和城乡在信息化发展水平方面的差异比较明显，现行管理体制中多头管理、职能交叉、权责不一、效率不高等弊端凸显，特别是网上媒体管理和产业管理远远跟不上形势发展的需要。因此，要以建设网络强国为总目标，以网络基础设施基本普及、自主创新能力显著增强、信息经济全面发展、网络安全保障有力为分目标；坚持积极利用、科学发展、依法管理、确保安全的方针；处理好安全和发展的关系，做到协调一致、齐头并进，以安全保发展、以发展促安全；制定全面的信息技术、网络技术研究发展战略，加强核心技术自主创新和基础设施建设；树立正确的网络安全观，坚持依法治网，维护国家网络主权，加快构建关键信息基础设施安全保障体系，全天候全方位感知网络安全态势，增强网络安全防御能力和威慑能力；汇聚人才资源，建设一支政治强、业务精、作风好的强大队伍；抓紧制定立法规划，完善互联网信息内容管理等法律法规，建立网络安全审查制度；加强全社会网络安全意识教育培训，创新改进网上宣传，运用网络传播规律，把握好网上舆论引导的时、度、效，使网络空间清朗起来；强化网络空间国际合作。

（二）维护海洋安全

海洋在国家经济发展格局和对外开放中的作用日趋重要，在维护国家主权、安全、发展利益中的地位日益突出，在国家生态文明建设中的角色日渐显著，在国际政治、经济、军事、科技竞争中的战略地位明显上升。美国、日本、俄罗斯、印度、英国等纷纷加紧调整和推进自己的海洋战略，在太平洋、印度洋、北极等区域加紧展开海洋战略竞争。中国海洋事业经过多年发展总体上已进入历史上最好的发展时期，但海洋战略利益的拓展与维护，远远滞后于中国作为新兴大国国际地位快速提升的需求，与中国作为陆海兼备大国的地位也不相匹配。因此，要着眼于实现全面建成小康社会和中华民族伟大复兴以及中国特色社会主义事业发展全局，统筹国内国际两个大局，坚持陆海统筹，坚持走依海富国、以海强国、人海和谐、合作共赢的发展道路，通过和平、发展、合作、共赢方式，扎实推进海洋强国建设，更好地维护海洋安全。按照习近平的海洋安全观，"就是要把海洋生态文明建设纳入海洋开发总布局之中，坚持开发和保护并重、污染防治和生态修复并举，科学合理开发利用海洋资源，维护海洋自然再生产能力"，"要提高海洋开发能力，扩大海洋开发领域，让海洋经济成为新的增长点"，"要保护海洋生态环境，着力推动海洋开发方式向循环利用型转变"，"要搞好海洋科技创新总体规划，坚持有所为有所不为……尤其要推动海洋经济转型过程中急需的核心技术和关键共性技术的研究开发"，"要做好应对各种复杂局面的准备，提高海洋维权能力，坚决维护我国海洋权益"，"要坚持'主权属我、搁置争议、共同开发'的方针，推进互利友好合作，寻求和扩大共同利益的汇合点"①。

（三）确保国家金融安全

金融安全是国家安全的重要组成部分。改革开放尤其是党的十八大以来，中国金融改革发展取得新的重大成就，金融业保持快速发展，金融产品日益丰富，金融服务普惠性增强，金

---

① 《习近平在中共中央政治局第八次集体学习时强调 进一步关心海洋认识海洋经略海洋 推动海洋强国建设不断取得新成就》，《人民日报》2013 年 8 月 1 日第 1 版。

融改革有序推进，金融体系不断完善，人民币国际化和金融双向开放取得新进展，金融监管得到改进，守住不发生系统性金融风险底线的能力增强。与此同时，随着中国坚定深化金融改革和扩大金融对外开放，金融安全面临的风险显著上升，维护金融安全的重要性和紧迫性空前上升。习近平在 2017 年 7 月 14 日至 15 日召开的全国金融工作会议上发表重要讲话，他强调指出，"要以强化金融监管为重点，以防范系统性金融风险为底线，加快相关法律法规建设，完善金融机构法人治理结构，加强宏观审慎管理制度建设，加强功能监管，更加重视行为监管"，"要把主动防范化解系统性金融风险放在更加重要的位置"，"科学防范，早识别、早预警、早发现、早处置，着力防范化解重点领域风险，着力完善金融安全防线和风险应急处置机制。要推动经济去杠杆，坚定执行稳健的货币政策，处理好稳增长、调结构、控总量的关系。要把国有企业降杠杆作为重中之重，抓好处置'僵尸企业'工作。各级地方党委和政府要树立正确政绩观，严控地方政府债务增量，终身问责，倒查责任。要坚决整治严重干扰金融市场秩序的行为，严格规范金融市场交易行为，规范金融综合经营和产融结合，加强互联网金融监管，强化金融机构防范风险主体责任。要加强社会信用体系建设，健全符合我国国情的金融法治体系"[①]。

（四）深入开展反恐怖斗争

近年来，"伊斯兰国"、"基地"组织、"乌兹别克斯坦伊斯兰运动"等国际恐怖主义和极端主义在西亚、北非、南亚、东

---

　　① 习近平：《促进经济和金融良性循环、健康发展》（2017 年 7 月 14 日），《习近平谈治国理政》第 2 卷，外文出版社 2017 年版，第 280 页。

南亚等地肆虐，对地区和国际安全构成严重威胁。受境外渗透加剧、境内宗教极端活动升温等影响，特别是"东突"恐怖主义势力的国际联系加强，"东伊运"盘踞阿富汗和巴基斯坦边境地区并呈活跃态势，中国面临的暴力恐怖风险尖锐复杂，暴恐活动处于多发期活跃期，暴恐分子作案方式多样，暴力程度升高，手段日趋残忍。这种内外形势共同作用凸显恐怖主义威胁新变化，充分表明"暴力恐怖活动漠视基本人权、践踏人道正义，挑战的是人类文明共同的底线，既不是民族问题，也不是宗教问题，而是各族人民的共同敌人"①。反恐怖斗争是一场维护祖国统一、社会安定、人民幸福的斗争，事关中国国家安全、广大人民群众切身利益、改革发展稳定全局。为此，必须采取坚决果断措施，保持严打高压态势，坚决把暴力恐怖分子嚣张气焰打下去；要切实增强反恐怖斗争意识，进一步提升反恐怖情报能力，切实加大防控巡逻力度，建立反恐怖社会参与机制，全面深化反恐怖国际合作；要建立健全反恐工作格局，完善反恐工作体系，加强反恐力量建设；要坚持专群结合、依靠群众，深入开展各种形式的群防群治活动，筑起铜墙铁壁，使暴力恐怖分子成为"过街老鼠、人人喊打"；要发挥爱国宗教人士作用，加强对信教群众的正面引导，既满足他们正常宗教需求，又有效抵御宗教极端思想的渗透；要坚定不移相信和依靠各族干部群众，团结他们一道维护民族团结和社会稳定。同时，由于暴力恐怖势力常常与分裂主义势力相互勾结、相互利用、相互渗透、互为表里，所以在加强反恐怖斗争的过程中，也要加强新形势下反分裂斗争。为此，要高举各民族大团结的

---

① 习近平：《切实维护国家安全和社会发展》（2014 年 4 月 25 日），《习近平谈治国理政》第 1 卷，外文出版社 2018 年版，第 203 页。

旗帜，坚持各民族共同团结奋斗、共同繁荣发展的主题，深入
开展民族团结宣传教育，打牢民族团结的思想基础，最大限度
团结各族群众；要加强基层组织和基层政权建设，多做深入细
致的群众工作；要正确把握党的民族、宗教政策，及时妥善解
决影响民族团结的矛盾纠纷，坚决遏制和打击境内外敌对势力
利用民族问题进行的分裂、渗透、破坏活动。

（五）夯实走中国特色国家安全道路的体制机制保障

在健全国家安全制度体系方面，党的十八届三中全会适应
推进国家治理体系和治理能力现代化、维护国家安全对工作体
制机制保障的迫切要求，决定"设立国家安全委员会，完善国
家安全体制和国家安全战略，确保国家安全"[①]。该委员会的主
要职责就是制定和实施国家安全战略，推进国家安全法治建设，
制定国家安全工作方针政策，研究解决国家安全工作中的重大
问题。这是一个历史性的重大决定。中央国家安全委员会的成
立，为建立集中统一、高效权威的国家安全领导体制，强化党
中央对国家安全工作的统筹领导搭建了一个强有力的平台；有
利于进一步建立健全各地区国家安全工作责任制，使各地区各
部门各方面在中央国家安全委员会的统筹协调下，各司其职、
各负其责，密切配合、通力合作，勇于负责、敢于担当，形成
高效权威的国家安全领导体制，强化维护国家安全的责任。长
远看，这将为全面建成小康社会、实现中华民族伟大复兴中国
梦提供重要的安全体制保障。在制定行动指南方面，2015 年 1
月 23 日，中共中央政治局召开会议，审议通过了中华人民共和

---

① 《中共中央关于全面深化改革若干重大问题的决定》，《十八大以来重要文献选编》
（上），中央文献出版社 2014 年版，第 540 页。

国第一部《国家安全战略纲要》。2016 年 12 月 9 日，中共中央政治局召开会议，审议通过《关于加强国家安全工作的意见》。2017 年 2 月，习近平主持召开国家安全工作座谈会强调"要准确把握国家安全形势，牢固树立和认真贯彻总体国家安全观，以人民安全为宗旨，走中国特色国家安全道路，努力开创国家安全工作新局面，为中华民族伟大复兴中国梦提供坚实安全保障"①。这些重要文件和重要会议为切实做好各领域国家安全的工作、大力推进国家安全各方面保障能力建设、坚决维护国家核心和重大利益制定了战略和政策，指明了行动方向和实施路径。接下来的任务就是在中央国家安全委员会的统一领导下，科学谋划、统分结合，聚焦重点、协调行动，按照纲要的统一部署，按照《党委（党组）国家安全责任制规定》的要求，狠抓落实。在加强国家安全法制保障方面，全国人大常委会先后于 2014 年 11 月审议通过《中华人民共和国反间谍法》，2015 年 7 月审议通过《中华人民共和国国家安全法》，2015 年 12 月审议通过《中华人民共和国反恐怖主义法》，2016 年 4 月审议通过《中华人民共和国境外非政府组织境内活动管理法》，2016 年 11 月 7 日审议通过《中华人民共和国网络安全法》，2017 年 9 月 1 日审议通过《中华人民共和国核安全法》，2020 年 6 月通过《中华人民共和国香港特别行政区维护国家安全法》，2020 年 10 月通过《中华人民共和国生物完全法》，等等，这些法律的制定和批准施行使中国国家安全法制体系不断完善，为依法维护国家安全提供了法制保障。在国家安全意识培养上，根据全国人大常委会 2015 年 7 月 1 日通过的《中华人民共和国

---

①　习近平：《把维护国家安全的战略主动权牢牢掌握在自己手中》（2017 年 2 月 17 日），《习近平谈治国理政》第 2 卷，外文出版社 2017 年版，第 381 页。

国家安全法》规定，把国家安全教育纳入国民教育体系和公务员教育培训体系，把每年的 4 月 15 日设立为全民国家安全教育日。在 2016 年 4 月 15 日首个全民国家安全教育日，全国各地通过多种形式开展国家安全宣传教育活动，并加强新闻报道和舆论引导，增进全民国家安全意识，为维护国家安全提供坚实的社会基础和有利的舆论环境。

总之，习近平立足中国国情和新的历史方位，积极回应中国国家安全形势发展的重大需求，又结合当今时代特点和世界发展大趋势，创造性地提出总体国家安全观，指明了当前及今后很长一个时期中国国家安全的道路、任务和方略，为新形势下开创中国国家安全理论和实践的新局面提供强大思想武器，有利于中国在自身改革开放全面深化与世界变革调整持续加快的互动中更好地维护国家安全，为新时代坚持和发展中国特色社会主义、实现"两个一百年"奋斗目标和中华民族伟大复兴中国梦保驾护航。

第九章　中国特色大国外交战略

党的十八大以来，以习近平同志为核心的党中央深刻把握新时代中国和世界发展大势，深入分析国际国内形势的新变化新特点，立足全球谋篇布局，加强中国外交顶层设计，在对外工作上进行一系列重大理论和实践创新，在国际关系和中国对外战略方面提出了一系列新理念、新思想和新举措，逐步形成了具有时代特点的中国特色大国外交战略和习近平新时代中国特色社会主义外交思想，科学回答了什么是中国特色大国外交、新时代如何开展中国特色大国外交，中国在世界上走什么路、举什么旗，要建立一个什么样的新世界等重大理论和实践问题，成为新时代中国外交工作的指导思想和根本遵循。

一　中国必须有自己特色的大国外交

当今世界多极化、经济全球化、社会信息化、文化多样化深入发展，科技革命孕育新突破，全球合作向多层次全方位拓展。作为世界第二大经济体，新时代的中国已经开启由富变强的新征程，日益走近世界舞台中央。这是党中央对国际局势和中国在世界上的位置做出的重大战略判断，也是开创性推进中国特色大国外交的现实依据。

习近平在 2014 年召开的中央外事工作会议上，明确提出构建"中国特色大国外交"的历史任务。他指出："中国必须有自己特色的大国外交。我们要在总结实践经验的基础上，丰富和发展对外工作理念，使我国对外工作有鲜明的中国特色、中国风格、中国气派。"① 在 2018 年 6 月召开的中央外事工作会议上，习近平进一步提出，对外工作要坚持统筹国内国际两个大局，坚持战略自信和保持战略定力，坚持推进外交理论和实践创新，坚持战略谋划和全球布局。在习近平新时代中国特色社会主义外交思想指导下，我们党逐渐形成了有中国特色的大国外交战略。

中国特色大国外交战略着眼于在全球范围服务于中华民族伟大复兴和促进人类进步这条主线，实现好维护好中国国家主权、安全、发展利益和为中华民族伟大复兴营造良好外部环境，以和平发展和合作共赢为价值取向，以推动构建人类命运共同体为基本目标，以推动构建新型国际关系为战略路径，充分展现了中国外交为民族复兴尽责、为人类进步担当的重要使命。

坚持以中国特色社会主义为根本增强战略自信，中国的大国外交与传统的大国外交相比，具有鲜明的中国特色。一是坚持外交大权在党中央，以维护党中央权威为统领加强党对对外工作的集中统一领导。坚持党的领导在国际战略和对外政策方面的体现，就是党中央统筹制定中国国际战略和对外政策，并通过中央外事工作委员会和中央国家安全委员会等机构领导实施。二是继承和发扬中华民族优秀传统，形成自己的外交风格

---

① 习近平：《中国必须有自己特色的大国外交》（2014 年 11 月 28 日），《习近平谈治国理政》第 2 卷，外文出版社 2017 年版，第 443 页。

和行为方式。中国优秀传统文化的一些思想观念和思维方式，潜移默化地影响着中国的国际战略和外交政策。三是高举和平、发展、合作、共赢的旗帜，永远不扩张、不称霸。这就彻底摆脱了过去一些大国之间恶性竞争、称霸、争霸的怪圈，在世界面前树立了和平友好的国际形象，有利于消除一些西方国家对"中国威胁"的疑虑，为我国经济社会发展赢得有利国际环境，从而以对外工作优良传统和时代特征相结合为方向塑造出中国外交独特风范。

新时代中国特色大国外交的主要任务：一是要为实现中华民族伟大复兴营造良好外部环境；二是要维护世界和平，促进共同发展，争取为人类做出更大贡献。这两个方面相辅相成，共同推进。

作为党和国家工作的重要组成部分，中国外交的首要任务是服务于民族复兴，为国内的改革和发展服务，维护国家的核心利益和日益增长的海外利益，不断提升中国在国际社会的影响力和话语权。这就需要处理好中国与外部世界的关系，尤其需要处理好与世界主要大国的关系，争取赢得它们对中国和平发展的认同和支持，至少是减少或缓解其对中国发展的消极影响。

作为有影响的世界大国，中国在全力搞好自身发展的同时，也要积极促进人类进步事业，积极参与和引领全球治理并承担力所能及的大国责任，为解决全球性问题和推动共同发展贡献中国智慧，展现和提升中国的良好形象。这既是一个世界大国应有的国际担当，也是国际社会对中国的期待。

坚持以实现中华民族伟大复兴为使命，全面推进中国特色大国外交需要有相应的内部条件和外部条件。内部条件包括中国综合国力的显著增强，在总体国家安全观指导下国家安全的更好保障，党中央政治统领的加强以及对外工作体制机制的不断完善。外部条件主要体现在和平与发展仍然是时代主题以及与之密切相关的世界多极化、经济全球化、社会信息化、文化多样化等大趋势，有利于中国特色大国外交的全面展开。

二　增强战略定力，坚定不移走和平发展道路

"战略定力"是指在应对错综复杂局面过程中，为实现主要战略意图所体现出的战略自信、顽强意志和坚韧毅力。2013年1月23日，习近平在主持第十八届中央政治局第三次集体学习时指出："走和平发展道路，是我们党根据时代发展潮流和我国根本利益做出的战略抉择。我们要……加强战略思维，增强战略定力，更好统筹国内国际两个大局，坚持开放的发展、合作的发展、共赢的发展，通过争取和平国际环境发展自己，又以自身发展维护和促进世界和平，不断提高我国综合国力，不断让广大人民群众享受到和平发展带来的利益，不断夯实走和平发展道路的物质基础和社会基础。"[①] 这是新时代夺取中国特色社会主义新胜利必须牢牢把握的基本要求之一，具有深远意义。

增强战略定力，坚定不移走和平发展道路，是21世纪以来中国外交理念的最大特色。这一理念向世界表明，在实现中华民族伟大复兴进程中，中国既不走某些西方帝国主义国家穷兵黩武、称霸世界的道路，也不走闭关锁国的老路，而是走与世

---

① 习近平：《更好统筹国内国际两个大局，夯实走和平发展道路的基础》（2013年1月28日），《习近平谈治国理政》第1卷，外文出版社2018年版，第247页。

界各国共同发展的新路。它在人类历史上第一次超越了"国强必霸"的定律，不是通过军事扩张、争霸或称霸，而是通过和平的方式，主要依靠自己的力量和改革创新，实现发展。与此同时，坚持改革开放，学习借鉴别国长处，寻求与各国互利共赢和共同发展。这条道路的鲜明特征是："科学发展、自主发展、开放发展、和平发展、合作发展、共同发展。"① "实现国家现代化和人民共同富裕是中国和平发展的总目标。"②

2014 年 1 月 22 日，习近平在接受《世界邮报》创刊号专访时，针对有人认为中国迅速崛起后，必将陷入所谓的"修昔底德陷阱"，与美国、日本等旧霸权国家发生冲突的观点，他指出：我们都应该努力避免陷入"修昔底德陷阱"，强国只能追求霸权的主张不适用于中国，中国没有实施这种行动的基因。中国和平发展道路充分吸收了中华民族崇尚"和文化"，信奉"和平""和谐"的价值理念，同时又体现了新的时代内涵。这是中国走和平发展道路的深厚历史底蕴。

坚持以相互尊重、合作共赢为基础，走和平发展道路，就要继续扩大对外开放，这是中国的基本国策。近几年来，在阐述开放战略之时，中国特别强调"互利共赢"。这是因为，以加入世界贸易组织为标志，中国对外开放已发展到一个新的阶段，开始在更大范围、更广领域、更高层次上参与国际经济合作和竞争。与此同时，一些国家对中国高速发展会不会损害别人的利益、妨碍别人的发展也深表关切。对此，习近平提出：

---

① 中华人民共和国国务院新闻办公室编：《中国的和平发展》，人民出版社 2011 年版，第 3 页。

② 中华人民共和国国务院新闻办公室编：《中国的和平发展》，人民出版社 2011 年版，第 9 页。

"我们要广泛深入宣传我国坚持走和平发展道路的战略思想，引导国际社会正确认识和对待我国的发展，中国发展绝不以牺牲别国利益为代价，我们绝不做损人利己、以邻为壑的事情，将坚定不移做和平发展的实践者、共同发展的推动者、多边贸易体制的维护者、全球经济治理的参与者。"①

中国的和平发展是有原则和底线的。在第十八届中央政治局第三次集体学习时，习近平阐明了中国和平发展的原则和底线："我们要坚持走和平发展道路，但决不能放弃我们的正当权益，决不能牺牲国家核心利益。任何外国不要指望我们会拿自己的核心利益做交易，不要指望我们会吞下损害我国主权、安全、发展利益的苦果。中国走和平发展道路，其他国家也都要走和平发展道路，只有各国都走和平发展道路，各国才能共同发展，国与国才能和平相处。"②

三　推动构建人类命运共同体

坚持以维护世界和平、促进共同发展为宗旨，构建人类命运共同体，是习近平重要国际战略构想。2013 年 3 月，他在莫斯科国际关系学院发表演讲时，首次提出人类命运共同体的理念："人类生活在同一个地球村里，生活在历史和现实交汇的同一个时空里，越来越成为你中有我、我中有你的命运共同

---

① 习近平：《更好统筹国内国际两个大局，夯实走和平发展道路的基础》（2013 年 1 月 28 日），《习近平谈治国理政》第 1 卷，外文出版社 2018 年版，第 249 页。

② 习近平：《更好统筹国内国际两个大局，夯实走和平发展道路的基础》（2013 年 1 月 28 日），《习近平谈治国理政》第 1 卷，外文出版社 2018 年版，第 249 页。

体。"① 2015 年 9 月 28 日，习近平在出席第七十届联合国大会一般性辩论时指出："当今世界，各国相互依存、休戚与共。我们要继承和弘扬联合国宪章的宗旨和原则，构建以合作共赢为核心的新型国际关系，打造人类命运共同体。"② 2017 年 10 月 18 日，在党的十九大报告中他向全世界呼吁："各国人民同心协力，构建人类命运共同体，建设持久和平、普遍安全、共同繁荣、开放包容、清洁美丽的世界。"③

构建人类命运共同体强调人类休戚与共的根本利益，强调人类整体利益与国家（民族）利益的兼容性和相通性。这一理念并不否认主权国家之间的差异，而是主张从人类攸关的根本利益出发，求同存异，实现国家（民族）利益与整体利益的有机结合。

从中国角度看，构建人类命运共同体需要统筹国内国际两个大局，将中国梦与世界梦有机结合起来，实现中国与世界各国共同发展、共同繁荣。正如习近平所说："世界好，中国才能好；中国好，世界才更好。"④ 为此，构建人类命运共同体，国际社会一要坚持对话协商，建设一个持久和平的世界。二要坚持共建共享，建设一个普遍安全的世界。三要坚持合作共赢，建设一个共同繁荣的世界。四要坚持交流互鉴，建

---

① 习近平：《顺应时代前进潮流，促进世界和平发展》（2013 年 3 月 23 日），《习近平谈治国理政》第 1 卷，外文出版社 2018 年版，第 272 页。

② 习近平：《携手构建合作共赢新伙伴，同心打造人类命运共同体》（2015 年 9 月 28 日），《习近平谈治国理政》第 2 卷，外文出版社 2017 年版，第 522 页。

③ 习近平：《决胜全面建成小康社会　夺取新时代中国特色社会主义伟大胜利——在中国共产党第十九次全国代表大会上的报告》（2017 年 10 月 18 日），人民出版社 2017 年版，第 58—59 页。

④ 习近平：《共同构建人类命运共同体》（2017 年 1 月 18 日），《习近平谈治国理政》第 2 卷，外文出版社 2017 年版，第 545 页。

设一个开放包容的世界。五要坚持绿色低碳，建设一个清洁美丽的世界。

习近平关于构建人类命运共同体的国际战略构想，是一种全新的国际观，引起国际社会的普遍关注和强烈反响。2017年2月10日，联合国社会发展委员会第55届会议协商一致通过"非洲发展新伙伴关系的社会层面"决议，呼吁国际社会本着合作共赢和构建人类命运共同体的精神，加强对非洲经济社会发展的支持。这是联合国决议首次写入"构建人类命运共同体"理念，具有重要意义。同年3月17日，联合国安理会通过关于阿富汗问题的2344号决议强调，应本着合作共赢精神推进地区合作，以有效促进阿富汗及地区安全、稳定和发展，构建人类命运共同体。同年3月23日，联合国人权理事会第34次会议通过了关于"经济、社会、文化权利"和"粮食权"的两个决议，明确表示要"构建人类命运共同体"。联合国多项决议使用"人类命运共同体"的理念表明，这一理念已然获得了广泛的国际认同，凸显出中国对全球治理的重大贡献。

推动全球治理体系变革是构建人类命运共同体的必然要求。冷战结束后，随着经济全球化的迅猛发展，国际政治的多元化，全球性问题日益增多，"现行全球治理体系不适应的地方越来越多，国际社会对变革全球治理体系的呼声越来越高。推动全球治理体系变革是国际社会大家的事"①，作为联合国安理会常任理事国，国际社会普遍对中国在全球治理体系的变革中发挥更大作用抱有期待。

---

① 习近平：《提高我国参与全球治理的能力》（2016年9月27日），《习近平谈治国理政》第2卷，外文出版社2017年版，第449页。

中国是全球治理体系的参与者和建设者。中国政府积极参与全球性议题的研究与讨论，并以开放的姿态与其他国家和多边发展组织加强对话沟通，相互学习借鉴，推进全球治理体系的变革和完善，为之提供更多公共产品。随着综合国力的不断增强，中国必将在全球治理体系中承担更多国际责任和义务，为全球治理体系的变革与发展做出更大贡献。习近平指出，今后我们"要继续向国际社会阐释我们关于推动全球治理体系变革的理念，坚持要合作而不要对抗，要双赢、多赢、共赢而不要单赢，不断寻求最大公约数、扩大合作面，引导各方形成共识，加强协调合作，共同推动全球治理体系变革"①。这是中国的历史责任和历史担当。2016 年二十国集团领导人第十一次峰会于 9 月 4 日至 5 日在中国杭州举行。中国从创新发展方式、完善全球经济金融治理、促进国际贸易和投资、推动包容联动式发展等重点领域设置议题，打造亮点，引起各方热议。中国国家主席习近平建议二十国集团从以下几方面做出努力：第一，面对当前挑战，我们应该加强宏观经济政策协调，合力促进全球经济增长、维护金融稳定。应该结合制定和落实《杭州行动计划》，继续加强政策协调，减少负面外溢效应，共同维护金融稳定，提振市场信心。第二，面对当前挑战，我们应该创新发展方式，挖掘增长动能。二十国集团应该调整政策思路，做到短期政策和中长期政策并重，需求侧管理和供给侧改革并重。今年，我们已经就《二十国集团创新增长蓝图》达成共识，一致决定通过创新、结构性改革、新工业革命、数字经济等新方式，为世界经济开辟新道路，拓展新边界。第三，面对当前挑

---

① 习近平：《提高我国参与全球治理的能力》（2016 年 9 月 27 日），《习近平谈治国理政》第 2 卷，外文出版社 2017 年版，第 450 页。

战，我们应该完善全球经济治理，夯实机制保障。二十国集团应该不断完善国际货币金融体系，优化国际金融机构治理结构，充分发挥国际货币基金组织特别提款权作用。应该完善全球金融安全网，加强在金融监管、国际税收、反腐败领域合作，提高世界经济抗风险能力。第四，面对当前挑战，我们应该建设开放型世界经济，继续推动贸易和投资自由化便利化。第五，面对当前挑战，我们应该落实 2030 年可持续发展议程，促进包容性发展。实现共同发展是各国人民特别是发展中国家人民的普遍愿望。[①] 杭州 G20 峰会首次把创新作为核心成果，首次把结构性改革同财政政策、货币政策并列为三大政策工具，首次把发展议题置于全球宏观政策协调的突出位置，首次形成全球多边投资规则框架，首次发布气候变化问题主席声明，首次把绿色金融列入二十国集团议程，深深地打上了中国的印记，开启了中国引领全球经济治理的新时代。二十国集团落实杭州峰会精神，在"创新、活力、联动、包容"方面迈开步伐，增强了国际合作，有力拉动了全球经济复苏、释放发展潜力，为世界经济增长描绘了新的蓝图。

共建"一带一路"是推动构建人类命运共同体的重要实践平台。2013 年 9 月，习近平访问中亚期间，首次提出共同建设"丝绸之路经济带"的战略构想："为了使我们欧亚各国经济联系更加紧密、相互合作更加深入、发展空间更加广阔，我们可以用创新的合作模式，共同建设'丝绸之路经济带'……以点

---

① 参见习近平《构建创新、活力、联动、包容的世界经济》（2016 年 9 月 4 日），《习近平谈治国理政》第 2 卷，外文出版社 2017 年版，第 472—473 页。

带面，从线到片，逐步形成区域大合作。"① 同年 10 月，他在访向东南亚期间，又提出构建 21 世纪"海上丝绸之路"倡议，表示中国愿同东盟国家加强海上合作，发展好海洋合作伙伴关系，共同建设 21 世纪"海上丝绸之路"。"通过扩大同东盟国家各领域务实合作，互通有无、优势互补，同东盟国家共享机遇、共迎挑战，实现共同发展、共同繁荣。"②

建设"一带一路"，不仅是对古代丝绸之路的传承和提升，更是中国和沿线国家历史性的机遇和共同的福音，对促进各国共同发展意义重大。"一带一路"连接中国、中亚、东南亚、南亚、西亚直至欧洲部分区域，东连亚太经济圈，西接欧洲经济圈，极具发展潜力。通过"一带一路"建设，中国可以与沿线国家发展战略相互对接，形成一个政策沟通、设施联通、贸易畅通、资金融通和民心相通的巨大发展平台，促进投资和消费，创造需求和就业，同时增进沿线各国的人文交流和文明互鉴，推动世界和平发展。

党的十八大以来，坚持以共商共建共享为原则，共建"一带一路"逐渐从倡议变为行动，从理念转化为实践，成为开放包容的国际合作平台和各方普遍欢迎的全球公共产品，100 多个国家和国际组织积极支持和参与，一大批有影响力的标志性项目顺利落地，我国与许多国家发展战略顺利对接，基础设施互联互通水平快速提升，形成了各方携手共建"一带一路"的良好局面。

---

① 习近平：《共同建设"丝绸之路经济带"》（2013 年 9 月 7 日），《习近平谈治国理政》第 1 卷，外文出版社 2018 年版，第 289 页。
② 习近平：《共同建设二十一世纪"海上丝绸之路"》（2013 年 10 月 3 日），《习近平谈治国理政》第 1 卷，外文出版社 2018 年版，第 293 页。

四 推动构建相互尊重、公平正义、合作共赢的新型国际关系

2013 年 3 月，习近平在访问俄罗斯时首次提出构建新型国际关系概念。他说："面对国际形势的深刻变化和世界各国同舟共济的客观要求，各国应该共同推动建立以合作共赢为核心的新型国际关系，各国人民应该一起来维护世界和平、促进共同发展。"① 在党的十九大报告中，他进一步提出："中国将高举和平、发展、合作、共赢的旗帜，恪守维护世界和平、促进共同发展的外交政策宗旨，坚定不移在和平共处五项原则基础上发展同各国的友好合作，推动建设相互尊重、公平正义、合作共赢的新型国际关系。"②

构建新型国际关系的实质，就是要彻底摆脱冷战思维、零和游戏的旧观念，以合作代替对抗，以共赢代替独占，共同发展、共同繁荣，造福于人类社会。这是新形势下国际关系新的航标，也是世界各国人民的共同期待。

习近平认为："今天的人类比以往任何时候都更有条件朝和平与发展的目标迈进，而合作共赢就是实现这一目标的现实途径。"③ 为了推动建设相互尊重、公平正义、合作共赢的新型国际关系，中国主张：各国和各国人民应该共同享受尊

---

① 习近平：《顺应时代前进潮流，促进世界和平发展》（2013 年 3 月 23 日），《习近平谈治国理政》第 1 卷，外文出版社 2018 年版，第 273 页。

② 习近平：《决胜全面建成小康社会 夺取新时代中国特色社会主义伟大胜利——在中国共产党第十九次全国代表大会上的报告》（2017 年 10 月 18 日），人民出版社 2017 年版，第 58 页。

③ 习近平：《顺应时代前进潮流，促进世界和平发展》（2013 年 3 月 23 日），《习近平谈治国理政》第 1 卷，外文出版社 2018 年版，第 274 页。

严，要尊重各国人民自主选择发展道路的权利，反对干涉别国内政，维护国际公平正义；各国和各国人民应该共同享受发展成果，只有各国共同发展了，世界才能更好发展；各国人民应该共同享受安全保障，同心协力，妥善应对各种问题和挑战。

为了推动建设相互尊重、公平正义、合作共赢的新型国际关系，中国提倡各国应该遵循《联合国宪章》宗旨和原则，尊重联合国在解决重大问题上的主导地位，共同维护国际公平正义；政治上树立建设伙伴关系的新思路，相互尊重、平等协商，共同推进国际关系民主化；经济上相互合作、优势互补，共同推动经济全球化朝着均衡、普惠、共赢方向发展；文化、文明上相互借鉴、求同存异，尊重文化、文明的多样性；安全上提倡普遍、平等、包容的国家安全，尊重和保障多样性和各国的差异性，尊重并照顾各方合理安全关切，坚持共同安全、综合安全、合作安全、可持续的安全观；环保上相互帮助、协力推进，共同呵护人类赖以生存的地球家园。

五　深化拓展中国外交战略布局

改革开放后，我国逐渐形成了以发展全球伙伴关系为目标的全方位外交战略布局。党的十八大以来，我国坚持以深化外交布局为依托加强全球伙伴关系建设，以周边为首要，大国为重点，以发展中国家为基础，以多边为舞台，以深化务实合作、加强政治互信、夯实社会基础、完善机制建设为渠道，全面发展同各国友好合作，我国全方位、宽领域、多层次对外交往格局更加丰富完整。

　　周边关系在中国外交战略布局中占据首要的位置。习近平在党的十九大报告中，强调要"按照亲诚惠容理念和与邻为善、以邻为伴周边外交方针深化同周边国家关系"①，"统筹经济、贸易、科技、金融等方面资源，利用好比较优势，找准深化同周边国家互利合作的战略契合点，积极参与区域经济合作"②，形成互利有效的区域合作战略平台，打造周边命运共同体。要着力深化互利共赢格局，努力使自身发展更好，惠及周边国家。中国努力以和平发展为前提，以经济合作为主题，兼顾政治、军事、文化、环境等多种务实合作，营造安全可靠、经济繁荣、长期稳定的周边和平环境。中国将积极参与区域经济合作，形成互利有效的区域合作战略平台。为此，中国要切实加强务实合作，积极推进"一带一路"建设，逐步落实亚太自贸区路线图，努力寻求同各方利益的汇合点，通过务实合作促进合作共赢，这是巩固睦邻友好的有效途径。

　　在大国关系方面，习近平提出，要"推进大国协调和合作，构建总体稳定、均衡发展的大国关系框架"③，"扩大同发展中大国的合作"④。同时要改善和发展同发达国家关系，拓宽合作领域，妥善处理分歧，推动建设长期稳定的新型大国关系。中国和平发展首先要壮大自己，同时需要加强同发达国家的战略

---

　　① 习近平：《决胜全面建成小康社会　夺取新时代中国特色社会主义伟大胜利——在中国共产党第十九次全国代表大会上的报告》（2017年10月18日），人民出版社2017年版，第60页。

　　② 习近平：《坚持亲、诚、惠、容的周边外交理念》（2013年10月24日），《习近平谈治国理政》第1卷，外文出版社2018年版，第298页。

　　③ 习近平：《决胜全面建成小康社会　夺取新时代中国特色社会主义伟大胜利——在中国共产党第十九次全国代表大会上的报告》（2017年10月18日），外文出版社2018年版，第46—47页。

　　④ 习近平：《中国必须有自己特色的大国外交》（2014年11月28日），《习近平谈治国理政》第2卷，外文出版社2017年版，第444页。

对话。在"加强战略对话"的基础上，着眼于世界大局，从长远的战略观点出发，不过分计较社会制度和意识形态的差别、争取扩大大国之间共同利益的汇合点，进一步推动与发达国家关系的良性互动。2013 年 6 月，中国国家主席习近平与美国总统奥巴马在美国加州举行"庄园会晤"，提出建设中美新型大国关系，并精辟阐述了新型大国关系的内涵是不冲突不对抗、相互尊重、合作共赢。

推动构建中美新型大国关系是中国处理大国关系的重要主张，但在美国政界和战略学界一直有不同声音。由于对中国崛起的不适应，在美国关于中美关系逼近对抗"临界点"的声音有所抬头。为了稳定中美关系大局，2017 年 4 月 6 日至 7 日，应特朗普总统邀请，习近平主席在美国佛罗里达州海湖庄园同特朗普总统举行中美元首会晤。这次会晤是美国特朗普政府就职以来中美元首首次面对面沟通。两国元首进行了超过 7 个小时的深入交流，就中美关系和共同关心的重大国际和地区问题交换意见。习近平强调指出："我们有一千条理由把中美关系搞好，没有一条理由把中美关系搞坏。中美关系正常化 45 年来，两国关系虽然历经风风雨雨，但得到了历史性进展，给两国人民带来巨大实际利益。中美关系今后 45 年如何发展？需要我们深思，也需要两国领导人作出政治决断，拿出历史担当。我愿同总统先生一道，在新起点上推动中美关系取得更大发展。合作是中美两国唯一正确的选择，我们两国完全能够成为很好的合作伙伴。"[1] 对此，特朗普做出积极回应，他表示，美中两国作为世界大国责任重大。双方应该就重要问题保持沟通和协

---

[1] 习近平：《有一千条理由把中美关系搞好》（2017 年 4 月 6 日），《习近平谈治国理政》第 2 卷，外文出版社 2017 年版，第 488 页。

调，可以共同办成一些大事。这次元首会晤达成了多项重要共
识，为中美关系发展定下建设性基调。双方宣布建立外交安全
对话、全面经济对话、执法及网络安全对话、社会和人文对话
四个高级别对话机制。

　　党的十九大之后，特朗普成为中国接待的首位国家元首。
2017 年 11 月，特朗普总统正式访华。习近平与特朗普进行了
深入会谈，再次确认了两国日益增长的共同利益，以及为了两
国人民的利益，双方需要进行更好和更密切的合作。在朝核问
题上，两国元首再次确认了实现朝鲜半岛和平与无核化的承诺，
以及两国执行联合国安理会有关决议并寻求通过外交途径解决
问题的决心。这是一个非常积极的信号，有助于找到解决这一
复杂敏感问题的办法，稳定半岛局势。此外，中美达成 2500 亿
美元的合作协议清单，创了历史纪录。这是两国政府、两国工
商界共同努力的结果。这表明中国要在相互尊重、合作共赢的
基础上与美国建立稳定的新型大国关系。这种关系将使两国能
够更好地完成各自的国内目标；也将使两国更有能力应对当今
世界的诸多挑战。这是中国对美政策的实质，也是中方对中美
关系的真正期待。2021 年 2 月 11 日，习近平在与美国总统拜
登通电话时指出，两国应该共同努力、相向而行，秉持不冲突、
不对抗、相互尊重、合作共赢的精神，聚焦合作，管控分歧，
推动中美关系健康稳定发展。

　　在与发展中国家关系方面，习近平强调，要"秉持正确义
利观和真实亲诚理念加强同发展中国家团结合作"①，找到利益

---

　　① 习近平：《决胜全面建成小康社会　夺取新时代中国特色社会主义伟大胜利——在中国
共产党第十九次全国代表大会上的报告》（2017 年 10 月 18 日），人民出版社 2017 年版，第
60 页。

的共同点和交汇点，有原则、讲情谊、讲道义，多向发展中国家提供力所能及的帮助。这是中国外交得道多助的一个重要基础。中国要不断加强同广大发展中国家的团结合作，共同维护发展中国家正当权益，支持发展中国家在国际事务中的代表性和发言权。新中国外交历史一再表明，每当重大关头，唯有发展中国家才是中国可以依靠的力量。在 21 世纪，发展中国家的崛起，成为"国际关系变化的一个重要标志，对结束数百年来美欧主宰国际政治、经济事务的状况将产生重大的影响。在推动世界多极化趋势发展的进程中，广大发展中国家是我们依托的重要力量"①。加强同发展中国家的团结和合作仍然是中国外交的基本立足点，没有这样一个立足点将会是头重脚轻站不稳的。因此，要充分发挥中国同发展中国家在国际重大问题上互相支持的政治优势，在国际斗争中争取多数，增加中国的回旋余地。今后，中国将进一步在国际事务中注重与发展中国家磋商协调，维护他们的正当权益。继续向一些发展中国家提供力所能及的援助，并按照互利互惠、共同发展、形式多样、讲求实效的原则探索新的合作途径。中国在重大场合要为发展中国家说话，要使发展中国家从中国和平发展中，从与中国的合作和相互支持中得到好处，拓展与发展中国家经济贸易和能源合作的渠道。

在多边外交方面，习近平强调："现在，世界上的事情越来越需要各国共同商量着办，建立国际机制、遵守国际规则、追

---

①　江泽民：《在中央军委扩大会议上的讲话》（1997 年 12 月 7 日），《江泽民论有中国特色社会主义（专题摘编）》，中央文献出版社 2002 年版，第 555 页。

求国际正义成为多数国家的共识。"① 近年来多边外交日趋活跃，已成为国际社会的一个重要现象。主权国家通过国际会议和国际组织在广泛的领域展开国际合作，有利于促进世界和平与共同发展，有利于促进国际关系民主化。

在 2021 年 1 月 25 日举行的世界经济论坛"达沃斯议程"对话会上，习近平强调，要让多边主义的火炬照亮人类前行之路，坚持开放包容，不搞封闭排他；坚持以国际法则为基础，不搞唯我独尊；坚持协商合作，不搞冲突对抗；坚持与时俱进，不搞故步自封。因此，中国在和平发展过程中，必须十分重视多边外交活动，深度参与多边外交进程，特别是参与国际发展议程的制定，推出中国方案，更加主动地参与全球治理，发挥建设性大国作用；支持联合国、二十国集团、上海合作组织、金砖国家发挥积极作用，支持世界卫生组织在应对新冠肺炎全球大流行方面发挥主导作用；还要加强同各国政党和政治组织的交流合作，推进人大、政协、军队、地方、人民团体等的对外交往，扩大中国影响，为解决人类共同面临的重大问题做出应有的贡献。2017 年 12 月 1 日，中国以"构建人类命运共同体、共同建设美好世界：政党的责任"为主题，在北京召开中国共产党与世界政党高层对话会。这是世界政党史上一次具有开创性意义的盛会，来自 120 多个国家的近 300 个政党和政治组织的领导人共 600 多名中外方代表参加了会议。习近平在开幕式上指出："各个政党都要顺应时代发展潮流……把自身发展同国家、民族、人类的发展紧密

① 《习近平在中共中央政治局第二十七次集体学习时强调　推动全球治理体制更加公正更加合理　为我国发展和世界和平创造有利条件》（2015 年 10 月 12 日），《人民日报》2015 年 10 月 14 日第 1 版。

结合在一起……不同国家的政党应该增进互信、加强沟通、密切协作，探索在新型国际关系的基础上建立求同存异、相互尊重、互学互鉴的新型政党关系，搭建多种形式、多种层次的国际政党交流合作网络，汇聚构建人类命运共同体的强大力量。"① 为此，中国共产党在五年内向世界各国政党提供 1.5 万名人员来华交流的机会，并将中国共产党与世界政党高层对话会机制化，使之成为具有广泛代表性和国际影响力的高端政治对话平台。

---

① 习近平：《携手建设更加美好的世界——在中国共产党与世界政党高层对话会上的主旨讲话》（2017 年 12 月 1 日），《人民日报》2017 年 12 月 2 日第 2 版。

第十章　新时代党的建设方略

　　党的十八大以来，习近平站在党和国家战略全局的高度，科学分析国内外发展大势和党所处历史方位，从理论和实践上把全面从严治党提升到了前所未有的新高度，党内政治生活气象更新，政治生态明显好转，全面从严治党成效卓著，党在革命性锻造中更加坚强。党的十九大科学总结我们党坚持党的领导、加强党的建设的新鲜经验，明确提出新时代党的建设总要求，形成了坚持和加强党的全面领导、推进全面从严治党的党的建设方略，开辟了马克思主义党建学说的新境界，开辟了管党治党的新境界，为加强和改进新时代党的建设提供了根本遵循和战略指引。

一　全面从严治党是审时度势的战略抉择

　　善为国者，必先治其身。办好中国的事情，关键在党，关键在坚持党要管党、全面从严治党。作为一个在14亿多人口大国长期执政、拥有百年历史、9500多万名党员、480多万个基层党组织的大党，我们党在推进中国特色社会主义伟大事业中，面对的形势环境变化之快、改革发展稳定任务之重、矛盾风险挑战之多、治国理政考验之大，都是前所未有的。习近平指出：
"如果管党不力、治党不严，人民群众反映强烈的党内突出问
题得不到解决，那我们党迟早会失去执政资格，不可避免被历
史淘汰。这决不是危言耸听。"① 打铁必须自身硬。我们要勇于
直面问题，敢于刮骨疗毒，消除一切损害党的先进性和纯洁性
的消极因素，清除一切侵蚀党的健康肌体的病毒，不断增强党
的政治领导力、思想引领力、群众组织力、社会号召力，把党
建设得坚如磐石、牢不可破，确保我们党永葆旺盛生命力和强
大战斗力。

（一）全面从严治党是应对国内外复杂形势考验的战略考量

从国际看，世界百年未有之大变局进入加速演变期，"东升
西降"态势明显，特别是新冠肺炎疫情全球大流行使这个大变
局加速变化，保护主义、单边主义上升，世界经济低迷，全球
产业链供应链因非经济因素而面临冲击，国际形势总体于我有
利，但不稳定、不确定因素增多。特别是由美方挑起的中美战
略博弈具有长期性，既是国家实力之争，也是两条道路、两种
制度之争，还是两种国际秩序观之争，将比历史上任何一次大
国竞争都更加尖锐复杂。不论美国谁上台执政，对我国遏制打
压的战略意图都不会改变，中美关系很难得到根本扭转，中美
博弈斗争将伴随中华民族伟大复兴全过程。要在风云变幻的国
际局势中保持战略定力、赢得发展主动，推动世界百年未有之
大变局朝着有利于中华民族伟大复兴战略全局方向演进，关键
还是要坚持和加强党的领导，把我们党建设得更加坚强有力。

---

① 中共中央文献研究室编：《在全国组织工作会议上的讲话》（2013 年 6 月 28 日），《习
近平关于全面从严治党论述摘编》，中央文献出版社 2016 年版，第 5 页。

从国内看，我国正处于"两个一百年"奋斗目标的历史交汇点，开启了全面建设社会主义现代化国家新征程。在进入高质量发展阶段、经济保持长期向好势头的同时，必须清醒看到，由于疫情变化存在诸多不确定性，我国经济恢复基础尚不牢固，发展不平衡不充分问题仍然突出，重点领域关键环节改革任务仍然艰巨，创新能力不适应高质量发展要求，农业基础还不稳固，城乡区域发展和收入分配差距较大，生态环保任重道远，民生保障存在短板，社会治理还有弱项，关键核心技术"卡脖子"问题仍然突出。

从党的建设情况看，面对错综复杂的国际国内形势，我们党执政面临的环境和条件也必将发生深刻变化，社会思想观念多样化使巩固马克思主义在意识形态领域的指导地位难度加大，利益多元化使协调利益关系、解决利益矛盾难度加大，新媒体日新月异使思想舆论阵地管理难度加大，敌对势力加紧实施西化、分化战略和意识形态渗透使维护国家安全特别是政治安全难度加大。这些形势和挑战，也必然反映到党的建设中来。习近平总书记强调，我们党立志于中华民族千秋伟业，百年恰是风华正茂。我们不能用人的生命周期来衡量我们党是年轻还是衰老，千秋伟业，百年只是序章。只有不断加强党的建设，深入推进全面从严治党，才能永葆党的先进性、纯洁性，使我们党始终走在时代前列、人民衷心拥护，经得起各种风浪考验，成为中国特色社会主义事业的坚强领导核心，更好承担起实现中华民族伟大复兴的神圣使命。

（二）全面从严治党是党勇于自我革命的实践要求

勇于自我革命是我们党最鲜明的品格和最大优势。习近平指出，要兴党强党，就必须以勇于自我革命精神打造和锤炼自己。须知我们党面临的执政环境是复杂的，党员队伍构成是复杂的，影响党的先进性、弱化党的纯洁性的因素也是复杂的。"四风"问题树倒根存，形式主义、官僚主义问题依然突出。从近年来中央巡视反馈的情况看，一些地方和单位全面从严治党责任落实不到位，抓早抓小不够，廉洁风险突出，管党治党出现宽松软等问题。一些党员干部对全面从严治党认识上不到位、思想上不适应、行动上不自觉，贯彻落实党中央重大决策部署措施不够有力、执行不够到位。如果任由党内信念涣散、组织涣散、纪律涣散、作风涣散现象继续下去，就无法有效应对党面临的"四大考验"，也无法化解"四大危险"，最终不仅不能实现我们的奋斗目标，而且可能严重脱离人民群众，上演霸王别姬的悲剧。历史和现实都一再表明，我们党之所以能够在现代中国各种政治力量的反复较量中脱颖而出，之所以能够始终走在时代前列、成为中国人民和中华民族的主心骨，根本原因在于我们党始终保持了自我革命精神，一次次拿起手术刀来革除自身的病症，一次次靠自己解决了自身问题。这种能力既是我们党区别于世界上其他政党的显著标志，也是我们党长盛不衰的重要原因所在。党的十八大以来，以习近平同志为核心的党中央刀刃向内，以雷霆手段向党内顽瘴痼疾开刀、刮骨疗毒，消除一切损害党的先进性和纯洁性的因素，体现了我们党强烈的自我革命精神和坚定的自我革命意志。

（三）全面从严治党是统揽"四个伟大"的根本保证

党和人民事业发展到什么阶段，党的建设就要推进到什么阶段，这是加强党的建设必须把握的基本规律。伟大斗争、伟大工程、伟大事业、伟大梦想，紧密联系、相互贯通、相互作用，其中党的建设新的伟大工程是起决定性作用的，是进行伟大斗争、推进伟大事业、实现伟大梦想的根本保证；推进党的建设伟大工程，要结合伟大斗争、伟大事业、伟大梦想的实践来进行。只有通过全面从严治党、把党建设好建设强，我们党才能统揽"四个伟大"全局，带领人民有效应对重大挑战、抵御重大风险、克服重大阻力、解决重大矛盾，不断从胜利走向新的更大胜利；才能在世界形势深刻变化的历史进程中始终走在时代前列，在应对国内外各种风险和考验的历史进程中始终成为全国人民的主心骨，在坚持和发展中国特色社会主义的历史进程中始终成为坚强领导核心。

二 坚持和加强党的全面领导

"党政军民学，东西南北中，党是领导一切的。"坚持和加强党的全面领导，关系党和国家前途命运，是我们党战胜一切困难和风险的"定海神针"，是全面从严治党的战略目标。党的十八大以来，习近平围绕坚持和加强党的领导发表一系列重要论述，集中阐述了坚持党对一切工作领导的重大意义、方向原则、体制机制。在党的十九大报告中讲的十四条基本方略中，第一条就是"坚持党对一切工作的领导"；在党的建设总要求中，开宗明义提出要"坚持和加强党的全面领导"，并将这一重要论述写入新修订的《党章》，使党的建设的指导方针站位更高、内容更加全面，在全面从严治党中发挥着引领方向、凝聚力量、评价标准的重要作用。

（一）党是最高政治领导力量

"中国特色社会主义最本质的特征是中国共产党领导，中国特色社会主义制度的最大优势是中国共产党领导，党是最高政治领导力量。"① 习近平在党的十九大报告中做出的这一重大判断，是对历史经验的精辟概括。

所谓最高政治领导力量，指的是中国共产党在当今中国居于总揽全局、协调各方的领导地位，对经济、政治、文化、社会、生态文明建设，对内政、外交、国防、民族等工作，对国家立法、司法、行政、监察机关，对社团、群团组织进行全面领导。同时，在开创和发展中国特色社会主义事业的整个历史进程中，党都居于领导核心地位，始终发挥着总揽全局、协调各方的作用。在国家治理体系的大棋局中，党中央是坐镇中军帐的"帅"。地方党委要坚决服从党中央集中统一领导，积极发挥在本地区总揽全局、协调各方的作用，在把方向、谋大局、定政策、促改革上下功夫，领导和支持人大、政府、政协和人民团体各司其职、各尽其责、相互配合，形成强大合力，确保党中央重大决策部署不折不扣落到实处。

（二）坚持和加强党的全面领导是党和国家的命脉所在

党的领导地位，是历史的选择、人民的选择。1840 年以来，中国无数志士仁人探索救亡图存的道路，做过许多设计和试验，西方各种主义、思潮也进入中国，最后都行不通。十月

---

① 习近平：《决胜全面建成小康社会　夺取新时代中国特色社会主义伟大胜利——在中国共产党第十九次全国代表大会上的报告》（2017 年 10 月 18 日），人民出版社 2017 年版，第 20 页。

革命一声炮响，给中国送来了马克思列宁主义，催生了中国共产党。中国共产党一经成立，就义无反顾肩负起实现中华民族伟大复兴的历史使命，团结带领人民进行了艰苦卓绝的斗争，取得了革命、建设、改革的伟大成就，谱写了气吞山河的壮丽史诗。

追溯百年历史，在革命、建设、改革的每一段历史进程中，中国取得的每一个历史性成就，都离不开党的全面领导。中华民族的独立和解放，是在党的领导下取得的；社会主义基本制度的建立，是在党的领导下完成的；解决 14 亿人民温饱问题，全面建成小康社会，也是在党的领导下实现的。正是由于我们始终坚持党的全面领导，中国才能彻底结束旧中国半殖民地半封建社会的历史，才能完成中华民族有史以来最为广泛而深刻的社会变革，才能真正开启改革开放新的伟大革命，迎来中国人民从站起来、富起来到强起来的伟大飞跃。党兴则国强，党衰则国弱。在相当长一个时期里，党的领导虚化、弱化、抽象化、空泛化现象在一些领域和方面不同程度地存在，党的政治优势没有得到充分发挥，党的全面领导落实不到位，导致党的路线方针政策落实不力，影响了党治国理政的实际效果。

党的十八大以来，党和国家事业取得了全方位、开创性的历史性成就，发生了深层次、根本性的历史性变革，中国特色社会主义进入了新时代。事实充分证明，有了中国共产党领导，是中国、中国人民、中华民族的一大幸事；有了中国共产党领导，我们的国家、我们的民族才有今天这样的辉煌成就，才以这样的崭新姿态屹立于世界东方。在坚持党的领导这个重大原则问题上，我们必须高度自觉、坚定不移，决不能有任何含糊和动摇。

（三）坚持和加强党的全面领导，要以全面从严治党为保证

邓小平同志指出："共产党有没有资格领导，这决定于我们党自己。"历史和实践是最好的老师。党的十八大以来，为什么我们党的领导能力大大增强，解决了许多长期想解决而没有解决的难题，办成了许多过去想办而没有办成的大事，使党和国家事业发生历史性变革？就是因为以习近平同志为核心的党中央坚决改变管党治党宽松软状况，以对党对人民高度负责的担当精神、政治远见和顽强意志推进全面从严治党，进一步实现了全党思想上的高度统一、组织上的坚强团结和行动上的高度一致，极大增强了党的政治领导力、思想引领力、群众组织力、社会号召力。所以，全面从严治党的力度、效果与党的领导能力、执政能力提升之间具有明显的正相关性。坚持和加强党的全面领导赋予各级党组织更多职权，也带来更大责任，要求更好地管党治党。更应看到，党面临的"四大考验"是长期的、复杂的，面临的"四种危险"是尖锐的、严峻的。党内存在的思想不纯、组织不纯、作风不纯等突出问题尚未得到根本解决，商品交换原则对党内生活的侵蚀、党内形成利益集团的危险尤须高度警惕。所有这些，都要求推动全面从严治党向纵深发展，以此提高党自我净化、自我完善、自我革新、自我提高的能力，从而更好坚持和加强党的全面领导。因此，全面从严治党的根本目的，就在于坚持党的全面领导，巩固党的执政地位，实现党的历史使命。只有坚持和加强党的全面领导，坚持党要管党、全面从严治党，始终做到自身过硬，我们党才能具有坚如磐石的意志和坚不可摧的力量，才能引领中国人民实现中华民族伟大复兴的梦想。

（四）坚持和加强党的全面领导是应对国内外重大风险考验的制胜法宝

在前进的道路上，我们已经取得了巨大的成就，但也面临着前所未有的困难和挑战。坚持党的领导、坚决维护党中央权威和集中统一领导是危难时刻全党全国各族人民迎难而上的根本依靠。这次抗击新冠肺炎疫情斗争再次向世人展示了中国共产党强大的政治领导力和组织动员力。习近平总书记亲自指挥、亲自部署，做出英明果断的战略决策，展现了巨大的政治勇气和高超的政治智慧。党中央一声令下，460多万个基层党组织、9000多万名党员迅速行动，从重症病房到城乡社区，从工厂车间到科研院所，到处都有共产党员冲锋陷阵的身影，让党旗始终在防控疫情斗争第一线高高飘扬；党中央一声令下，1000多万人口的武汉一夜封城，4.2万名医务工作者驰援武汉，近3000个床位的火神山、雷神山医院仅用十来天时间就建成；党中央一声令下，人民解放军、公安民警、基层干部、社区工作者、志愿者等各方面力量汇聚在一起，共同铸就了联防联控的钢铁长城。在以习近平同志为核心的党中央集中统一领导下，全国上下一盘棋，亿万人民一条心，把一个个"不可能"变成了现实，率先控制了疫情，率先复工复产，率先实现经济增长。积极的防控措施，构建起了阻止疫情传播的第一道防线，为全世界抗疫争取了宝贵时间。在这场大战大考中，党向历史和人民交出了满意答卷，也检验了党的十八大以来全面加强党的领导、推进全面从严治党的成效。

三 新时代全面从严治党的战略内涵

全面从严治党是以习近平同志为核心的党中央做出的重大战略部署，是"四个全面"的重要组成部分，是全面建成小康社会（全面建设社会主义现代化国家）、全面深化改革、全面依法治国的根本保证。党的十八大以来，伴随着全面从严治党的深入推进，习近平对全面从严治党的地位作用、实践要求、丰富内涵等作了一系列深刻阐述。2014 年 10 月 8 日，在党的群众路线教育实践活动总结大会上，习近平就从严治党提出了八个方面的要求。2016 年 1 月 12 日，习近平在第十八届中央纪律检查委员会第六次全体会议上的讲话中，提出了"全面从严治党，核心是加强党的领导，基础在全面，关键在严，要害在治"。① 2017 年 10 月 18 日，习近平在党的十九大报告中对新时代加强党的建设、推进全面从严治党作了进一步系统深刻的阐述，勾勒了新时代全面从严治党的大思路大方略。2021 年 1 月 22 日，习近平在第十九届中央纪律检查委员会第五次全体会议上的重要讲话中强调指出："全面从严治党首先要从政治上看，不断提高政治判断力、政治领悟力、政治执行力。"这些思想形成了内涵丰富、逻辑严密的科学理论体系。

全面从严治党是思想理念、体制机制、方式方法、路径措施等构成的完整体系，包括政治、思想、组织、作风、纪律、制度建设、反腐败斗争的系统工程，是党的建设整体加强和改

---

① 中共中央文献研究室编：《在第十八届中央纪律检查委员会第六次全体会议上的讲话》（2016 年 1 月 12 日），《习近平关于全面从严治党论述摘编》，中央文献出版社 2016 年版，第 11 页。

进的路线图。

（一）全面从严治党，基础在全面

"全面"即全覆盖、全方位、全领域、全过程，是时间、空间、范围上的界限。

"全覆盖"，就是覆盖党的建设各个领域、各个部门、各个方面，覆盖所有管理对象和责任主体，覆盖所有党组织和党员，使从严管理成为组织的常态运行机制，伴随党员干部一生。全面从严治党是全党的共同责任，各级党委（党组）和基层党组织，各级党委（党组）书记和班子成员，都要认真履行管党治党责任，真正做到层层负责、人人负责、各尽其责。

"全方位"，就是要把从严要求落实到党的各项建设中，形成完整体系和工作链条。如在党的政治建设上，强调坚持党中央权威和集中统一领导，做到"两个维护"；在思想建设上，把好理想信念"总开关"；在组织建设上，突出从严治吏这个关键点，以严的标准要求干部、以严的措施管理干部、以严的纪律约束干部；在作风建设上，以转变作风为突破口，下大气力整治"四风"，严要求、动真格，坚决防止搞形式、走过场；在纪律建设上，牢固树立起纪律意识和规矩意识，在守纪律、讲规矩上作表率，自觉做政治上的"明白人"；在制度建设上，要织密扎牢制度的笼子，坚持制度面前人人平等、执行制度没有例外，不留"暗门"、不开"天窗"，使制度成为硬约束而不是橡皮筋；在反腐败斗争方面，坚持"老虎""苍蝇"一起打，有腐必反，有贪必肃，除恶务尽；等等。

"全领域"，就是将从严治党要求贯彻到各个领域各条战线，不论在哪个行业、从事什么工作，都要严格按党的要求来做，不能有死角，不能有盲区。

"全过程"，就是把从严要求贯穿党建工作始终。从严不是一时一事，而是持续发力，久久为功，逐步形成机制、形成氛围、形成常态。

（二）全面从严治党，关键在严

"严"是标准、程度和要求，就是真管真严、敢管敢严、长管长严。2016 年 10 月 24 日，在党的十八届六中全会上，习近平提出了全面从严治党的六个"从严"，抓思想从严、抓管党从严、抓执纪从严、抓治吏从严、抓作风从严、抓反腐从严。"严"字是贯穿全面从严治党的一条红线，"从严"就是要把"严"字作为管党治党的主基调，把党的建设总体要求细化为具体严格的硬约束，体现为严格标准、严格教育、严格管理、严格监督、严格纪律、严格追责，以达到严实的效果。要严明党的政治纪律和政治规矩，从严管理干部修身、用权、律己、谋事、创业、做人，使"严"字贯穿领导干部工作生活方方面面，做到方方面面严、时时刻刻严、事事处处严。要落细落小，注重细节小事，多积尺寸之功，经常防微杜渐，真正把严字体现到党的建设的各个方面，使政治要求上严起来，思想教育上严起来，党内生活上严起来，作风建设上严起来，选人用人上严起来，干部管理上严起来，基层组织建设上严起来，制度执行上严起来，反腐败斗争上严起来。

（三）全面从严治党，要害在治

"治"是方法、手段、举措，就是有破有立、标本兼治，综合施治。"破"，就是破除旧的，治病树、拔烂树、正歪树；

"立"，就是立纪律、立规矩，建立健全管党治党各项制度。党的十八大以来，习近平在继续发扬党的优良传统和独特政治优势的基础上，提出了解决全面从严治党治什么、怎么治、谁来治的问题。

一是坚持使命引领和问题导向相统一。针对人民群众反映最强烈、对党的执政基础威胁最大的突出问题，既拿出当下改的办法，又推进长久立的机制，打出一整套正风肃纪、反腐惩恶的组合拳，推出一系列事关长远、影响深远的战略举措。比如，开展党的群众路线教育实践活动，解决群众反映最强烈的"四风"问题；开展"三严三实"专题教育，瞄准干部和工作中普遍存在的不严不实的问题；开展"两学一做"学习教育紧盯基层党组织建设薄弱、党员教育管理软弱涣散、党员意识淡薄等问题；开展"不忘初心，牢记使命"主题教育，针对党内存在的突出问题，深化党的自我革命、推动全面从严治党向纵深发展；开展党史学习教育，教育引导全党在开启新征程的关键时刻，继续发扬彻底的革命精神，坚持全面从严治党永远在路上，保持"赶考"的清醒，以新时代党的自我革命引领新的伟大社会革命。严明党的政治纪律和政治规矩，指向"七个有之"问题；严肃党内政治生活，着力解决政治生活平淡化、庸俗化、娱乐化现象等问题。

二是坚持思想建党与制度治党相统一。既解决思想问题，也要解决制度问题，二者一柔一刚、刚柔相济，同向发力、同时发力，产生一加一大于二的功效。学习党的创新理论成果，深入学习贯彻习近平新时代中国特色社会主义思想，为全面从严治党夯实了思想基础。党的十八大以来，出台了一批标志性、关键性、基础性法规制度，调整范围囊括党的领导各个领域、党的建设各个方面，管党治党有规可依的问题基本得到解决。

三是坚持行使权力和担当责任相统一。严格落实管党治党责任，明确各级党组织及其负责人是全面从严治党的责任主体，党委（党组）书记是第一责任人，强化责任追究，层层压实责任，确保责任落实到位，使全面从严治党逐渐成为各级党组织管党治党的共识。

四是坚持严格管理和关心信任相统一。坚持真管真严、敢管敢严、长管长严，把纪律挺在前面，坚持纪严于法、纪在法前，运用监督执纪"四种形态"，坚持维护党的纪律的严肃性和信任爱护干部相统一，抓早抓小、防微杜渐，加强对干部的教育、管理、监督，最大限度防止干部出问题，最大限度激发干部积极性。如，2018 年 5 月，中共中央办公厅印发《关于进一步激励广大干部新时代新担当新作为的意见》，宽容干部在工作中特别是改革创新中的失误错误，旗帜鲜明为敢于担当的干部撑腰鼓劲，就是对干部的关心信任和爱护。

五是坚持党内监督和群众监督相统一。以党内监督带动其他监督，健全党内监督体系，发挥巡视监督的利剑作用，加强群众监督、舆论监督，形成发现问题、及时纠偏的有效机制。

（四）全面从严治党，重点是突出"关键少数"

领导干部是党的执政骨干，是主要矛盾和矛盾的主要方面，也就是"关键少数"。党要管党、从严治党，就要从中央政治局抓起，从各级领导干部抓起。上面没有做到，要求下边就没有说服力和号召力。只有紧紧抓住领导干部这个"关键少数"，全面从严治党才有震慑力和说服力，才能更有效地推进。党的十八大以来，全面从严治党的一个显著特点是既对广大党员提出普遍性要求，又对"关键少数"特别是高级干部提出更高的标准、更严的要求，进行更严的管理和监督。习近平在多个场合对"关键少数"提出明确要求。2012 年 12 月 4 日，中央政治局审议通过《中共中央政治局关于改进工作作风，密切联系群众的规定》，就是从中央政治局这个"关键少数"抓起，用作风建设的"小切口"推动了全面从严治党的"大变局"。2016 年 10 月，习近平在党的十八届六中全会上强调，"加强党的建设必须抓好领导干部特别是高级干部，而抓好中央委员会、中央政治局、中央政治局常委会的组成人员是关键。"① "把这部分人抓好了，能够在全党做出表率，很多事情就好办了。"② 党的十九大后，推进全面从严治党的一系列举措再次突出了抓"关键少数"这一特点。如，中央政治局审议通过的《中共中央政治局贯彻落实中央八项规定的实施细则》，要求中央政治局的同志带头弘扬党的优良作风，严格执行中央八项规定，为全党作出表率；在中央政治局民主生活会上强调各级领导干部要带头转变作风，身体力行，以上率下，形成"头雁效应"；在学习贯彻党的十九大精神研讨班开班式上对高级领导干部提出了信念过硬、政治过硬、责任过硬、能力过硬、作风过硬的要求，等等，充分发挥"关键少数"的头雁作用，引领好绝大多数，以"关键少数"带动全面从严治党的整体推进。

---

① 中共中央文献研究室编：《关于〈关于新形势下党内政治生活的若干准则〉和〈中国共产党党内监督条例〉的说明》（2016 年 10 月 24 日），《习近平关于全面从严治党论述摘编》，中央文献出版社 2016 年版，第 45—46 页。
② 中共中央文献研究室编：《关于〈关于新形势下党内政治生活的若干准则〉和〈中国共产党党内监督条例〉的说明》（2016 年 10 月 24 日），《习近平关于全面从严治党论述摘编》，中央文献出版社 2016 年版，第 46 页。

四　全面推进新时代党的建设总体布局

党的十九大报告提出全面推进党的政治建设、思想建设、组织建设、作风建设、纪律建设，把制度建设贯穿其中，深入推进反腐败斗争，形成了"5+2"新时代党的建设总布局，对于新时代全面加强党的建设具有重要指导意义。

（一）政治建设是党的根本性建设，在党的建设总体布局中居于统领地位

政治属性是政党第一位的属性，旗帜鲜明讲政治是马克思主义政党的根本要求。注重党的政治建设，把党的政治建设放在重要位置，是我们党一以贯之的政治自觉。从古田会议上毛泽东提出思想建党、政治建军原则，到1945年党的七大提出"首先着重在思想上、政治上进行建设，同时也在组织上进行建设"；从新中国成立后毛泽东提出"政治工作是一切经济工作的生命线"，到改革开放后邓小平强调"到什么时候都得讲政治"，这些都表明，注重从政治上建设党是我们党不断发展壮大、从胜利走向胜利的重要保证。党的十八大以来，以习近平同志为核心的党中央把党的政治建设摆在更加突出位置，形成了鲜明的政治导向，消除了党内严重政治隐患，推动党的政治建设取得重大历史性成就，党的创造力、凝聚力、战斗力显著增强，党的团结统一更加巩固。实践证明，政治建设是党的建设的"纲"和"本"，决定党的建设方向和效果，对党的其他建设起着纲举目张的作用。政治建设抓好了，政治方向、政治立场、政治大局把住了，党的政治能力

提高了，党的建设就铸了魂、扎了根。不抓党的政治建设或背离党的政治建设指引的方向，党的其他建设就会迷失方向，成为无源之水、无本之木，也就难以取得预期成效。习近平在党的十九大报告中首次明确提出党的政治建设这个重大命题，强调党的政治建设是党的根本性建设，这是对党的建设经验和规律的深刻总结，是对马克思主义建党学说的重大理论创新，是习近平新时代中国特色社会主义思想关于党的建设的重大标志性成果。

增强"四个意识"，做到"两个维护"。党的十九大报告明确指出："保证全党服从中央，坚持党中央权威和集中统一领导，是党的政治建设的首要任务。"坚决维护习近平总书记党中央的核心、全党的核心地位，坚决维护党中央权威和集中统一领导，这是党的政治建设的首要任务，是最重要的政治纪律和政治规矩。"两个维护"是我们党的重大政治成果和宝贵政治经验，是全党团结统一、步调一致的根本政治保证。一个国家、一个政党，领导核心至关重要。形成一个强有力的中央领导集体和领导核心，是马克思主义政党建设的一条基本原则，也是我们党不断发展壮大的重要历史经验。党的十八届六中全会明确习近平总书记为党中央的核心、全党的核心，这是全党的高度共识，是众望所归、名副其实，反映了全党全军全国各族人民的共同心愿，是历史的选择、实践的选择、人民的选择。"两个维护"不是个人感情问题，而是党坚强有力的保证，是国家富强、民族振兴、人民幸福的保证。要不断增强拥护核心、跟随核心、捍卫核心的思想自觉、政治自觉、行动自觉，把带头做到"两个维护"作为最高政治原则和首要政治责任，坚定同以习近平同志为核心的党中央保持高度一致。"两个维护"有明确的内涵和要求，既不能层层套用，也不能随意延伸。"两个维护"在本质上是一体的，维护习近平总书记核心地位，就是维护党中央权威和集中统一领导；维护党中央权威和集中统一领导，首先要维护习近平总书记核心地位。"两个维护"是具体的，要体现在坚决贯彻党中央决策部署的行动上，体现在履职尽责、做好本职工作的实效上，体现在党员、干部的日常言行上。能否以正确的认识和行动做到"两个维护"，是检验党的政治建设成效的试金石。既要有高度的理性认同、情感认同，又要有坚决的维护定力和能力，以真挚的感情、坚定的行动做到"两个维护"。做到"两个维护"，从根本上讲就是要做到对党忠诚，对党忠诚体现在对党的信仰的忠诚上，体现在对党组织的忠诚上，体现在对党的理论和路线方针政策的忠诚上。总之，做到"两个维护"既要体现高度的理性认同、情感认同，又要有坚决的维护定力和能力。

党的十八大以来，习近平始终将提高政治能力作为增强广大党员干部实际工作本领的第一位要求，多次强调，党员干部要善于从政治上看问题，善于把握政治大局，不断提高政治判断力、政治领悟力、政治执行力。提高政治判断力，重在把准方向、明辨是非，解决的是"看清楚"的问题，就是要以政治安全为大、以人民为重，以坚持和发展中国特色社会主义为本，增强科学把握形势变化、精准识别现象本质、清醒明辨行为是非、有效抵御风险挑战的能力。提高政治判断力要求善于思考根本性全局性长远性问题，并进行战略性、系统性、前瞻性的谋划研究，善于从一般事务中发现政治问题，善于从倾向性、苗头性问题中发现端倪，善于从错综复杂的矛盾关系中把握政治逻辑。提高政治领悟力，就是要持续深入学习党中央精神、融会贯通，深刻认识和领会党中央决策部署的政治意图、战略谋划和实践要求，坚持用党中央精神分析形势、研究工作，始终同党中央保持高度一致。提高政治执行力，就是要经常同党中央精神对表对标，切实做到党中央提倡的坚决响应，党中央决定的坚决执行，党中央禁止的坚决不做，做到不掉队、不走偏，不折不扣抓好党中央精神贯彻落实。提高政治判断力、政治领悟力、政治执行力，关键是在实践中不断思考感悟、积累提升，体现到具体工作和实际行动上。

夯实政治根基，紧扣民心这个最大的政治。政之所兴在顺民心，政之所废在逆民心。习近平指出，加强党的政治建设，要紧扣民心这个最大的政治，把赢得民心民意、汇集民智民力作为重要着力点。要始终站稳人民立场、贯彻党的群众路线，同人民想在一起、干在一起，坚决反对"四风"特别是形式主义、官僚主义，始终保持党同人民群众的血肉联系，教育和激励广大党员干部锐意进取、奋发有为，把精力和心思用在稳增长、促改革、调结构、惠民生、防风险上，用在破难题、克难关、着力解决人民群众最关心最直接最现实的利益问题上。

严肃党内政治生活，营造良好政治生态。习近平指出："党要管党，首先要从党内政治生活管起；从严治党，首先要从党内政治生活严起。"① 严肃党内政治生活，必须以党章为根本遵循，坚持党的政治路线、思想路线、组织路线、群众路线，着

---

① 习近平：《在党的十八届六中全会第二次全体会议上的讲话》（2016 年 10 月 27 日），《习近平关于全面从严治党论述摘编》，中央文献出版社 2016 年版，第 48 页。

力增强党内政治生活的政治性、时代性、原则性、战斗性，着力增强党自我净化、自我完善、自我革新、自我提高能力，着力提高党的领导水平和执政水平、增强拒腐防变和抵御风险能力，着力维护党中央权威、保证党的团结统一、保持党的先进性和纯洁性，努力在全党形成又有集中又有民主、又有纪律又有自由、又有统一意志又有个人心情舒畅生动活泼的政治局面。党内政治生活、政治生态、政治文化是相辅相成的，政治文化是政治生活的灵魂，对政治生态具有潜移默化的影响。要严肃党内政治生活，坚持和完善民主集中制，发展积极健康的党内政治文化，继承和发扬中华优秀传统文化和党的优良传统作风，引导全党同志弘扬以忠诚老实、公道正派、实事求是、清正廉洁等为主要内容的共产党人价值观，永葆共产党人政治本色，坚决抵制和反对各种腐朽、庸俗文化的侵蚀。

（二）思想建设是党的基础性建设，是全面从严治党的基础工程

重视思想建党是马克思主义政党建设的基本原则和独特优势，是我们党百年来不断发展壮大、保持先进性和纯洁性的宝贵经验。我们党的先进性，根本就在于指导思想先进；我们党有力量，也在于思想上有力量。正是因为我们党在推进党的建设的伟大工程中始终坚持思想建党，着力解决党员干部世界观、人生观、价值观的"总开关"问题，不断增强党自我净化、自我完善、自我革新、自我提高能力。党的十九大报告强调："思想建设是党的基础性建设。"[1] 新时代全面从

---

① 习近平：《决胜全面建成小康社会　夺取新时代中国特色社会主义伟大胜利——在中国共产党第十九次全国代表大会上的报告》，人民出版社 2017 年版，第 63 页。

严治党，必须继承和发扬党的优良传统，用好思想建设这个传家宝，持续深入推进思想建党这一基础性工程，把坚定理想信念作为思想建设的首要任务，坚持用习近平新时代中国特色社会主义思想武装全党，为实现中华民族伟大复兴的中国梦提供思想保证。

理论创新每前进一步，理论武装就要跟进一步。当前加强思想建设、强化理论武装，重中之重就是要学懂弄通做实习近平新时代中国特色社会主义思想。

抓深化，往深里学，真正学懂。要坚持读原著、学原文、悟原理，深刻认识习近平新时代中国特色社会主义思想的时代意义、理论意义、实践意义、世界意义，深刻理解这一思想的核心要义、精神实质、丰富内涵、实践要求，深刻体悟这一思想贯穿的马克思主义立场观点方法，做到知其言更知其义、知其然更知其所以然所以必然。要把深入学习贯彻习近平新时代中国特色社会主义思想摆在突出位置，自觉主动学、及时跟进学、联系实际学、笃信笃行学，做到学思用贯通，知信行统一。

抓消化，融会贯通学，真正弄通。学习习近平新时代中国特色社会主义思想，要以虔诚、执着的态度，深入研读，反复琢磨，从渐悟走向顿悟，联系地而不是孤立地、系统地而不是零散地去理解和把握，同学习马克思列宁主义、毛泽东思想、邓小平理论、"三个代表"重要思想、科学发展观贯通起来，同学习党史、新中国史、改革开放史、社会主义发展史贯通起来，同进行伟大斗争、建设伟大工程、推进伟大事业、实现伟大梦想的实践贯通起来，同落实党的十八大以来党中央做出的各项战略部署贯通起来。

抓转化，联系实际学，真正做实。习近平新时代中国特色社会主义思想既是世界观、价值观，又是认识论、方法论。要大力弘扬马克思主义学风，把自己摆进去、把职责摆进去、把工作摆进去，自觉对标对表，检视思想认识上的不足，找准工作中的短板，着力破解新老难题，把学习成果转化为增强"四个意识"、坚定"四个自信"、做到"两个维护"的政治自觉，转化为坚定理想信念、加强党性锻炼的思想自觉，转化为指导实践、推动工作的行动自觉。

（三）加强党的组织建设，是全面从严治党的重要保障

习近平总书记在全国组织工作会议上鲜明提出新时代党的组织路线，并做出科学完整的阐述，就是全面贯彻习近平新时代中国特色社会主义思想，以组织体系建设为重点，着力培养忠诚干净担当的高素质干部，着力集聚爱国奉献的各方面优秀人才，坚持德才兼备、以德为先、任人唯贤，为坚持和加强党的全面领导、坚持和发展中国特色社会主义提供坚强组织保证。

加强党的组织建设，首先是加强干部队伍建设。政治路线确定之后，干部就是决定的因素。党的十九大报告明确要求，建设高素质专业化干部队伍。党的领导很重要的方面就体现在选对人、用好人上。党管干部，就是要坚持党委选拔任用、教育培训、培养锻炼、监督管理干部。要坚持好干部标准，大力选拔敢于负责、勇于担当、善于作为、业绩突出的干部。要改进干部考察考核工作，坚持从对党忠诚的高度看待干部是否担当作为，注重从精神状态、作风状况考察政治素质，既看日常每项工作任务完成的质量，又看大事难事

急事中的担当，不能只是年终考核一回，也不能等到选任时考察一次。坚持全面历史辩证地看待干部，对个性鲜明、坚持原则、敢抓敢管、不怕得罪人的干部，符合条件的要大胆使用。坚持"管"在日常，掌握干部思想、工作和生活状况，发现苗头性问题及时扯扯袖子、批评教育，校正干部成长的方向。

加强党的组织建设，要注重抓基层打基础。习近平强调，抓基层打基础是我们党的一贯要求、优良传统和组织优势，任何时候、任何情况下都不能放松。贯彻党要管党、全面从严治党的方针，必须扎实做好抓基层、打基础的工作。我们党是按照马克思主义建党原则建立起来的，形成了包括党的中央组织、地方组织、基层组织在内的严密组织体系。这是世界上任何其他政党都不具有的强大优势。基层党组织是党执政大厦的地基，地基固则大厦坚，地基松则大厦倾。党的基层组织是党的全部工作和战斗力的基础，是确保党的路线方针政策和决策部署贯彻落实的基础，是实现党的领导的重要保障。党的十九大报告强调，要以提升组织力为重点，突出政治功能，建设坚强战斗堡垒。这是党中央对新时代基层党组织建设提出的新要求。组织力强不强，首先看政治功能发挥得好不好。政治功能是基层党组织的"魂"，各项工作都应体现政治性、体现抓重大任务落实的领导作用。推进全面从严治党，必须依靠基层组织宣传贯彻好党的路线、方针、政策和决策部署，必须发挥基层组织联系群众的桥梁和纽带作用。党支部是党的基础组织，是党组织开展工作的基本单元。习近平强调，要建设好党的组织体系这座大厦，让组织体系的经脉气血畅通起来，让党支部强起来。要树立党的一切工作到支部的鲜明导向，把抓好党支部作为党的组织体系建设的基本内容、管党治党的基本任务、检验党建工作成效的基本标准，不断提高党支部建设质量。要树立大抓基层的鲜明导向，抓紧解决一些基层党组织弱化、虚化、边缘化问题，推动基层党组织全面进步、全面过硬。要坚持"三会一课"制度，创新党组织活动方式，让党员干部在政治生活大熔炉中经受锤炼。

（四）持之以恒抓作风，是全面从严治党的切入口

党的作风关乎人心向背和事业兴衰。我们党作为马克思主义执政党，不但要有强大的真理力量，而且要有崇高的形象和威望，这种形象和威望集中体现为优良的作风和严明的纪律。党的十八大以来，以习近平同志为核心的党中央以作风建设为突破口和切入点，雷厉风行抓作风，锲而不舍纠"四风"，打出了作风建设"组合拳"，形成作风建设新常态。中央八项规定实施以来，党中央以身作则、率先垂范，带领全党言出纪随、久久为功，自上而下产生了巨大的示范效应。各级党组织将贯彻落实中央八项规定精神作为工作的重点认真部署落实，纠正"四风"取得了重大成效，促进了党风政风转变，刹住了许多人认为不可能刹住的歪风，在改变党风政风和社会风气方面产生了重大影响。

抓作风必须持之以恒，久久为功。习近平反复强调，"改进工作作风的任务非常繁重，八项规定是一个切入口和动员令""八项规定既不是最高标准，更不是最终目的，只是我们改进作风的第一步，是我们作为共产党人应该做到的基本要求"

"作风问题具有顽固性和反复性，抓一抓有好转，松一松就反弹"。① 发布八项规定只是开端、只是破题，还需要下更大功夫，我们要以踏石留印、抓铁有痕的劲头抓下去，善始善终、善作善成，防止虎头蛇尾，让全党全国人民来监督。作风建设永远在路上，永远没有休止符，必须抓常、抓细、抓长，持续努力、久久为功。逆水行舟，一篙不可放缓；滴水穿石，一滴不可弃滞。党的十九大报告对作风建设做出新部署新要求，强调"坚持以上率下，巩固拓展落实中央八项规定精神成果，继续整治'四风'问题"②。习近平反复强调，要毫不松懈纠治"四风"，坚决防止形式主义、官僚主义滋生蔓延。持之以恒推动中央八项规定精神落实落细、成风化俗。

形式主义同我们党的性质宗旨和优良作风格格不入，不仅是作风问题，更是严肃的政治问题。形式主义的要害，就是重形式、不重内容和结果，用轰轰烈烈的形式代替扎扎实实的落实，用光鲜亮丽的外表掩盖事实上存在的矛盾和问题，无实事求是之意，有哗众取宠之心。这不仅严重阻碍党中央决策部署的贯彻落实，损害党中央权威和集中统一领导，破坏党的形象，还损害人民群众的根本利益。如果任其发展下去，就会像一堵无形的墙把我们党和人民群众隔开，动摇党长期执政的根基，必须坚决整治。2019 年 3 月中共中央办公厅印发了《关于解决形式主义突出问题为基层减负的通知》，就解决形式主义突出问题为基层减负做出部署，表明了党中央坚定不移推进全面从

---

① 中共中央文献研究室、中央党的群众路线教育实践活动领导小组办公室编：《在第十八届中央纪律检查委员会第二次全体会议上的讲话》（2013 年 1 月 22 日），《习近平关于党的群众路线教育活动论述摘编》，党建读物出版社、中央文献出版社 2014 年版，第 51、64 页。

② 习近平：《决胜全面建成小康社会 夺取新时代中国特色社会主义伟大胜利—在中国共产党第十九次全国代表大会上的报告》（2017 年 10 月 18 日），人民出版社 2017 年版，第 66 页。

严治党、持之以恒抓作风建设的坚定决心。

（五）全面加强党的纪律建设，是全面从严治党的重要抓手

纪律是党的生命线，全面从严治党，重在加强纪律建设。以习近平同志为核心的党中央始终高度重视党的纪律建设。继党的十八大报告提出纪律建设后，党的十九大报告首次把纪律建设与政治建设、思想建设、组织建设、作风建设一起纳入党的建设总体布局，凸显了纪律建设在党的建设中的重要地位，体现了新时代全面从严治党的新要求。

把纪律和规矩立起来、严起来、执行到位。依规治党必须有坚强的制度作保证，首先是把纪律和规矩立起来、严起来，执行要到位。党的性质、宗旨都决定了纪严于法、纪在法前。要把执法、执纪贯通起来，把党的纪律和规矩挺在前面，用党的纪律、规矩管住大多数，使所有党员、干部严格执行党规党纪、模范遵守法律法规。作风背后反映的是纪律问题，党纪严明，就能有效防范和遏制不正之风的滋长；纪律松弛，则会纵容和助长不正之风的泛滥。落实中央八项规定精神之所以起到了徙木立信的作用，关键就在于党中央言出纪随，对违反中央八项规定精神问题一寸不让，持续保持了高压态势。深入推进作风建设，必须把党的纪律立起来、严起来，对"四风"问题露头就打，不断释放越往后执纪越严的信号。

重点强化政治纪律和组织纪律，带动其他纪律严起来。在所有纪律和规矩中，政治纪律和政治规矩是打头的、管总的。政治纪律是各级党组织和全体党员在政治方向、政治立场、政治言论、政治行为方面必须遵守的刚性约束，是最重要、最根本、最关键的纪律，是维护党的团结统一的根本保证，遵守党

的政治纪律是遵守党的全部纪律的重要基础。因此，讲政治、遵守政治纪律和政治规矩要永远摆在首要位置。要以强化政治纪律和政治规矩，带动组织纪律、廉洁纪律、群众纪律、工作纪律、生活纪律全面严起来，把纪律挺在前面，运用监督执纪"四种形态"，使党员干部增强政治定力、纪律定力、道德定力、拒腐定力。把违反中央八项规定精神行为列入巡视和纪律审查重点，作为纪律处分重要内容，先于其他问题查处和通报；对规避组织监督、顶风违纪的，无论职务高低一律从严查处、通报曝光；对贯彻中央精神只喊口号不抓落实、只见表态不见行动的，要严肃处理；对落实中央八项规定精神不力、作风建设流于形式造成严重后果的，要严肃问责，以严明的纪律督促各级领导机关和领导干部改进作风。

各级领导干部特别是高级干部要在守纪律、讲规矩上作表率。各级党委、党组和领导干部既是党内监督的对象，也是管党治党的主力，不能当老好人，要扛起全面从严治党主体责任，拿起党的纪律武器，强化监督执纪问责。要在新的形势下实践好惩前毖后、治病救人的一贯方针，运用监督执纪"四种形态"，治"病树"、正"歪树"、拔"烂树"，维护好"森林"。领导干部特别是高级干部必须加强自律、慎独慎微，经常对照党章检查自己的言行，加强党性修养，陶冶道德情操，永葆共产党人政治本色。对领导干部特别是高级干部来说，加强自律关键是在私底下、无人时、细微处能否做到慎独慎微，始终心存敬畏、手握戒尺，始终不放纵、不越轨、不逾矩。

（六）深入推进反腐败斗争，是全面从严治党的战略重点

腐败现象是侵入党的健康肌体的病毒。坚持不懈地反对腐

败，是我们党的性质和宗旨的必然要求，是坚持全面从严治党的具体体现，是保持党的先进性和纯洁性的根本途径，也是进行具有许多新的历史特点的伟大斗争的重要内容。习近平强调，腐败问题是党面临的最要命的一个危险，如果任凭腐败问题愈演愈烈，最终必然亡党亡国。党的十八大以来，面对反腐败斗争的严峻形势，以习近平同志为核心的党中央坚持无禁区、全覆盖、零容忍，坚定不移惩治腐败，坚持"老虎""苍蝇"一起打。仅党的十八大至党的十九大开幕的五年间，中央立案审查省军级以上党员干部及其他中管干部440人，其中，十八届中央委员、候补委员43人；查处厅局级干部8900余人，县处级干部6.3万多人，基层党员干部27.8万人。经过八年多的持续发力，党风廉政建设和反腐败斗争取得新的重大成果，推动了党风政风的转变，提振了全党同志的信心，树立了党的威信，赢得了人民群众的信任和拥护，不敢腐的目标初步实现，不能腐的笼子越扎越牢，不想腐的堤坝正在构筑，反腐败斗争取得压倒性胜利。

反腐败斗争永远在路上。当前，党风廉政建设和反腐败斗争形势依然严峻复杂，夺取反腐败斗争最后胜利的决心必须坚如磐石。腐败这个党执政的最大风险仍然存在，存量还有，增量仍有发生，突出表现在政治问题和经济问题交织，威胁党和国家政治安全；传统腐败和新型腐败交织，贪腐的行为更为隐蔽复杂；腐败问题和不正之风交织，"四风"成为腐败滋长的温床等方面。腐蚀和反腐蚀斗争长期存在，稍有松懈就可能前功尽弃，反腐败没有选择，必须知难而进，必须切实担负起管党治党政治责任，始终保持"赶考"的清醒，保持对"腐蚀""围猎"的警觉，把"严"的主基调长期坚持下去，以系统施治、标本兼治的理念正风肃纪反腐，不断实现不敢腐、不能腐、不想腐一体推进战略目标，毫不松懈纠治"四风"，防止形势主义、官僚主义滋生蔓延，持续整治群众身边腐败和作风问题，让群众在反腐败斗争中增强获得感。反腐败斗争要坚持无禁区、全覆盖、零容忍，坚持重遏制、强高压、长震慑，深化标本兼治，强化不敢腐的威慑，扎牢不能腐的笼子，增强不想腐的自觉，通过不懈努力换来海晏河清、朗朗乾坤。要强化党内监督，实现对所有行使公权力的公职人员监察全覆盖。要充分发挥巡视的利剑作用，使党内监督和外部监督同向发力，以党内监督带动和促进其他监督，建立更加科学、更加严密、更加有效的中国特色监督体系。

（七）坚持制度治党、依规治党，是全面从严治党的治本之策

治国必先治党，治党务必从严，从严必依法度。全面从严治党最有效、最稳定、最持久的方式就是推进制度建设，将党的政治建设、思想建设、组织建设、作风建设、纪律建设凝聚为一整套行之有效、严肃整齐的制度规范，使党的领导有法可依、有规可循，为坚持和加强党的全面领导提供长效化、常态化、稳定化的制度支撑。党的十九大把制度建设贯穿党的各项建设之中，强化了制度建设在管党治党中的根本性、全局性、长远性作用。进入新时代，面对新形势新任务新要求，以习近平同志为核心的党中央把加强党内法规制度建设作为全面从严治党的长远之策、根本之策，作为坚持和完善中国特色社会主义制度、推进国家治理体系和治理能力现代化的重要内容，作出一系列重大决策部署。党的十九大明确把制度建设贯穿党的

各项建设之中，强化了制度建设在管党治党中的根本性、全局性、长远性作用，逐步构建起比较完善的党内法规制度体系，标志着全面从严治党向制度化方向纵深发展。

目前，我们党已经初步形成了以党章为核心，内容涉及思想、组织、作风、纪律建设方面法规、民主集中制建设方面法规、机关工作方面法规等，指导思想明确、规范效力清晰、结构相对完整、门类比较齐全的党内法规制度体系。党的十八大以来制定出台了一批标志性、关键性、基础性法规制度，党内法规制度体系的"四梁八柱"基本立起来了。面对新的形势和任务，习近平做出"我们总体上已进入有规可依的阶段，目前的主要问题是有规不依、落实不力"的重要论断，强调要处理好建章立制和落地见效的关系，把制度规范体系和执行体系这两个体系凸显出来，要搞好制度"供给侧结构性改革"，以改革创新精神补齐制度短板，加快形成覆盖党的领导和党的建设各方面的党内法规制度体系。在全面准确把握制度建设的原则和方向的基础上，既要解决好制度"有没有"的问题，更要解决制度"能不能落地"的问题。这是对新时代党内法规制度建设做出了战略部署和通盘谋划，指明了当前和今后更长时期党内法规制度建设的总体思路、主攻方向和工作着力点。这就要求我们必须坚持制定和实施一体推进，统筹制度改革与制度运行，保证改革成果落地见效，使制度优势更好转化为治理效能，切实发挥党内法规在制度治党中的支柱作用和基础性保障功能。

初版后记

　　我们党十分重视并且善于进行战略思维。在 90 多年的奋斗中，积累了丰富的战略思维经验，形成和发展了系统的具有中国共产党人特色的马克思主义战略思维理论和方法。这是一份宝贵的政治和精神财富。认真学习这些经验、理论和方法，对于广大干部特别是各级领导干部提高战略思维能力，深刻理解以习近平同志为核心的党中央做出的一系列战略部署，研究和解决我们所面临的重大战略问题，胜利实现全面建成小康社会、建设社会主义现代化强国的战略目标，具有重大的现实意义。

　　本书循着历史的足迹，回顾了我们党在各个历史时期，面对重大历史课题，正确判断战略形势、进行战略谋划、做出战略决策、实施战略指导的历史进程。全书除绪论对什么是战略思维、应当如何进行战略思维作简要理论阐述外，分为三编，从理论与实践的结合上，对我们党在中国革命、建设、改革各个时期的战略思维进行了历史的阐述。第一编，以毛泽东为主要代表的中国共产党人的战略思维，共七章。其战略思维的主题是创造性回答"什么是中国革命、怎样进行革命"这一重大历史课题，同时对如何建设社会主义从战略上进行了初步探索。第二编，以邓小平、江泽民、胡锦涛为主要代表的中国共产党人的战略思维，共八章。其战略思维的主题是创造性回答"什么是社会主义、怎样建设社会主义"，以及在新的历史条件下"建设什么样的党、怎样建设党""实现什么样的发展、怎样发展"这些重大历史课题。第三编，以习近平为主要代表的中国共产党人的战略思维，共十章。其战略思维的主题是创造性回答"新时代坚持和发展什么样的中国特色社会主义，怎样坚持和发展中国特色社会主义"这一重大历史课题。通过这些历史叙述，从战略层面集中反映了我们党领导中国人民和中华民族"站起来""富起来""强起来"的伟大历程。这是一个充满艰辛的历程，也是一个充满智慧的历程。

习近平同志强调说："战略问题是一个政党、一个国家的根本性问题。战略上判断得准确，战略上谋划得科学，战略上赢得主动，党和人民事业就大有希望。"这是对我们党的历史经验的一个科学总结。现在，重视战略思维的人多起来了，研究战略问题的著作也多起来了，而且涉及各个实践领域，包括国际的、国内的、区域的，政治的、经济的、文化的、军事的、科技的、社会的、生态的，地方的、行业的、企业的，等等。这是一个好现象，说明人们的战略意识大大增强了。但是，应当怎样研究战略问题，即战略思维应当遵循怎样的原则和方法，讲这方面的著作则不多见。这种情况，在相当大的程度上制约了我们的战略研究水平和执行水平。我们编写这本书的目的，就是希望在这方面做一点努力，为广大干部群众学习战略思维提供一个理论与实际结合的学习读本。

本书由中共中央党校原副校长杨春贵教授任主编，中央和国家机关工委委员、中央直属机关党校常务副校长周维现博士任副主编，他们设计了全书总体框架，并对书稿进行了反复修改。赵理文、陈曙光、冯源协助主编做了统稿工作。参加执笔写作的主要有：杨春贵、周维现、赵理文、陈曙光、冯源、李火林、夏兴有、宫力、王成志、董振华、封丽霞、高祖贵、杨信礼、罗归国、李东朗、郑广永、相国栋、刘小丰、汤俊峰、路云辉、郭兆晖。许志功、尤元文、李作钦以及陶晴、张东、姜智红、李斌参加了初稿写作。武小东、张金伟、黄文叙等同志做了大量编务工作。中国社会科学出版社赵剑英、王茵、孙萍等同志在编辑、出版工作上给予了大力支持，付出辛勤劳动，在此一并致以谢意。

编　者

2018 年 7 月 1 日

修订说明

今年是中国共产党百年华诞。百年风雨，百年奋斗，百年荣光。在这喜庆的日子，我们以无比崇敬的心情，将《中国共产党人的战略思维》一书的修订本献给我们的党。

这本书初版于2018年8月。三年来，受到广大读者的欢迎和许多专家学者的肯定。中国辩证唯物主义研究会和中央党校哲学教研部召开了此书出版座谈会，中央党校省部班学员举行了关于此书的报告会，全国政协委员"书香政协"读书群将此书列为重点必读书目并逐编阅读讨论。许多同志认为，这本书比较系统地回顾了我们党在各个历史时期面对重大历史课题所作的战略谋划和战略指导，提炼总结了在百年奋斗中形成的具有中国共产党人特色的马克思主义战略思维理论和方法，是学习党的历史、学习马克思主义哲学、学习领导方法和工作方法的一本有价值的参考书。对于广大读者和专家学者给予的鼓励和肯定，我们表示诚挚的谢意。

这个修订本，根据习近平总书记在全国党史学习教育动员大会上的讲话精神，对初版书稿进行了认真修改，从思想内容到文字表达都作了反复推敲，订正、补充了一些历史资料。特别是补充了初版问世以来三年中习近平总书记有关中华民族伟大复兴战略全局和世界百年未有之大变局所作的一系列新的重要论述。我们希望这个修订本能够以更新的面貌、更高的质量呈现在广大读者面前，以不辜负广大读者的厚爱和期望。

　　修订工作由杨春贵教授主持并统稿定稿。陈曙光教授参加了统稿。参加部分篇章修订工作的有周维现、冯源、夏兴有、赵理文、高祖贵、杨信礼同志。

编　者

2021 年 5 月 5 日